Astrid Lotz • Tempel, Geister und Soldaten

Astrid Lotz

Tempel, Geister und Soldaten

Eine junge Frau bereist Kambodscha

FRIELING

Die Deutsche Bibliothek – CIP-Einheitsaufnahme
Lotz, Astrid:
Tempel, Geister und Soldaten : eine junge Frau bereist Kambodscha / Astrid Lotz. – Orig.-Ausg.,
1. Aufl. – Berlin : Frieling, 1999
ISBN 3-8280-0931-X

© Frieling & Partner GmbH Berlin
Hünefeldzeile 18, D–12247 Berlin-Steglitz
Telefon: 0 30 / 76 69 99-0

ISBN 3-8280-0931-X
1. Auflage 1999
Umschlaggestaltung: Michael Reichmuth
Bildnachweis: Astrid Lotz
Sämtliche Rechte vorbehalten
Printed in Germany

EXPOSÉ

Wenn Journalisten eine Schlagzeile wittern, gehen sie über Leichen, besonders gern über die von Kambodscha. Zwanzig Jahre lang liefert das Land der Mörder und fünfzigtausend Krüppel den Stoff für die „Erste Seite" und verschwindet in der Schublade für Krisengebiete mit Alarmstufe Rot.

Als Anna Dopp, Stewardess am Arabischen Golf, sich mit dem Besuch der berühmten Tempel von Angkor einen Traum erfüllt und dabei im Krisengebiet wider alle Erwarten auf ein friedfertiges Völkchen stößt, beginnt sie an der Glaubwürdigkeit der Berichterstatter zu zweifeln.

Sie kehrt dem Golf den Rücken und reist erneut nach Kambodscha. Als blutiger Anfänger im Reich der Journalisten – und reichlich naiv – begibt sie sich auf Forschungsreise, um den Profis anschließend zu zeigen, was sie bei ihrer Arbeit alles übersehen haben und wie man die Sache *richtig* angeht.

Aus dem Sessel der Fahrradkutschen recherchiert sie „professionell" das Treiben der Kambodschaner auf den Straßen, beim Kauf von Gummischlappen und Sarongs knüpft sie wichtige Kontakte und ist stolz auf die ersten Ergebnisse. Daß sie bislang nur an der Oberfläche kratzt, merkt sie gar nicht, denn noch zeigt sich Kambodscha von seiner besten Seite.

Doch dann überschlagen sich plötzlich die Ereignisse. Ein brutaler Überfall aus dem Hinterhalt holt sie abrupt auf den Boden der Tatsachen, und aus der geplanten Forschungsreise wird ein turbulentes Abenteuer in die Wirklichkeit Kambodschas, über das sie mehr und mehr die Kontrolle verliert. Und während sie im Hinterland Zwiegespräche mit Geistern führt, beginnt es unter der friedlichen Oberfläche Kambodschas immer heftiger zu brodeln ...

Die spannende Geschichte vom Neubeginn einer jungen Frau vor der großartigen Kulisse eines Landes, das allen Widrigkeiten zum Trotz nichts von seiner magischen Faszination verloren hat und am Ende zum ersten Mal seit fünfundzwanzig Jahren sein wahres Gesicht enthüllt.

EIN KURZES WORT ZUVOR:

Die Handlung dieses Romans basiert auf einer wahren Begebenheit.

Privatpersonen und die Namen von Hotels, Gästehäusern und Restaurants sind frei erfunden; etwaige Ähnlichkeiten sind rein zufällig.

Städtenamen und die Namen von Personen des öffentlichen Lebens wurden beibehalten.

Die Berichte über Politik, Attentate und Entführungen entsprechen der Wahrheit.

„... Wenn schon sterben, dann ziehe ich die Straße vor, irgendwo in der Steppe, mit dem schönen Himmel über meinem Kopf und der letzten Befriedigung, zumindest gewagt zu haben, was ich mir wünschte, statt in meinem Zimmer von dem Bedauern getötet zu werden, nicht genug Mut gehabt zu haben."

Alexandra David-Néel

INHALTSVERZEICHNIS

EXPOSÉ	5
EIN KURZES WORT ZUVOR:	6
INHALTSVERZEICHNIS	7
GLOSSAR	8
PROLOG	11
EIN GESCHENK DER GÖTTER	12
HÜHNCHEN ODER FISCH?	17
REGENZEIT IN PHNOM PENH	22
DAS ENGLISCHLEHRER-PHÄNOMEN	34
WIR LERNEN KHMER	47
DER GEBURTSTAG DES KÖNIGS	57
ANGKOR	75
BITTERKÜRBIS MIT CHILI	96
MEINE FREUNDIN MOY	105
EIN DICKER PICKEL	111
MÜNCHEN LIEGT IM URWALD	125
SILVESTER	137
DIENSTREISE NACH OREANG	144
HOHER BESUCH	155
HALBZEIT	163
WO DER TABAK GEDEIHT …	172
„OH LO-ORD!"	184
EIN BLUTIGES OSTERFEST	196
BEERDIGUNG IN KAMPOT	203
SCHLECHTES KARMA FÜR DIE SOLDATEN	214
BARANG, BARANG!	234
EIN RUBIN AUS PAILIN	257
DAS ENDE	267
EPILOG	270

GLOSSAR

ALAIN DELON: Schauspieler aus Frankreich
BARANG: kamb.: Franzose, allgemeingültiger Begriff für alle Ausländer mit ‚langer' Nase
CCC: Cooperation Committe of Cambodia
CMAC: Cambodian Mine Action Centre
CPP: Cambodian People's Party (Partei)
CYCLO: Fahrradkutsche
DORM: Dormitorium, Mehrbettzimmer, Betten werden einzeln vermietet
FCC: Foreign Correspondent Club
FUNCINPEC: Front Uni National pour un Cambodge Indépendent, Neutre, Pacifique et Cooperative (Partei)
GARUDA: halb Mensch, halb Adler; Symbol aus der Indischen Mythologie
GRAS: Marihuana
JOINT: gedrehte Zigarette aus Marihuana
KARMA: ‚Seelenheil' im Buddhismus
KRAMA: kariertes Baumwolltuch
KHMER: ethn./phil.: kambodschanisch
KNP: Khmer National Party (Partei)
LOTSCHA: Gebackene Nudeln mit Sojasprossen und Ei
NGO: Non Government Organisation, allgemeine Bezeichnung für internationale Organisationen und deren Mitarbeiter
PAGODE: Gebetshaus der Buddhisten
PHUM: kamb.: Dorf
REMORQUE-TAXI: Moped mit angehängter Ladefläche für Fahrgäste
RIEL: Einheimische Währung
STUPA: Grabmal der buddhistischen Mönche
UNTAC: United Nations Transitional Authorities in Cambodia
VIETMINH: kommunistische Bewegung Nordvietnams unter Ho Chi Minh
VIETCONG: kommunistische Guerillakämpfer Südvietnams
WAT: Kloster der Buddhisten

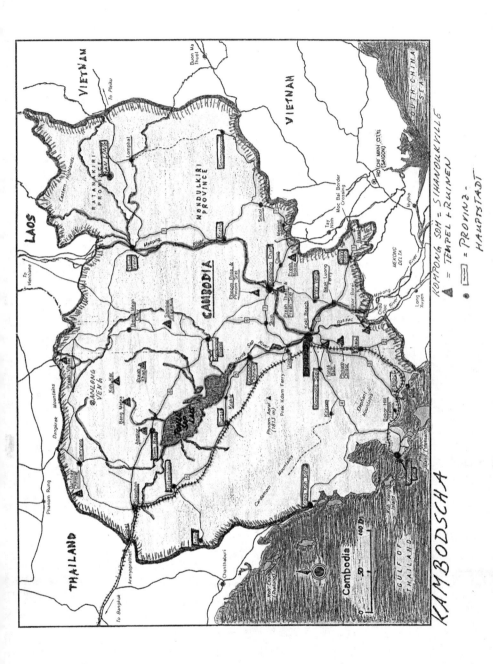

PROLOG

Gegen vier Uhr nachmittags hörte es endlich auf zu regnen. Ich legte das langweilige Buch zur Seite, zog mir etwas an, nahm den Rucksack, hängte die Kamera über die Schulter und lief hinunter zum Strand.

Zweihundert Meter vom Gästehaus entfernt, machte die Straße eine scharfe Biegung nach links und führte in die Stadt. Ich wandte mich nach rechts und ging durch das hohe Gras zum Wasser. Badewetter war das heute weiß Gott nicht. Der Himmel war noch immer mit schweren Wolken verhangen, und das Meer hatte die Farbe und Konsistenz von Kaffee, in den man zuviel Sahne gekippt hatte.

Ich saß auf dem kleinen Mäuerchen und sah zu, wie der alte Mann versuchte, aus nassen Ästen ein Feuer zu entfachen. Daneben stand seine Behausung; ein Haufen Gestrüpp, über dem ein paar Lumpen zum Schutz gegen den Regen hingen. Links von mir zogen vier Männer die Fischerboote aus der kleinen Bucht ins offene Meer. Der Strand war leer und trostlos, keine Strandläufer, keine Kinder, nicht mal die Krebse ließen sich bei diesem Hundewetter blicken.

Wind kam auf, und ich fröstelte. Vielleicht sollte ich besser zurückgehen, zum Fotografieren war ich ohnehin nicht in der richtigen Stimmung. Ich hatte Lust auf einen Kaffee und ging in das kleine Restaurant ein paar hundert Meter weiter oben an der Straße; wenn ich mich etwas beeilte, würde ich noch vor Einbruch der Dunkelheit im Gästehaus sein.

Der Kaffee war eine lauwarme Brühe, die beiden Kinder tobten unter dem Tisch herum, und ich klebte aus unerfindlichen Gründen auf dem Stuhl fest. Als ich mich endlich auf den Weg machte, war es längst dunkel, nur am Ende der Straße sah man noch durch die Bäume den blutroten Streifen eines imaginären Sonnenuntergangs. Eine Minute später war es stockfinstere Nacht. Die Straßenlampen brannten noch nicht, wahrscheinlich war mal wieder der Strom ausgefallen. Ein Moped schnitt mir den Weg ab, es war der Besitzer des Restaurants.

„Soll ich dich fahren?"

„Nein danke, ich hab's nicht weit. Bis zu *Sali's* sind es doch nur ein paar Schritte. Trotzdem, vielen Dank für das Angebot."

„Wie du möchtest. Bis morgen."

Etwas unheimlich war es schon. Niemand wohnte hier, und bis zu *Sali's* standen nur noch Bäume und ein verlassenes Haus. Ich ging dicht am Straßenrand. Nach Einbruch der Dunkelheit kam der Verkehr völlig zum Erliegen, aber hin und wieder raste ein Auto mit stark überhöhter Geschwindigkeit vorbei, und ich wollte nicht als Galionsfigur auf der Kühlerhaube enden.

Völlig in Gedanken versunken, kam ich an der scharfen Kurve an. Hier unter den Bäumen konnte man nicht einmal mehr die Hand vor den Augen sehen.

„Hallo."

Eine dunkle Männerstimme ließ mich aufhorchen. Dumpfes Unbehagen machte sich in mir breit, und ich lief einen Schritt schneller. Bloß weg hier.

„Hallo."

Da stand er. Undeutlich nahm ich ein Gesicht wahr, ganz dicht vor mir. Ich blieb wie angewurzelt stehen und schluckte. Dann ging alles sehr schnell. Er machte einen Schritt auf mich zu, grabschte mit der einen Hand nach meiner Brust, mit der anderen hielt er mich am Arm fest. Mir gefror das Blut in den Adern.

„Ich will dich vergewaltigen. Ich bring dich um. Los, komm."

Sein Griff wurde fester ...

EIN GESCHENK DER GÖTTER

Februar '96.

Ich lief langsam auf das Westtor zu. Je näher ich kam, um so aufgeregter wurde ich. Ich ging die drei Stufen zum Tor hinauf und blieb stehen; es war, als hielte mich die umgekehrte Kraft eines Magneten zurück. Vor mir lag der großartigste Tempel aller Zeiten – Angkor Wat.

Dichter Morgendunst verhüllte die Sicht auf die Mauern, nur die Türme ragten mächtig aus dem Nebel empor. Das blasse, gelbe Licht der aufgehenden Sonne schimmerte leicht auf den blank gelaufenen Steinblöcken des Weges. Ein einsamer Bettler spielte unsichtbar eine alte kambodschanische Weise auf seiner Flöte, und in der Ferne leuchtete die Robe eines Mönchs, der langsam im Nebel verschwand.

Ich stand noch immer regungslos im Tor; die stille Macht, die von dem Tempel ausging, gebot mir, nicht weiterzugehen. Für einen Moment sah ich die Könige des alten Khmerreichs vor mir, wie sie, in prunkvollen Gewändern unter einem Baldachin stehend, auf ihre Untertanen herabblickten, ich sah Priester mit ihren Dienern, Krieger in glänzenden Rüstungen, Elefanten mit goldbestickten Decken auf ihren Rücken, und die schönen Khmerfrauen in bunten Sarongs mit offenem Haar. Angkor Wat. Ich sog diesen Moment in mir auf und brannte ihn in mein Gedächtnis ein.

Der Tempel, ein Bettler, ein Mönch und ich, in der Stille des Morgens. Ein Geschenk der Götter.

Dann kam eine Busladung japanischer Touristen. Ein „Ah" und „Oh" tönte aus ihren Mündern, wie auf Kommando zogen sie alle ihre Kameras hervor, und unter dem pausenlosen Klicken der Auslöser zerplatzte mein Moment wie eine Seifenblase. Ich ging zurück, drehte mich aber auf halbem Wege noch einmal um. Durch die Öffnung im Westtor sah ich die Türme von Angkor Wat. Der Nebel hatte sich aufgelöst, und die Sonne tauchte die Mauern in ein hartes Licht. Bettler hatten sich am Eingang breitgemacht und warfen sich den Touristen vor die Füße. Angkor Wat war ein alter Tempel hinter dem Tor. Weiter nichts.

Dies war mein vierter Tag in Kambodscha. Schon lange waren mir die Ruinen ein ‚Dorn' im Auge gewesen. Als Teenager hatte ich mal Fotos von ihnen in einer Zeitschrift gesehen, und das Bild der vom Urwald überwucherten und dennoch nichts von ihrem Zauber einbüßenden Gemäuer ließ mich nicht mehr los. Eines Tages, wenn ich groß war, würde ich schon hinter das Geheimnis der Tempel kommen, soviel stand für mich damals bereits fest.

Aber in Kambodscha herrschte Krieg, immer nur Krieg, und so sehr ich mich auch bemühe, ich kann mich an nichts anderes erinnern als an besorgte Gesichter, wann immer ‚Kambodscha' zum Gesprächsthema wurde.

Viele Jahre später, ich arbeitete bereits als Stewardess in Dubai, blätterte ich auf einer Urlaubsreise durch Malaysia den Südostasien-Reiseführer durch. Die Karte auf der Rückseite zeigte sehr schön alle Länder in der Region, und mein Blick blieb an Vietnam und seinem kleinen Nachbarn Kambodscha hängen. Ich begann zu lesen und betrachtete immer wieder das Foto von Angkor Wat.

Es sollten noch zwei Jahre vergehen, bis ich Fuß auf dieses Territorium setzte. Ich befragte immer wieder Reisende, ob sie etwas wüßten über die Sicherheitslage im Land, aber die Informationen, die ich erhielt, waren äußerst dürftig. In Indonesien traf ich dann einen Schweizer, der gerade von Kambodscha kam, und der zeigte bloß mit dem Daumen nach oben. Und ich begann mit meinen Reisevorbereitungen. Den nächsten Urlaub würde ich in Vietnam und Kambodscha verbringen.

Jetzt war die Zeit fast abgelaufen, und der Besuch der Tempel war der absolute Höhepunkt der Reise.

Ich sagte dem Fahrer, daß er sich auf die faule Haut legen könne; für den Besuch des Bayontempels mit seinen 172 steinernen Gesichtern und der Tempelstadt Angkor Thom wollte ich mir den ganzen Vormittag Zeit nehmen. Eigentlich konnte man an jedem Tempel Tage verbringen, sie waren nicht nur sehr schön im ästhetischen Sinne, sondern gaben auch Aufschluß über die Geschichte, wenn man sich die Wandreliefs entlang der Außenmauern genau ansah. Die meisten waren noch sehr gut erhalten, und die Reiseführer enthielten eine genaue Beschreibung der jeweiligen Szene, die aus dem höfischen Leben, der Indischen Mythologie, den kriegerischen Auseinandersetzungen und dem täglichen Leben stammten.

Mittlerweile war es später Vormittag, und es wurde immer heißer. Auf meinem Plan sah ich, daß in der Nähe das ‚Königliche Bad' lag. Ein Schwimmbad wäre jetzt genau das richtige! Und wirklich – nicht weit entfernt befand sich in einer Mulde ein kleiner See mit einer gemauerten Umrandung. Ich lief hinab, zog meine Sandalen aus, setzte mich an den Rand und ließ die Füße im kühlen Wasser baumeln.

Links von mir wuschen und sortierten junge Frauen die Scherben, die von den Ausgräbern körbeweise herangeschleppt wurden. Sie schnatterten und lachten und beachteten die wenigen Touristen nicht weiter. Dann kamen auch die Ausgräber alle zusammen herunter. Mittagspause. Sie alberten laut herum, machten Possen und Kopfstand im Wasser, tauchten sich gegenseitig unter und schauten immer aus den Augenwinkeln zu den Frauen hinüber, ob sie ihnen auch ja genug Aufmerksamkeit schenkten. Einer von ihnen lief um den Rand herum und pfiff eine wunderschöne Melodie, die in dem Bad widerhallte. Als er an mir vorbeilief, sagte ich ihm, daß es ein sehr schönes Lied war, das er trällerte. Er lächelte verschämt und ging weiter. Prompt zogen ihn seine Freunde damit auf.

Die Sonne brannte unerbittlich, ich hatte Magenschmerzen und war auf einmal hundemüde. Ich ging zurück zu dem Fahrer, pumpte eine Flasche Wasser in mich herein und schlief fast im Sitzen ein.

„Komm", sagte er, „wir fahren nach Preah Khan. Dort gibt es kaum Touristen, und man kann im Tempel ein Mittagsschläfchen machen."

Die Aussicht auf ein Stündchen Schlaf an einem kühlen, schattigen Ort war verlockend. Als wir ankamen, blieb er bei seinem Moped stehen und fragte: „Madame, kann ich mitkommen?"

Ich sah ihn verdutzt an.

„Natürlich, ich habe den Tempel doch nicht gemietet!"

Tatsächlich war niemand zu sehen, und wir legten uns hinter einer Mauer auf den kühlen Boden. Er schlief sofort ein, eine beneidenswerte Fähigkeit der Khmer, wie ich später noch lernen sollte. Ich sah eine Weile in die Baumkronen über mir, hörte den Vögeln zu und dachte eine Sekunde lang an Dubai. Mein Arbeitsplatz schien Lichtjahre entfernt, und das Bild eines Flugzeuges verschwand genauso schnell, wie es aufgetaucht war. Dann schlief auch ich ein.

„Möchtest du die Göttin Lakshmi sehen?" fragte mich der Fahrer, als wir wieder wach waren.

„Oh ja, gern!"

„Dann komm mit."

Er führte mich durch den dunklen Tempel zu einer Stelle, die mit Bambusstöcken versperrt war. *KEIN DURCHGANG, LEBENSGEFAHR!* stand auf einem Schild. Er kroch zwischen den Stöcken hindurch, und bedeutete mir, ihm zu folgen. Wir kletterten über riesige Steinblöcke von eingestürzten Mauern und Decken, rauf und wieder runter, links in einen Gang, rechts in einen Gang, und bald hatte ich völlig die Orientierung verloren. Dann zeigte er stolz auf eine Nische.

Dort stand also die Göttin Lakshmi, in der Indischen Mythologie ein Symbol für Glück und Wohlstand. Eine kleine, geschminkte Puppe, bekleidet mit glänzenden Stofflappen, umgeben von brennenden Kerzen und Räucherstäbchen, die die dünne Luft noch stickiger machten. Daneben kauerte in einer Ecke ein zusammengesunkenes altes Männchen, dessen blinde Augen mich nicht sehen konnten. Der Fahrer wechselte einige Worte mit ihm, der Alte sprach ein kurzes Gebet, und ich hinterließ eine kleine Spende, auf daß Lakshmi auch mir Glück und Wohlstand bringe.

Wieder im Freien, rauchten wir gemeinsam auf der hinteren Terrasse eine Zigarette. Der Fahrer, dessen Namen ich mir einfach nicht merken konnte, war ein ruhiger Geselle, und ich fühlte mich in seiner Begleitung sehr wohl. Am ersten Tag war da noch das Fremde in ihm gewesen; er war ein Mensch, der anders aussah, eine andere Sprache sprach, er war eben *bloß mein* Fahrer. Mittlerweile war mir seine orangefarbene Kluft (Schirmmütze und T-Shirt) ein vertrauter Anblick, und wenn er seine Zähne bleckte, fing sein dunkles Gesicht an zu leuchten. Er war ein Kambodschaner, der sich mit dem Fahren von Touristen sein Geld verdiente, so wie ich mit dem Fliegen. Auch ich war *niemandes* Stewardess. Wir verständigten uns mit Händen und Füßen, so gut es eben ging, hatten gemeinsam ein Mittagsschläfchen auf dem Tempelboden gemacht und waren quasi Freunde. Und ich kam mir nicht mehr ganz so deplaziert vor als reiche Touristin in diesem armen Land.

Eine Gruppe älterer Französinnen stapfte wacker in Gesundheitsschuhen an uns vorbei und zerstörte den vertrauensseligen Moment. Dann kam ein dicklicher, langhaariger Deutscher an, setzte sich zu uns und palaverte mit den Französinnen, bis sie weiterzogen.

„Also, ich find die gut, die Ladies da", sagte er dann zu mir. „Ganz schön rüstig. Aber kapiert haben sie immer noch nicht, daß die Kolonialzeit Geschichte ist. Die reden über die Tempel, als hätte sie der alte Ludwig alle selber gebaut. Naja. Ich bin übrigens der Joe. Mach hier 'nen Stop. Die Tempel muß man einfach gesehen haben, findste nicht auch? Hätte ja fast nicht mehr geklappt bei mir. Lag nämlich in Bangkok im Krankenhaus. Darmverschluß, mannomann, hatte ich noch mal Schwein gehabt. Sechstausend Dollar hat mich die Sache gekostet. Aber zum Glück bin ich krankenversichert. Und du? Machste auch Urlaub hier?"

‚Hol doch mal Luft, Junge.'

„Ja. Ich mache hier Urlaub. Morgen fliege ich wieder nach Vietnam, und deswegen muß ich jetzt weiter. Möchte mir nämlich noch ein bißchen was ansehen. Tschüß!"

„Hey, weißte, wo du hingehen mußt? Da gibt's 'nen Tempel …"

Ja, da gab es nicht nur einen Tempel, sondern unzählige, die alle mehr oder weniger versteckt auf einer Fläche von über vierhundert Quadratkilometern verstreut im Dschungel lagen.

Auf meinem Programm gab es allerdings nur noch einen, und der lag auf dem Heimweg. Phnom Bakheng. Bakheng war der Name des Tempels, und Phnom war das kambodschanische Wort für Berg.

Der Tempel lag auf einem kleinen Hügel, keine siebzig Meter hoch, aber von dort hatte man eine wunderschöne Aussicht auf die Umgebung, die weite, mit Zuckerpalmen gespickte Ebene und Angkor Wat – eine unbesiegbare Festung im dichten Dschungel. Aber das beste an Phnom Bakheng war, daß ich hier, auf der höchsten Stelle in dieser Gegend, in der warmen Nachmittagssonne sitzen und die Eindrücke der letzten Tage verdauen konnte. Als dann aber mehr und mehr Besucher den kleinen Berg heraufkraxelten, um den Sonnenuntergang zu fotografieren, verließ ich mein Plätzchen, und wir fuhren zurück zu meinem Hotel in dem kleinen Städtchen Siem Reap.

Am nächsten Tag kaufte ich schnell noch ein paar Andenken auf dem Markt, dann ging es auf dem Rücksitz eines Mopedtaxis zum Flughafen. Ich betrachtete die vorbeieilenden vertrockneten Reisfelder und überlegte, was das wohl für ein Land sein mochte, mit dieser großartigen Vergangenheit und dieser allzu blutigen Gegenwart, von der man jedoch so gar nichts spürte?

Meine letzten Urlaubstage verbrachte ich auf der Insel Phu Quoc, einst zu Kambodscha gehörend, heute von Vietnam beansprucht. Von ihrem Ostufer konnte man bei klarem Wetter das kambodschanische Festland sehen. Ich saß verdächtig oft dort und wartete auf gute Sicht. Mit dem Besuch von Angkor hatte ich mir einen lange gehegten Traum erfüllt, und meine Erwartungen wurden weit übertroffen.

‚Aber was ist das bloß für ein Land? Was sind das für Menschen, die dort leben? Warum steht eigentlich nichts in den Reiseführern über die anderen Landesteile? Es scheint doch verhältnismäßig sicher zu sein, hin und her zu fahren. Vielleicht sollte ich doch noch mal länger nach Kambodscha …'

Und dann war die schöne Zeit vorbei, und ich stand in der Wartehalle des Flughafens in Saigon und beobachtete, wie die Maschine, die mich zurück in das ungeliebte Dubai bringen sollte, langsam heranrollte und andockte.

Meine Stimmung sank schlagartig unter Null, und mit bleiernen Füßen stieg ich die Treppe hinauf. Meine Kollegen empfingen mich mit großem Hallo.

„Hey! Wie geht's! Wie war's! Was hast du alles gemacht!?"

Ich hatte den Jahrhundertkloß im Hals, und bevor ich in Tränen ausbrechen konnte, wurden zum Glück die Lichter ausgeschaltet, und das Flugzeug startete.

Das Problem bei meinem letzten Urlaub bestand darin, daß er genau eine Woche zu lange gedauert hatte. Denn in dieser letzten Woche ist mir endgültig klar geworden, daß Dubai niemals mein Zuhause sein würde, und der Traum vom Traumjob ‚Fliegen' war schon lange ausgeträumt. Ich würde bei keiner Fluggesellschaft Karriere machen.

Es wurde langsam Zeit, mein Leben wieder einmal auf den Kopf zu stellen.

HÜHNCHEN ODER FISCH?

„Was möchten Sie essen? Wir haben Hühnchen und Fisch."

„Hühnchen bitte."

„Ein Glas Wein dazu?"

„Nein danke."

„Was möchten Sie essen? Hühnchen oder Fisch?"

„Fisch."

Mist. Ich hatte keinen Fisch mehr in der Karre, und aus der Bordküche sah ich den Daumen nach unten gedreht. Der Fisch war alle, und mit ein bißchen Glück war mein Passagier einer der schwierigen Fälle.

„Es tut mir sehr leid, aber uns sind die letzten Fische davon geschwommen. Warum probieren Sie nicht das Hühnchen? Es schmeckt auch sehr gut."

„Ich kann das Gefieder nicht ausstehen. Ich hasse Hühner! Ich will Fisch, und Sie beschaffen mir einen. Schließlich habe ich eine Menge Geld für diese suuuper Fluggesellschaft ausgegeben. Holen Sie doch den Fisch aus der Ersten Klasse! Die da vorne kriegen doch eh alles in den Hintern geschoben von euch Puppen!"

Bingo!

Unser Mann war ein klassischer Fall. Ein Opfer der sozialen Ungerechtigkeit der kapitalistischen Klassengesellschaft, den man aus Versehen in die Holzklasse gesetzt hatte. Wieder einmal wünschte ich mir, ihm zu sagen, was ich von ihm hielt, ganz unverblümt, aber erstens durfte ich das nicht, solange ich in Uniform war, und zweitens brachte uns das erfahrungsgemäß auch nicht weiter.

„Die Tickets für diese super Fluggesellschaft kosten nicht mehr als die jeder anderen Gesellschaft auch. Wir Puppen schieben niemandem irgend etwas irgendwo rein, sondern erledigen unsere Arbeit dem individuellen Bedürfnis der Passagiere und der Klasse, in der sie reisen, entsprechend. Und jetzt schlage ich vor, Sie nehmen das Gefieder, bevor es kalt wird, trinken zwei Bier dazu und einen Schnaps zur Verdauung, und dann erzählen Sie Ihrer Nachbarin, wie toll es in Vietnam gewesen ist."

Er sah mich erstaunt an.

„Woher wissen Sie, daß ich in Vietnam war?"

„Tja, bei dieser super Fluggesellschaft fliegen lauter hübsche Hellseherinnen mit. Stand das nicht im Prospekt?"

Der war vorerst ruhiggestellt. Es war weiß Gott nicht schwer zu erraten, woher die Passagiere kamen, wenn sie mit den konischen Hüten der vietnamesischen Reisbauern auf dem Kopf das Flugzeug betraten und ziemlich bescheuert aussahen. Kaum hatte jeder sein Tablett vor sich, ging es wieder von vorne los, mit Kaffee und Tee. Austeilen, Einsammeln, Austeilen, Einsammeln.

„Hey Schwester, noch zwei Bier!"

„Für mich noch 'nen Kaffee."

„Fräulein, nun sagen Sie doch mal dem Herrn daneben, daß er sich seine Schuhe wieder anzieht. Er hat nämlich Stinkfüße!"

„Sie, hier wird nicht geraucht! Das ist Nichtraucher!"

„Auf dem Klo ist kein Toilettenpapier mehr!"

„Ich möchte endlich eine Decke! Das habe ich jetzt schon dreimal gesagt!"

„Und wo darf ich rauchen?"

„Sie, also ich muß Ihnen jetzt mal was sagen. Ich bewundere Sie. Wie Sie das alles so locker mitmachen! Also ich hätte dem Kerl da vorne ja den Marsch geblasen, so wie der sich aufgeführt hat. Echt toll, und Sie lachen immer noch!"

Ich wurde gut bezahlt dafür, daß ich immer noch lachte, und das war auch der einzige Grund, warum ich hier noch stand.

„Dürfte ich Ihnen diese Tüte mitgeben?" fragte eine Frau mit leicht grünlichem Gesicht.

Ob ihr etwas fehlte? Besser nicht fragen. Und stolz trug ich immer noch lächelnd die Kotztüte auf einem Silbertablett durch die Kabine.

„Hey Schwester, noch zwei Bier!"

Leck mich.

Völlig ausgebrannt saß ich nach jenem anstrengenden Flug, der sich kaum von anderen Flügen unterschied, in dem Crewbus, der uns zu unseren Appartements brachte. Ein heißes Bad und ewigen Schlaf war alles, an das ich noch denken konnte.

Aber in meiner Wohnung erwartete mich das Chaos. Der Inhalt sämtlicher Schränke und Schubladen lag in wüstem Durcheinander überall in Küche, Wohnzimmer und Korridor auf dem Boden verstreut herum.

„Jane!!!"

Endlich fand ich in all dem Tohuwabohu am Kühlschrank klebend eine Nachricht von meiner Mitbewohnerin:

Habe gekündigt, fliege nächste Woche zurück nach London! xxx Jane.

Die Glückliche!

Ich war zu müde, um noch einen klaren Gedanken fassen zu können, schmiß meine Uniform in die Ecke und versank augenblicklich in abgrundtiefen Schlaf.

Neidisch sah ich Jane beim Packen zu. Die Königin der Krankmeldungen verließ den ungesunden Boden! Mut hatte sie ja, das mußte ich ihr schon lassen. Sie flog so selten, daß sie kaum mehr Geld verdiente, und mit weniger als fünfhundert Dollar in der Tasche wollte sie jetzt eine neue Karriere als Aerobic-Trainerin beginnen. Das gab mir sehr zu denken.

Zum Abschied schenkte ich ihr einen Magneten für ihre Kühlschranknotizen, ein kleines Kamel mit der Aufschrift: *Don't forget Dubai!* Eine kleine Gehässigkeit zum Ende würde ihr den Neuanfang versüßen.

Obwohl ich nun die große Wohnung für mich alleine hatte, fehlte mir Jane. Ich dachte oft an sie und überlegte, wie es ihr wohl erging, ob sie ihre Pläne verwirklichen konnte, und es ließ mir keine Ruhe, wie unbekümmert sie alles hinter sich gelassen und den Sprung ins kalte Wasser gewagt hatte.

Und ich?

Saß immer noch hier herum und grübelte, wie es weitergehen sollte. Meine Flüge absolvierte ich mit der Routine eines Profis und wollte ansonsten nicht weiter darüber nachdenken.

Ich stand auf dem Balkon und sah elf Stockwerke tief auf den Abu Dhabi-Highway hinunter. Achtspurig bahnte er sich schnurgerade durch die Wüste. Vor fünf Jahren war hier nichts gewesen, kein Highway, keine Hochhäuser, kein Kinocenter, kaum ein Luxushotel und vor allem keine russischen Nutten. Aber der Golfkrieg hatte einen Wirtschaftsboom ausgelöst, der seinesgleichen auf der Arabischen Halbinsel suchte. Häuserblocks und supermoderne Einkaufszentren schossen wie Öl aus der Wüste, aus der holprigen kleinen Straße wurde eine riesige Autobahn, und die Kamele, die früher hinter dem Ramada-Hotel gegrast hatten, waren verschwunden.

In Dubai regierte das Geld. Die Araber herrschten, die Ausländer arbeiteten. Die Freizeit verbrachte man mit Einkaufen, in exklusiven Beach-Clubs oder in den teuren Restaurants der Fünf-Sterne-Hotels. Das Emirat am Arabischen Golf wurde zu einem Insidertip für Neureiche aus Europa, die sich tagsüber in der Sonne gerbten und die Goldmärkte stürmten, sich die Nächte in Discotheken um die Ohren schlugen und nicht selten auf dem Rückflug vor lauter Erschöpfung kollabierten.

Zu Beginn meiner Zeit hier war das Leben mit viel Geld sicher sehr reizvoll gewesen, aber Geld ist eben nicht alles; was auf der Strecke blieb, war die Menschlichkeit. So viele meiner Kollegen sind im Laufe der Jahre einfach versackt, und was hatten sie für großartige Pläne gehabt, als sie anfingen zu fliegen! Etwas Geld sparen, dann damit an einer tollen Universität studieren oder ein kleines Geschäft eröffnen. Sie flogen immer noch, und das sauer verdiente Geld zerrann in schicken Nachtclubs und für teure Designerklamotten.

So wollte ich nicht meinen Lebensabend verbringen und plante mittlerweile seit zwei Jahren meinen Abgang.

Unter den Kambodscha-Fotos war ein besonders gelungenes; ich hatte es an jenem Morgen gemacht, als ich alleine vor Angkor Wat gestanden hatte. Ich ließ eine Vergrößerung anfertigen und hängte sie in meinem Schlafzimmer gegenüber von meinem Bett an die Wand. So würde es das letzte Bild sein, das ich sah, wenn ich abends das Licht ausknipste, und das erste, wenn ich morgens die Augen aufmachte. Und nun wartete ich auf die Erleuchtung.

Eines Morgens kam sie dann endlich.

Ich würde meinen Job an den Nagel hängen, mein ganzes bißchen Geld zusammenkratzen, nach Kambodscha fliegen und herausfinden, was dran war an den schauderhaften Berichten in den Zeitungen. Und dann ein Buch darüber schreiben. Denn es konnte doch nicht mit rechten Dingen zugehen, daß ich nichts von all den Greueltaten und dem Elend bemerkt hatte, als ich dort war. Wahrscheinlich machten die Journalisten ihre Arbeit nicht gründlich genug. So schwer konnte das doch nicht sein!

Ich begann sofort, mein ganzes Hab und Gut zusammenzupacken und Flug für Flug nach Frankfurt zu schaffen. Gleichzeitig drosselte ich meine Ausgaben für all den Tand, den ich mir unterwegs aus Langeweile kaufte. Jetzt war Sparen angesagt, leider keine Tugend, die ich jahrelang gepflegt hatte. Ich war so überzeugt von der Richtigkeit meines Entschlusses, daß mir nie Bedenken oder Zweifel daran kamen, auch nicht nach langen, kritischen Selbstgesprächen. In Dubai würde ich über kurz oder lang versauern, und ich erinnerte mich oft an die Worte von Jenny, die mich damals vor fünf Jahren ausgebildet hatte:

„Wenn es euch nicht mehr gefällt, dann seid so gut und geht. Denn ein sauertöpfischer Flugbegleiter tut seinen Kollegen, den Passagieren und vor allem sich selbst keinen Gefallen, wenn er den Job nur des Geldes wegen tut. Fliegen ist kein Pappenstiel und erfordert eine Menge Disziplin, ein dickes Fell und viel Humor."

Ein faules Ei in der Crew ließ einen ohnehin schon anstrengenden Flug noch mal so anstrengend werden, das hatte ich oft genug miterlebt. Ich war keine schlechte Stewardess, aber ich ertappte mich immer öfter dabei, wie ich offen kritisierte und meinen Kollegen ins Ohr flüsterte, wie ätzend der Job sei, ohne Rücksicht auf deren Einstellung zum Fliegen. Insofern war es schon richtig, daß ich meine sieben Sachen packte.

Nach und nach weihte ich Freunde und Kollegen ein und erzählte ihnen begeistert von meinem Plan. Und das meinten sie dazu:

„Du hast ja nicht mehr alle Tassen im Schrank."

„Sag mal, geht's dir eigentlich gut?"

„Und wer zahlt das?"

„Kannst du überhaupt Schreiben und Fotografieren?"

„Was, wenn dir etwas passiert?"

„Und was ist mit deiner Rente?"

„Tatsächlich? Du wolltest doch schon vor zwei Jahren gehen!"

„Wo liegt denn Kambodscha?"

Die Kommentare waren alles andere als aufmunternd, aber das hatte ich eigentlich auch nicht erwartet. Aufgrund der besonderen Situation konnte ich keine Sicherheitsnetze spannen; mangels gedruckter Beweise für meine Fähigkeiten würde nie und nimmer ein Verlag mein Projekt finanzieren. Ich trug das Risiko und die Kosten. Einen Traum verwirklichen, nicht mehr bloß darüber reden, das war mein Ziel.

„Wer nicht wagt, der nicht gewinnt."

Als ich meinen Rückflug nach Deutschland antrat, genoß ich noch einmal richtig, wie die Maschine schneller und schneller wurde und dann endlich abhob. Das Grinsen auf meinem Gesicht wurde immer breiter. Wahrscheinlich war ich so gut gelaunt, weil A- heute mein Geburtstag war, ich B- schon drei Gläser Champagner getrunken und C- nicht die blasseste Ahnung hatte, was auf mich zukommen würde.

In den nächsten Wochen traf ich sämtliche Reisevorbereitungen und fraß mir nebenbei noch eine Speckschicht an, um von dem Vorrat zu zehren, für den

Fall, daß es mit der einheimischen Küche Probleme geben sollte. Dann verabschiedete ich mich von Familie, Freunden und Lover und trank noch ein Gläschen Sekt mit meiner Freundin bei Harrod's am Frankfurter Flughafen.

„Wenn du zurückkommst, dann trinken wir wieder eins. Das gehört sich so."

Ich sah sie etwas skeptisch an. Weiß der Himmel, was in einem Jahr sein würde. Denn so lange hatte ich vor zu bleiben.

In Bangkok gönnte ich mir noch mal ein paar Tage in einem Luxushotel auf Airlinerdiscount.

Und am letzten Abend verließ mich dann plötzlich mein ganzer Mut. Völlig niedergeschlagen saß ich auf der Bettkante und starrte auf einen Haufen Gepäckstücke. War ich denn von allen guten Geistern verlassen? Auf was hatte ich mich da eigentlich eingelassen? Ich hatte die Tempel gesehen und war begeistert gewesen. Jetzt wollte ich das Land sehen und hatte es nicht mal für nötig gehalten, mich in den vergangenen Monaten eingehend damit zu beschäftigen, Bücher zu lesen, Erkundungen einzuziehen, mir Informationen zu beschaffen und dergleichen mehr. Um meine Finanzen stand es auch nicht besonders gut, und was würde aus meiner Rente?!

Ich kam mir vor wie in einer Zwickmühle; den nächsten Schritt nach vorne wollte ich nicht tun und rückwärts konnte ich nicht mehr, das verbot mir mein Stolz.

Was nun?

Ich ließ ein heißes Bad ein und bestellte mir einen Cocktail beim Zimmerservice. Gleich sah die Welt viel rosiger aus und meine Pläne auch.

„Denk doch mal zur Abwechslung an die Vorteile. Keine unliebsamen Anrufe mehr um vier Uhr in der Früh von der Einsatzleitung. Nie wieder nachts arbeiten. Jetzt bist du dein eigener Chef und kannst dein Leben formen wie einen Klumpen Lehm. Nie wieder: *Hühnchen oder Fisch?*

Prost Anna. Auf Kambodscha!"

REGENZEIT IN PHNOM PENH

September '96

„Zum *Metropol*-Hotel bitte."

Ich gab dem Fahrer den Fahrtcoupon und stieg ein. Vom Flughafen bis nach Phnom Penh waren es zwölf Kilometer. Erleichtert sah ich, daß alles noch so war wie vor einem halben Jahr, nichts hatte sich verändert.

„Auf der linken Seite da drüben ist die Universität von Phnom Penh. Und rechts …"

Eine Taxifahrt in Asien verlief selten schweigsam. Ich hatte ein merkwürdiges Gefühl in der Magengrube, zum ersten Mal in meinem Leben kehrte ich an einen Urlaubsort zurück.

Der Wagen hielt. Ich machte die Tür auf und trat in eine Pfütze. Angewidert sah ich, wie die schwarze Brühe in meine guten Schuhe lief. Der Fahrer grinste und stellte mein Gepäck haarscharf daneben. Ich schleppte alles nach oben in den ersten Stock an die Rezeption des Hotels und ließ mich schnaufend auf meinem Koffer nieder. Vor mir stand eine Französin, die sich sehr laut mit den Jungs hinter dem Tisch unterhielt. Sie drehte sich um und musterte mich mit einigem Interesse.

„Du fährst doch bestimmt nach Pailin?" sagte sie in einem Ton, der keine Widerrede zuließ.

„Logisch."

Dann nahm ich meinen Schlüssel in Empfang und verschwand aus ihrer Reichweite. Zimmer 101. Im Handumdrehen hatte ich das kleine Zimmer in einen Flohmarkt verwandelt und gab ihm damit meine persönliche Note. Schließlich wollte ich mich hier wohl fühlen. Ich zog mich um und ging nach unten ins angrenzende Restaurant.

Ein junger Bursche stellte sich mir in den Weg. Er deutete auf seine Gummischlappen und sagte: „So etwas mußt du dir zulegen. Die sind besser als deine feinen Schuhe."

‚Danke für den Tip, wär' ich nie von alleine drauf gekommen.'

Ich bestellte mir einen Kaffee. Das offene, an einer Straßenecke liegende Restaurant war fast leer. Es begann zu nieseln. Auf dem Bürgersteig rundherum saßen junge Männer mit schwarzer Sonnenbrille und Schirmkappe auf ihren Mopeds und warteten auf Kundschaft. So sah das allgemeingültige Taxi mit Fahrer in Kambodscha aus. Dazwischen standen lauter Fahrradkutschen. Ihre Besitzer kletterten vom Sattel, zogen das Verdeck hoch und setzten sich darunter ins Trockene. Praktisch.

Der Regen wurde stärker, und ich bestellte einen zweiten Kaffee. Jetzt war ich also in Phnom Penh. Konnte gar nicht mehr verstehen, warum ich am Abend zuvor so mutlos gewesen war, als wäre der Flug nach Kambodscha ein Gang zum Schafott gewesen. Das Mädchen stellte mir den Kaffee vor die Nase, ohne mich anzusehen. Schlechte Karten für eine Stewardess.

‚Wo liegt eigentlich Pailin?' Die Französin kam mir auf einmal in den Sinn. Ich holte meinen Reiseführer aus der Tasche und sah nach. Pailin lag an der Grenze zu Thailand. War die Hochburg der Roten Khmer und reich an Edelsteinvorkommen. In den letzten Jahren hatte kein Ausländer einen Fuß in diese Gegend gesetzt.

Und da wollte ich hin? Muß wohl ein Mißverständnis gewesen sein. Ich wollte nirgendwo hin, wo im Umkreis von hundert Kilometern auch nur ein einziger Roter Khmer saß. Ich wußte zwar nicht viel darüber, aber daß die Gesellschaft der Gefolgsleute Pol Pots nicht besonders gesund war, das wußte ich, auch ohne Historiker zu sein.

Als erstes galt es nun, etwas System in meinen Aufenthalt zu bringen, der sich zunächst auf Phnom Penh beschränkte. Was wollte ich sehen, was nicht, welche Büros und Hilfsorganisationen sollte ich kontaktieren, wo mußte ich hin, um alle Informationen zu erlangen, die ich für mein Buch brauchte? Ich hatte überhaupt keinen Plan. Die Sehenswürdigkeiten konnte ich abhaken, die hatte ich während meines Urlaubes gesehen, und sie bedurften keiner Wiederholung.

Grundkenntnisse der Landessprache Khmer waren das A und O für den Erfolg meines Vorhabens, denn außerhalb der Hauptstadt sprachen nur die wenigsten eine Fremdsprache wie Englisch oder Französisch. Also mußte ich ausfindig machen, wo ich einen Sprachkurs absolvieren konnte. In meinem Reiseführer fand ich einen Hinweis auf das CCC. Dort gab es eine Art Miniaturbibliothek, in der man alles finden konnte, was in den letzten zwanzig Jahren über Kambodscha gedruckt erschienen ist. Bestimmt konnte mir da jemand bei meiner Suche nach einer geeigneten Sprachschule weiterhelfen. Ich zahlte und fragte den langen, dünnen Mann an der Kasse nach dem Weg.

„Wie weit ist es denn bis zur 370. Straße?"

„Wo willst du denn hin?"

„Zum CCC."

Er kratzte sich am Kopf.

„Naja, weniger als an einen Kilometer, glaube ich. Immer in diese Richtung, und am Mao Tse Tung-Boulevard mußt du nach links. Nimm doch ein Taxi, das geht viel schneller."

„Nein, ich möchte lieber laufen."

„Es ist doch viel zu heiß."

„Da wo ich herkomme, war es viel heißer! Und wenn es nicht regnet, laufe ich gern."

Er sah mir kopfschüttelnd nach. Daß die Barangs immer laufen wollten! Ziemlich bekloppt!

Ich lief und lief, zählte die Nummern auf den Straßenschildern, konnte aber das Gebäude einfach nicht finden. Entgeistert ging ich in eine kleine Druckerei an der Ecke.

„Entschuldigung, können Sie mir sagen, wo das CCC ist? Und wo ich bin?"

Ich hielt ihm den Stadtplan vor die Nase.

„Wenn Sie fünf Minuten Zeit haben, dann bringe ich Sie hin. Kein Problem."

„Okay."

Während ich auf ihn wartete, stellte ich mich unter den Deckenventilator und beobachtete das fette, kleine Mädchen, das mit dem Gesicht förmlich am Computer klebte.

„Bin fertig. Kommen Sie."

Ich stieg auf sein Moped, und wir fuhren ein paar mal um den Block, aber es war nirgends zu finden. Er fragte eine Gruppe Männer vor dem Tor eines UN-Gebäudes nach dem Weg. Einer von ihnen wußte, wo es war. Das CCC war vor einem Monat umgezogen. Er bot mir an, mich hinzufahren. Ich fand das alles sehr nett, bedankte mich bei dem Ersten und stieg um. Das neue Büro des CCC war zwei Straßen von meinem Hotel entfernt, keine zehn Minuten zu Fuß!

In dem schönen, alten Haus aus der französischen Kolonialzeit war es angenehm kühl. Die Bibliothek befand sich im ersten Stock. Mit einem Blick konnte ich sehen, daß hier das Chaos regierte. Die Regale waren total überfüllt, dicke Staubflocken saßen in den Ecken, und von System war keine Spur, aber mir gefiel es hier trotzdem. Der junge Mann am Eingang sprach etwas Englisch und sagte mir, daß auch er nicht wisse, was wo zu finden sei, ich müsse eben einfach suchen.

Und ich suchte. Nach allem.

In den nächsten Wochen verbrachte ich viel Zeit an dem großen Tisch in der Mitte und las mich durch die Abgründe der Bibliothek. Ein paar Tage nach meiner Ankunft fand ich auf der letzten Seite der *Phnom Penh Post,* die auch in irgendeiner Ecke lag, eine Annonce der *Kingsfield School of Business*. Dort wurden Sprachkurse aller Art angeboten. Sechs Stunden pro Woche, dreißig Dollar im Monat. Das schien in Ordnung zu sein. Am nächsten Morgen fuhr ich hin und meldete mich an. Leider begann der nächste Kurs erst in zwei Wochen, aber angesichts der Tatsache, daß ich ein Jahr bleiben wollte, stand ich nicht unter übermäßigem Zeitdruck. Dann würde ich mir eben in der Zwischenzeit das Phnom Penh ansehen, über das nichts im Reiseführer stand.

Ich stand immer recht früh auf. In den Morgenstunden schien die Sonne, und das mußte ausgenutzt werden. Ich frühstückte in Ruhe, las die Zeitung und beobachtete die Müllabfuhr.

Jeden Morgen fuhr ein großer Lastwagen durch die Straßen, und von unten warfen zwei Männer die mit Abfall gefüllten Körbe nach oben auf die Ladefläche, wo zwei weitere, mit Tüchern vermummte Gestalten den Dreck auskippten. Jedesmal, wenn eine neue Ladung kam, stocherten sie mit Stöcken darin herum; man konnte nie wissen, was die Leute so alles wegschmissen. Das eine oder andere ließ sich oft noch verwenden und wurde sorgfältig in eine Ecke gelegt. Damals wußte ich noch nicht, daß sie meistens nach etwas Eßbarem suchten; wer als Müllmann arbeitete, gehörte nicht unbedingt zur Oberschicht.

Nie hätte ich gedacht, daß ich Zeitunglesen zu einem Hobby machen würde. Außer im Examenssemester und um allzu gesprächige Mitbewohner zum Schweigen zu bringen, hatte eine Zeitung für mich keinen praktischen Nutzen. Das wirklich Interessante an den Artikeln stand sowieso nie drin.

Die *Phnom Penh Post* war eine zweiwöchentlich erscheinende, englischsprachige Zeitung, die ausschließlich Kambodscha betreffende Artikel veröffentlichte. Wie gut sie war, konnte ich schlecht beurteilen. Erstens wußte ich kaum etwas über die politischen Zustände im Land, und zweitens hatte ich keinerlei Vergleichsmöglichkeiten. Ich las sie zunächst aus Zeitvertreib und lernte 'Wer ist Wer in Kambodscha?' dabei.

Und so schloß ich meine erste Freundschaft mit Chea, dem Zeitungsjungen. Er war sieben Jahre alt und verdiente sich mit dem Verkauf von Zeitungen etwas Geld. In die Schule ging er allem Anschein nach wohl nicht. Er und die anderen Jungs schliefen irgendwo in einem leerstehenden Haus in der Nähe des Zentralmarktes. Ich wunderte mich oft, wie er es unter den gegebenen Umständen schaffte, immer wie aus dem Ei gepellt auszusehen. Zumindest vom Scheitel bis zum Kragen. Wenn die neue *Post* erschien, stand er meist in der Nähe des Restaurants und lauerte mir auf, um mir als erster die Zeitung zu verkaufen. Ich zahlte gut, aber leider nur alle zwei Wochen.

Mit der ersten Zeitung, die ich kaufte, wurde ich in einen Strudel kambodschanischer Politik hineingezogen, die sich in den nächsten Monaten immer mehr zuspitzen und schließlich das Land erneut an den Rand eines Bürgerkrieges führen würde. Es begann mit der von König Norodom Sihanouk ausgesprochenen Generalamnestie für Ieng Sary.

Ieng Sary war unter dem mörderischen Regime Pol Pots von 1975-1979 Außenminister der Regierung ‚Demokratisches Kampuchea' gewesen. Im Januar '79 fielen die Vietnamesen in das Land ein, und Pol Pot und seine Gefolgsleute, weithin bekannt als die ‚Roten Khmer', flüchteten sich in die Wälder entlang der thailändischen Grenze. Von dort kämpften sie mit Hilfe der Vereinigten Staaten und Chinas aus dem Untergrund weiter gegen die Invasoren.

In den achtziger Jahren bildeten sich weitere Parteien, die zunächst unabhängig voneinander der Besatzungsmacht die Stirn boten. Der erste Abzug der vietnamesischen Truppen erfolgte im September '89, aber erst zwei Jahre später gelang es, alle Bürgerkriegsparteien an einen Tisch zu bringen, um die Voraussetzungen für einen dauerhaften Frieden zu schaffen.

Nach mehr als zwanzig Jahren Krieg wurde 1991 in Paris endlich ein Friedensvertrag unterzeichnet. Mit Hilfe eines von der UNO gesandten Kontingents, der UNTAC, bemühte man sich redlich, den Frieden durchzusetzen; wer sich nicht an die Abmachungen hielt, waren Pol Pot und seine Roten Khmer. Sie unternahmen nun verstärkt Angriffe auf die Zivilbevölkerung, um sie im Vorfeld bereits so sehr zu demoralisieren, daß eine Teilnahme an den Wahlen für sie nicht in Betracht kam.

Es gelang ihnen nicht. 1993 wurden erfolgreich die ersten freien und demokratischen Wahlen in allen Landesteilen durchgeführt. Keiner der beiden Gegner Hun Sen und Prinz Ranariddh konnte eine Mehrheit für sich gewinnen, und der kurze Frieden drohte zu zerbrechen. Prinz Sihanouk fand die Lösung. Er ließ sich erneut zum König krönen, – ein Amt, das er 1955 niedergelegt hatte, um selbst in der Politik mitmischen zu können, – befahl den beiden Streithähnen, die Hände zu schütteln, und machte sie jeweils zu Premierministern mit gleichen Machtbefugnissen.

Und die Roten Khmer?

Die saßen immer noch im Dschungel und warteten auf eine neue Gelegenheit, um wieder zuzuschlagen. Pol Pot konzentrierte sich mit dem harten Kern im Norden um Anlong Veng, während Ieng Sary die Region im Westen um Pailin kontrollierte. Streitigkeiten hatten die beiden im Laufe der Jahre immer mehr voneinander entfernt, und im Sommer '96 kam es dann zum offenen Bruch. Sary sagte sich von der Bewegung los und machte der Regierung ein Friedensangebot. Der zum Tode Verurteilte wollte die Waffen strecken und erwartete im Gegenzug Generalamnestie und weitgehende Autonomie in den von ihm beanspruchten Gebieten.

Und? Der König, der selbst einige Familienmitglieder in jener Zeit verlor und den man lediglich aus strategischen Gründen am Leben erhalten hatte, bewilligte sie ihm und hob das Todesurteil mit einem königlichen Erlaß auf.

Ich konnte es einfach nicht glauben.

„Meine Hände sind rein", sagte Ieng Sary vor der Presse und überreichte als ein Zeichen des guten Willens eine kleine Plastiktüte mit den Überresten des 1994 von seinen Leuten ermordeten deutschen Touristen Matthias W.

‚Seine Eltern werden sich freuen', dachte ich.

Es hatte eine Weile gedauert, bis ich in dem Wirrwarr der Vergangenheit die Zusammenhänge verstand und wer auf welcher Seite stand. Aber daß der unschuldige Außenminister Ieng Sary nichts wußte von den Verbrechen, die sein Regierungschef hinter seinem Rücken beging und denen etwa ein Drittel der Bevölkerung zum Opfer gefallen war, das verstand ich nicht.

Eines Abends tauchte die Französin im Restaurant auf. Ich setzte mich zu ihr und stellte mich vor. Sie hieß Elaine.

„Sag mal, hast du die Zeitung gelesen?"

„Ja. Schöne Geschichte, das mit Ieng Sary. Mir tun die Kambodschaner leid. Die werden überhaupt nicht gefragt."

„Mir tun sie auch leid. Wenn ich mir vorstelle, daß man bei uns Adolf Hitler Generalamnestie bewilligen würde ... Der Vergleich ist zwar etwas weit hergeholt, und die Verhältnisse sind auch nicht die gleichen, aber Verbrecher bleibt Verbrecher. Da würde die Welt gleich losschreien. Und hier?"

„Kambodscha interessiert doch niemanden. Hier ist eben nichts zu holen."

Wie wahr. Sie wechselte das Thema.

„Hier, sieh mal, wie findest du die Hose?"

„Naja, nicht schlecht."

„Die habe ich heute auf dem Olympischen Markt gekauft. Für einen Dollar!"

Wir unterhielten uns noch eine Weile über dies und das. Elaine erzählte mir, daß sie am Wochenende nach Saigon wollte. Ihr Visum für Kambodscha lief ab, und sie mußte das Land verlassen, um ein neues zu bekommen.

„Das Problem bei der Sache ist, daß das ganze Land unter Wasser steht. Es dürfte äußerst schwierig werden, ein Taxi zu finden, das bis zur Grenze fährt."

„Warum fliegst du dann nicht?"

„Ich habe auf dem Visumantrag Moc Bai angegeben, das ist der Grenzübergang auf dem Landweg. Um ihn zu ändern, ist es zu spät."

Das ganze flache Land des Mekongdeltas stand unter Wasser, Straßen inklusive. *Die schwerste Überschwemmung seit '78!* – das hatte auch in der Zeitung gestanden. In den am Mekong liegenden Provinzen war der Notstand ausgerufen worden, der Verkehr wurde auf kleine Boote verlegt, die nun statt Autos oder Mopeds durch die Straßen paddelten, Brücken waren eingestürzt, die nächste Reisernte war vernichtet, kurz – die Chancen, Vietnam trockenen Fußes zu erreichen, standen nicht besonders gut.

„Ich probiere es trotzdem. Wird schon schiefgehen."

„Wann fährst du denn?"

„Übermorgen."

„Naja, falls wir uns nicht mehr sehen – ich wünsche dir eine schöne Fahrt!"

Sie fuhr wirklich, zumindest sah ich sie nicht in den kommenden Tagen. Mein Visum war noch drei Wochen gültig, aber vielleicht sollte ich mich auch bald um die Verlängerung kümmern, angeblich wurden die Bestimmungen alle paar Monate geändert.

Es regnete und regnete und hörte erst am Wochenende auf. Die Sonne zeigte sich in ihrer ganzen Pracht, und ich machte einen Spaziergang zum Flußufer.

Sonntag war Familientag, die Leute blieben zu Hause oder besuchten Verwandte auf dem Land. So war es angenehm ruhig in den Straßen, und selbst die Überquerung des Boulevards Monivong wurde zu einem Kinderspiel.

Unter der Woche herrschte hier mörderischer Verkehr. Tausende von Motorrädern brausten auf der Hauptverkehrsader auf und ab, Fahrradkutschen bahnten sich in haarsträubenden Manövern einen Weg hindurch, die neue Oberschicht drängelte sich mit Luxusautomobilen dazwischen, Fahrstreifen waren überall dort, wo Platz war, und Gegenverkehr auf der gleichen Seite war ebenso normal wie das diagonale Hindurchschlängeln in entgegengesetzter Richtung.

Jeder fuhr, wie und wo es ihm gefiel. Und die Verkehrspolizisten, die das ganze zu dirigieren hatten, zogen es meistens vor, am Straßenrand im Schatten zu stehen und mit stoischer Gelassenheit zuzusehen, wie ich jedesmal mein Leben aufs Spiel setzte, um auf die andere Seite zu gelangen. Von Fußgängerüberwegen, einer durchaus sinnvollen Einrichtung, hatte man in Kambodscha noch nichts gehört.

Ein großer Teil der Straßen stand noch immer unter Wasser, und ein Spaziergang wurde schnell zu einem Hindernislauf. Der Straßenbelag fehlte oft, die Kanalisation funktionierte nicht richtig, und die riesigen Pfützen waren ein einziger, stinkender Morast. Vor nichts ekelte ich mich mehr, als durch die schwarze Brühe zu laufen, wenn es gar nicht anders ging, und ich schwor mir, auf meiner nächsten Reise ein paar Gummistiefel einzupacken. Nichts sehnte ich mehr herbei als das Ende der Regenzeit. Der Regen selber machte mir nichts aus, nach der Wüste war er eine willkommene Abwechslung. Aber der damit verbundene Dreck störte mich sehr.

Als ich mich dem Königspalast näherte, wurden auch die Straßen etwas besser. Die Alleen waren breit und sauber, an den Seiten standen große Bäume, und in der Umgebung lagen lauter verlassene Villen aus der französischen Kolonialzeit, die allmählich unter dem Gestrüpp der verwilderten Gärten verschwanden. Mit ein bißchen Phantasie konnte man sich ausmalen, wie schön Phnom Penh in vergangenen Zeiten ausgesehen hatte.

Reisende des frühen zwanzigsten Jahrhundert schwärmten in ihren Berichten von der Stadt und nannten sie die ‚Perle Südostasiens'. Still und friedlich, das einzige Verkehrsmittel waren damals die überall in Asien benutzten Fahrradkutschen, Cyclo genannt, die keinen Lärm machten und nicht mit stinkenden Abgasen die Luft verpesteten. Am späten Nachmittag ging man zu einem Spaziergang an die prachtvoll angelegte Uferpromenade vor dem Königspalast, und in der kühlen Abendluft traf man sich in einem der zahllosen Cafés zu einem Schwatz oder einfach nur, um zu sehen oder gesehen zu werden.

Der Krieg hatte alles zerstört. Die Häuser, die Pagoden, die Bibliotheken, die Schulen, die ganze Gesellschaft. Intellektuelle waren nicht gefragt in einem Volk der Bauern, man vernichtete sie einfach. Und so gelang Pol Pot das Unmögliche; er hatte seinem Land das Gehirn amputiert, und nun, da er sein Werk nicht mehr vollenden konnte, blieb der Körper sich selbst überlassen. Wen mochte es da noch verwundern, daß Phnom Penh so heruntergekommen aussah?

Am Flußufer war die Hölle los. Überall hatten die Frauen ihre Strohmatten ausgebreitet und boten kleine Snacks zum Verkauf. Die Männer standen in Reih und Glied an der Mauer, die das Ufer begrenzte, und beobachteten angestrengt den Wasserspiegel des Tonlé Sap, ein Seitenarm des Mekong. Der Wasserstand hatte die höchste Marke längst überschritten, und es fehlten keine zehn Zentimeter mehr, und die Wassermassen würden sich in die Straßen der Stadt ergießen.

Phnom Penh würde im schwarzen Morast versinken!

Trotz der Aussicht auf ein paar gute Fotos war es mir lieber, wenn das Wasser bald zurückginge.

Ich ergatterte mir eine Bank unter den Palmen am Ufer und holte mein Notizbuch hervor. Jedermann hatte mich gedrängt, Tagebuch zu schreiben. Nun denn. Ich tat mich außerordentlich schwer, was sollte ich denn da reinschreiben? Meine Erinnerungen lebten in den Fotos auf. Aber hin und wieder kritzelte ich etwas auf die Seiten, damit sie voll wurden.

Es dauerte nicht lange, da standen lauter halbnackte Kinder um mich herum. Fasziniert sahen sie zu, wie der Stift über das Papier wanderte und lauter geheimnisvolle Linien hinterließ, die sie nicht entziffern konnten. Khmer schrieb man in Sanskrit, und jeder Buchstabe wurde einzeln gemalt. Nach einer Weile erlahmte ihr Interesse, und sie gingen schwimmen. Die drohende Katastrophe angesichts einer Überschwemmung ließ die Kinder völlig kalt. Der Fluß wurde zu einer riesigen öffentlichen Badeanstalt, sie kletterten auf alles, was darüber lag, um sich dann mit viel Gekreische in die Fluten zu stürzen. Beneidenswert.

Nicht weit von meiner Bank zogen zwei Schamanen die Aufmerksamkeit der Menge auf sich. Ich packte mein Zeug zusammen und gesellte mich dazu.

Die beiden Männer sahen recht wild aus; sie hatten lange Bärte, dichtes, verfilztes Haar und waren in Lumpen gekleidet. Vor ihnen lagen Tierfelle, auf denen sie ihr ganzes Sammelsurium ausgebreitet hatten. Wurzeln, Knollen, getrocknete Kröten, Fledermäuse und anderes Viehzeug, kleine Buddhafiguren, Heilkräuter, Fläschchen mit Medizin und dazwischen sauber gerollte Stückchen Haschisch.

Nachdem sich eine stattliche Anzahl von Zuschauern um sie versammelt hatte, hängten sie sich ein Band aus Hasenschwänzen um den Hals, zündeten

Räucherstäbchen an und verfielen in einen monotonen, klagenden Singsang. Dann suchten sie sich ein Opfer aus der Menge, untersuchten die Person, drückten ihr ein paar in Bonbonpapier gewickelte Klümpchen Haschisch in die Hand, verkauften die Pfeife gleich mit, wünschten gute Besserung, und das war's. Die Kundschaft waren meist die Ärmsten, die sich einen richtigen Arzt nicht leisten konnten.

Glaube versetzt Berge, und mit einem kleinen Schmauch aus der Pfeife ging es vielleicht noch etwas schneller, aber davon würde ein amputierter Fuß auch nicht wieder nachwachsen!

Das Gesicht des Schamanen blieb an mir hängen. Ein Blick in seine rotgeränderten Augen genügte mir, um zu sehen, daß er von seiner Medizin selbst ein bißchen zuviel genossen hatte. Der Mann war so breit wie das Flußufer lang! Er merkte, daß ich für seine Künste nicht den nötigen Glauben besaß, und sah davon ab, mich zu heilen.

Ich ging weiter und sah zwei junge Mädchen, die eine kleine Karre mit Getränken vor sich her schoben. Die Szene erinnerte mich sehr an vergangene Zeiten in der Luft, und mir kam eine Idee. Sollte mir doch das Geld ausgehen, dann würde ich mir eine solche Karre zulegen und am Flußufer von Phnom Penh auf und ab marschieren. Das hatte ich ja schließlich gelernt!

Mir taten die Füße weh, und ich ließ mich in ein Cyclo plumpsen. Gemütlich radelten wir zurück zu meinem Hotel. Kaum zu glauben, wie schnell man sich irgendwo einleben konnte, wenn es einem bloß gefiel. Ich war noch keine Woche hier, aber mir kam es vor, als sei es eine halbe Ewigkeit. An Dubai dachte ich nie, an Zuhause schon eher, und da fiel mir ein, daß ich versprochen hatte, anzurufen, sobald ich in Phnom Penh eintreffen würde. Aber das hatte bis morgen Zeit.

Das Postamt lag im Norden der Stadt. Ich kaufte mir eine Telefonkarte, zwanzig Dollar für vier Minuten. Wucher! Mir war klar, daß ich erst zu Weihnachten wieder anrufen würde und ansonsten eben Briefe schreiben.

Die Verbindung war erstklassig, die Zeit allerdings zu kurz, um viel zu erzählen. Was hätte ich auch erzählen sollen? Das tat meine Mutter dann für mich. Am vorigen Abend kam im Fernsehen eine Reportage über Phnom Penh, und „… mein Gott, das ist ja ein Pflaster, paß bloß gut auf dich auf, hörst du! Die Kriminalität nimmt überall zu, die Stadt ist ein riesiger Umschlagplatz für Waffen und Drogen …" Und dann war unser Telefonat auch schon zu Ende.

Es hatte wieder einmal angefangen zu regnen, und so setzte ich mich in diesem schönen, alten Gebäude an einen der langen Tische und schrieb ein paar Postkarten. Nebenbei beobachtete ich das Treiben der Straßenkinder, die bei Kommenden und Gehenden ihr Glück versuchten, und zwischendurch in den immer größer werdenden Pfützen planschten.

Ein großer Mercedes fuhr vor, und ein fetter Kambodschaner mit grimmigem Gesicht stieg aus.

Ein Mafiaboß? Einer der Jungen hängte sich an ihn und bot ihm an, seinen Wagen zu bewachen, während er im Postamt sei. Gegen ein kleines Entgeld, versteht sich. Der Mann schubste ihn grob zur Seite und verschwand. Der Junge blickte ihm enttäuscht hinterher, ging dann zum Auto, öffnete seinen Hosenschlitz und pinkelte mit schelmischem Grinsen auf den Türgriff. Man hat ja schließlich seinen Stolz!

Mittlerweile goß es aus vollen Kübeln, und in der Nähe war nur *Herby's Books*, der angeblich größte Second-Hand-Buchladen in Asien. An den Laden angeschlossen waren ein Gästehaus und ein Restaurant. Anfangs hatte ich in Erwägung gezogen, hier ein Zimmer zu nehmen, aber die wenigen mit Fenster und Blick auf den Fluß waren alle von Gästen beschlagnahmt, die wie ich länger hier verweilten. Die anderen Zimmer waren Löcher für die Ratten. Herby, der Besitzer, hatte nie verheimlicht, daß sein Gästehaus früher mal ein Bordell gewesen ist, und dementsprechend sahen die Zimmer aus.

Im Erdgeschoß stapelten sich seine Bücher nach Sachgebieten geordnet vom Boden bis zur Decke. Die Gänge dazwischen waren so eng, daß kein Gegenverkehr möglich war, und wer an einer Stauballergie litt, sollte besser gleich einen großen Bogen um den Laden machen.

Ich stand in der Ecke mit den Reisebüchern. Der Mann neben mir stolperte über eine Kiste und stieß gegen das Regal, und was fiel mir aus der obersten Reihe in die Hände?

Coffee, Tea or me?

Das durfte doch nicht wahr sein! Zwei amerikanische Stewardessen berichteten darin über ihre Erfahrungen beim Fliegen. Nach diesem Buch hatte ich schon lange gesucht! Ich nahm es als ein gutes Omen und kaufte es. An der Theke trank ich noch einen Kaffee und hätte am liebsten gleich mit dem Lesen angefangen, aber auf dem einladenden Sofa hatte sich schon jemand breitgemacht, so daß für mich daneben kein Platz mehr war.

Ich zahlte und ging.

Oktober war laut Angaben der Klimatabelle in meinem Reiseführer der regenreichste Monat. Das konnte ich bestätigen. Es regnete nun ununterbrochen, auch in den Nächten. Der Fluß trat nicht über die Ufer, aber Phnom Penh stand trotzdem unter Wasser, auch ohne das Zutun des Tonlé Sap. Ich verließ kaum noch das Hotel und war froh über die unterhaltsame Lektüre, die mir die beiden

Stewardessen lieferten. Nachher und aus der Ferne sah immer alles viel besser aus.

Irgendwann kapitulierte meine gute Laune dann vor dem schlechten Wetter. Die anfängliche Euphorie war dahin, das Buch war gelesen, und ich hatte viel zuviel Zeit zum Nachdenken. Schon plagten mich wieder Zweifel an meinem Unternehmen, denn wenn es so weiterregnete, würde ich nirgendwo hinreisen.

Aus lauter Langeweile nahm ich einen Job an. Ich saß im Restaurant und starrte auf das schwarze Brett. Die Listen ‚Wer teilt mit mir ein Taxi nach Moc Bai?' blieben leer, Touristen kamen kaum welche zu dieser Jahreszeit. Hinter mir saß ein völlig abgedrehter Belgier im fortgeschrittenen Alter. Er führte ständig Gespräche mit Alain Delon, vielmehr mit seinem Gesicht auf einer Plastiktüte, die er neben sich liegen hatte.

Ich wollte gerade gehen, da kam ein großer, junger Mann hereinspaziert, lieh sich etwas Thesafilm von der Kassiererin und hängte einen Zettel ans schwarze Brett:

!!! TELEFONJOB!!!

LEICHTE ARBEIT – GUTER VERDIENST – ANGENEHME ARBEITSZEITEN – BITTE MELDEN BEI ...

Na, das war doch was für mich! Ich sprach ihn gleich an und fragte, wo der Haken bei der Sache sei.

„Die Sache hat keinen Haken. Wenn es dich interessiert, dann komm mit, und ich erkläre dir alles."

Wie ein Zuhälter sah er nicht aus, und anhören verpflichtet zu nichts. Das Büro lag ganz in der Nähe des Hotels, das war praktisch.

„Also, schieß los. Was muß ich tun, um viel Geld ohne viel Arbeit zu verdienen?"

„Es ist ganz einfach. Ich selber arbeite für Blablabla, eine große, englische Finanzberatungsgesellschaft. Wir erzählen den Ausländern, die hier in Kambodscha arbeiten, wie sie ihr Geld gut investieren."

„Zum Beispiel?"

„Zum Beispiel in die Ausbildung ihrer Kinder."

„Und das soll gut angelegt sein?!"

„Auf jeden Fall besser als beim Finanzamt."

„Aha. Ihr bescheißt also den Fiskus?"

„So würde ich es nicht ausdrücken."

„Wie denn?"

„Wir schleusen das Geld in bestimmte Kanäle, so daß es gar nicht erst in die Nähe des Finanzamts kommt. Das ist völlig legal."

„Und was soll ich dabei tun?"

„Hier ist eine Liste mit sämtlichen NGO's in Kambodscha. Du rufst dort an und läßt dir die Namen ihrer Mitarbeiter geben. Dann rufst du die an, erzählst ihnen ein bißchen was über unsere Firma und vereinbarst einen Gesprächstermin. Ich fahre dann hin und erledige den Rest."

„Das ist alles?"

„So ziemlich. Wir sind natürlich nur an den dicken Fischen interessiert, die aus der Chefetage, nicht an den Volontären."

„Was ist mit der ANGENEHMEN ARBEITSZEIT?"

„Am besten kommst du von zehn bis eins, oder nachmittags. Frühmorgens sind die Manager meistens in Besprechungen oder haben Geschäftstermine. Da erreicht man sie schlecht, oder sie sind nicht bei der Sache."

„Und was springt für mich dabei heraus?"

„Alles in allem etwa tausend Dollar im Monat."

„Okay, ich bin dabei. Wann soll ich anfangen?"

„Am nächsten Montag. Da kommt mein Chef von Bangkok, und wir können einen Vertrag machen."

„Alles klar."

Tausend Dollar im Monat, nicht schlecht für ein paar Stunden Telefonhörer polieren! So lange ich mich noch in Phnom Penh aufhielt, war das keine üble Sache. Ein netter Nebenverdienst für wenig Arbeit, ich konnte problemlos den Sprachkurs machen und hatte immer noch Zeit, mir Teile der Stadt anzusehen, die ich noch nicht kannte.

Am nächsten Morgen sah ich die Sache allerdings schon mit anderen Augen. Ich war nicht nach Kambodscha gefahren, um mir einen Job zu suchen. Ich kannte mich – am Ende würde ich als Finanzberater über ‚die besten Tricks, sein Geld nicht zu versteuern' ein Buch herausgeben. Das Telefon haßte ich seit Dubai, wo jedes Klingeln eine unangenehme Nachricht der Einsatzleitung für mich bereithielt, und das Geld? Hm. Weshalb war ich eigentlich hergekommen? Um Land und Leute kennenzulernen, richtig? Richtig. Und warum tat ich es nicht?

Ich blickte wieder auf das schwarze Brett. Die Notiz hing immer noch dort. Gleich darüber hing ein anderer Zettel:

BUS NACH SIHANOUKVILLE, ZWEIMAL TÄGLICH. TICKETS AN DER KASSE.

Ich wußte, was zu tun war. Als erstes rief ich Mike an und sagte ihm, ich hätte es mir anders überlegt und könne den Job nicht machen. Dann ging ich an die Kasse.

„Wie lange fährt denn der Bus nach Sihanoukville?"

„Drei Stunden. Ist besser als im Taxi. Es gibt eine Klimaanlage, einen Fernseher, die Sitze sind sehr bequem, und der Preis ist derselbe. Vier Dollar."

Er machte seine Sache so gut, daß ich ihm fast vorschlug, eine Karriere als Finanzberater zu starten.

„Ist es denn auch sicher auf der Strecke?"

„Ja. Wenn man tagsüber fährt, ist es sicher. Aber am Abend fährt sowieso kein Taxi oder Bus, nicht nach Sihanoukville und auch sonst nirgendwohin in Kambodscha."

Ich kaufte eine Fahrkarte, im Preis inbegriffen war außerdem die Fahrt zum Busbahnhof. Dann begann ich, meinen Flohmarkt wieder im Koffer zu verstauen; nach Sihanoukville würde ich nur eine kleine Reisetasche mitnehmen. Den Rest konnte ich im Hotel lassen, und meine Brieftasche blieb auch im Safe.

Ich freute mich wie ein Schneekönig, seit Dubai hatte ich das Meer nicht mehr gesehen. Auch wenn es regnen würde, ich war reif für Ruhe und frische Luft.

DAS ENGLISCHLEHRER-PHÄNOMEN

Um halb sieben am nächsten Morgen brachte mich das ‚Metropol'-Taxi zum Busbahnhof. Er lag einen Block hinter dem Zentralmarkt, mitten in der Stadt.

Mehrere große, brandneue Reisebusse standen nebeneinander, bereit zur Abfahrt nach Sihanoukville, Kampot und Kompong Cham. Zumindest standen diese Reiseziele auf den Schildern hinter der Windschutzscheibe. Ob sie auch tatsächlich fuhren, war fraglich.

Ich ließ mir einen Platz geben, verstaute meine Tasche unter dem Sitz und rauchte eine Zigarette.

„Madame! Zeitung?"

„Kaugummis?"

„Madame, kauf ein Brot! Ganz frisch!"

„Wie wär's mit einer Sonnenbrille?"

„Ein Bier?"

„Orangen aus Battambang!"

Die fliegenden Händler kamen aus allen Ecken.

Pünktlich um sieben ließ der Fahrer den Motor an, eine Minute später fuhren wir los. Außer mir saßen nur acht weitere Fahrgäste in dem Bus.

Ich war schwer beeindruckt von dem Komfort, der hier geboten wurde. Ich bin schon in vielen armen Ländern im Bus unterwegs gewesen, und ins Reisegepäck gehörten immer unendlich viel Geduld und ein dickes Kissen zum Unterlegen. Aber das hier?

Die Sitze waren breit und bequem, rosafarbene Gardinen rahmten die getönten Scheiben, die Klimaanlage funktionierte einwandfrei, über dem Fahrersitz hing ein Fernsehapparat, und eine Busbegleiterin in grau-weißer Uniform kontrollierte die Fahrscheine, verteilte Wasserflaschen und feuchte Tücher. Für den gleichen Preis würde ich mir ein kleines Taxi mit fünf anderen Passagieren teilen, in dem man mehr übereinander als nebeneinander saß.

Als ob der Luxusbus noch nicht genug des Guten sei, die Straße nach Sihanoukville war in einem erstklassigen Zustand. Auf den nächsten dreihundert Kilometern befand sich kein einziges Schlagloch.

Wir ließen den Bahnhof und Markt hinter uns und fuhren durch die überfüllten Straßen stadtauswärts. Hunderte von Kindern waren auf dem Weg zur Schule, Frauen saßen auf Cyclos, schwer beladen mit Obst und Gemüse, die Restaurants an jeder Straßenecke waren brechend voll, und am Kreisverkehr am Olympischen Markt saß auf der Statue des Garudas ein junger Mann und popelte dem Geschehen entrückt in der Nase.

‚Schick mir 'ne Karte, wenn du oben bist!'

Nachdem wir die Stadtgrenzen hinter uns gelassen hatten, war es Zeit für das erste Video. Ein chinesischer Gangsterfilm, dessen Toneffekte in einem Boxcenter aufgenommen worden waren, statt in einem Tonstudio. Die Kambodschaner liebten diese Filme, ich nicht. Und während sie wie hypnotisiert am Bildschirm hingen, verstöpselte ich mir die Ohren mit dem Kopfhörer meines Walkmans, streckte die Beine aus und sah mir ein anderes Video an: ‚Kambodscha-Life'.

Die Fahrt war sehr schön. Entlang der Straße standen die großen, in traditioneller Bauweise der Khmer errichteten Holzhäuser auf Stelzen. Durch die erhöhte Lage der Wohnräume waren diese besser durchlüftet, und Insekten kamen nicht so schnell hinein. Die Grundstücke waren umrandet von Bananenstauden und Bougainvilleabüschen, zur Straße hin lagen Wasserspeicher, die aussahen wie kleine Goldfischteiche, bedeckt mit einem Teppich rotblühender Wasserlilien. Der Platz unter dem Haus diente den Tieren als Unterstand, fast jede Familie hielt sich ein paar Schweine und eine Kuh. Dort saßen auch die Frauen und verrichteten ihre Hausarbeit. Große Kübel mit Wäsche, die gewaschen werden mußte, standen vor ihnen, das Essen, das zubereitet werden mußte, lag hinter ihnen. Zwischendurch machten sie ein Päuschen und tauschten mit der Nachbarin die letzten Neuigkeiten aus. Ganz wie daheim.

Am schönsten jedoch war der Anblick der endlosen, smaragdgrünen Reisfelder mit Zuckerpalmen dazwischen, deren lange, gerade Stämme mit wuscheligen Palmkronen das Landschaftsbild von ganz Kambodscha bestimmten. Hier und da unterbrachen farbenprächtige Pagoden das Bild, und am Horizont sah man die ersten Ausläufer des Elefantengebirges.

Das Bild, das sich mir bot, war mehr als idyllisch. Es hätte aus einem Bilderbuch stammen können, und es fiel mir sehr schwer, es mit den grausamen Bildern der Vergangenheit unter einen Hut zu bringen.

Auf der Straße herrschte reger Verkehr. Die Kinder fuhren mit dem Fahrrad zur Schule, die sich meist auf dem Gelände eines Klosters befand, Remorque-Taxis hatten bis zu zwanzig Fahrgäste auf ihren Anhängern geladen und fuhren sie ins nächste Dorf, und zahllose Lkws brachten die Container von Sihanoukvilles Tiefseehafen in die Hauptstadt oder fuhren leer zurück.

Der Bus hielt in einem kleinen Nest auf halber Strecke für eine Frühstücks- und Pinkelpause. Kaum stiegen die ersten aus, eilten die Frauen herbei, um kleine Snacks zu verkaufen, die sie auf großen Tabletts auf ihren Köpfen trugen. Darauf stapelten sich Reisbällchen, gefüllt mit Fisch oder Bananen, gegrilltes Hühnchen am Spieß, klebrige, kleine Küchlein mit Kokosflocken und Scheiben von Wassermelonen oder Papayas, alles für ein paar Pfennige.

Ich stand in einiger Entfernung und rauchte eine Zigarette. Nicht weit von mir sah ich einen Bettler, der sich fertig zum Angriff machte. Er krempelte sein Hosenbein hoch, humpelte zu mir herüber, deutete auf seinen hölzernen Fuß, lächelte mich entwaffnend an und sagte: „Gib mir doch ein bißchen Geld, ja?"

Er streckte mir seine alte Armeekappe entgegen. Ich legte ihm zwei Zigaretten hinein. Er bedankte sich und machte Platz für den nächsten. Ein Bettler kommt niemals allein, das hatte ich bereits in Phnom Penh gelernt.

Der Busfahrer kaufte Fleisch für die ganze nächste Woche, dann fuhren wir weiter. Die Häuser wurden weniger, und die Reisfelder auch. Das meiste Land lag brach. ‚Ob das wohl Minenfelder sind?' Die warnenden, roten Schilder mit dem Totenkopf konnte ich allerdings nirgends entdecken. Wer weiß, es gab genügend Touristen, die es schick fanden, mit einer solchen Trophäe zurückzukommen und ihre Eingangstüren mit ‚Danger!!! Mines!!!' zu dekorieren.

Die Berge rückten näher, und über den Gipfeln braute sich ein schweres Unwetter zusammen. Die Straße führte immer höher, und bevor wir die kurze Strecke durchquerten, die uns noch von der Provinz Sihanoukville trennte, hielt der Bus an einem kleinen Geisterhäuschen an der Straße. Der Fahrer zündete einige Räucherstäbchen an, sprach ein kurzes Gebet und hinterließ eine kleine Spende.

Ich beobachtete ihn und meine Mitreisenden, und mir entging nicht, daß sich auf ihren Gesichtern eine winzige Sorgenfalte bildete. Die auf meinem Gesicht war bereits eine tiefe Furche. Was war hier los? Warum bat man um den Schutz der Geister, wenn man durch die Berge fuhr? Dunkel erinnerte ich mich, daß es hier in der Gegend gewesen sein mußte, als vor zwei Jahren die drei Ausländer von den Roten Khmer entführt und ermordet wurden.

Oh, oh, oh.

Ich wickelte mir mein kariertes Baumwolltuch, das alle Kambodschaner trugen, so um den Kopf, daß mich niemand mehr als Barang erkennen konnte, rutschte tief in den Sitz hinein und klemmte die Augen zu. Ich war nicht hier, wenn es geschah.

Als ich wieder wach wurde, passierten wir gerade die Stadttore von Sihanoukville. Der Bus hielt auf einem häßlichen Platz zwischen Häusern aus Beton. Ich stieg aus, und schon riß mir jemand die Tasche aus der Hand und fuhr mir mit dem Moped fast über die Füße.

„Taxi?"

Ich konnte so etwas überhaupt nicht leiden; das war eine Unsitte, die sie überall in Asien an sich hatten. Ich nahm meine Tasche und ging zu dem, der in der hintersten Reihe gelangweilt auf seinem Moped saß.

„Kennst du *Sali's* Gästehaus?"

„Na klar."

„Fährst du mich hin?"

„Steig auf."

Er verstaute meine Tasche vor dem Lenker, und los ging's.

Sali's Gästehaus lag direkt am Strand, fünf Kilometer außerhalb der Stadt. Die Gegend um Sihanoukville war ziemlich hügelig, abgeholzt und nicht besonders ansprechend. Ich aber roch nur vertrocknetes Gras und eine Luft, die mich an das Mittelmeer erinnerte. Die Sonne schien, und als wir die letzte, scharfe Kurve hinter uns ließen, sah ich auch das blaue Meer. Zweihundert Meter weiter hing an einem Mast ein großes Coca-Cola-Schild, auf dem *Sali's Guesthouse* stand, und darunter war ein Pfeil. Der Fahrer bog ab und fuhr noch ein paar Meter einen ungeteerten Weg hinauf. Dann waren wir da.

Ich stieg ab, ging durch das Eisentor in ein Restaurant und weckte den Jungen hinter der Theke.

„Habt ihr Zimmer frei?"

Er sah mich aus seinen riesigen Augen an und brauchte eine Weile, um zurück in die Wirklichkeit zu kommen.

„Zimmer? Äh, ja."

In Zeitlupe drehte er sich zu dem Schlüsselbrett hinter ihm, griff nach einem und schlurfte vor mir durch einen kleinen Garten zu den Bungalows. Sechs in einer Reihe, aus Holz mit einer gemeinsamen Veranda. Er schloß die Tür auf, und ich sah mich um. Ein Zimmer mit einem großen Bett und einem Moskitonetz darüber, ein Tisch, ein Stuhl und ein Ventilator. Auf der Rückseite war das Bad mit Klo und einer Duschvorrichtung. Alles sehr einfach, aber bei einem Preis von vier Dollar konnte ich auf Minibar und Faxgerät getrost verzichten.

Ich bezahlte den Fahrer, stellte mein Gepäck ab, zog mich um und ging zurück ins Restaurant. Der Junge war schon wieder eingenickt.

„Hey, es ist halb elf, Zeit zum Aufstehen! Kann ich einen Kaffee bekommen?"

Damit er nicht wieder einschlief, setzte ich mich zu ihm an die Theke.

„Wie heißt du denn?"

„Vannath ist mein Name, ich bin der Bruder von Sali."

„Du sprichst gar nicht schlecht Englisch, wo hast du es denn gelernt?"

Jetzt war er wach. Komplimente hörten alle gern.

„Hier, das ist mein Englischbuch. *Headway 2*. Eric hat es mir gekauft."

„Wer ist Eric?"

„Eric ist Engländer, der Mann von Sali. Er sagt, daß es nützlich ist, wenn ich Englisch kann."

„Da hat er recht. Sag mal, wieviele Gäste sind denn eigentlich hier? Es scheint ja völlig ausgestorben zu sein!"

„Jetzt um diese Zeit gibt es nicht viele Touristen. Keine Saison. Da hinten in Nummer eins wohnt Peter. Er ist auch Engländer. Er unterrichtet Englisch in Sihanoukville. Hier oben neben dem Restaurant sind ein paar Leute im Dorm, keine Ahnung, wo die herkommen und wie lange sie bleiben. Willst du was essen?"

„Nein, ich glaube, ich gehe mal runter ans Wasser. Wie kommt's, daß die Sonne scheint? In Phnom Penh hat es ununterbrochen geregnet!"

Die Sonne stand hoch am Himmel, und ich beschloß, bis zum Nachmittag zu warten, sonst würde ich mir nur die Nase verbrennen. Ich hängte meine Sachen an die Nägel in der Wand, die als Garderobe dienten, und legte mich mit einem Buch aufs Bett. Es war angenehm ruhig. Hin und wieder fuhr ein Auto oder ein Moped vorbei, sonst hörte man nur das Rauschen des Meeres.

Ich mußte wohl eingeschlafen sein, denn als ich wieder zu mir kam, war es drei Uhr nachmittags. Der Himmel war leicht bedeckt, aber nach Regen sah es nicht aus. Ich ging die hundert Meter zum Strand hinunter, zog die Sandalen aus und lief durchs Wasser. Das tat gut nach all dem Dreck in Phnom Penh!

Am nördlichen Ende lag Kambodschas einziger Tiefseehafen, aber das Wasser schien nicht viel Dreck abzubekommen, zumindest sah es sauber aus. Ich ging in die andere Richtung, aber der Sandstrand war bald zu Ende, und ich mußte über Felsen klettern. Dann kam wieder Sand, dann wieder Felsen. So ging es rund um Sihanoukville, Kilometer um Kilometer, und auf diese Weise entstanden lauter kleine Badebuchten.

Am *Independence Hotel* konnte ich dann nicht mehr weiter, die Felsen waren zu groß und glatt, um darüber zu steigen. Ich setzte mich auf einen warmen Stein, sah ins Meer und ließ die Seele einfach baumeln. Das war der richtige Ort zum Abschalten, und ich überlegte, ob ich nicht nach jeder meiner Reisen ins Landesinnere für ein paar Tage herkommen sollte. Die Idee gefiel mir.

Am späten Nachmittag tauchten lauter kleine Fischerboote am Horizont auf, und aus der Ferne hörte man das leise Tuckern ihrer Dieselmotoren. Ich machte mich auf den Rückweg, denn im Dunkeln würde ich mir bei dieser Kletterei mit Sicherheit einen oder beide Füße brechen.

Frisch geduscht, saß ich im Restaurant und studierte die Speisekarte. Ich hatte einen Bärenhunger und konnte mich nicht entscheiden. Da fiel der Strom aus, aber zum Glück wurde hier mit Gas gekocht. Ich bestellte eine Suppe und setzte mich an einen Tisch. Vannath hatte überall Kerzen angezündet, und jetzt war es richtig gemütlich. Ich war wieder allein im Restaurant und während ich auf mein Essen wartete, schrieb ich einen Brief an meine Freundin.

Ein bildhübsches Mädchen mit langem, lockigen Haar brachte mir meine Suppe, setzte sich neben mich und sah mir beim Essen zu. Jedesmal wenn ich aufsah und sagte, daß es sehr lecker sei, strahlte sie mich an und zeigte dabei Zähne, die jedes Zahnpasta-Model vor Neid erblassen lassen würden. Leider sprach sie kein Wort Englisch. Als ich fertig war, nahm sie die Schüssel und ging zurück in die Küche. Gute Karten für eine Stewardess.

Dann deckte sie den Nachbartisch, und das ganze Personal nahm daran Platz. Ich schrieb meinen Brief weiter und bat meine Freundin, mir, wenn irgendwie möglich, Schokolade nach Kambodscha zu senden. Mir war gerade danach. Mit Süßem hatten sie es nicht so auf den Speisekarten. Am Nachbartisch waren sie fertig, und eines der Mädchen hatte angefangen zu singen und zu tanzen und mit den Jungs zu flirten.

Neben mir hatte ein älterer Herr Platz genommen. Er klatschte in die Hände und ermunterte das Mädchen, die Jungs noch etwas mehr zu provozieren.

„Die Kambodschaner sind so herrlich schüchtern, und es ist lustig, zuzusehen, wenn Yang sie ärgert. Sie ist halb Vietnamesin und ziemlich verrückt. Sie ist die Freundin von Peter, kennst du ihn?"

Der ältere Herr sprach mit mir.

„Nein, ich kenne Peter nicht. Ist das mein Nachbar aus Zimmer eins, der Englischlehrer? Vannath hat mir von ihm erzählt."

„Ja genau, der Englischlehrer. Ich bin übrigens Eric, der Mann von Sali. Darf ich mich zu dir setzen?"

Er kam herüber und fragte, was ich hier so mache. Ich erzählte ihm kurz meine Geschichte, dann erzählte er mir seine. Er kam '93 als Freiwilliger mit der UNTAC nach Kambodscha, verliebte sich in Sali, und als die Mission beendet war, heiratete er sie und blieb. Mit dem Gästehaus erfüllte er sich einen Traum, und zusammen versuchten sie, über die Runden zu kommen, was nicht immer leicht war.

„Der Tourismus kam erst letztes Jahr etwas in Schwung. Nach Angkor fahren zwar mittlerweile recht viele, aber das sind meistens Pauschaltouristen, die ein festes Programm haben. Nach Sihanoukville kommen nur ganz wenige. Es liegt eben ab vom Schuß."

„Schade. Denn wenn ich mich so umsehe, ist es hier doch eigentlich ganz nett. Es ist ruhig, der Strand vor der Tür, das Wasser sauber, ich habe ein paar Inseln gesehen, der ideale Platz, um Angkor zu verdauen!"

„Finde ich auch. Stört es dich, wenn ich rauche?"

Er stopfte seine Pfeife und schmunzelte.

„Nein, stört mich nicht."

Im Laufe des Abends kamen immer mehr Gäste. Eric stellte sie mir als die Englischlehrer von Sihanoukville vor. Sie waren alle junge Männer Mitte zwanzig mit strähnigen Pferdeschwänzchen und hagerer Figur, die auf ihrer großen Asienreise dem Charme Kambodschas erlegen waren und hängengeblieben sind. Sie hatten einen Job bei einer der unzähligen Sprachschulen angenommen und deckten so ihre Unkosten.

Eric rückte zwei Tische nebeneinander, und wir saßen in einer großen Gruppe. Allmählich kamen auch die Nachtwächter aus dem Dorm und setzten sich dazu. Die Gespräche gingen kreuz und quer über die Tische, und ich verstand erst mal gar nichts. Dann fragte Eric einen von der Dormbelegschaft, ob sie tatsächlich am nächsten Morgen nach Thailand wollten.

„Nach Thailand? Von hier? Geht das denn überhaupt?"

„Jain. Sie nehmen das Boot von hier bis nach Koh Kong. Dort steigen sie um in ein anderes, das sie an die Grenze bringt. Ein offizieller Grenzübergang ist das nicht, aber bis jetzt ist noch keiner wieder zurückgekommen", erklärte mir Eric.

„Aber fragen denn die Thais nicht nach einem Einreisestempel? Soweit ich weiß, sind sie ziemlich strikt, was diese Formalitäten betrifft."

„Ich weiß. Ich hoffe, daß mir endlich mal jemand eine Postkarte schickt und erzählt, wie es drüben weitergeht. Vielleicht sitzen ja auch alle irgendwo im Knast!"

Er grinste die Nachtwächter an. Die hatten mittlerweile ihre Pfeifen ausgepackt. Nicht das, was wir uns im allgemeinen unter Pfeifen vorstellen, nein, das hier waren richtige Kanonenrohre! Und auf dem Tisch lagen lauter Tüten mit Marihuana, deren Inhalt in den nächsten Stunden nach und nach verschwand. Ich schlackerte nur noch mit den Ohren. Ich hatte zweimal an einem vorbeiwandernden Joint gezogen und war mehr als okay, aber das! Da konnte man allein vom Zusehen ins Koma fallen!

Am nächsten Morgen schien wieder die Sonne, der Himmel war blau, und das Meer lockte.

Ich trank schnell einen Kaffee, nahm mein Bündel und verschwand. Ich hatte am Tag zuvor eine nette, kleine Bucht entdeckt, ruhig und im Schatten zwischen zwei Felsen. Dort breitete ich mich aus und ging erst mal ausgiebig schwimmen.

Vom Wasser aus sah ich, wie sich der erste Besucher näherte. Merkwürdig, vor fünf Minuten war weit und breit keine Menschenseele zu sehen gewesen. Er hielt nicht weit von meinem Platz, dann duckte er sich hinter einen Felsen, tauchte kurz danach wieder auf und knöpfte sich die Hose zu. Dann ging er weiter. Reviermarkierung.

Eine Weile später bekam ich wieder Besuch. Ein kleiner Knirps lief mit einem Tablett auf dem Kopf vorbei, auf dem er einen halben Kiosk trug. Er kniete vor mir nieder, damit ich mir etwas aussuchen konnte. Bonbons, Kaugummis, Zigaretten, Streichhölzer, Trillerpfeifen, Halsketten, zwei zusammengerollte Zeitungen und noch vieles mehr lag da ordentlich nebeneinander. Ich hätte ihm gerne etwas abgekauft, aber ich nahm grundsätzlich kein Geld oder sonstige Wertsachen mit an den Strand.

Während er da so vor mir hockte, fiel mir auf einmal auf, daß seine kleinen Hände mit irgend etwas unter dem Tablett beschäftigt waren. Ich hob es hoch und – sie steckten in meiner Tasche!

Ei, ei, ei, was haben wir denn da!

„Vergiß es, Kleiner, da ist nichts drin."

Ich sah ihn so böse an, daß er fast in Tränen ausgebrochen wäre. Er nahm sein Tablett und verschwand.

Ich ging auch bald, denn mit der ersehnten Ruhe war es vorbei, und außerdem lag mein Platz mittlerweile in der knalligen Sonne. In diesen Breitengraden war sie so intensiv, daß man sich verbrannte, bevor man bis hundert gezählt hatte, und ich wollte nicht das ganze Wochenende mit Sonnenbrand im Gästehaus verbringen, sondern mir etwas ansehen.

Ich nahm eine Abkürzung, bei der ich an einer Stelle durchs Wasser mußte. Ich rutschte aus und schnitt mir an einem scharfen Stein den Fuß so böse auf, daß ich kaum noch laufen konnte. Mit blutverklebtem Schuh kam ich im Gästehaus an und wußte, daß ich mir gar nichts ansehen würde, sondern das ganze Wochenende auf der Veranda vor meinem Zimmer sitzen würde. Pech!

Nur einmal fuhr ich in die Stadt; vom Moped aus humpelte ich in eine Apotheke und kaufte anständiges Heftpflaster, dann humpelte ich weiter zum ersten Schuhstand auf dem Markt und kaufte ein Paar rote Gummischlappen. Diese Treter sollten wirklich als meistverkaufte Schuhe der Welt einen Ehrenplatz im Guinness-Buch der Rekorde bekommen!

Am Wochenende wurde es dann plötzlich voll. Die Englischlehrer von Phnom Penh kamen samt und sonders mit ihren Freundinnen. Die Mädchen waren sehr hübsch und in der neuesten Mode gekleidet. Eric wanderte von Tisch zu Tisch, hielt hier und da ein Schwätzchen, Vannath rotierte mit den Bestellungen, die Mädels in der Küche standen Kopf und brachten alles durcheinander, und ich saß in einer luftigen Ecke im Schatten, hielt mir ein Buch vor die Nase und beobachtete alles genau.

Hin und wieder kam Eric bei mir vorbei, erkundigte sich nach meinem Fuß und entschuldigte sich für das entstehende Chaos.

„Sag mal Eric, die Mädchen, das sind doch alles Einheimische, oder?"

„Ja, wieso fragst du?"

„Naja, es ist doch eher unüblich, daß die Kambodschanerinnen sich einfach so mit Ausländern zusammentun. Zumindest ist das der Fall in den meisten asiatischen Ländern, die ich kenne. Ich kann mir nicht vorstellen, daß das hier anders ist."

„Ist es auch nicht. Die Mädchen sind alle Taxigirls, Prostituierte, mit Ausnahme von Peters und Billys Freundinnen. Die Mädels sind nicht Kambodschanerinnen, sondern Vietnamesinnen, die in Kambodscha leben. Wenn du länger da bist, lernst du schon den äußeren Unterschied zwischen Kambodschanerinnen und Vietnamesinnen kennen, falls er dir bis jetzt noch nicht aufgefallen ist."

Die Kambodschaner, Männer wie Frauen, sahen ganz anders aus als ihre Nachbarn in Ost und West. Sie waren kräftiger gebaut, hatten viel dunklere Haut, lockiges Haar und runde Augen. Ihre Gesichtszüge waren gröber, und sie hatten mich von Anfang an mehr an die Bewohner Südindiens und Sri Lankas erinnert als an jene des ostasiatischen Raumes. Ich persönlich fand, daß die Khmer ein sehr schöner Menschenschlag seien.

Die Freundinnen saßen meist zusammen an einem Tisch, ihre Begleiter an einem anderen. Und während die Herren der Schöpfung über so wichtige Dinge wie „wo gibt es das beste Marihuana" und „wie kann man das Visum ohne großen finanziellen Aufwand noch mal erneuern" fachsimpelten, vergnügten sich die Mädels mit einmal die Speisekarte hoch und runter essen. Sie hatten einen gesunden Appetit, und als die Englischlehrer vor der Abreise die Rechnung beglichen, da holte so manch einer erst mal tief Luft. Denn das Essen war nicht nur sehr gut, sondern auch etwas teurer als in anderen Restaurants.

Das Wetter hielt sich fast das ganze Wochenende, und so wurde es zwischendurch immer mal wieder ruhiger, wenn sich alle an den Strand begaben. Ich saß nach wie vor im Gästehaus, legte den Fuß hoch und träumte vor mich hin.
 Einmal kam das hübsche Mädchen aus der Küche zu mir. Sie hieß Suyin, das hatte ich mittlerweile von Eric erfahren. Sie sah sich meinen Fuß an, machte ein besorgtes Gesicht und holte etwas aus der Küche. Dann schmierte sie mir eine stinkende, grüne Paste auf die Wunde und beteuerte, daß es jetzt besser werden würde. So interpretierte ich zumindest ihren Gesichtsausdruck.
 Ich bedauerte es sehr, daß wir uns nicht unterhalten konnten, und freute mich um so mehr auf den Sprachkurs. Endlich ein paar Worte sprechen können, die Barriere brechen, das würde so viele Türen öffnen. Ein Wort hatte ich bereits gelernt: Sa-at hieß schön. Suyin strich jedesmal, wenn sie vorbei lief, mit dem Finger über meine weiße Haut und sagte: „Sa-at!" Dabei lächelte sie schüchtern. Ich tat es ihr nach und gab ihr somit zu verstehen, daß ich ihre dunkle Haut auch sehr schön fand. Sie schüttelte dann energisch den Kopf.
 Es war immer dasselbe. Die Asiaten taten alles, um ihre Haut heller zu bekommen, und wir Weiße grillten uns stundenlang in der Sonne, um dunkler zu werden. Und keiner verstand, warum der andere nicht zufrieden mit dem war, was er von der Natur mitbekommen hatte.

Ich legte mich etwas früher ins Bett als sonst, denn ich hatte genug von den neuen Gästen. Wenn ich allerdings auf eine geruhsame Nacht gehofft hatte, dann befand ich mich im Irrtum. Nach und nach zogen sie sich alle in ihre Bungalows zurück, aber von Schlafen war keine Rede. Die dünnen Holzwände dienten mehr als Sichtschutz denn als Schallmauer, und so wurde ich Zeuge manch einer unterhaltsamen Konversation.
 „Hey, du. Schläfst wieder."
 „Hmmm. Hast du was gesagt?"
 „Ich sage, *schläfst* wieder!"
 „Ja und? Ich schlafe, weil ich müde bin."
 „Du immer müde. Du bumst, fünf Minuten, du schläfst!"
 Aus einem anderen Zimmer tönte die schrille Stimme von Peters Freundin Yang.
 „Gib mir Geld!"

„Nein."
„Ich will aber Geld!!"
„Und ich sage: Nein!"
„Du nie sprichst mir, du nicht siehst mir, du nicht liebst mir – ich weiß. Aber du bumst mir – also gib mir Geld!"
„Yang, du benimmst dich wie eine Nutte. Bist du eine Nutte?"
„Nein! Ich keine Nutte!"
„Dann halt endlich die Klappe."
Leider ging es in Khmer weiter, das Peter sehr gut sprach, und ich konnte nicht in Erfahrung bringen, ob Yang ihr gefordertes Geld bekommen hatte oder nicht.

Die Bewohner der anderen Zimmer gaben sich Mühe, etwas leiser zu sein, und alles, was ich hörte, waren quietschende und knarrende Bettgestelle, Kichern, Grunzen, Stöhnen und Keuchen, Flüstern, die Klospülung, Duschen und auf einmal einen lauten PLUMPS.

Genug war genug. Ich stand auf und holte die Ohrstöpsel aus der Tasche. Stille.

Als ich am nächsten Morgen die Tür aufmachte, sah ich, daß vor dem Zimmer fünf eine Matratze auf der Veranda lag und auf ihr drauf zwei engumschlungene Gestalten.

Das war also der laute PLUMPS gewesen! Der Unterbau des Bettes war nicht geschaffen für Leistungssportler und zusammengekracht. Die beiden hätten entweder mit den Beinen nach unten hängend schlafen müssen oder draußen. Offensichtlich hatten sie die frische Luft der unbequemen Lage vorgezogen.

Da die meisten am Montag wieder arbeiten mußten, verließen sie das Gästehaus bereits am Sonntagnachmittag. Die Ruhe kehrte zurück. Ich saß mit Eric bei einem Kaffee.

„Sag mal, wo ist eigentlich Sali?"
„Sali ist in Phnom Penh. Die Kambodschaner feiern gerade das Totenfest, Pachum Ben. Das dauert zwei Wochen. Die Familien gehen in die Pagoden, bringen Nahrungsmittel und Geldspenden für die Mönche und beten den ganzen Tag mit ihnen für die Geister ihrer verstorbenen Familienangehörigen. Ich wollte, daß Sali eher zurückkommt, aber der letzte Tag ist der wichtigste bei diesem Fest, und sie wollte ihre Familie nicht alleine lassen."

„Wie alt ist Sali denn?"
„Ich weiß es nicht genau, sie sagt zweiunddreißig. Geburtsurkunden und all diese Papiere wurden – sofern sie existierten – unter Pol Pot vernichtet. Aber um ehrlich zu sein – mir ist es ganz egal, wie alt sie ist. Wann reist du denn ab?"
„Morgen nachmittag. Übermorgen beginnt mein Sprachkurs."

„Und wann kommst du wieder?"

„Ich glaube, bald. Mir gefällt es hier, und ich würde mir gerne die Umgebung ansehen."

„Ende Oktober gibt es Ferien. Da hat der König Geburtstag, und das wird von der ganzen Nation gefeiert. Da macht deine Schule bestimmt für ein paar Tage zu."

„Das ist ja schon in zwei Wochen. Aber warum nicht. Vannath kann mit mir Khmer üben und Suyin auch, wenn sie Zeit hat. Vielleicht komme ich dann eine ganze Woche."

Mein Fuß war einigermaßen verheilt, und ich humpelte an den Strand hinunter. Dort setzte ich mich auf einen Felsen, der wie ein Fernsehsessel aus dem Wasser herausschaute, machte es mir bequem und zählte die Fischerboote am Horizont.

Der Himmel war voller Wattewolken, und die Sonne versank langsam im Meer. Es war ganz still, und ich beobachtete, wie sich die Farben des Himmels von Blau über Gelb, Orange, Rot bis hin zu Purpur veränderten; ein Schauspiel, an dem ich mich immer wieder ergötzen konnte.

Erst als es fast finster war, ging ich zurück zum Gästehaus. Dort brannten wieder die Kerzen. Ich hatte gelernt, daß der Strom immer dann ausfiel, wenn man ihn brauchte – nämlich bei Einbruch der Dunkelheit.

Bevor ich am nächsten Morgen zurück zur Bushaltestelle fuhr, unterhielt ich mich kurz mit einem der letzten Englischlehrer.

„Warum fährst du denn heute schon nach Phnom Penh?"

„Ich mache einen Sprachkurs, der morgen anfängt. Kennst du die *Kingsfield School of Business*?"

„Ja, hab davon gehört. Übrigens, falls es dir dort nicht gefällt, ich kenne eine Privatlehrerin, Vora. Sie ist eine sehr liebe, alte Dame, die gehbehindert ist. Sie gibt Privatstunden. Hier ist ihre Adresse. Schau mal bei ihr vorbei, wenn du Lust hast, sie ist sehr nett."

„Vielen Dank, werde ich bestimmt machen!"

WIR LERNEN KHMER

Im *Metropol* belegte ich jetzt Zimmer 103.

Das *Metropol* war das erste Hotel der Stadt gewesen, das sich auf Gäste mit kleinem Reisebudget konzentrierte, und damit hatten die Besitzer ins Schwarze getroffen. Innerhalb kurzer Zeit konnten sie mehr und mehr der angrenzenden Häuserblocks dazu kaufen, und mittlerweile hatten sie über achtzig Zimmer zur Verfügung. Im Erdgeschoß befand sich das gleichnamige Restaurant, in dem man westliche und einheimische Mahlzeiten für sehr wenig Geld bekam. Das Essen war okay und machte satt.

Hotel und Restaurant gehörten vier Brüdern. Einer regierte im Hotel, zwei übernahmen das Restaurant, und der vierte kümmerte sich um das benachbarte *Happy-Guesthouse*. Ich konnte mir ihre Namen nie merken und nannte sie deshalb Hotelbruder, großer und kleiner Restaurantbruder und Happybruder. Sie waren Chinesen mit dem ihnen eigenen Sinn fürs Geschäft.

Das *Metropol* war nicht unbedingt meine erste Wahl gewesen, aber es war sauber, lag im Zentrum, das Personal sprach verhältnismäßig gut Englisch, aber am wichtigsten war, daß ich mein ganzes Gepäck und meine Wertsachen wie Geld und Dokumente hinterlassen konnte, wann immer ich verreiste, und *wußte*, es ist noch da, wenn ich wiederkam. Da ich später bloß noch für kurze Zeit in Phnom Penh sein würde, war dieses Arrangement für mich sehr praktisch, und außerdem hatte ich keine Lust mehr, mit meinem ganzen Gepäck umzuziehen.

Die nächsten zwei Wochen hatten es in sich. Neben dem Sprachkurs mußte ich mich um mein Visum kümmern, und dank der vielen Informationen von den Englischlehrern wußte ich, daß ich mit Schwierigkeiten zu rechnen hatte.

Ich fuhr am nächsten Morgen gleich zum Visaamt und bekam die Neuigkeiten aus erster Hand. Der träge Beamte sagte mir mit gelassener Stimme, daß eine Verlängerung für drei Monate zur Zeit nicht möglich sei, höchstens für einen. Ich mußte das Land verlassen, oder – oder etwas mehr Geld bezahlen. Das war dann aber nicht offiziell. Kontaktmann war die Ratte, ein Taxifahrer. Als ich ihn ansprach, lachte er und fragte: „Visum?"

„Ja, Visum."

„Wie lange?"

„Mindestens noch mal drei Monate, dann werde ich ohnehin kurz ausreisen."

„Das ist überhaupt kein Problem. Hast du deinen Paß dabei? Dann komm, wir fahren gleich zu meinem Freund."

So ganz wohl war mir bei dieser Sache nicht, ich kannte weder die ‚Ratte' noch seinen Freund, und meinen Paß gab ich nicht gerne aus der Hand. Aber wenn ich nicht nach Vietnam wollte, dann blieb mir nichts anderes übrig.

„Wieviel kostet es denn?"

„Hundert Dollar für meinen Freund."

„Und du?"

„Das liegt bei dir, soviel dir die Sache eben wert ist."

„Und wie lange muß ich warten?"
„Zehn Tage."
Das ging ja noch.
„Hör mal, mach dir keine Sorgen. Kennst du Eric aus Sihanoukville?"
„Ja, kenn ich."
„Der kommt auch immer zu mir. Mein Freund ist in Ordnung, wirst schon sehen."

Trotzdem merkte ich mir den Weg zu seinem Freund ganz genau. Nur für den Fall, daß ich ihm mit der Deutschen Botschaft als Verstärkung auf die Bude rücken mußte.

Wieder zurück, machte ich mich gleich fertig für die Schule. Ich war aufgeregt wie ein Erstklässler, mir fehlte nur noch die Schultüte. Pünktlich um zwei stand ich am Tor, aber die Sekretärin informierte mich sogleich, daß sich die Anfangszeiten geändert hätten. Ich sollte um fünf wiederkommen.

In der Nähe lag der Russenmarkt. Ich ging hin, denn ich kannte dort eine Frau, die die leckersten Waffeln in ganz Phnom Penh backte. Der Markt hatte seinen Namen aus der Zeit der vietnamesischen Besatzung, als sehr viele Gebrauchsartikel aus der damaligen Sowjetunion hier verkauft wurden. Mir gefiel der Markt; alles unter einem Dach in einer riesigen Halle, wurde es hier nie so dreckig auf dem Boden wie in den anderen Märkten, die meistens so voll waren, daß die Händler auf die Straßen ausweichen mußten.

Ich ging gleich in die Mitte der Halle, wo sich lauter Essenstände aneinander reihten. Überall wurde gekocht und gebrutzelt, und es roch köstlich. Ich holte mir zwei Waffeln, setzte mich an einen Tisch und bestellte einen Kaffee. Drei Stunden mußte ich totschlagen. Zeit genug, um einen langen Brief an die Daheimgebliebenen zu schreiben. So allmählich gab es ja auch einiges zu erzählen.

Die Luft war sehr stickig hier drinnen, und das Mädchen schaltete den Ventilator an. Bald bekam ich auch Abkühlung von hinten verschafft; als ich mich umdrehte, sah ich drei kleine Bettelkinder hinter mir, die mit einem Pappdeckel hin und her wedelten. Mir flog ständig das Papier weg, auf das ich schreiben wollte, und so schickte ich sie fort. Aber es hatte sich bereits herumgesprochen, daß ein Barang im Markt saß, und wie schon erwähnt – ein Bettler kommt selten allein. Sie hatten alle keinen großen Erfolg und suchten nach anderen Opfern.

Nur einer blieb. Er tat so, als sehe er mich gar nicht, stellte seine Krücken ab und setzte sich auf den leeren Tisch hinter mir. Dann sah er mir beim Schreiben zu. Jedesmal, wenn ich über die Schulter blickte, lächelte er mich an.

Und da soll einer hart bleiben!

Als erstes bot ich ihm eine Marlboro an, damit er endlich aufhörte, sein stinkendes Kraut zu rauchen. Irgendwann bestellte ich mir noch einen Kaffee. Der Bettler hielt unverändert die Stellung. Ich fragte ihn, ob er etwas trinken wollte. Schüchtern humpelte er ans andere Tischende und bestellte einen Eiskaffee. Er sah lustig aus; mit seinem Bürstenschnitt erinnerte er mich an eine Igelpuppe und ich nannte ihn Mecki. Ich gab ihm noch eine Zigarette. Er platzte fast vor lauter Stolz. An einem Tisch sitzen, Eiskaffee schlürfen (und er schlürfte ihn wirklich hörbar) und importierte Zigaretten rauchen, gern ließ er sich von seinen Kumpels bewundern.

Mecki war der König der Bettler des Russenmarktes an jenem Tag; alles, was ihm fehlte, war eine Zigarettenspitze!

Und jetzt war es Zeit für die Schule.

Außer mir saßen noch fünf weitere Kursteilnehmer in dem Klassenzimmer; zwei Krankenschwestern aus Belgien und Finnland, ein Bibliothekar und ein Kinderpsychologe aus Indien und eine jüngere Frau aus Australien. Gespannt warteten wir auf die Ankunft des Lehrers; es hätte nicht viel gefehlt, und wir wären alle aufgestanden und hätten einstimmig gerufen: „Guten Abend, Herr Lehrer!"

Ein kleiner Kambodschaner kam herein und stellte sich vor: Professor Keng Som von der Universität Phnom Penh, Leiter der Fakultät für Literatur. Er war so um die Vierzig und sehr höflich. Der Professor erzählte uns, daß er seit UNTAC-Zeiten Ausländer in Khmer unterrichtete, gab uns einen Überblick über das Kursprogramm, dann stellten wir uns vor, und es ging los mit der Begrüßung. Wir zerbrachen uns fast die Zungen bei den ersten Redeübungen, und das viele Gelächter brach schnell das Eis zwischen uns.

Wir verzichteten auf die Schriftsprache, es reichte uns, die notwendigen Grundkenntnisse zu erwerben, um ein wenig Konversation machen zu können, nach dem Weg zu fragen, über Preise auf dem Markt zu verhandeln und in Erfahrung zu bringen, was da in der Suppe schwamm.

Die anderen Kursteilnehmer arbeiteten alle für internationale Organisationen und hatten Dolmetscher um sich herum, aber wenn man sich begrüßen und danke sagen konnte, schuf das gleich ein viel besseres Arbeitsklima. Leider übten sie das Wenige, das wir lernten, nicht besonders oft, und der arme Professor mußte wieder und wieder alles erklären. Mir wurde es bald zu langweilig. Ich hatte nichts anderes zu tun und setzte jedes Wort sofort in die Praxis um. Die Namen der Speisen übte ich beim Bestellen des Mahlzeiten, die Zahlen auf den Märkten, wenn es darum ging, einen besseren Preis zu erzielen, die Richtungen, wenn ich den Taxifahrern erklären mußte, wo ich hin wollte, und wenn ich Schweinehaxen statt Obstsalat erhielt, dann wußte ich, daß ich etwas falsch gemacht hatte.

So gut Professor Keng Som auch sein mochte, er mußte sich nach dem Leistungsstand der Mehrheit richten. Ich lernte inzwischen den Rest auf der Straße. Und bei Vora.

Eines Morgens machte ich einen Spaziergang den Norodom-Boulevard hinauf in Richtung Zentralmarkt. Da fiel mir die Adresse von Vora wieder ein. Sie wohnte doch hier irgendwo in der Nähe. Ich kramte den Zettel hervor, den mir Tom, der Englischlehrer, gegeben hatte. Die Wohnung war am Ende des nächsten Blocks.

Das große Tor im Erdgeschoß war ein wenig geöffnet, und dahinter sah ich im Halbdunkel des Zimmers eine kleine Gestalt auf einer Pritsche liegen.

„Hallo. Sind Sie Vora?"

Die zierliche Frau richtete sich ein wenig auf, um mich besser sehen zu können.

„Ja, ich bin Vora. Und wer bist du?"

„Anna Dopp. Ich habe Ihren Namen von Tom. Er sagte, Sie geben Privatstunden in Khmer."

„Das ist richtig. Komm doch rein und setz dich zu mir."

Ich setzte mich auf ein kleines, hölzernes Bänkchen, das neben ihrer Pritsche stand. Sie musterte mich ziemlich lange.

„Warum möchtest du Khmer lernen?"

Ich erzählte ihr von meinen Plänen, daß ich bereits in einer Sprachschule sei, aber nicht soviel lernte, wie ich wollte, und deswegen noch Privatstunden nehmen wollte.

„Ich habe ziemlich viele Schüler. Bist du mit drei Stunden pro Woche einverstanden?"

„Ja, das ist in Ordnung."

„Dann komm morgen um eins. Und sag Du zu mir, ja?"

Ich war zufrieden. Jetzt hatte ich jeden Tag Unterricht. Die ersten Stunden mit Vora verliefen etwas chaotisch. Ich saß immer auf dem kleinen Bänkchen, packte Stift und Papier aus, und dann fragte Vora, was ich wissen wollte. Ich hatte gedacht, sie hätte ein Konzept, ähnlich wie in einem Schulbuch. Hatte sie scheinbar nicht.

„Warst du schon mal auf dem Markt?"

„Ja, schon oft."

„Kennst du die Wörter, die du dort brauchst?"

„Ein paar."

„Also, dann schreib auf: Markt = ... Teuer = ..."

Sie gab mir in der ersten Woche unzählige Vokabeln, die ich bis zur nächsten Stunde können mußte, und das schien alles zu sein. ‚Das hätte ich mir auch aus dem Wörterbuch abschreiben können', dachte ich. Aber in der zweiten Woche fing sie auf einmal völlig unerwartet an, Konversation zu machen.

„Du kommst doch bestimmt gerade vom Markt, so wie ich dich kenne. Erzähl mir doch mal, was du alles kaufen wolltest."

Oder:

„Stell dir vor, da kommt dir einer auf der Straße entgegen und fragt dich über das *Metropol* aus. Wie teuer, hat es Dusche, wo liegt es …"

Sie war dann mein Gesprächspartner, und ich war froh, daß ich die Vokabeln immer fleißig gelernt hatte, denn jetzt brauchte ich sie.

Wider aller Erwarten fiel es mir sehr leicht, Khmer zu lernen. Okay, ich hatte ein gewisses Talent für Fremdsprachen, aber immerhin war Khmer eine asiatische Sprache, besaß einen anderen Klang, einen anderen Rhythmus, eine mir völlig fremde Grammatik und Satzstruktur, außerdem hatte ich nie eine Sprache ohne die dazugehörige Schrift gelernt, und das war eine ziemliche Umstellung. Aber hatte ich einmal ein Wort gehört, behielt ich es und konnte es jederzeit abrufen. Am meisten überraschte das wohl mich selbst, und die einzige Erklärung, die ich dafür hatte, war die jahrelange Unterfütterung meiner Gehirnzellen mit echter Substanz; die Sonne in Dubai hatte mein Dachstübchen so ausgetrocknet, daß ich jetzt das Neue aufsog wie ein trockener Schwamm das Wasser. Wenn das so weiterging mit meinen Fortschritten, schrieb ich einer Freundin, dann würde ich zu Weihnachten den Kambodschanern Geschichten von Knecht Ruprecht erzählen.

Mit der anfänglichen Ruhe im *Metropol* war es auch bald vorbei. An der steigenden Zahl der Gäste merkte man, daß das Ende der Regenzeit nahte. Nur noch selten saß ich allein an einem Tisch, und ob es mir paßte oder nicht, ich wurde immer wieder in Gespräche mit anderen Reisenden oder den ewig herumhängenden Englischlehrern verwickelt.

Eines schönen Sonntagmorgens pflanzte sich ein gammeliger Schwabe an meinen Tisch.

„Hallo, ich bin der Hans, und wer bist du?"

Mußte das sein?! Ich sortierte gerade ein paar Negative aus, von denen ich Vergrößerungen machen lassen wollte, und ließ mich ungern stören. Aber ich konnte die Leute auch nicht immer vor den Kopf stoßen, sie wußten ja nicht, daß sie mich nervten. Oft stellte sich nach ein paar Sätzen heraus, daß sie eigentlich ganz nett waren, so wie dieser Hans, und wenn man endlich den nervigen Austausch von Reiseinformationen hinter sich gebracht hatte, da bekam ich nicht selten Gelegenheit, den vielen Unwissenden etwas über Kambodscha zu erzählen. Denn wie auch ich am Anfang, interessierten sie sich bloß für die

Tempel, weiter nichts. Hans und sein Reisekumpan blieben eine Woche; was uns verband, waren endlose Backgammonspiele.

Schon am frühen Morgen holte er eine Tüte Marihuana aus der Tasche und begann, einen Joint nach dem anderen zu rauchen. Damals war das Zeug noch legal, und die meisten Ausländer machten rege Gebrauch davon.

„Willste mal ziehen?"

„Oh nein, bloß nicht, da kann ich mich gleich wieder ins Bett legen."

So ist das – wenn man es nicht darf, wird es um so reizvoller, ich aber konnte jederzeit auf den Markt gehen und mir eine Tüte voll holen, wenn mir der Sinn danach stand. Der stand mir aber nur noch abends vor dem Schlafengehen danach, wenn überhaupt. Dem einen sein Bier, dem anderen sein Tütchen.

Hans war der erste, dem ich genauer erzählte, was ich hier machte.

„Und wann bist du dann berühmt?"

„Keine Ahnung. Vielleicht Ende nächsten Jahres oder so."

Ich mußte lachen. Pläne haben war eine Sache, ein Buch zu schreiben, mit dem man berühmt wurde, eine ganz andere. Und zur Zeit hatte ich immer noch Schwierigkeiten, die Seiten in meinem Tagebuch zu füllen.

„Ich frage ja bloß. Ich schau dann halt mal öfter im Buchladen vorbei. Und wenn du dann in die Talkshow kommst, dann kann ich meinen Kumpels wenigstens sagen: Da! Die Alte da! Mit der hab ich auch schon a' Tüte geraucht! Damals, im *Metropol*!"

„Hans, wenn es jemals soweit kommen sollte, dann schicke ich dir einen handsignierten Superjoint mit *Federal Express*!"

Manchmal tat es richtig gut, sich einfach gehen zu lassen und so zu tun, als sei man wieder unterwegs, aber ich vergaß nie, warum ich nach Kambodscha gekommen war, und verfolgte eisern mein Ziel.

Ich ging weiterhin in die Sprachschule und zu Vora. Ich lief noch immer täglich durch Phnom Penh, von einer Richtung in die andere, durch Seitenstraßen, die ich noch nicht gesehen hatte, setzte mich immer wieder in kleine Cafés und machte Konversation mit den Leuten am Nachbartisch, die – sobald sie merkten, daß ich ein paar Worte Khmer sprach – neugierig näherrückten und mich ausfragten.

„Woher kommst du? Wohin gehst du? Was arbeitest du? Hast du einen Mann? Kinder? Wie gefällt dir mein Land? Kannst du auch Englisch?"

Sie amüsierten sich köstlich über mein Khmer und verbesserten mich mit endloser Geduld, wenn ich etwas nicht richtig aussprach.

Ich fuhr oft mit dem Boot auf die gegenüber von Phnom Penh liegende Halbinsel ‚Chroy Chung Va'. Dort gab es keinen Verkehr, und ich ging zu Fuß auf die andere Seite, wo man einen wunderschönen Blick auf den Mekong hatte.

Vor den Toren von Phnom Penh floß er über eine kurze Strecke mit den kleineren Flüssen Tonlé Sap und Tonlé Bassac zusammen, aber nach einem Kilometer trennten sie sich wieder und ließen so das Bild eines vierarmigen Flusses entstehen. Am besten sah man das aus der Luft, wenn man mit dem Flugzeug landete. Jetzt, während der Regenzeit, war soviel Land überschwemmt, daß die Wasserfläche eine Breite von fast sechs Kilometern erreichte!

Es war für mich ein unglaublicher Anblick nach so vielen Jahren in der Wüste, allein diese riesigen Wassermassen, die hier an mir vorbeiflossen, ganz zu schweigen von den nicht enden wollenden grünen Reisfeldern. Dieses Land schien vor lauter Fruchtbarkeit nur so zu strotzen.

Auf dem Rückweg ging ich oft noch mal schnell zum Postamt, um zu sehen, ob mir endlich jemand geschrieben hatte. Nicht weit hinter der Post lag Wat Phnom, der Berg, von dem Phnom Penh seinen Namen hatte. Zu seiner Entstehung gab es ein sehr nettes Märchen:

„Es war einmal eine reiche Witwe namens Daun Penh. Sie lebte am Ufer eines Flusses, der an eben dieser Stelle mit zwei anderen zusammenfloß, um sich nach bloß wenigen hundert Metern wieder von ihm zu trennen. Gegen Ende der Regenzeit, als das Wasser über die Ufer zu treten drohte, um das Land zu überschwemmen, stand Daun Penh am Ufer und schaute in die Fluten. Da sah sie einen sehr großen Baum, der langsam den Fluß herabtrieb. Sie rief nach ihren Freunden, und gemeinsam zogen sie den schweren Stamm ans Land. Wie groß war aber ihre Überraschung, als sie unter Ästen und Gestrüpp vier bronzene Buddhastatuen entdeckten. Sie errichteten einen kleinen Berg in dem flachen Land, und auf seiner Spitze bauten sie einen Tempel zu Ehren der heiligen Statuen. Sie benannten den Berg nach der Witwe: Wat Phnom Daun Penh, der Berg der Penh. Der von weitem sichtbare Hügel und die günstige Lage am Fluß zogen schon bald viele tüchtige Händler an, und es dauerte nicht lange, da hatte sich zu seinem Fuße eine kleine Stadt herausgeputzt. Ihren Namen lieh sie sich von dem Berg, der war aber vielen zu lang. So ließ man einfach zwei Silben weg, und ‚Phnom Penh' war geboren."

Der Berg war nicht besonders hoch, eher ein kleiner Hügel, und eine breite Treppe führte zu dem Kloster hinauf. Auf ihr saß die Crème der Bettlergemeinschaft, so übel, wie diese hier zugerichtet waren, hatte ich selten welche in Asien gesehen. Stümpfe, wo früher Arme und Beine hingehörten, Körper übersät mit Krätze, deformierte Gesichter, die man nur als solche erkannte, weil sie auf der Vorderseite waren, fehlende Ohren und Augen, dürftig bekleidet mit dreckigen Lumpen.

Von oben hatte man eine sehr schöne Aussicht auf die Stadt, den Fluß, die Dächer des Königspalastes bis hin zum Boeng Kak See im Westen der Stadt, der im Licht der Sonne wie ein großer Spiegel aussah.

Leider nahmen sich die Reisenden, die hier durchzogen, nie die Zeit (oder sie hatten einfach keine), sich Phnom Penh etwas näher anzusehen, und so kam die einstige Perle Südostasiens immer sehr schlecht weg bei Erzählungen. Laut, häßlich, dreckig, staubig in der Trockenzeit, ein Sumpf in der Regenzeit.

Phnom Penh hatte viel mehr Charakter als die Metropole Bangkok, und obwohl eine Millionenstadt, so konnte ich mich dennoch nie des Eindrucks erwehren, daß Phnom Penh mit Abstand das größte Dorf in Asien sei. Wer konnte schon behaupten, in Bangkok oder Singapur immer den gleichen Straßenkreuzer zu sehen? Oder wo fuhr man noch – mit Ausnahme von Vietnam – in gemütlichen Fahrradkutschen durch den Großstadtverkehr?

Sicher, nach Einbruch der Dunkelheit sollte man sich vorsehen; ein Spaziergang in einer dunklen Allee war nicht zu empfehlen, aber wo konnte man das überhaupt noch? In Bangkok? Paris? New York?! (*In Dubai!*)

Im Vergleich zu jenen Städten war Phnom Penh noch immer harmlos, aber Vorsicht war trotzdem geboten. Und allen Kritiken zum Trotz – ich fühlte mich in Phnom Penh von Anfang an mehr zu Hause als in irgendeiner anderen Stadt, in der ich mehr als vier Wochen verbracht hatte, und wenn es mir dann doch zuviel wurde, dann fuhr ich einfach für ein paar Tage nach Sihanoukville.

Bevor ich wieder die Tasche packte, machte ich einen Gang zum Zentralmarkt. Ich wollte mir einen Sarong kaufen. Der große Markt war nicht zu verfehlen. Neben dem Unabhängigkeitsmonument war die von den Franzosen erbaute gelbe Halle im Art-deco-Stil wohl das häßlichste Wahrzeichen von Phnom Penh. Bei den Touristen war dieser Markt jedoch noch beliebter als der Russenmarkt, von dem viele wieder enttäuscht in ihre Hotels zurückkehrten, weil sie die billigen, russischen Artikel nicht mehr fanden, die dort mal verkauft worden sind.

Der Zentralmarkt enthielt alles, was das Touristenherz begehrte. Schmuck, Seide, Landkarten, Silberarbeiten, bunt karierte Baumwolltücher (Krama), schlechte Postkarten, Pfeifen, billige Designerimitationen, alles *Made in Thailand*. Das stand natürlich nicht drauf. Im Lande gefertigte Artikel wurden nicht hier verkauft, weil sie nicht so ansehnlich waren wie die importierten Güter. Aber daß die karierten Baumwolltücher gar nicht aus Baumwolle waren, sondern aus Polyester, das merkte ich erst, als ich mit dem Bügeleisen dran kleben blieb. Seitdem kaufte ich nur noch Kramas *Made in Cambodia*.

Die Händler mit dem Touristennepp standen vor dem Haupteingang. Ich ging langsam, denn ich suchte nach der netten Verkäuferin, die mir damals während meines Urlaubs so viel Zeug angedreht hatte. Sie war immer noch da.

„Hallo! Erkennst du mich wieder?"

Sie stutzte; natürlich erkannte sie mich nicht wieder, wäre aber ein netter Zug gewesen.

„Wie geht es dir?"

„Danke, ganz gut. Ich bin jetzt länger hier. Hast du Sarongs?"

„Oh ja, jede Menge."

Und dann breitete sie Stück für Stück über ihrem Stand aus, damit ich sie besser sehen konnte. Sarongs waren zwei mal einen Meter große, bunt bedruckte Baumwollstoffe, die man an der Seite zusammennähte, dann um die Hüfte wickelte und wie einen Rock trug. Es gab verschiedene Wickeltechniken, und es bedurfte einiger Übung, bis man den richtigen Dreh heraus hatte. Dann aber saßen sie wie am Bauch festgenäht. Man trug diese ‚Röcke' in ganz Asien, Männlein wie Weiblein, sie waren sehr praktisch und nun, da auch ich länger hier verweilte, mußte ich ganz einfach so ein Ding haben.

Ich hatte die Qual der Wahl. Die Verkäuferin schickte ihre Tochter fort, damit sie noch mehr holte.

„Nein, bloß nicht! Ich will nur einen, und ich glaube, ich weiß auch schon, welchen ich nehme."

„Aber sie wird *trotzdem* welche holen."

Die Verkäuferin sah mich eindringlich an.

„Hal-lo, wie geht es Ihnen denn heute, meine Dame?!"

Ein schmieriger, älterer Mann stand neben mir und sprach mit der Verkäuferin. Franzose. Ein verklemmter Galant. Die hübsche Verkäuferin, die sonst immer über das ganze Gesicht lachte, wenn neue Kundschaft nahte, wurde auf einmal sehr sachlich und wühlte geschäftig in dem Haufen Tücher herum.

„Aber ich möchte Sie nicht stören, Sie haben Kundschaft. Ich komme später noch einmal wieder."

Mit zusammengekniffenem Hintern ging er davon.

„Was war das denn für ein komischer Kauz?"

Ich kannte die Verkäuferin zwar nicht gerade gut, aber das wollte ich trotzdem wissen.

„Er kommt aus Frankreich."

„Ach ja?"

„Er kommt, kauft ein paar Tücher und läßt sie dann liegen. Manchmal lädt er mich auch zum Essen ein."

„Und? Gehst du mit ihm?"

„Wo denkst du hin! Ich weiß, es gibt viele Frauen in Phnom Penh, die müssen das machen. Aber ich habe genug Geld."

„Wenn er nicht bei dir landen kann, warum zieht er dann nicht Leine?"

„Aber er will doch gar nicht mich. Ich bin ihm viel zu alt!"

„Wie alt bist du denn?"

Man mußte ihr alles aus der Nase ziehen.

„Vierzig."
Für vierzig sah sie verdammt gut aus.
„Er will meine Tochter heiraten."
„Ich dachte, sie wäre schon verheiratet."
„Nicht die Große! Er will die Kleine! Aber sie ist doch erst zwölf!"
„Und der ist mindestens fünfzig. Wie stellt er sich denn das vor?"
„Er nimmt sie mit, und wenn sie volljährig ist, dann heiratet er sie. Sagt er."
„So. Sagt er das. Jag den Mistkerl zum Teufel, wenn er wiederkommt. Die Kleine könnte seine Enkeltochter sein. Er soll sich jemand aus seiner Altersklasse suchen, oder wenn er Schwierigkeiten im Bett hat, dann schick ihn doch ins Bordell."
„Aber ich werde den Typ nicht los! Er kommt fast jeden Tag."
„Dann ruf die Polizei. Dein Mann war doch Polizist, richtig?"
Also jetzt auch Kambodscha. Es hatte sich wohl herumgesprochen, daß in Kambodscha hübsche Mädchen aus armen Familien erhältlich waren. Nachdem der Mädchenhandel in Thailand und den Philippinen strenger kontrolliert wurde, nutzten diese skrupellosen Kerle jetzt jede Gelegenheit, die durch den langen Krieg schwer erschütterten Familienstrukturen weiter zu zerstören. Und die Leidtragenden waren immer die Armen und Frauen in der Gesellschaft.

Kambodscha verfügte über keine entsprechende Gesetzgebung, bislang waren Mädchenhandel und der Mißbrauch von Minderjährigen kein Thema gewesen. Aber mit fortschreitendem Frieden und Öffnung der Grenzen kam neben den ersehnten Touristen auch allerhand Gesindel ins Land, das hier ein neues Mekka fand, wo es sich nach Belieben austoben konnte.

Die Kleine kam mit einem Stapel Sarongs zurück, und ich sah sie mir etwas genauer an. Hätte mir ihre Mutter nicht gerade erzählt, daß sie zwölf sei, ich hätte sie glatt für acht gehalten. Ein hübsches, zierliches Ding, das noch nicht einmal ansatzweise eine frauliche Gestalt besaß. Wenn ich mir vorstellte, wie sich der alte Knacker an ihr zu schaffen machte – mir wurde schlecht bei dem Gedanken.

Während wir uns unterhielten, drückte der sich die ganze Zeit in der Nähe herum, und ich unterließ es nicht, ihm ständig verachtende Blicke zuzuwerfen. Er sollte ruhig merken, was ich von ihm hielt. Ich kaufte schließlich zwei Sarongs, und Mari, die Verkäuferin, machte mir einen sehr guten Preis. Aber ihre Tochter verkaufte sie nicht.

Als ich zurück ins *Metropol*-Restaurant kam, stieß ich auf Tim, einen Amerikaner, der in der Verwaltung meiner Schule arbeitete.

„Du hast die Schule geschwänzt."

Er sah mich so vorwurfsvoll an, daß ich tatsächlich ein schlechtes Gewissen bekam und mich für meine Abwesenheit entschuldigte.

„Ich hatte einiges zu erledigen, denn ich fahre morgen nach Sihanoukville."
„Feierst den Geburtstag dort, was?"
„Ja. Auf die Torte hier kann ich getrost verzichten."
„Vielleicht komme ich auch für ein paar Tage vorbei, und man sieht sich."
„Möglich."

DER GEBURTSTAG DES KÖNIGS

Der nächste Tag war einer von jenen, an dem man mit dem falschen Fuß aufgestanden ist. Ich verschob meine Abreise auf den Nachmittag, denn ich hatte noch nichts gepackt. Mein Zimmer räumte ich wieder, sagte aber dem Hotelbruder, wann ich wiederkommen würde, und fragte ihn, ob er mir ein Einzelzimmer reservieren konnte. Kein Problem. Dann ging ich ins Restaurant frühstücken und fuhr noch mal schnell zur Post. Als ich von dem Moped abstieg, streifte ich mit dem Knöchel das heiße Auspuffrohr. Verdammt, das tat vielleicht weh! Im Restaurant ließ ich mir einen Becher mit Eis bringen und rieb die verbrannte Stelle ab. Das hatte mir gerade noch gefehlt!

Um halb eins brachte mich das Taxi wieder zum Busbahnhof. Aber die Reiselust kam einfach nicht, auch dann nicht, als ich mich auf dem vorderen Platz breitmachte, von dem aus ich bestimmt ein paar gute Fotos machen konnte. Die kleinen Straßenverkäufer kamen wieder aus allen Ecken, und ich hätte am liebsten gerufen: ‚Haut ab, ihr geht mir alle auf den Keks!'

Mißmutig stieg ich in den Bus. Zu meiner Überraschung hatte ich eine kleine Nachbarin bekommen. Der Bus war fast leer, mußte sie sich unbedingt neben mich setzen?! Blöde Kuh!

Dann probierte der Busbegleiter aus, ob das Videogerät auch funktionierte.

Charly Chaplin auf Khmer! Die Lautstärke wurde voll aufgedreht, und ich fragte mich, wie lange ich das wohl aushalten würde. Das war das letzte Mal, daß ich in einem Bus vorne saß. Zum Glück hatte der Fahrer auch etwas empfindlichere Ohren und verlangte, daß der Mist abgestellt wurde.

Ich hatte die Knie unter dem Kinn und warf dem armen Mädchen einen Blick zu, der es sie bitter bereuen ließ, jemals neben mir Platz genommen zu haben. Ich hätte mir gleichzeitig einen Tritt in den Hintern geben können dafür, daß ich meine schlechte Laune an dem unschuldigen Ding ausließ. Auf der ganzen Fahrt richtete sie bloß ein einziges Mal das Wort an mich: „Mi-iss, wie spät ist es?" wisperte sie. Ich sah sie an und hielt ihr das Zifferblatt meiner Uhr vor die Nase.

Auf der anderen Seite des Ganges saß ein Pärchen, sie war einheimisch und er mal weiß gewesen. Scheinbar reisten sie zusammen. Irgendwann schlief ich ein und wachte erst wieder auf, als die Schilder der *Angkor Beer*-Brauerei Sihanoukville ankündigten. Meine Laune hatte sich ein wenig gebessert. Das Mädchen neben mir machte einen letzten Versuch: „Mi-iss, du hast eine sehr schöne Nase." Unwillkürlich griff ich nach dem Zinken in meiner Gesichtsmitte und mußte lachen.

‚Okay, ich nehm die »Blöde Kuh« zurück.'

Diesmal stieg ich am Hafen aus, von da war es kürzer zu *Sali's*. Als ich ins Restaurant trat, sprang mir sofort Suyin entgegen.

„Hallo! Du bist wieder da! Wie schön!"

Hinter ihr stand eine kleine Frau mit knabenhafter Figur und langem, schwarzem Haar, das bis zur Taille reichte. An ihren großen Augen erriet ich, daß es Sali sein mußte, sie sah Vannath sehr ähnlich.

„Ist eines der Zimmer am Ende der Veranda frei? Die in der Mitte sind so laut."

„Ja, Peter und Yang sind letzte Woche ausgezogen. Du kannst in ihr Zimmer. Ich bringe dich hin."

Sali nahm den Schlüssel und ging vor. Als wir in dem Zimmer standen, sagte ich: „Du bist Sali, nicht wahr? Du siehst Vannath sehr ähnlich. Ich war schon mal hier, aber da warst du in Phnom Penh."

Sie lächelte kurz und ließ mich dann allein. Das Zimmer war etwas größer als das erste, und am Ende der Veranda führten ein paar Treppenstufen auf eine kleine Terrasse hinter den Bungalows. Dort stand ein großer Tisch und eine Bank. Es gefiel mir hier an der Ecke viel besser, ich hatte einen besseren Überblick auf das Grundstück und das Restaurant, und niemand würde mir über die Füße laufen. Ich packte alles aus, legte den Stapel Bücher und mein Schreibzeug auf den Tisch, ließ das Moskitonetz herab, duschte kurz und ging dann ins Restaurant. Suyin setzte sich zu mir.

„Du bist fetter geworden", sagte sie lachend.

Sie wußte nicht, daß wir aus Europa das nicht unbedingt als Kompliment auffaßten.

„Wie geht es dir?" fragte sie und war platt, als ich ihr in Khmer antworten konnte.

„Was hast du denn da gemacht?"

„Den Knöchel verbrannt. Am Auspuff. Tut saumäßig weh."

Dann kam auch Vannath. Seine Hose hing auf Halbmast, das Hemd hatte nur noch einen Knopf, und die Haare standen wirr zu Berge.

„Laß mich raten, Vannath, du hast nicht etwa gerade ein kleines Nickerchen gemacht?"

Er gähnte, riß die Augen auf und lachte.

„Ich war so müde. Hatte heute morgen schon viel zu tun. Drei Gäste sind abgefahren, da mußte ich die Rechnung fertig machen und Taxis zum Busbahnhof organisieren. Und dann bin ich mit Sali auf dem Markt einkaufen gewesen. Das strengt sehr an. Willst du einen Kaffee?"

„Nein, nicht jetzt. Ich gehe noch mal schnell ans Wasser, bevor die Sonne untergeht."

Der Sand fühlte sich herrlich an zwischen meinen Fußzehen. Warum konnte Phnom Penh nicht am Meer liegen oder Sihanoukville die Hauptstadt sein? Ich lief ein paar Meter, legte mich dann flach auf einen Felsen, der noch ganz warm war von der Sonne, und blickte in den Himmel. Die Ruhe und die frische Luft taten gut. Die untergehende Sonne tauchte den Himmel in wunderschöne Pastellfarben, die sich im Wasser spiegelten. Hinter dem Gästehaus ging gerade der Mond auf, eine runde, silberne Scheibe auf dunklem Blau.

Im Gästehaus brannten wieder die Kerzen. Kein Strom, kein Milchshake. Hinter der Theke schaute ein kleines Jungengesicht neugierig zu mir herüber. Als ich ihn heran winkte, versteckte er sich schnell.

Es waren noch mehr Gäste angekommen. Das Pärchen aus dem Bus, ein Typ, den ich mehrmals im *Metropol* gesehen hatte, und ein blonder Europäer mit einem kleinen Jungen. Nach dem Essen tauchte auch Eric endlich auf.

„Naaa, die Luft in Phnom Penh ist nicht so gut wie hier draußen, was! Wie lange bleibst du denn diesmal?"

„Eine Woche. Wer ist denn der Junge da hinter der Theke?"

„Das ist Kort, der Sohn von Salis Schwester. Sie will ihn nicht, und weil Sali und ich keine Kinder haben, hat Sali ihn sozusagen adoptiert. Er ist ein liebes Kerlchen, fünf Jahre alt. Hast du Sali bereits kennengelernt?"

„Ja. Redet nicht gerade wie ein Wasserfall, aber ich finde sie sympathisch. Sie ist sehr hübsch."

Er stopfte seine Pfeife.

„Wo habt ihr euch denn kennengelernt?"

„In einem Restaurant, in dem sie als Serviererin gearbeitet hatte. Ich war damals noch bei der UNTAC. Sali war anders als die meisten Mädchen, sie hatte einfach Klasse. Die Mädchen arbeiteten alle sehr gut, waren höflich und nett, aber bei Sali war da noch etwas anderes. Sie sprach kaum, war aber mit den Augen immer dabei. Wenn sie bediente, kam ich mir vor wie in einem Fünf-Sterne-Restaurant. Du hast selber lange in dem Geschäft gearbeitet, du weißt bestimmt, was ich meine."

„Noblesse."

„Ja genau. Ich gab ihr immer reichlich Trinkgeld, die Mädchen verdienten doch kaum was. Sali nahm das Geld eher widerwillig, aber sie brauchte es nun mal. Dann legte sie die Hände vor dem Gesicht zusammen, senkte den Kopf und bedankte sich. Ich wünschte, sie würde heute noch manchmal den Kopf so senken wie damals, aber meistens bin ich es, der nach unten blickt!"

Er lachte und sah zur Küche. Sali saß auf dem breiten Geländer, das Küche und ihre Wohnung von dem Restaurant trennte, und beobachtete uns.

„Ich bin dann eine Weile krank gewesen, und als ich wieder mit meinen Freunden in das Restaurant ging, da war sie nicht mehr da. Keines der anderen Mädchen kannte ihre Adresse, und ich glaube, da ist bei mir die Sicherung durchgebrannt. Ich setzte alle Hebel in Bewegung, um sie zu finden."

„Erfolgreich, wie ich sehe."

„Ja. Aber sie hat ihrer Familie lange Zeit nicht erzählt, daß sie mit mir verheiratet ist."

„Warum das denn?"

„Sie hat sich geschämt, glaube ich. Sieh mal, ich bin nicht nur in den Augen unserer Gesellschaft ein dreckiger, alter Mann, der sich eine zwanzig Jahre jüngere Asiatin geangelt hat."

„Eric!"

„Es stört mich nicht, was die Leute reden, aber Sali legt auf die Meinung der anderen sehr viel Wert, und besonders auf die ihrer Familie. Es tat mir leid für sie, daß sie sich meinetwegen schämte. Aber irgendwann sind wir dann zusammen hingefahren, und seitdem ist sie ziemlich aufgetaut. Ständig kommt jemand von Phnom Penh hierher, es geht ihr gut, und ich kriege endlich mit, wer alles zur Familie gehört."

„Hallo Eric. Dürfen wir stören?"

„Hey, kein Problem, setzt euch."

Zwei Männer im mittleren Alter kamen zu uns an den Tisch. Sie bewohnten zwei der Bungalows und waren schon etwas länger hier. Einer von ihnen hieß Mark und war Buchhalter in Sydney, der andere ein Mathematiklehrer aus Helsinki. Er fuhr am nächsten Morgen und ging bald schlafen. Schließlich kam der Typ aus dem *Metropol* auch noch dazu. Er hieß Sascha und war – wie sollte es auch anders sein – ein Englischlehrer auf Arbeitssuche.

Ich saß später noch lange im Mondschein vor meinem Zimmer und gestaltete mein Reiseprogramm. Bis zum großen Wasserfest Ende November würde ich in Phnom Penh bleiben, soviel stand fest. Das Wasserfest war das größte Spektakel in Kambodscha und der Hauptgrund, warum ich während der Regenzeit gekommen war. Das wollte ich mir unter keinen Umständen entgehen lassen. Danach wollte ich entweder mit dem Boot den Mekong hochfahren, soweit es möglich war, oder mir die beiden Provinzen im Hochland ansehen, Rattanakiri und Mondulkiri. Über Silvester wollte ich mich mit Freunden aus Dubai in Hongkong treffen und ausgiebig feiern. Damit hätte ich auch gleich das nächste Problem gelöst, denn mein Visum wurde im Januar wieder fällig. War ich wirklich schon einen Monat in Kambodscha? Ich verlor allmählich jegliches Zeitgefühl.

Am nächsten Morgen hörte ich ein vertrautes Geräusch auf dem Dach. Plopp, plopp, plopp. Es regnete mal wieder.

Ich machte die Fensterläden einen Spalt weit auf und sah nur dicke, graue Suppe. Grund genug, sich noch mal aufs andere Ohr zu legen. Zwei Stunden später donnerte es nur noch so herab, schlechte Aussichten für einen Tag am Strand.

Ich holte mir einen Kaffee im Restaurant, um mich gleich wieder mit *A History of Cambodia* aufs Bett zu legen. Für eine Weile kämpfte ich mit Suryavarman, Jayavarman und Indravarman, den alten Khmerkönigen von Angkor, harte Schlachten gegen die einfallenden Thais, doch dann wurde es mir zu anstrengend, und ich holte mir leichtere Kost von Erics Bücherbord und einen zweiten Kaffee. Den dritten Kaffee trank ich im Restaurant.

Die Zeit stand still, und es regnete noch immer ununterbrochen. So hatte ich es mir nicht vorgestellt. Sascha kam auch aus seinen Gemächern und bestellte sich das erste Bier.

„Ich hab dich ein paar mal im *Metropol* gesehen. Was machst du denn in Kambodscha?" fragte ich, um irgend etwas zu sagen.

„Bin Englischlehrer. War vorher in Vietnam für ein halbes Jahr, aber hier gefällt es mir besser. Weiß bloß nicht, wie lange ich noch bleibe."

„Warum?"

„Ich bin verheiratet und habe einen kleinen Sohn. Aber meine Frau ist Japanerin, und die ist ein bißchen pingelig, was die Sauberkeit angeht. Und du kennst ja Phnom Penh. Naja, sie ist abgereist und sagt: Entweder Japan oder Kanada, da komm ich nämlich her. Aber Kambodscha auf gar keinen Fall, dann eher die Scheidung."

Er kramte ein altes, abgegriffenes Foto aus seinem Geldbeutel. Undeutlich sah man ein japanisches Mädchen mit einem Speckbaby im Arm.

„Hey, bring mir noch ein Bier!"

„Und warum willst du unbedingt hierbleiben? Mir gefällt Kambodscha auch, aber komm, das ist deine Familie. Das ist doch wohl im Moment wichtiger."

Er verfiel in einen Monolog voller Selbstmitleid und Geschwafel, bestellte ein Bier nach dem anderen, und ich beglückwünschte seine Frau zu der weisen Entscheidung, zurück nach Japan gegangen zu sein.

„Anna, es ist sehr schade, daß ich dich nicht mit ins Bordell nehmen kann", sagte er plötzlich.

„Wie bitte?!"

„Ja, ich gehe nämlich gern ins Bordell. Nach ein paar Tagen kennen dich die Mädchen und die Mamasan, und man wird wirklich sehr nett behandelt."

„Solange du bezahlen kannst, wirst du überall nett behandelt, mach dir da mal nichts vor. Oder glaubst du im Ernst, die Mädchen stehen auf dich, weil du so ein Adonis mit Bierfahne bist?"

Er war groß, speckig, hatte eine Haut so weiß wie eine Made und fettiges Haar.

„Du nimmst wirklich kein Blatt vor den Mund, was?"

„Das kommt immer auf die Situation und die Person an, mit der ich mich unterhalte. Und ich denke, du kannst die Wahrheit vertragen."

„Hey, noch ein Bier!"

Zum Glück kam Mark dazu.

„Sag mal Sascha, was war denn das für eine Geschichte mit der Handgranate in Phnom Penh vorgestern?"

„Handgranate? Wo? In Phnom Penh? Davon weiß ich ja gar nichts!"

Da hatte ich wohl was verpaßt, und Sascha durfte jetzt erklären. Er tat es gern.

„Kennst du den Deutschen, der das Gästehaus *The Market Inn* im Norden von Phnom Penh hat? In der Nähe vom alten Markt?"

„Nein, kenne ich nicht. Warte mal, ist das der Blonde mit dem kleinen Jungen, der auch hier ist?"

„Ja, genau. Seine Frau ist Kambodschanerin. Aber sie war vorher schon mal verheiratet. Dann hat sie den Deutschen kennengelernt und sich von ihrem Mann getrennt. Und das hat der nicht verdaut. Wegen einem Barang mußte er sein Gesicht vor Freunden und Familie verlieren. Du kennst Asien doch selber, ‚Gesicht verlieren' ist eine echte Schande."

„Und was ist nun mit der Handgranate?"

„Ha! Ihr Ex hat sich gerächt. Er kam zum Gästehaus, machte die Tür auf und schmiß eine oder zwei Handgranaten ins Zimmer."

„Einfach so?"

„Ja, einfach so. Bummm! Wenn du's nicht glaubst, dann frag ihn doch selbst. Seine Schwiegermutter hat's erwischt, und seine Frau liegt schwerverletzt im Krankenhaus."

„Und warum ist er nicht bei ihr in Phnom Penh?"

„Weil der Typ gesagt hat, daß er, wenn er ihn erwischt, Blondi alle machen würde. Er hat sozusagen eine Todesdrohung erhalten."

„Das gibt's doch gar nicht. Und was macht die Polizei?"
„Die Polizei? Keine Ahnung. Aber das ist ganz normal hier mit den Todesdrohungen und Handgranaten."
„Normal?!"
„Ja! Sieh mal John, der Australier mit der kambodschanischen Frau, aus Zimmer vier. Der hat auch eine Todesdrohung bekommen, von seinem Chef. Deswegen ist er jetzt hier. Und meine Frau hält bestimmt auch schon das Hakkebeil in der Hand, wenn ich nicht bald nach Japan komme."

Ich sah zu Mark.

„Ist das in Sydney auch so?"

„Nicht ganz."

Die Todeskandidaten von Sihanoukville, vielleicht sollte ich so mein Buch nennen. Ich nahm meinen Kaffee und ging zurück zu meinem Zimmer.

„Überleg's dir mit dem Bordell, ich nehme dich gerne mit und stelle dir alle meine Freundinnen vor!" rief mir Sascha noch hinterher.

Ich überlegte es mir wirklich. Warum nicht? Im Bordell regnete es wenigstens nicht. Und die Mädchen waren nett und sprachen ein wenig Englisch, aber das war wahrscheinlich eher Fachvokabular als sonstiges. Nur, mit Sascha würde ich ganz bestimmt nicht in ein Bordell gehen, das stand fest. Er verbrachte fast jeden Nachmittag dort, und abends brachte er sich meistens ein Mädchen mit, das in seinem Zimmer schlief, solange er sich die Zeit im Restaurant vertrieb.

Es regnete sich richtig fest. Von Sali bekam ich kaum etwas zu sehen die nächsten Tage, von Eric auch nicht, ihm ging es nicht so gut. Sascha ging ich meistens aus dem Weg, er war mir zu anstrengend. Blieb nur mein Nachbar Mark. Er war freundlich, ruhig, ausgeglichen – eine richtige Buchhalternatur eben. Man konnte sich sehr nett mit ihm unterhalten; mit fünfzig hatte er schon einiges von der Welt gesehen und mit den Beinen stand er auf der Erde. Er war *nicht* anstrengend, und das waren immer die besten Zimmernachbarn. Und wenn ich alleine war und mich auch das beste Buch nicht mehr fesseln konnte, dann holte ich meine Tüte Gras aus der Tasche und gab mir die Dröhnung.

Am dritten Tag hatte ich genug von dieser Herumgammelei, ich mußte mich bewegen. Außerdem war heute der Geburtstag des Königs, da hatte es einfach nicht zu regnen. Ich lugte aus dem Fensterladen, und siehe da – der Himmel war zwar immer noch bewölkt, aber immerhin fiel kein Wasser mehr herunter.

Ich frühstückte schnell etwas, nahm meinen Rucksack und ging zum Strand. Dort schlug ich den Weg zum *Independence Hotel* ein.

Ich hatte die Felsen, über die ich kletterte, niedriger in Erinnerung, und bald kam ich ganz schön ins Schwitzen. Als ich am Hotel ankam, machte ich erst mal eine kurze Pause. Das Hotel selber lag auf einer Anhöhe und wurde seit dem Krieg nicht mehr benutzt. Ein riesiger Kasten im DDR-Stil, mittlerweile ziemlich überwuchert von Bäumen und Gestrüpp. Von hier unten konnte man nicht sehr viel sehen, vielleicht würde ich auf dem Rückweg mal hineinschauen.

Die kleine Bucht stand komplett unter Wasser, und um zu dem dahinter liegenden Strand zu gelangen, mußte ich wieder über Felsen. Für die hundert Meter brauchte ich zwei Stunden. Ich rutschte immer wieder aus und stand bis zur Taille im Wasser. Ich ärgerte mich, daß ich die Kameras mitgeschleppt hatte, sonst wäre ich nämlich einfach um sie herum geschwommen.

Auf der anderen Seite lag ein langer, weißer Sandstrand, auf dem sich halb Kambodscha tummelte. Die Kinder vergnügten sich in riesigen Lkw-Schläuchen im Wasser, und die Erwachsenen saßen allesamt auf Strohmatten und machten Picknick. Ich ging an ihnen vorbei und peilte die nächste Felsgruppe an. Die nassen Shorts klebten an meinen Beinen, und ich überlegte es mir anders. Ich suchte mir ein ruhiges Plätzchen am anderen Ende des Strandes, zog das nasse Zeug aus und hängte es in die Bäume zum Trocknen. Dann ging ich schwimmen. Weder Reviermarkierer noch Knirpse mit Tabletts auf dem Kopf störten meinen Nachmittag, und ich dankte es im stillen dem König.

Wenn die Sonne schien, – und das tat sie jetzt – dann waren Sihanoukvilles Strände ein Paradies. Regnete es aber so wie in den letzten Tagen, dann konnte einem schnell die Zeit lang werden, während man sich in Phnom Penh noch immer Unterhaltung verschaffen konnte.

Meine Hose war trocken, und ich schlenderte gemütlich zurück, diesmal allerdings das letzte Stück auf der Straße. Sihanoukville zog sich ziemlich über die gesamte Umgebung, und dazwischen lagen immer wieder weite, unbewohnte Gegenden, so wie hier in der Nähe des *Independence Hotels*. Und das sah ich mir nun an.

Von der Hauptstraße führte eine Auffahrt durch den Wald und endete nach etwa fünfhundert Metern auf dem ehemaligen Parkplatz vor dem Hotel. Ein riesiger Kasten stand da, dreizehn Stockwerke hoch, in Kambodscha fast ein Wolkenkratzer. Links vom Eingang war eine Terrasse; von hier hatte man eine herrliche Aussicht auf den darunterliegenden Strand und das Meer. Ich konnte mir gut vorstellen, hier bei Sonnenuntergang mit Freunden bei einem Dämmerschoppen zu sitzen.

Die Empfangshalle sah aus wie die eines jeden anderen Hotels, eine Rezeption mit einem Regal dahinter für die Zimmerschlüssel und Nachrichten, Sesselgruppen mit Kaffeetischchen in der Mitte, und an der Wand hing wie in jedem Haus und öffentlichen Gebäude ein übergroßes Gemälde von dem König und der Königin. Was fehlte, waren das Personal und die Gäste.

Ich ging weiter. Die Schlösser der großen Glastüren waren von schweren Ketten ersetzt worden, aber das Glas war schon lange kaputt, und so schritt ich durch sie hindurch wie das Gespenst von Canterville. Auf dem kleinen Blumenbeet im Innenhof grasten zwei Kühe. Daneben lag der Eingang zum Ballsaal. Die Wände waren von Schimmel überzogen und fast schwarz, von der Decke tropfte das Wasser, und auf dem Boden wuchs das Moos. Nur noch zwei alte, wundervolle Kristallüster verrieten etwas über die einstige Pracht. Es roch muffig hier drinnen, und ich ging wieder nach draußen. Von einem Balkon blickte ich auf den verwilderten Garten, den ich zuvor von unten gesehen hatte. Schwimmbadgrüne Kacheln blitzten unter dem Gestrüpp hervor.

Wieder einmal lag die Vergangenheit mit dem *Independence Hotel* in greifbarer Nähe. Vor etwas mehr als zwanzig Jahren bloß herrschte hier Leben, die Leute hatten gefeiert und sich den gleichen Vergnügungen hingegeben wie die Menschen im fernen Europa. Eine Zeitspanne, die auch in meiner Vorstellung Raum einnahm. Der Verfall dieses Hotels war ein weiterer Beweis dafür, mit welcher Wucht der Krieg hier eingeschlagen und die Menschen unter ein akzeptables Existenzminimum zurück katapultiert hatte.

Mir wurde es unheimlich an diesem einsamen Ort. Das *Independence Hotel* war kein Platz für Schäferstündchen, und ich machte mich auf die Socken.

Zwischen *Sali's* und der scharfen Kurve in der Straße lag noch ein leeres Haus, *Victory Dancing Place*, auf dessen Rückseite eine Treppe zum Strand hinunter führte. Dort saß ich dann, bis es dunkel wurde. Die bunten Sonnenuntergänge ließ ich mir nie entgehen.

Am nächsten Morgen regnete es wieder ohne Unterbrechung. Das schlechte Wetter deprimierte mich. Es schien, als komme jetzt der ganze Rest der Regenzeit auf einmal herab.

„Nach dem nächsten Vollmond ist es vorbei", sagte Eric.

Am späten Nachmittag hörte es endlich auf. Ich schmiß das langweilige Buch in die Ecke, zog mir etwas über, griff nach dem Rucksack, hängte mir die Kamera über die Schulter und ging zum Strand. Der alte Kauz, der hier in einer ärmlichen Behausung lebte, versuchte vergeblich, aus den nassen Ästen ein Feuer zu machen. Ich blieb nicht sehr lange, es gab keine geeigneten Motive zum Fotografieren, ein böiger Wind war aufgekommen, und mir wurde kalt.

Zurück auf der Straße, beschloß ich kurzerhand, in dem kleinen Café weiter oben noch etwas zu trinken; ich hatte keine Lust, gleich wieder ins Gästehaus zu gehen. Die beiden Kinder der Besitzer tobten um mich herum und stießen ständig an den wackeligen Tisch, so daß immerfort der lauwarme Kaffee überschwappte. Sie gingen mir gewaltig auf die Nerven.

Es wurde dunkel, und ich wußte, daß ich mich längst auf den Weg hätte machen müssen, aber aus unerfindlichen Gründen klebte ich am Stuhl fest. Als ich losging, holte mich der Besitzer des Cafés mit dem Moped ein und bot mir an, mich zum Gästehaus zu bringen. Weiter unten an der Straße ärgerte ich mich, daß ich abgelehnt hatte. Es war so dunkel, daß man nicht mal mehr die Hand vor Augen sehen konnte. Die Straßenlampen brannten auch nicht, warum mußten sie immer hier in diesem Viertel den Strom ausfallen lassen?

Ein Moped nahte, und ich drehte mich um.

„Taxi!"

Er hielt nicht, drehte nicht mal den Kopf nach mir. Blödmann. Als ich an der scharfen Kurve ankam, atmete ich erleichtert auf, es waren nur noch ein paar hundert Meter zum Gästehaus.

„Hallo."

Eine dunkle Männerstimme, ganz in der Nähe. Ich stockte. Wer war da? Verdammt, warum mußte es so dunkel sein? Mir wurde es unheimlich, und ich lief einen Schritt schneller. Bloß weg hier.

„Hallo."

Jetzt war die Stimme direkt an meinem Ohr. Undeutlich nahm ich nun auch ein Gesicht wahr, ganz dicht vor mir. Ich erschreckte mich fast zu Tode. Plötzlich griff er mit einer Hand nach meiner Brust, mit der anderen hielt er mich am Arm fest.

„Ich will dich vergewaltigen. Ich bring dich um. Los, komm."

Sein Griff wurde fester, und er zog mich zum Straßenrand. Eine eisige Kälte kroch in meinen Körper, und ich war wie gelähmt.

Ein schlechter Traum.

Wie eine Aufziehpuppe hob ich meine freie Hand und versuchte, ihn fortzustoßen.

„Geh weg, du Idiot."

Aber meine Stimme versagte, genauso wie meine Beine. Er zerrte mich weiter zum Straßenrand, und auf einmal wurde mir klar, daß das kein schlechter Traum war, sondern Wirklichkeit, und daß niemand in der Nähe war, um mir zu helfen.

Nackte Angst schnürte mir die Kehle zu. Ich versuchte, die aufsteigende Panik unter Kontrolle zu bringen.

‚Du mußt reden, sag doch etwas zu ihm, lenk ihn ab!'

Das half vielleicht in Deutschland, aber ich stand hier in Kambodscha, und wenn die sagen, sie bringen dich um, dann tun sie es auch.

‚Laß ihn nicht merken, daß du Angst hast.'

Ich stammelte irgend etwas, aber meine Stimme klang alles andere als fest. Etwas irritiert hielt er inne, und ich konnte meinen Arm freimachen. Ich mußte weg vom Straßenrand. Denn dahinter war nur noch der Wald, und die Chance, daß ein vorbeifahrendes Moped uns sehen würde, war gleich Null.

Ich lief ein paar Schritte, und langsam kehrte mein Verstand zurück.

‚Der ist gerade mal so groß wie du, komm, du bist doch kein Schwächling, mit dem wirst du fertig.'

Aber meine Beine waren noch immer völlig kraftlos, und meine Hände zitterten wie verrückt. Er kam hinter mir her und packte mich erneut. Ich stieß ihn wieder fort und lief schneller.

‚Eine Waffe, du brauchst eine Waffe!'

Ich sah an mir herunter, aber ich hatte nichts, womit ich ihm hätte gefährlich werden können.

Die Kamera! Ich ließ sie am Arm heruntergleiten und wickelte mir den Riemen um das Handgelenk. Ich dankte der Firma Leitz, daß sie bei der Herstellung auf den Gebrauch von Kunststoff verzichtet hatte und daß das Ding so schwer war, und betete zu Gott, daß ich einen Treffer landen würde. Dann blieb ich unvermittelt stehen, drehte mich um und holte aus.

Verfehlt! Ich streifte ihn nur leicht am Kinn.

Er wurde jetzt wütend, sprang auf mich zu und nahm mich in den Schwitzkasten. Er hatte Kraft, sehr viel Kraft, und ich wußte, daß ich nichts gegen ihn ausrichten konnte. Er hatte genug von dem Geplänkel und zerrte mich erneut zum Straßenrand, diesmal mit aller Gewalt. Dabei versuchte er immer wieder, seine Hand unter mein T-Shirt zu schieben.

„Ich bring dich um, I kill you!" schnaufte er drohend und wurde immer brutaler.

Ich wehrte mich mit Händen und Füßen; wenn er mich weg von der Straße hatte, ging mir nur noch durch den Kopf, dann war es vorbei.

Vorbei? Nein!!! Deswegen war ich doch nicht nach Kambodscha gekommen! Nicht, um abgemurkst in einem Straßengraben zu liegen!

Blanke Verzweiflung überkam mich, aber ich wollte noch nicht aufgeben. Ich stolperte und bekam etwas zu fassen. Es war der Mast der Straßenlampe. Ich hielt ihn fest umklammert und schrie um Hilfe. Ein einziger gellender Schrei, mit dem ich die ganze Angst und Verzweiflung herausließ.

Der Mann ließ mich abrupt los. Er war genauso erschrocken wie ich. Ich wußte nicht, daß ich so schreien konnte.

Ich stand auf und sah ihm in die Augen. Er rührte sich nicht. Und jetzt packte mich rasender Zorn. Ich ging auf ihn zu und brüllte ihn an. Er machte einen Schritt zurück.

„Hau ab, du mieser Dreckskerl! Was bildest du dir eigentlich ein, du Sack! Hast du den Verstand verloren, oder was? Verpiß dich, oder soll ich gleich noch mal schreien?!"

Ich holte wieder tief Luft und setzte an. Er verstand und stolperte unsicher zu seinem Moped. Ich rührte mich nicht vom Fleck und setzte den Deckel auf das Objektiv. Er sah mir dabei zu.

„Verschwinde endlich, du Mistkerl!!!"

Er setzte sich auf sein Moped und fuhr davon. Und ich lief zum Gästehaus. Wann waren eigentlich die Lichter angegangen?

Als ich im Restaurant ankam, hatte ich meine Stimme wieder unter Kontrolle.

„Vannath, gib mir bitte meinen Schlüssel", sagte ich geistesabwesend.

Ich machte die Zimmertür hinter mir zu und setzte mich aufs Bett. Es war halb sieben. Um fünf nach sechs hatte ich das Café verlassen. Ich nahm mein Notizbuch und zeichnete alles auf. Jetzt hatte ich etwas zu schreiben. Meine Hand bewegte sich automatisch, überhaupt war alles, was ich tat, eine Anordnung von Bewegungen ohne Steuerung von der Zentrale. In meinem Kopf herrschte völliges Vakuum.

Ich zog mich um, ging zurück ins Restaurant und bestellte mir etwas zu essen. Mark setzte sich eine Weile später dazu, und wir unterhielten uns über dies und das. Ich dachte nicht mit und antwortete immer nur mit Ja und Nein oder Ich weiß nicht. Er merkte, daß heute wohl nicht mein Tag war, und zog sich bald zurück. Sascha ließ sich zum Glück nicht sehen. Gegen zehn kam Eric aus seinem Zimmer herunter.

„Eric, komm bitte her. Ich muß mit dir reden."

Es mußte raus, und Eric war der einzige, mit dem ich jetzt sprechen wollte. Er mußte sowieso wissen, was sich in der Nähe seines Gästehauses abgespielt hatte, damit er seine Gäste warnen konnte. Er sah mich an, dann drückte er mir seine Pfeife in die Hand.

„Hier, ich glaube, du kannst etwas Stärkeres als deine Zigaretten vertragen. Sali hat mir gesagt, du seist etwas komisch. Was ist los?"

Innerlich völlig unbeteiligt, erzählte ich ihm, was sich zweihundert Meter vor seinem Gästehaus abgespielt hatte. Er ließ mich reden, vom Anfang bis zum Ende, und unterbrach mich nicht ein einziges Mal. Als ich fertig war, stand er auf und holte Sali. Er gab ihr eine gekürzte Version. Dann sah sie mich lange an und fragte: „Hast du Angst?"

„Ja."

Das war alles.

Sie wollte am nächsten Tag die Taxifahrer in dieser Gegend fragen, ob sie etwas wußten. Dann ging sie schlafen. Eric und ich saßen schweigend nebeneinander.

„Eric, erzähle mir bitte von Kelly."

Ich wußte nicht, wie ich darauf gekommen war. Kelly, Dominique und Tina waren mit dem Taxi von Phnom Penh nach Sihanoukville unterwegs gewesen, als sie, kurz bevor sie die Strecke durch die Berge zurücklegten, von einer Straßensperre der Roten Khmer angehalten und von dem Wagen weggeführt wurden. Einen Tag später war keiner der drei mehr am Leben. Eric stopfte erneut die Pfeife. Es dauerte eine Weile, bis er anfing.

„Es war im Frühjahr '94. Kelly saß hier in meinem Restaurant und zeigte mir lachend ihren Fußknöchel. ‚Schau Eric, jetzt endlich heilt die verdammte Wunde!' Sie hatte sich an einem Auspuffrohr verbrannt, so wie du, und die Stelle wollte und wollte nicht besser werden. Das war das letzte Mal, daß ich sie sah. Sie kam oft hierher, allein oder mit ihrem Freund Dominique. Sie hatten in Phnom Penh und hier in Sihanoukville ein Restaurant. Und nebenbei kümmerten sie sich um alle Straßenkinder, die täglich mehr wurden. Aber das machte ihnen nichts aus; solange sie etwas zu essen hatten, gaben sie es ihnen. Eines Tages explodierte in der Nähe ihres Restaurants eine Handgranate, und es erwischte einen der kleinen Bengel. Sie hatte das blutende Etwas auf dem Schoß, konnte aber nichts mehr für ihn tun. Sie hatte das Herz am rechten Fleck.

Tina, die kleine Engländerin, war mit ihren Freundinnen hier im Urlaub. Sie verknallte sich in einen Amerikaner und blieb zurück. Als Kelly und Dominique eines Tages nach Phnom Penh fuhren, um für ihr Restaurant einzukaufen, fuhr sie mit, denn sie mußte Schecks einlösen. Damals konnte man das noch nicht in Sihanoukville. Sie wollten am nächsten Tag wieder zurückkommen. Naja.

Das nächste, was ich gehört habe, war, daß drei Ausländer entführt worden seien. Sie waren auf dem Weg nach Sihanoukville gewesen. Und da Kelly, Tina und Dominique nicht ankamen, konnte ich mir den Rest zusammenreimen. Die Zeit danach war nicht schön. Journalisten kamen und haben alles mögliche gefragt, Tinas Eltern und Kellys Vater reisten an, der Vater von Dominique kam erst später. Und die ganze Zeit über erfuhr man nichts. Einmal hieß es, sie seien noch am Leben, dann wieder, sie seien längst tot. Hinter vorgehaltener Hand mauschelten die Kambodschaner, man habe die drei gleich am nächsten Tag umgebracht. Aber die Eltern hielt man fast drei Monate hin, bis man ihnen die Wahrheit sagte.

Ich werde nie Kellys Vater vergessen, der im Restaurant saß und einen kleinen kambodschanischen Jungen auf dem Schoß hatte. Er hegte keinen Groll gegen dieses Land und seine Menschen, von denen gerade ein paar seine Tochter ermordet hatten. Sie waren noch so jung. Kelly und Dominique lebten schon eine Weile hier, aber Tina? Soweit ich mich erinnere, war es ihre erste große Reise."

Selbst jetzt, nach zwei Jahren, ging es ihm sehr unter die Haut, darüber zu sprechen. Er holte ein Bild, auf dem Sali und Kelly zu sehen waren. Ich sah es mir lange an. Sie war sehr groß und schön gewesen.

‚An ihr hätte sich der Kerl bestimmt nicht vergriffen, bei der Größe', ging mir durch den Kopf.

Aber Kelly war tot, ich nicht.

Ich erinnerte mich an einen Flug mit einer Kollegin aus Australien. Sie war mit Kelly befreundet gewesen und hatte mir von ihr und der Entführung erzählt, kurz bevor ich meine Koffer gepackt hatte. Und jetzt saß ich hier und starrte das Foto von ihr an.

„Was wirst du jetzt tun?"

„Ich weiß es nicht. Ich glaube, ich gehe erst mal schlafen. Morgen ist ein neuer Tag zum Denken. Gute Nacht, Eric."

„Gute Nacht."

Am nächsten Morgen brachen die Auswirkungen dieses gemeinen Überfalls mit voller Wucht über mich herein.

Es regnete wieder, aber ich war froh darüber. Der Regen entband mich von der Pflicht, das sichere Gästehaus zu verlassen. Ich schlug Wurzeln auf der Veranda und zählte die Regentropfen. Vor mir lag ein riesiger Haufen Scherben.

Wie sollte ich denn angesichts all dieser drohenden Gefahren durch Kambodscha reisen? An jeder Ecke lauerten sie. Mir war so etwas Gemeines noch nie passiert; ich ging mit einer schlafwandlerischen Sicherheit durchs Leben, die fast an Naivität grenzte. Wie oft hatten mich Freunde und Freundinnen gefragt: „Sag mal, hast du denn keine Angst?"

Angst? Vor was denn?! Ha! Jetzt wußte ich, was sie meinten. Ich hatte die Hosen gestrichen voll und traute keiner Menschenseele.

Als ich das erste Mal wieder das Gästehaus verließ, überkam mich eine nie gekannte Panik. Bei jedem Moped, das vorbeifuhr, zuckte ich zusammen.

‚Der könnte es vielleicht gewesen sein.'

An einem Nachmittag wagte ich mich an den Strand hinunter. Ein alter Bettler kam auf Krücken vorbei und brabbelte etwas. Ich erwartete halb, daß seine Krücken nur Tarnung seien und er sie mir gleich über den Kopf ziehen würde, wenn ich ihm nichts gab. Ich schnauzte ihn an, er solle abhauen. Dann kam ein Betrunkener an und legte sich fast auf mein Handtuch an dem leeren Strand. Ich machte einen Riesenaufstand, bis er endlich verschwand.

Sollten doch alle denken, ich sei eine durchgeknallte, hysterische Touristin, es war mir völlig egal.

Was mir nicht egal war, war die Tatsache, daß ich mich so wenig unter Kontrolle hatte und bei dem kleinsten Anlaß komplett ausrastete. Ich sah mich nur noch von Feinden umgeben. Und abends kamen die Gespenster.

Sobald das letzte Sonnenlicht verschwand, saß ich im Restaurant. Im Dunkeln auf der kleinen Terrasse wollte ich nicht sitzen, ich fürchtete mich. Was, wenn der Kerl nur darauf wartete, daß es dunkel wurde, dann durch die Gitterstäbe des Zauns kriechen und sich von hinten anschleichen würde? Er konnte mir den Mund zuhalten, dann würde mich niemand hören. Die Dunkelheit wurde zur Qual.

So konnte es nicht weitergehen. Aber was sollte ich tun?

Abreisen und zurück nach Deutschland? Keiner würde mir Vorhaltungen machen, im Gegenteil, man würde meine vernünftige Entscheidung begrüßen.

Aber das hieße *aufgeben*. Und das wollte ich noch nicht. Schließlich lebte ich noch, und außer dem enormen Schrecken, den mir der Mistkerl eingejagt hatte, war mir ja nichts weiter passiert. Äußerlich zumindest.

Aber der seelische Schaden war größer, als ich dachte. Ich hatte mich nie in meinem Leben als Opfer betrachtet, und jetzt war es jemandem gelungen, mich in die Knie zu zwingen. Daß ich ihn schließlich in die Flucht geschlagen hatte und als Sieger aus dem unfairen Kampf hervorgegangen war, das sah ich nicht. Was ich sah, war, daß der Mann plötzlich vor mir stand und ich vor lauter Schreck *handlungsunfähig* war. Die ideale Beute. Weiter konnte ich nicht denken.

Für eine Rückkehr nach Deutschland konnte ich mich nicht begeistern, ich hatte den vagen Verdacht, daß ich es mir nie verzeihen würde, an dieser Stelle aufgegeben zu haben. Mit der Entscheidung gegen eine verfrühte Abreise war ich schon mal einen Schritt weiter.

Ich blieb in Kambodscha.

Zu einem echten Freund entpuppte sich damals Mark. Eric hatte ihn eines Abends zur Seite genommen und ihm alles erzählt. Von dem Moment an blieb er immer in meiner Nähe. Er ließ mich in Ruhe und unterhielt sich nur mit mir, wenn ich es wünschte, gab mir aber zu verstehen, daß ich nirgendwo alleine sei. Wenn ich ab und zu an den Strand ging, dauerte es keine zehn Minuten, und er kam nach. Dann setzte er sich mit einem Buch hundert Meter weit weg, behielt aber immer alles im Auge. Für mich war das sehr beruhigend. Erst am letzten Tag erfuhr ich, daß Eric ihn darum gebeten hatte, aber er tat es gern.

Eines Abends, ich saß wie üblich im Restaurant, kam Eric vorbei und sagte: „Anna, da drüben am Tisch, der Rothaarige da, mit dem ausgemergelten Gesicht, das ist Ralph. Er arbeitet in Rattanakiri. Da wolltest du doch auch hin, oder? Vielleicht kann er dir ein bißchen was erzählen."

Ich ging hinüber und stellte mich vor.
„Eric hat mir gesagt, du arbeitest in Rattanakiri. Wie ist es denn dort so?"
„Ganz nett."
Hm. Sehr gesprächig schien er nicht zu sein.
„Hey, hör zu, wenn ich dir auf den Wecker falle, dann sag's."
„Nein, du gehst mir nicht auf den Wecker. Es ist nur, naja, mir geht's nicht so gut. Hatte gerade Malaria und Typhus."
„Wo hast du dir denn das geholt? Da oben?"
„Ja, Malaria ist ein ziemlich großes Problem dort."
„Abgesehen von Malaria, was gibt es denn sonst noch alles?"
„Rattanakiri ist sehr schön. Es liegt höher als Phnom Penh, die Luft ist frisch, und nachts wird es ziemlich kühl. Ich weiß ja nicht, was dich genau interessiert, aber ein Besuch lohnt sich auf jeden Fall. Die Bevölkerung besteht zu achtzig Prozent aus Angehörigen der Minoritäten, die überall in Hüttendörfern in den Wäldern leben."
„Und wie kommt man dort hin?"
„Zu Fuß. Du kannst dort überall zu Fuß hingehen, vorausgesetzt, du läufst gerne."
„Ja, sehr gerne."
„Meistens *mußt* du sogar laufen, denn die Straßen sind sehr schlecht, und zu den Dörfern führen nur Trampelpfade."
„Und wie steht's mit der Sicherheit?"
„In Rattanakiri gibt es keine Minen und Roten Khmer, das macht die Arbeit sehr angenehm."
An Minen hatte ich eigentlich weniger gedacht, als ich mich nach der Sicherheit erkundigte, aber woher sollte Ralph wissen, daß ich gerne eine Garantie dafür hätte, daß im Umkreis von mindestens hundert Kilometern kein einziger potentieller Vergewaltiger frei herumlief?
„Es gibt ein ganz nettes Gästehaus in Ban Lung, das *Garden 2*. Wenn du wirklich hinfährst, dann triffst du mich im *Chili Restaurant*, dort essen immer alle Entwicklungshelfer. Da erfährst du alles, was du wissen willst."
Naja, das war ja schon mal was. Aber entschieden hatte ich mich noch nicht, vor Dezember würde ich wohl kaum hinfahren. Ich mußte wieder zurück nach Phnom Penh.

Am Morgen meiner Abreise kam eine steinalte Frau mit geschorenem Kopf ins Restaurant. Sie hatte ein Joch über den Schultern liegen, an dem zwei Schüsseln mit Fisch hingen. Sali brachte mir gerade einen Kartentrick bei. Sie stand auf, begutachtete den Fisch und kaufte ein paar Stücke. Die Alte sah die Spielkarten und kam an den Tisch. Sie kicherte mich an, nahm den Stapel in die Hand und begann, für mich die Karten zu legen.

Sali stand daneben und übersetzte.

Plötzlich entspann sich ein heftiges Wortgefecht zwischen den beiden; anscheinend ging es um mich, denn sie deuteten immer wieder in meine Richtung. Schließlich jagte Sali sie mit großem Gezeter davon. Erbost blickte sie hinter der Frau her.

„Die Alte spinnt!"

„Was war denn los?"

„Weißt du, sie spinnt wirklich! Nicht ganz richtig im Kopf. Sie wohnte in einer Hütte nicht weit von hier, in der Nähe von *Lealy Venda*, das Gästehaus da drüben am Berg, weißt du?"

„Ja, ich kenne *Lealy Venda*. War gestern dort mit Mark zum Essen."

„Eines Nachts hat die Alte ihre Hütte angesteckt und blieb drin sitzen. Ihr Sohn hat sie in letzter Minute herausgeholt. Seitdem ist sie so, spricht nur noch wirres Zeug, zieht sich splitternackt aus am Strand vor all den Männern, aber manchmal hat sie ein paar lichte Momente."

„Und warum habt ihr euch eben gestritten?"

„Nicht wichtig."

„Sali, komm. Es ging um mich, richtig? Was hat sie aus den Karten gelesen?"

Ich wollte es wissen, denn offensichtlich war das der Grund für die Auseinandersetzung gewesen.

„Sali, wenn sie etwas Schlimmes gesehen hat, sag es mir ruhig. Es sind doch bloß Karten."

Für mich waren es bloß Karten und die Zukunftsdeutung ein netter Zeitvertreib, aber für Sali wie auch für die meisten Asiaten und Orientalen waren die Karten ein wichtiger Bestandteil des täglichen Lebens. Sali hatte übrigens Eric erst geheiratet, nachdem ihre Kartenlegerin gesehen hatte, daß Sali den *richtigen* Mann getroffen hatte. Aber was die Alte betraf und was sie gesagt hatte – Sali rückte nicht mit der Sprache heraus.

„Na gut. Warum legst du sie mir nicht mal?"

Sali mischte und mischte und fing an. Sie deutete auf den Pik Bube und Kreuz Dame und sagte: „Das da, das hat die Alte gesehen. Das bedeutet Tod! Aber ich weiß Bescheid, es ist alles vorbei, nur sie, sie hat es nicht verstanden!"

Ich schluckte. Vielleicht war ja doch etwas dran an den Karten ...

„Okay, nachdem das Schlimmste vorüber ist, dann sag mir mal, was kommt. Es kann ja nur noch besser werden!"

Es wurde nicht nur besser, nein, ich würde reich und erfolgreich werden und natürlich auch den Herzallerliebsten treffen.

„Sali, steht da auch in den Karten, wann das alles passiert? Ich möchte nämlich nicht ewig warten."

Sie blickte mich unschuldig lächelnd an.

„Nein, das steht nie in den Karten. Du mußt schon Geduld haben."

Dann war ich wieder in Phnom Penh.

Die Stadt war laut und geschäftig wie eh und je, aber für mich war sie nicht mehr dieselbe. Ich wollte weg, weit weg von allem, was mir hätte gefährlich werden können und was mich in irgendeiner Form an den Überfall erinnerte. In Phnom Penh waren es die vielen Taxifahrer mit ihren Mopeds.

Zum Nachdenken ging ich immer ins Olympiastadion. Nachmittags war es hier leer und ruhig. Bis zum Wasserfest waren es noch zwei Wochen. In der Zwischenzeit nach Rattanakiri zu fliegen, lohnte nicht.

Kompong Cham? Stand immer noch unter Wasser.

Kratie? Genau dasselbe.

Kampot? Von der Küste hatte ich vorerst genug.

Angkor? Zu teuer. Das war am Ende geplant, und zweimal hinfahren, konnte ich mir nicht leisten.

Battambang? Weiß nicht.

Ich konnte mich tagelang nicht entscheiden und lief immer nur planlos durch die Stadt. Aber irgend etwas mußte geschehen. Ich rang mich langsam zu dem Entschluß durch, auf das Wasserfest zu verzichten und gleich ins Hochland zu fliegen.

Auf dem Weg zu *Royal Air Cambodge* ging ich bei der Post vorbei. Ein Hubert hatte geschrieben, aber ich kannte überhaupt keinen Hubert. Der Inhalt brachte des Rätsels Lösung. Hubert war ein Bekannter meiner Freundin. Er kam für ein paar Tage nach Kambodscha und brachte die gewünschte Schokolade aus Deutschland mit.

Das hatte ich völlig vergessen!

Er würde Ende November kommen und wollte wissen, wann und wo die Übergabe stattfinden solle. Ich rechnete nach, das war genau während des Wasserfestes. Hm. Im Handumdrehen änderte ich alle Pläne. Statt einem Flugticket nach Ban Lung kaufte ich ein Ticket für das Boot nach Siem Reap. Geld hin, Geld her, mein angeschlagenes Selbstbewußtsein brauchte etwas Auftrieb. Ich würde zu den Tempeln fahren, koste es, was es wolle.

Und die Schule? Mein Khmer? Was war damit?

Seit dem Überfall hatte ich kein Wort Khmer mehr gesprochen. Ein paar Mal hatte ich meine Vokabeln vor mir gehabt, aber ich konnte sie mir einfach nicht merken. Es war, als wäre eine Klappe heruntergefallen. Aus. Ich tat mich mit jedem Wort so schwer, wie ich es anfangs erwartet hatte.

Ich mußte mit allem noch mal von vorne beginnen.
Und welcher Ort wäre da geeigneter als die Tempel von Angkor!

ANGKOR

Die Bootsfahrt war ein Horrortrip. Von den großen, langsamen Booten, in denen man schön eine Hängematte aufspannen konnte, fuhr keines, und so mußte ich mit einem Superschnellboot vorliebnehmen. Es war nicht nur schnell, sondern auch eng und überfüllt, und auf dem Dach konnte man nicht sitzen, da lag das Gepäck.

Fünf lange Stunden saß ich im Bootsinnern, die Knie diesmal an den Ohren. Neben mir saß ein riesiger Japaner, der sich nicht ein einziges Mal bewegte, während ich ständig hin und her rutschte, um die Durchblutung in Gang zu halten. Vor mir saß ein alter Chinese aus Singapur, der sich mit einer Pinzette die Bartstoppel zupfte. Auf meiner rechten Seite saß ein junger Australier, der alsbald in tiefen Schlaf verfiel. Sein schuppiges Haupt rollte ständig auf meine Schulter, sehr zu meinem Leidwesen und dem seiner Freundin, die ein paar Reihen weiter hinten saß. Und neben der saß ein Typ, der mich die ganze Zeit ziemlich unverschämt angaffte. Ich blickte wieder zu dem Japaner und fragte mich, wie der so still sitzen konnte.

Das Boot fuhr auf dem Tonlé Sap flußaufwärts, bis es in Kompong Chnang, einer kleinen Hafenstadt, zum ersten Mal hielt. Pinkelpause.

Die Passagiere eilten von Bord, während die Snackverkäufer in die entgegengesetzte Richtung stürmten. Ich saß still auf meinem Platz und wartete, daß es weiterging. Benzin wurde nachgefüllt und zwei große Ersatzkanister auf dem Dach festgemacht. Dann fuhren wir auf den großen Tonlé Sap See hinaus.

Fluß und See waren schon ein kleines Wunder der Natur. Normalerweise floß der Tonlé Sap in den Mekong hinein. Aber wenn zu Beginn der Regenzeit die Wassermassen immer stärker anschwollen, wurde ein Rückstau verursacht, und der Tonlé Sap floß nun rückwärts und ergoß sich in den Tonlé Sap See, der als ein riesiges, natürliches Auffangbecken diente.

Während dieser Zeit versiebenfachte der See seine Größe, bedeckte eine Fläche von etwa sechstausend Quadratkilometern und erreichte eine Tiefe von zwölf Metern (ein bis zwei Meter in der Trockenzeit). Mit den fruchtbaren Ebenen war er ‚das Herz Kambodschas'.

Am Ende der Regenzeit wiederholte sich der Akt, das Wasser wurde weniger, und der Tonlé Sap floß zurück in den Mekong.

Anläßlich dieses Schauspiels veranstaltete man jedes Jahr in Phnom Penh und Angkor das große Wasserfest, Bon Oumtoek, mit Bootswettkämpfen und

Feuerwerk, an dem alle am Mekong und Tonlé Sap See und Fluß liegende Provinzen teilnahmen.

Um mich abzulenken, sah ich aus dem Fenster. Das Grünzeug, das ich für Büsche hielt, waren Baumkronen. Angestrengt suchte ich nach Banditen, die hier angeblich lauerten, um auf arglose Touristen zu schießen. Wenn ein Boot aus Phnom Penh heraufkam, tauchten sie plötzlich hinter den am Ufer liegenden Büschen auf, hielten das Boot an und verlangten Wegezoll. Die Bootseigner wußten das, und der Betrag war im Fahrpreis enthalten. Aber manchmal gab es auch Schwierigkeiten, und dann wurde geschossen.

Schwierigkeiten machten auch Touristen, die einen Schnappschuß von der Aktion ins Fotoalbum kleben wollten. Die Banditen sahen sich aber nicht als Fotomodelle und gaben Warnschüsse ab. Im Frühjahr traf ein solcher Warnschuß eine Touristin, und sie verlor ihr Bein.

Als wir an der Bootsanlegestelle von Siem Reap ankamen, spürte ich weder Gesäß noch Beine. Ich war froh, endlich aus diesem Kahn herauszukommen. Ein schmaler Brettersteg führte zum Ufer. Es war die Sorte Steg, die ich überhaupt nicht mochte, ohne Geländer, schmal und heftig schwingend. Am anderen Ende warteten schon die Taxihyänen mit Schildern in der Hand, auf denen die Namen der Passagiere standen.

Dahinter verbarg sich die kambodschanische Gästehaus-Mafia. Die Besitzer informierten ihre Partner in der anderen Stadt und sicherten sich so gegenseitig die Kundschaft. Und die Gäste waren froh, daß sie nicht lange suchen mußten. Meistens.

Ich entdeckte meinen Namen und stieg auf das Moped. Von der Bootsanlegestelle bis nach Siem Reap waren es noch mal zwölf Kilometer.

Das Land an der Straße stand unter Wasser, hier und da sah man Häuser auf Stelzen, deren Bewohner an der Eingangstür ein Boot festgemacht hatten. Man arrangiert sich mit der Natur.

Dann begann das Festland, und wir fuhren durch eine wunderschöne Kulturlandschaft mit Reisfeldern, Wasserbüffeln, Bananenhainen, Häusern in gepflegten Gärten, und ich nahm mir vor, hier einmal mit dem Fahrrad herzukommen.

Das Gästehaus, in dem mich der Fahrer absetzte, gefiel mir nicht. Es hatte keine Atmosphäre. Ich stand mit dem Fahrer im Hof und rauchte erst mal eine Zigarette.

„Kennst du nicht ein Gästehaus, wo sie Einzelzimmer haben mit Bad?"
„Genau so etwas suche ich auch."

Ich drehte mich um und sah den Gaffer vom Boot. Oh je.

„Ja, ich kenne ein paar Gästehäuser, komm, ich fahr dich hin."

Wir suchten und suchten, aber ich fand einfach nicht, was ich mir vorstellte.

Die meisten Zimmer waren Löcher mit überhöhten Preisen, die man überall dort findet, wo mehr Touristen als Unterkünfte sind. Wir machten einen letzten Versuch im *Lampion Guesthouse*. Der junge Besitzer sah mich mitfühlend an und machte mir einen Sonderpreis. Ich richtete mich häuslich ein und ging nach oben in das Restaurant auf der Veranda.

Und wer saß bereits da und grinste mich breit an?

Der Gaffer!

Flucht nach vorne war immer noch das beste, und so ging ich zu ihm hin und fragte, ob ich mich zu ihm setzen dürfe.

Der Gaffer hieß Klaus, war sehr nett, und wir verstanden uns auf Anhieb. Tagsüber besichtigte er die Tempel und ich die Umgebung, abends gingen wir zum Inder essen, und nachts?

Nachts gaben wir uns die Dröhnung von den Desserttellerchen, mit Gras gefüllte Untertassen, die in dem Gästehaus auf jedem Tisch standen. Dort versackten wir dann regelmäßig.

Ob es Zufall war, daß im *Lampion* lauter Deutsche gastierten? So viele Landsleute hatte ich in den ganzen fünf Jahren, die ich mit Fliegen und Reisen verbrachte, nicht getroffen. Aber es tat mir gut. Ich mußte etwas Abstand zu Kambodscha gewinnen, um nachher fit für den Rest zu sein. Denn soviel war mir klar: Siem Reap war die Hochburg der Touristen, und die Kambodschaner ganz auf sie eingestellt. Das Kambodscha, das ich suchte, war nicht hier. Aber ich mußte erst wieder Boden unter den Füßen gewinnen, um weitermachen zu können.

Voller Unternehmungslust fragte ich am nächsten Morgen Sam-an, den Hausherrn, wo ich ein Fahrrad mieten könne.

„Fahrrad? Hm, das wird schwierig. Es ist nämlich verboten, an Ausländer ein Fahrrad zu vermieten."

„Das ist doch nicht wahr. Wer sagt denn so was?"

Bevor ich von Phnom Penh wegfuhr, hatte mir Herby, der Besitzer des Buchladens, von seiner wundervollen Fahrradtour erzählt, die er in Siem Reap gemacht hatte. Vor einer Weile.

„Doch, es stimmt. Hat zuviel Ärger gegeben. Die Touristen kennen sich nicht sehr gut aus und fahren weiter, als sie dürfen. Da hat der Gouverneur entschieden, daß sie nicht mehr mit dem Fahrrad fahren dürfen. Moped auch nicht. Und sie dürfen auch nicht zu zweit auf einem Moped hinten draufsitzen."

„Das hat aber nichts mit der Sicherheit zu tun. Das tun sie, um die lokale Wirtschaft anzukurbeln. Statt einem muß man nun zwei Fahrer nehmen. Ich möchte aber gerne ein Fahrrad. Wer kann mir denn eine Erlaubnis ausstellen?"

„Keine Ahnung. Vielleicht der Gouverneur?"

„Gute Idee. Wo arbeitet er denn?"

„Nicht weit. Die Straße dort links hinein und zweihundert Meter geradeaus. Dort findest du in einem großen Garten ein flaches Haus. War mal eine Art Club von den Franzosen, glaube ich."

Ich ging in mein Zimmer und wühlte in meiner Reisetasche, um ein passables Outfit zu finden. Viel war nicht drin, für einen offiziellen Empfang beim Gouverneur war ich nicht ausgerüstet. Eine lange Hose und ein sauberes T-Shirt mußten reichen. Zur Feier des Tages legte ich noch etwas Make-up auf und kam mir schrecklich angemalt vor. Dann stiefelte ich los.

Bis zum Gouverneur kam ich nicht, ich scheiterte am Vorzimmerpersonal. Ich hatte keine Visitenkarte, und das war unverzeihlich.

„Wo liegt denn das Problem? Ich schreibe meinen Namen und meinen Beruf auf einen Zettel, und das muß vorerst reichen. Wenn ich wieder in Phnom Penh bin, schicke ich euch gerne die Karte hoch."

Ich hatte überhaupt keine Visitenkarten.

„Nein Madame, das geht nicht."

„Warum?"

„Du kannst nicht einfach so den Gouverneur sehen. Weil du keine Karte hast."

„Ich habe dir doch schon erklärt, daß ich sie vergessen habe."

„Das tut mir leid, aber ohne Karte kann ich dich nicht zum Gouverneur lassen."

Er entschied nicht darüber, wer zum Gouverneur durfte und wer nicht, und es freute ihn, mich, einen Barang, zappeln zu lassen. Und der kleine Wicht, der sich hier so mächtig aufblies, saß entschieden am längeren Hebel. Aber mir begann die Sache Spaß zu machen.

„Paß mal auf, ich erkläre dir jetzt, warum diese Karten nichts bedeuten. Morgen fahre ich nach Phnom Penh. Dort suche ich mir einen netten Bettler, gehe mit ihm zum Friseur, kaufe ihm einen schicken Anzug und lasse ihm Visitenkarten drucken, auf denen steht: Bettlervereinigung Wat Phnom, Erster Direktor und sein Name. Dann kommen wir wieder her. Du siehst auf seine Karte, denkst, das ist ein hohes Tier, weil Erster Direktor darauf steht und läßt ihn zum Gouverneur."

„Nein."

„Warum nicht?"

„Weil er ein Bettler ist."

„Vergiß nicht, er ist todschick angezogen, hat eine Karte, auf der Direktor steht, und außerdem hast du ihn noch nie zuvor gesehen. Du weißt gar nicht, daß er ein Bettler ist."

„Aber du hast doch gerade gesagt, daß du morgen nach Phnom Penh fährst und einem Bettler Visitenkarten drucken läßt. Machst du mir auch welche?"
„Nur, wenn du mich zum Gouverneur läßt."
„Aber der ist doch gar nicht in Siem Reap."
„Dann eben zu seinem Stellvertreter."
„Das kann ich nicht."
„W-a-r-u-m?"
„Weil du keine Karte hast."
Ein zäher Brocken.

Provinz und Stadt Siem Reap waren schon immer Schauplatz heftiger Kämpfe seit der Entstehung des alten Khmerreichs im neunten Jahrhundert bis hinein in unsere Gegenwart. Früher schlugen sich hier die Khmer mit den Thais oder Cham, heute lieferten sich die Armeen der Regierung und die Guerillas der Roten Khmer heiße Gefechte.

Wer sich in Angkor behaupten kann, der regiert das Land. Das steht zwar nicht in den Geschichtsbüchern, aber dafür im Herzen des kambodschanischen Volkes. Angkor ist seine Seele.

Der Frieden, der die Tempel umgab wie ein schützender Wall, war ständiger Bedrohung ausgesetzt. Die Tempel waren aber Kambodschas größtes Kapital, und so verbargen sich Tausende von Regierungssoldaten in den Wäldern und Ebenen, um Angkor für die Touristen zu sichern. In den letzten zehn Monaten war es verhältnismäßig ruhig geblieben, und man nahm dies zum Anlaß, die Sicherheitszone etwas zu verlegen, damit weitere Ruinen besichtigt werden konnten. Aber wo exakt die Grenzen lagen, das wußte niemand so genau.

Und so passierte es immer öfter, daß sich Besucher, die mit dem Fahrrad unterwegs waren, entweder verirrten oder sämtliche Bedenken über Bord warfen und einfach aufs Geratewohl losradelten. Es gab keine ernsthaften Zwischenfälle in jener Zeit, aber es kam häufiger vor, daß die Polizei und/oder das Militär nach verlorengegangenen Radlern suchen mußte. Ähnlich verhielt es sich mit den Mopedfahrern. So kam es zu der Fahrradfahrverbotsverordnung, über die ich mich sehr ärgerte.

Ich unterhielt mich später in Phnom Penh mit einem Amerikaner darüber, der schon lange in Kambodscha arbeitete und sehr viel Öffentlichkeitsarbeit betrieb.

„Warum kann man diejenigen Touristen, die wirklich über die Stränge schlagen, nicht einfach ins nächste Flugzeug setzen und aus Kambodscha abschieben?"

„Wäre das beste, aber die Regierung hat Angst vor schlechter Berichterstattung. Wenn ein Tourist abgeschoben wird, dann könnte das negative Auswirkungen auf den Tourismus zur Folge haben."

„Das glaube ich nicht. Wenn man sagt, daß der Tourist X des Landes verwiesen wurde, weil er durch sein verantwortungsloses Verhalten die Sicherheit anderer Touristen und Einheimischer gefährdet hat – ich bin mir sicher, die meisten würden mit den Händen Beifall klatschen. Ich denke, daß hier vielleicht ganz andere Interessen gefährdet werden."

„An was denkst du?"

„Kohle! Geld ist immer die treibende Kraft hinter jeder Verordnung, nicht nur in Kambodscha. Einer, der ein Fahrrad vermietet, bekommt zwei Dollar pro Tag. Als Mopedfahrer verdient er sieben Dollar pro Tag. Das ist ein Grund. Der zweite ist nur eine Vermutung von mir. Rund um die Tempel sitzen genügend Polizisten und Soldaten, die aufzupassen haben, was sich auf der Straße tut. Jetzt weiß aber jedes Kind in Kambodscha, daß diese nur zwischen zehn und zwanzig Dollar im Monat verdienen. Sie sind also sehr empfänglich für *Geschenke*. Man gibt ihnen einen Dollar oder ein paar Zigaretten, und schon darf man weiterfahren. Weiß ich aus eigener Erfahrung. Wenn sich jetzt die Zahl der Touristen verringert, erlischt nicht nur eine einträgliche Geldquelle, sondern es könnte auch ans Licht kommen, daß die mit der Sicherung der Tempel beauftragten Soldaten ihre Arbeit nicht so eng sehen. Und dann kommen natürlich weniger Touristen."

„Ja, das könnte ein Grund sein."

Naja, ich konnte nichts an der Verordnung und den Verhältnissen ändern und mußte mir eben etwas anderes einfallen lassen.

So fuhr ich eines Morgens mit Sam-an zur Bootsanlegestelle, als er zwei Gäste zum Boot brachte, und sagte ihm, daß ich zurücklaufen würde. Er sah mich an, als sei ich gestört.

„Das sind zwölf Kilometer! Du bist verrückt!"

„Ich weiß."

Am Ufer lagen Dutzende kleiner Boote und großer Schiffe. Die großen sahen aus wie die Dampfschiffe, die früher auf dem Nil und dem Mississippi fuhren und die man aus alten Filmen kennt, nur hatten diese hier keine Schaufelräder. Sie waren ganz aus Holz gebaut und zweistöckig. Im Bauch lagen Fracht und das Reisegepäck, und oben war Platz für die Passagiere. Die Sitzgelegenheiten bestanden aus schmalen Bänken, aber ich sah fast nie jemanden darauf sitzen. Jeder Fahrgast brachte seine Hängematte mit, die er an den Pfosten befestigte. Wenn das Schiff endlich voll war, fuhr es mit zehn Stundenkilometern los in Richtung Phnom Penh. Dort machten sie dann ein bis zwei

Tage halt und fuhren dann entweder zurück oder auf dem Mekong flußaufwärts über Kompong Cham nach Kratie. Während der Regenzeit, wenn das Wasser hoch genug stand, fuhren sie sogar noch weiter bis nach Stung Treng.

In so einem Boot wollte ich auch auf dem Mekong fahren, ich konnte mir nichts Schöneres vorstellen, als in einer sanften Brise in einer Hängematte zu schaukeln und so das Treiben auf dem Fluß zu beobachten.

Aber alles schön der Reihe nach.

Am Nordende des Tonlé Sap Sees befand sich ein großes schwimmendes Dorf, dessen Bewohner wie überall in den schwimmenden Dörfern Vietnamesen waren. Sie lebten in Hausbooten, die meist nur aus einem Zimmer bestanden. Im Keller hatten sie Käfige, um Fische zu fangen, und wenn es Zeit fürs Mittagessen war, dann wurde einfach eine Falltür im Wohnzimmer aufgemacht und man holte sich so viele heraus, wie man brauchte. Das Klo befand sich auf der Rückseite; ein Holzbalken hinter einer kleinen Bretterwand. Die Benutzer sollten schon ein Gefühl für Gleichgewicht haben, sonst konnte der Gang zur Toilette schnell mit einem Bad im See oder Fluß enden. Diese Hausboote waren gar keine schlechte Sache. Sank der Wasserspiegel zu sehr oder mußte man aus irgendwelchen Gründen umziehen, dann lichtete man einfach die Anker.

Zwischen den Hausbooten standen auch immer wieder die Stelzenhäuser der Khmer, die hier sieben Meter und mehr hoch waren. Eine lange Leiter führte hinauf, und wenn das Wasser in der Regenzeit höher und höher stieg und man trotz Anglerstiefel immer noch nasse Füße bekam, dann ließ man einfach das neben der Haustür befestigte Boot zu Wasser und paddelte zum Ufer. Ich stellte mir vor, wie es sein würde, wenn das Wasser zurückging und man wieder zu Fuß durch den entstehenden Sumpf waten mußte, an dessen Ufer stellenweise Krokodile lauerten. Und nachts würden einen dann Schwärme von Moskitos überfallen.

Alles in allem herrschten hier sehr ärmliche Verhältnisse. Die erste Schule wurde gerade erst gebaut, es gab weder Arzt noch Krankenhaus in der Nähe, und als Errungenschaft der letzten Jahre galt die ‚schwimmende Hebamme'; eine Belgierin, die sich um Geburtshilfe bei den Frauen auf dem See kümmerte.

Am Ufer standen zahlreiche kleine Bretterbuden, die alles mögliche verkauften. Süßigkeiten, Waschmittel, frisches Obst und Gemüse, Wasser und Kokosnüsse. So früh am Morgen war hier allerhand los. Die Seebewohner kamen an Land, die Touristen gingen aufs Wasser, und die Taxifahrer warteten auf neue Gäste. Und bis diese kamen, spielten sie Karten und Billard oder legten sich auf ihre Mopeds und schliefen die Nacht zu Ende.

Direkt am See lag ein Berg, Phnom Krom. Oben sollte es ein paar alte Ruinen geben. Dreihundertfünfzig Treppenstufen erleichterten den Aufstieg, dann ging es auf Geröll weiter. Der Berg war höher und größer, als er von unten aussah. Oben angekommen, hatte man einen herrlichen Blick auf den See, die schwimmenden Dörfer, die überschwemmten Reisfelder, und bei klarer Sicht hätte man sicher auch noch den Hauptturm von Angkor Wat sehen können, aber heute war es zu dunstig.

Es war sehr still, und vom See tönte die Stimme eines Mannes herauf, der die Ruderer für das Wasserfest trainierte. „Eins, zwei, eins zwei …"

Anscheinend waren sie nicht schnell genug, denn jedesmal, wenn sie im Ziel ankamen, hagelte es Schimpfwörter.

Ich wanderte ein wenig auf dem Bergrücken hin und her, besichtigte die Ruinen, die nichts weiter waren als sechs zerfallene Türme, sah den Mönchen beim Bau der neuen Pagode zu und stolperte auf dem Rückweg über einen Schrotthaufen. Verrostete Gewehre, Granatenhülsen und zerbeulte rote Schilder mit der Aufschrift *Danger!!! Mines!!!* Hoffentlich waren sie wirklich ein Zeichen der Vergangenheit. Ein paar Schritte weiter saßen fünf Soldaten unter einem Baum und vertrieben sich die Zeit mit Knobeln. Ich wollte sie nicht auf dumme Gedanken bringen und schlich mich lautlos wieder davon.

Unten angekommen, machte ich mich auf den Rückweg. Zwölf Kilometer, ein Klacks. Als ich den See hinter mir gelassen hatte, taten mir bereits die Füße weh, aber ich hatte noch nicht mal die Hälfte geschafft. Etwas weiter führte ein kleiner Weg zu einer alten verlassenen Pagode, und ich ruhte mich auf der Treppe ein wenig aus. Drei Jungs kamen vorbei, um mich zu bestaunen. Mir kam eine Idee für ein gutes Foto. Mit meinem bißchen Khmer sagte ich ihnen, wo sie sich hinsetzen sollten. Aber die drei lachten sich statt dessen halbtot, und aus dem Foto wurde nichts.

Später im Gästehaus fragte ich Sam-an, was ich falsch gesagt hatte. Aber auch er verschluckte sich mehrmals beim Lachen.

„Du hast alles falsch betont. Was du gesagt hast, heißt soviel wie: *Ich bin fett und ihr macht jetzt dort einen Haufen hin.*"

Ich trug's mit Fassung, Anfängerpech.

Eigentlich hatte ich nicht vor, die Tempel, die ich schon gesehen hatte, nochmals zu besichtigen, zumindest nicht jetzt. Dafür wollte ich mir am Ende meines Aufenthaltes viel Zeit nehmen. Aber von hier wieder wegzufahren, ganz ohne Tempelluft geschnuppert zu haben, das ging auch nicht. Also fuhr ich dann eines Tages zu der Tempelgruppe von Rolous, zwölf Kilometer östlich von Siem Reap. Sie waren nicht halb so imposant wie die Tempel von Angkor, aber dafür gab es hier auch kaum Besucher.

An dieser Stelle ist es vielleicht ratsam, sich etwas mit der Geschichte von Kambodscha zu befassen, aber Geschichte ist meist ein leidiges Thema, und daher werde ich mich so kurz fassen wie möglich, und nur soviel erzählen wie nötig.

Also: Bewohnt waren Teile des heutigen Kambodschas schon im ersten und zweiten Jahrtausend vor unserer Zeitrechnung, darauf weisen archäologische Funde hin. Kleine Staaten bildeten vom 2.-6. Jh.n.Chr. das Funanreich. Es lag am Mekongdelta und erlangte durch seinen Seehandel mit China und Indien seine Blüte im 5. Jh. Vor allem die indischen Seefahrer, die zu jener Zeit oft monatelang vor Anker lagen, weil sie auf besseres Wetter warten mußten, bevor sie ihre Heimreise antreten konnten, beeinflußten die Lebensweise der Ansässigen in vielen Bereichen. Nach und nach übernahmen die Einwohner von Funan Religion, Kultur und Schriftsystem von ihnen, und das ist die Erklärung, warum die meisten Tempel später indischen Gottheiten gewidmet wurden.

Nach der Blüte kommt immer der Verfall, das ist in der Geschichte nicht anders als in der Natur und bei den Menschen.

Nördlich von Funan lag das Königreich Chenla, das sich Funan einverleibte, als es durch innere Streitigkeiten schwach wurde. Die Bewohner von Chenla waren Khmer; sie übernahmen die indische Religion und Kultur und dehnten ihren Machtbereich aus bis nach Thailand und Laos. Das Land wurde durch seine enorme Größe unregierbar und teilte sich in Land-Chenla im Norden und Wasser-Chenla im Süden. Land-Chenla überlebte, während Wasser-Chenla bald an das Königreich von Java fiel.

Zu Beginn des 9. Jh. gelang es dem König Jayavarman II., Wasser-Chenla zu befreien und als erster einen vereinigten Khmerstaat zu gründen. Damit begann die Epoche des Angkorreichs, das vom 8.-14. Jh. dauern sollte und eine Hochkultur schuf, die ihresgleichen zu jener Zeit suchte. Jayavarman II. führte den Gottkönigkult ein, Devaraya, schuf eine einheitliche Armee, Polizei und Gerichte.

Im Laufe der nächsten Jahrhunderte regierten die Könige über Städte, deren Bevölkerung mehr als eine Million Einwohner zählte, und über ein Land, das seine größte Ausdehnung im 12. Jh. erreichte. Das Reich erstreckte sich zu jenem Zeitpunkt von dem heutigen Südvietnam bis zur chinesischen Provinz Yunnan im Norden und von der vietnamesischen Grenze im Osten bis hin zum Golf von Bengalen im Westen.

Das sollte man sich einmal im Atlas ansehen, und auch, was davon heute noch übrig ist.

Durch gesicherte Grenzen und eine stabile innenpolitische Lage wurden Arbeitskräfte freigestellt, die man nun bei dem Bau eines genial durchdachten

Bewässerungssystems einsetzen konnte, das bis zu drei Reisernten im Jahr einbrachte. Aber nicht nur zum Bestellen der Felder wurden Arbeitskräfte gebraucht, sondern auch zum Bau der unzähligen Tempel, die die Könige zu Ehren ihrer Vorfahren, der Götter und sich selbst errichten ließen.

Im frühen 12. Jh. kam es zu Auseinandersetzungen mit Burma, Vietnam und Champa, den damaligen Nachbarn Angkors. Der letzte große König, der über ein vereintes Reich herrschte, war Jayavarman VII.(1181-1201). Er jagte die Feinde alle aus dem Land, führte den Buddhismus als neue Religion ein, ließ Straßen, Krankenhäuser und noch mehr Tempel erbauen, deren bedeutendster der Bayon-Tempel ist, und um das Maß voll zu machen, gründete er gleich noch eine neue Hauptstadt, Angkor Thom, was soviel heißt wie Groß-Angkor.

Und das war's dann auch für Angkor gewesen. Die Staatskassen waren leer, die Menschen am Ende, und das Großreich hing am Baum wie ein reifer Apfel, der nur darauf wartete, gepflückt zu werden. Zufällig drängten von China einfallende Mongolenstämme gerade die Thais nach Süden, und die brauchten Platz. Ähnlich verhielt es sich im Osten; China rückte etwas näher an Vietnam heran, die Vietnamesen überrannten den südlichen Nachbarn Champa, und Champa blickte nach – Angkor.

So kam es, daß Angkor nun vom Osten und vom Westen her in die Zange genommen wurde. Die Herrscher dort wußten, daß sie aus der kommenden Schlacht nicht mehr als Sieger hervorgehen würden, packten ihre Sachen, verließen Angkor und flüchteten sich nach Phnom Penh. Das war 1431.

Phnom Penh blieb nicht lange Hauptstadt. Die Könige siedelten bald um nach Udong und von dort etwas später nach Lovek. Beide Städte lagen nördlich von Phnom Penh am Oberlauf des Tonlé Sap.

Über die nächsten vierhundert Jahre ist nicht allzuviel bekannt. Die Khmerkönige wurden immer schwächer und schafften es nie wieder, die Macht über ihr einstiges Reich zu gewinnen. Fremde Völker kamen und gingen, Thailand und Vietnam hingegen ließen nicht mehr locker und bekämpften sich gegenseitig um die Vorherrschaft über Kambodscha. Die Khmer-Herrscherfamilien wandten sich abwechselnd den Thais oder den Vietnamesen zu und baten um Schutz. Schließlich wurde Kambodscha zu einem Vasallenstaat, den sich die beiden Nachbarn widerwillig teilten. Dabei fiel der südliche Teil des Landes an Vietnam. Kambodscha verlor seine Souveränität, und daß es nicht ganz unterging, war der Tatsache zu verdanken, daß Thailand in heftige Kämpfe mit Burma verwickelt war und Vietnam innenpolitische Schwierigkeiten hatte.

Dann kamen die Franzosen, die 1863 mit König Norodom einen Vertrag machten, der Kambodscha unter den Schutz Frankreichs stellte. Das schien ihm damals die beste Lösung, um nicht völlig von Thailand oder Vietnam vereinnahmt *zu werden. Im Gegenzug durfte Frankreich nach Belieben Wälder und Bodenschätze plündern. Was Kambodscha betraf, wurden die Vietnamesen nicht nach ihrer Meinung gefragt, und den erbosten Thais übergab man die Reiskammern Battambang und Siem Reap. Der König war dagegen machtlos.*

Aber die Franzosen gingen noch weiter. Sie bestimmten, daß die neue Hauptstadt Phnom Penh sein sollte, entzogen König Norodom sämtliche Machtbefugnisse, so daß seine Funktion rein repräsentativer Natur war, übernahmen die wichtigsten Positionen selbst und besetzten entscheidende Ämter mit Vietnamesen. Alles, was des Königs Nachfolger erreichen konnten, war die Rückgabe der beiden Provinzen Battambang und Siem Reap an Kambodscha.

Den König schlecht zu behandeln, war ein schwerwiegender Fehler in einem Land, wo er nicht nur König, sondern noch immer Devaraya, Gottkönig, für sein Volk war. Und irgendwann würde wieder ein großer Herrscher kommen, der den Feind das Fürchten lehrte. 1941 setzten die Kolonialherren den achtzehnjährigen Prinz Sihanouk auf den Thron und hofften auf seine Unerfahrenheit. Aber Sihanouk, der Urenkel von König Norodom, spielte nicht mit. Er fand Gefallen an der Politik und proklamierte erstmals 1945 unter japanischem Einfluß die Unabhängigkeit. Ein halbes Jahr später waren die Franzosen wieder da.

Der Rest der Geschichte wird an anderer Stelle weitererzählt. Denn während Sihanouk sich ein paar Jahre später bemühte, sein Land wie ein König zu regieren, überlegte ein junger Student, wie er alle bestehenden Gesellschaftsformen zerstören und noch mal bei Angkor anfangen konnte. Dieser Student war kein anderer als Pol Pot.

Rolous war die Hauptstadt von Indravarman I., der von 877 bis 889 herrschte. Zu der Anlage gehörten Preah Ko, Tempel der geheiligten Ochsen, Bakong und Lolei. Preah Ko sah ich mir als erstes an. Von den Ochsen war nicht mehr viel übrig, dafür waren die sechs Ziegelsteintürme dahinter in verhältnismäßig gutem Zustand. Sie standen in zwei Reihen hintereinander; die vorderen drei waren den männlichen Vorfahren oder Göttern gewidmet, die hinteren drei den weiblichen Vorfahren oder Göttinnen.

Ich ging eine Weile um sie herum, sah mir die Tempelinschriften an, die ich leider nicht entziffern konnte, und dann legte ich mich ins Gras und ließ die Gedanken wandern. Die Vögel zwitscherten, ein alter Mann führte seine Kuh über den Rasen, und hin und wieder kam eine Reisegruppe vorbei. Dann ging ich auf einem Sandweg zu dem einen Kilometer entfernten Bakong.

Schon von weitem sah man die Turmspitze schwarz und mächtig hinter den Palmen emporragen; Rauch eines Feuers verschleierte die Sicht auf den unteren Teil. Zwischen der Tempelmauer und dem Tempel lag ein breiter, mit Algenteppichen bedeckter Wassergraben. Der Turm in der Mitte des Tempels bildete die Spitze einer fünfstöckigen Pyramide aus schwarzem Sandstein, die den Berg Meru darstellte. In der Indischen Mythologie ist er die Stadt von Brahma und das Zuhause der Götter. Da sich die Khmerkönige als menschliches Abbild der Götter sahen, bauten sie alle ihre Tempel auf einem künstlich errichteten Berg, und auf dessen Spitze setzten sie einen Turm zu Ehren des jeweiligen Gottes, den sie verehrten; in Rolous war es Shiva.

An den Ecken von drei der fünf Ebenen standen Elefanten. Die Wandreliefs waren verschwunden. Der Bakong-Tempel hatte keine der filigranen Steinmetzarbeiten oder sonstige Schnörkel aufzuweisen, und wahrscheinlich gefiel er mir deshalb besonders gut. Das Schwarz der großen, glatten Steinblöcke ließ ihn majestätisch und rätselhaft zugleich erscheinen, gab es doch nichts, was dem Laien hätte Aufschluß geben können über seine Geschichte. Die Stille, die den Tempel umgab, tat das ihrige, um das Geheimnis zu unterstreichen.

Während ich in einiger Entfernung das Bauwerk bewunderte, stieg ein Brautpaar die Haupttreppe empor zum Turm. Sie wollten ein gemeinsames Leben beginnen und kletterten nun empor, um vor Shiva, dem Gott der Zerstörung, zu beten. Während sie niederknieten, wehte der weiße Schleier der Braut wie eine Friedensfahne im Wind.

Es spielte keine Rolle, wie bedeutend oder groß oder berühmt ein Tempel war. Von all den Tempeln, die ich in Angkor gesehen hatte, ging immer die gleiche Faszination aus, die einen völlig in ihren Bann ziehen und die Welt um einen herum für eine Weile vergessen lassen konnte. Sie forderten unbarmherzig die ganze, ungeteilte Aufmerksamkeit der Besucher, und es war unmöglich, durch sie hindurch zu sehen. Ich erinnerte mich an jenen Morgen vor Angkor Wat, dem größten aller Tempel. Ich war damals hingerissen von dem Anblick, der mich letztendlich eine folgenschwere Entscheidung hatte treffen lassen. Wollte ich wirklich warten bis zum Ende meines Aufenthaltes in Kambodscha, um ihn wiederzusehen? Ich war unschlüssig.

Am Abend sprach ich mit Klaus, der gerade von Bantei Srey, der Zitadelle der Frauen, zurückkam.

„Anna, der Tempel ist ein echtes Schmuckstück. Du mußt ihn dir unbedingt ansehen. Eigentlich ist es gar kein Tempel, sondern wirklich bloß Mauern im Wald. Aber die Reliefs sind fantastisch, daran kannst du dich einfach nicht satt sehen!"

„Wie bist du denn hingekommen? Ich dachte, Bantei Srey läge noch im Sperrgebiet?"

„Tut es auch. Du mußt offiziell einen Soldaten mitnehmen."

„Und inoffiziell?"

„Inoffiziell hast du eine Menge Kleingeld in der Tasche und einen guten Fahrer, der sich auskennt."

„Kannst du einen empfehlen?"

„Ja, er hier."

Er deutete auf Lien, ein lieber Kerl, der mich schon öfter hin und her kutschiert hatte.

„Aber um zu Bantei Srey zu kommen, muß ich doch durch ganz Angkor. Und das kann ich ohne Ticket nicht."

„Darum brauchst du dich nicht zu kümmern, das erledige ich schon", sagte Lien. „Es gibt genug Touristen, die einen Dreitagepaß haben, aber bereits nach zwei Tagen wieder abreisen. Was du brauchst, sind kleine Dollarnoten. Sag mir einfach Bescheid, wenn du hin möchtest."

Ich mußte nicht lange überlegen. Bantei Srey lag etwa dreißig Kilometer nordöstlich von Siem Reap. Die Sicherheitszone begann aber bereits hinter dem Tempelkomplex von Angkor. Außerhalb liegende Tempel konnten nur mit Genehmigung besucht werden, da es die Sicherheitsbestimmungen nicht erlaubten, sich von Angkor zu entfernen. Ich hatte während meines Urlaubs den Fahrer gefragt, ob wir einen Abstecher zu Bantei Srey machen könnten, aber er hatte nur den Kopf geschüttelt. Jetzt also war es möglich, und wer weiß, wie lange noch? Die Gelegenheit durfte ich mir nicht entgehen lassen. Und da ich auf dem Weg durch Angkor durch mußte und ein Ticket hatte, würde ich mir selbstverständlich noch mal Angkor Wat bei Sonnenaufgang und einige andere Tempel ansehen.

Dieses Mal stand ich so früh auf, daß ich noch im Dunkeln ankam. Voller Vorfreude lief ich zum großen Tor, gespannt darauf, welcher Anblick sich mir dieses Mal bieten würde.

Nun ja, es war nicht ganz das, was ich erwartet hatte. Hinter dem Westtor standen bereits Hunderte von Touristen, schwer bewaffnet mit ihren Kameras, bereit für den ersten Schuß. Ich ging enttäuscht wieder zurück. Eigentlich hätte ich wissen müssen, daß sich einzigartige Momente nicht wiederholen ließen, denn sonst wären sie ja nicht einzigartig. Lien sah mich kommen und startete das Moped.

„Das hat aber nicht lange gedauert!"

„Es waren so viele Menschen da, und das hat mir nicht gefallen. Keine Atmosphäre."

„Verstehe. Aber die bleiben nicht lange. Da schau, die ersten gehen schon wieder zu ihren Bussen. Jetzt fahren sie zum Bayon."

„Und lichten den ab. Und dann fahren sie wieder ins Hotel, schlafen eine Runde und kommen zum Sonnenuntergang wieder zurück."

„Und wo fahren wir jetzt hin? Bantei Srey?"
„Nein, noch nicht. Ich möchte jetzt gerne nach Ta Prohm."
„Ta Prohm? Aber so früh ist dort kein Mensch!"
„Deswegen will ich ja hin."

Als die Könige im fünfzehnten Jahrhundert Angkor verließen, blieben nur noch wenige Menschen in der geplünderten Tempelstadt zurück. Sie waren zu arm, um die prachtvollen Bauten instand zu halten, und so bemächtigte sich ihrer langsam der Urwald. Angkor wurde von der Welt vergessen. Hin und wieder erzählten Händler und Reisende von der Tempelstadt, aber wirkliche Aufmerksamkeit schenkte man jedoch erst den Berichten des französischen Naturalisten Henri Mouhot über die ‚wiedergefundene' Stadt im Jahre 1860.

Unter der Schirmherrschaft der École Française d'extrême Orient begann man mit der systematischen Erforschung der Anlage; in mühsamer Arbeit wurden die Tempel aus den Klauen der Urwaldriesen befreit, erst dann konnte man mit ihrer Restauration und dem Übersetzen der Tempelinschriften beginnen. Darin wurde erzählt über das Leben am Hof, die religiösen Zeremonien und die Politik der Khmerkönige. Bruchstückweise erfuhren die Wissenschaftler, wie es zu dieser Hochkultur kommen konnte, über die kaum Überlieferungen in Schriftform existieren.

Ta Prohm war einer der letzten Tempel, den Jayavarman VII. erbauen ließ. In dem buddhistischen Heiligtum lebten achtzehn Hohepriester, 2740 normale Priester und 12.640 andere. Nicht gerade ein Hühnerstall.

Den Tempel hatte man so belassen, wie man ihn vor hundert Jahren vorgefunden hatte. Die meisten anderen Monumente wurden nach und nach vom Dschungel freigelegt, damit man sie restaurieren und mit ihrer Erforschung beginnen konnte, aber Ta Prohm überließ man weiterhin der Natur.

In dem Tempel kam ich mir immer vor wie einer der ersten Entdecker, ganz besonders aber an jenem Morgen. Steinblöcke von herabgestürzten Decken lagen im Weg, Mauern wölbten sich unter den aus dem Erdreich hervorbrechenden Wurzeln, Flechten und Moose krochen Zentimeter um Zentimeter über die Wandreliefs empor, die Fresken der Innenhöfe bröckelten langsam herab, und in den Türmen der Kreuzgänge hausten nur noch die Fledermäuse. Dichtes Blattwerk ließ nur zögernd das Sonnenlicht auf die Ruine fallen, die Wurzeln der Würgefeige umklammerten das Gemäuer mit eisernem Griff, und unter einem dichten Netz von Ranken und Spinnweben starrten die steinernen Gesichter von Göttern und Dämonen hervor. Und im sumpfigen Gras brüteten die Moskitos und zerstachen mir die Beine.

Als ich mit meiner kurzen Entdeckungsreise fertig war, fuhren wir weiter nach Bantei Srey. Auf der Strecke lagen mehrere Straßensperren. Lien hielt, ich fragte: „Wieviel?", Lien bezahlte und weiter ging's. Insgesamt kostete uns die Tour zwanzig Dollar.

„Normalerweise nehmen sie mehr, aber ich kenne die meisten von ihnen. Wir waren früher zusammen beim Militär. Man hat uns auf Phnom Kulen stationiert, der Berg da drüben!"

Phnom Kulen war wie Phnom Krom ein strategisch wichtiger Punkt in dem flachen Land; auf beiden wurden schon vor tausend Jahren militärische Stützpunkte errichtet.

Links und rechts der Straße lagen weite Reisfelder, hier und da tauchte ein bunter Schopf aus dem Grün hervor; es waren die karierten Kramas, die sich die Bauern wie einen Turban um den Kopf gewickelt hatten. Etwas weiter arrangierte ein Fotograf eine Gruppe von Feldarbeitern für eine naturgetreue Aufnahme aus dem täglichen Leben.

Ich war froh um das schöne Wetter; der rote Sandsteintempel vor dem grünen Wald unter einem tiefblauen Himmel erfüllte jede Voraussetzung für Fotos der kitschigsten Art.

Wenn in Kambodscha etwas mit ‚Tempel' bezeichnet wird, da erwartet man schon etwas von beeindruckender Größe. Aber Bantei Srey war nicht groß, es war nicht mal ein richtiger Tempel. Von Ferne blickte ich auf die niedrigen Mauern und wunderte mich, warum jeder in Verzückung geriet, sobald der Name ‚Bantei Srey' fiel. Bei näherem Hinsehen verstand ich es dann.

Die Wände waren über und über mit den feinsten und schönsten Steinmetzarbeiten bedeckt, die ich jemals gesehen hatte. Die filigranen Figürchen waren von so exquisiter Schönheit, daß ich auf einmal jeden Tempelräuber verstehen konnte. Auch mir juckte es in den Fingern, das kleine Krokodil, das den Krieger ins Bein biß, mit nach Hause zu nehmen. Auf den Torbögen waren Szenen aus der indischen Mythologie dargestellt. Vishnu saß auf einer zusammengerollten Schlange, flankiert von Ochsen und Elefanten, die Eingänge zierten Tänzerinnen, deren seidene Gewänder man förmlich unter den Händen spürte, umrankt von Rosenblättern und Ornamenten – es war fantastisch.

Wieder und wieder ging ich um die Anlage, ich konnte einfach nicht genug bekommen.

Bantei Srey wurde im Jahre 967 unter Jayavarman V. erbaut, gehörte also noch in die Anfangszeit von Angkor. Was mich wunderte, war, daß die feinen Arbeiten alle noch unangetastet schienen, während den Göttern und Dämonen, die die großen Bauten bewachten, fast überall die Köpfe fehlten. Tempelräuber entfernten sie bei Nacht und schmuggelten sie nach Thailand, wo sie sehr hohe Schwarzmarktpreise erzielten. Wieviel mehr würden die Sammler für diese alten, viel wertvolleren Stücke zahlen! Scheinbar wurde der Tempel besser bewacht, als ich dachte.

Am Nachmittag sah ich mir den Bayon-Tempel an. Ursprünglich sollte er dem Gott Shiva gewidmet werden, aber in letzter Minute hatte man es sich anders überlegt und machte einen buddhistischen Tempel daraus. Die Reliefs entlang der Grundmauer zeigten sehr schön die Ereignisse des täglichen Lebens. Frauen, die gerade eine Mahlzeit zubereiten, ein Schwein, das mit vereinter Kraft in einen Kochtopf geschoben wird, Männer beim Schachspiel und Hahnenkampf, Marktfrauen beim Klatsch, eine Gebärende, Krieger, die sich nach einer verlorenen Schlacht betrinken, einen Khmerzirkus mit einem Seiltänzer und einem Starken, der drei Zwerge trägt, Priester, die von einem Tiger gejagt werden, und dazwischen immer wieder Bilder aus den Kriegen mit den Cham.

Auf der zweiten Ebene sollte nur ein Turm mit dem Abbild von Shiva stehen, aber durch den Aufbau einer dritten Ebene ging sehr viel Platz verloren, und die Gänge an den Seiten waren teilweise nur etwas mehr als einen halben Meter breit und sehr dunkel.

Auf der dritten Ebene befanden sich auf engstem Raum neunundvierzig Säulen mit insgesamt 172 gigantischen Gesichtern, deren Blick man sich nicht entziehen konnte; in welche Richtung man sich auch drehte – immer starrten sie einen kalt an.

Diese Gesichter machten den Bayon zu dem zweitbeliebtesten Tempel nach Angkor Wat. Auch hier pilgerten die Touristen gerne früh morgens hin, wenn der Morgendunst noch in den Bäumen hing und die Strahlen der aufgehenden Sonne durch die Blätter fielen und nacheinander Gesicht für Gesicht abtasteten. Früher, bevor der Krieg ausbrach, übernachteten hier viele Reisende bei Vollmond. Dann wurden die Gesichter zu steinernen Fratzen und die Vergangenheit plötzlich lebendig.

Auf dem Rückweg hielten wir noch mal vor Angkor Wat. Diesmal kam Lien mit.

„Weißt du, wir fahren immer die Touristen hier herum, aber wenn ich ehrlich bin – viel weiß ich nicht über die Tempel."

„Naja, dann werde ich dir eben erzählen, was ich über den Tempel weiß. Angkor Wat ist nämlich ein bißchen anders als die anderen Tempel. Zum Beispiel das große Tor. Es zeigt nach Westen."

„Das ist die Richtung des Todes."

„Ja. Angkor Wat wurde zu Ehren des Gottes Vishnu gebaut und diente später als Grabmal für den Herrscher Suryavarman II. Die Reliefs liest man, wenn man gegen den Uhrzeigersinn läuft, das heißt, man läuft von Westen nach Osten, also vom Tode weg, vielleicht in eine neue Zeit hinein."

„Das habe ich gar nicht gewußt."

„Ich auch nicht, aber so steht es in meinem schlauen Buch."

Angkor Wat ist das größte religiöse Bauwerk der Erde. Den knapp einen Quadratkilometer großen Tempel umgibt ein zweihundert Meter breiter Wassergraben. Das Heiligtum besteht aus drei Ebenen. Entlang der äußeren Galerie befinden sich auf 3650 Metern Länge Wandreliefs, die hier vorwiegend von Schlachten der Khmer mit den Thais und Cham erzählen und Szenen aus der Indischen Mythologie darstellen.

Auf der zweiten Ebene stehen vier Türme, der fünfte steht auf der dritten Ebene. Diese fünf Türme sind das Wahrzeichen Kambodschas; es ist auf jeder Flagge, jeder Bierflasche und jedem Reiseführer zu sehen.

Wir liefen einmal um den Tempel herum, besichtigten die zweite Ebene und kletterten dann die steile Treppe zum Turm hinauf. Einst stand hier eine goldene Statue von Vishnu, der auf einem goldenen Garuda saß.

Es wurde bald dunkel, und von oben beobachteten wir all die Touristen, die am Westtor standen, um jetzt den Sonnen*unter*gang zu fotografieren. Ich machte auch viele Fotos, aber ich wußte, daß selbst das beste Bild niemals dem Zauber, der von all diesen Werken der Vergangenheit ausging, gerecht wurde.

Im letzten Licht schaute ich mich noch einmal um. Es war ein anstrengender Tag gewesen, aber es hatte sich trotzdem gelohnt. Es war eine gute Idee gewesen, hierher zu kommen; nicht nur Angkor, sondern auch die neue Umgebung von Siem Reap hatten mir gut getan. Mit Schaudern dachte ich zurück an Sihanoukville und wie hoffnungslos mir das ganze Unternehmen plötzlich erschienen war. Aber hier hatte ich neue Kraft gesammelt, viele nette Menschen kennengelernt, Kambodschaner und Ausländer, und nun freute ich mich wieder auf das Wasserfest in Phnom Penh und auf alles, was noch kommen würde.

Am letzten Tag bummelte ich durch Siem Reap. Der Tourismus brachte viel Geld in den Ort, und dementsprechend nett sah es hier aus. Die Spuren der französischen Kolonialzeit waren überall deutlich zu sehen. Die Häuserzeilen waren weiß getüncht, in den Arkaden gab es kleine Geschäfte und Märkte, auf den Balkons wuchsen in großen Blumentöpfen Oleanderbüsche und Kamelien, am Flußufer standen Bäume und Bänke, und so träge, wie das Wasser zum See plätscherte, so träge war auch das Treiben der Menschen. Eile kannte man hier nicht. An den Straßenkreuzungen hockten die Männer auf ihren Fahrradkarren und machten entweder ein Nickerchen oder zählten ihre Einnahmen nach, am Fluß wuschen Frauen ihre Wäsche, und Kinder versuchten, Fische zu fangen.

Am späten Nachmittag wurden überall Tische aufgebaut, auf denen man kleine Gerichte und Fruchtshakes anbot. Ich setzte mich an einen, der mit einem Schild Werbung machte, auf dem stand: *Hier werden die besten und billigsten Fruchtshakes von ganz Kambodscha verkauft!*

Ich sah der Verkäuferin bei der Herstellung zu. In einen Mixer kamen: eine Handvoll gemischtes Obst, ein Eigelb, sehr viel Zucker, gesüßte Kondensmilch und eine Schaufel zerhacktes Eis. Es war lecker, nahrhaft, süß und wurde zu meinem Lieblingsgetränk. Als ich das Zeug schlürfte, kam das Mädchen, das beim Inder im Restaurant aushalf, vorbei und setzte sich zu mir an den Tisch. Sie sprach kein Wort Englisch, und nach meinen Erfahrungen mit den Jungs an der Pagode führte ich nun die Unterhaltung mit Zeichensprache. Das war nicht weiter schwer, denn es ging – wieder einmal – um meine Nase. Nun habe ich nicht gerade eine Kartoffel im Gesicht, und deshalb wunderte ich mich um so mehr, warum sie soviel Aufsehen erregte.

„Du hast eine schöne Nase."
„Warum?"
„Sie ist sehr lang."
„Und was ist daran schön?"
„Alle Barangs haben lange Nasen. Khmer haben keine langen Nasen."
„Aber das ist doch auch schön."
„Nein, ist es nicht. Aber jetzt spare ich Geld."
„Und wofür?"
„Für eine Schönheitsoperation."
„Du bist doch hübsch genug, was willst du denn verändern?"
Das war eine ziemlich blöde Frage.
„Meine Nase."
„Und was kostet der Spaß?"
„Zweihundert Dollar. In Phnom Penh kann man es machen lassen."
Zweihundert Dollar waren ein Vermögen, von dem viele nur träumen konnten. Aber die Eitelkeit fordert ja auch in der westlichen Hemisphäre viele Opfer, warum sollten da die Kambodschaner mehr Vernunft zeigen?

Bei der Vorstellung, wieder in diesem engen, überfüllten Boot zu sitzen, ärgerte ich mich über meine laxe Einstellung zum Sparen. Denn wenn ich in den fetten Jahren etwas mehr auf die Seite geschafft hätte, dann könnte ich diesmal ohne schlechtes Gewissen das Flugzeug nehmen. Aber so?

Ich wandte mich wieder einmal an meinen Berater Sam-an.
„Es muß doch einen Landweg geben? Die meisten Kambodschaner können sich das Boot oder Flugzeug gar nicht leisten!"

„Ja, es gibt einen Landweg. Auf der Ostseite des Sees entlang über Kompong Thom. Aber die Straße ist voller Schlaglöcher, und außerdem lauern dort viele Banditen im Hinterhalt."

„Gibt es die denn wirklich, diese Banditen?"

Mit Banditen hatte ich nie etwas zu tun gehabt; ich kannte sie bloß aus Filmen und Abenteuerbüchern, aber in Kambodscha schienen sie allgegenwärtiger als die Roten Khmer.

„Ja, die Banditen gibt es wirklich. Ich würde dir nicht empfehlen, dort entlang zu fahren."

Die Nationalstraße Nummer sechs schied also aus Sicherheitsgründen aus. Was war mit der Nummer fünf über Battambang?

„Über Battambang, das geht. Aber da mußt du über Sisophon, und das ist im Moment auch nicht so sicher. Nicht für euch Ausländer. Und du mußt in Battambang schlafen. Die Fahrt dauert sehr lange. Ich würde dir nicht empfehlen, über Battambang zu fahren."

„Und was würdest du mir empfehlen?!"

„Nimm das Boot. Es ist nicht so schlimm."

„Das Boot ist eng und überfüllt."

„Nein, in den nächsten Tagen fährt fast niemand nach Phnom Penh. Die Leute kommen alle her zum Wasserfest."

„Wie ist denn das Wasserfest hier?"

„Viel kleiner als in Phnom Penh. Die Boote fahren auf dem Wassergraben von Angkor Wat."

„Da brauchen sie aber gute Bremsen, damit sie nicht zu schnell um die Ecke rudern. Oder sie landen auf dem Ufer."

„So ungefähr. Aber es sieht sehr schön aus, mit Angkor Wat im Hintergrund."

„Das kann ich mir vorstellen. Aber ich will den Trubel in Phnom Penh mitmachen. Außerdem erwarte ich eine Lieferung Schokolade aus Deutschland."

„Ja, da wird ganz schön was los sein, über eine Million Zuschauer werden kommen!"

„Also, du meinst, ich soll das Boot nehmen. Dann verkaufe mir jetzt mal ein Ticket. Wieviel verdienst du eigentlich daran?"

„Nicht viel, einen Dollar Kommission. Aber denke nicht, daß ich deswegen gesagt habe, fahr mit dem Boot."

Ich glaubte ihm. Sam-an war wie die meisten Kambodschaner nicht besonders scharf aufs Geld; wenn sie die Wahl hatten zwischen einem Nickerchen oder einer Runde Arbeit, dann zogen die meisten das Nickerchen vor, vorausgesetzt, es war genug zu essen im Haus.

Sam-an sollte recht behalten. Das Boot war fast leer, und ich genoß die Fahrt in vollen Zügen.

Im *Metropol* bewohnte ich jetzt Zimmer 209. Eine Etage höher mit Balkon, gleicher Preis. Frau steigt auf.

Das Wasserfest barg eine geballte Ladung alter Traditionen und Mythen, die bereits bei dem Bau des Bootes anfingen.

„Als *Chang hann hoy* in zwei Teile zerbrach, dachten die Menschen, es sei passiert, weil die Männer so schnell ruderten. Der Bug kam in Siem Reap an, während das Heck noch in Kompong Chnang im Hafen lag. Das Boot *Chang hann hoy* wurde benannt nach dem Essen (*Chang hann*), das man von Kompong Chnang zu den Mönchen in Angkor Wat schickte, und als die Mönche die Schüsseln öffneten, war das Essen noch heiß (*hoy*). Aber es war nicht den schnellen Ruderern zu verdanken, daß die Speisen noch dampften, sondern dem Boot."

So geht die Legende. Die schmalen Boote wurden nach uralter Tradition und Formeln gebaut, die von Generation zu Generation überliefert wurden.

„Nur das beste Holz darf man verwenden, das Boot muß in einem Stück aus dem Stamm herausgeschlagen werden, und bei der Form muß man darauf achten, daß der Bug ist wie der Hals von einem Hirsch, der Bauch wie der Boden von einem Korb und das Heck wie der Schwanz der *Kray*-Schlange. Erst dann kann man sicher sein, daß das Boot auch schnell sein wird."

So sagten die Bootsbauer. Ein Boot war um die fünfundzwanzig Meter lang, eineinhalb Meter breit und hatte Platz für vierzig Ruderer, plus einem Steuermann und einer Tänzerin, die die Ruderer antreiben sollte. Der Bau eines Bootes dauerte fünf Monate und kostete eine Gemeinde um die zweitausend Dollar. Jeder einzelne Schritt vom Fällen des Baumes bis zum ersten Wassergang wurde begleitet von besonderen Zeremonien, mit denen man dem Geist des Schlangenkönigs und Neang Hing, dem Geist, der die Erde und das Wasser erhält, huldigte.

Bevor das Boot zum ersten Mal zu Wasser gelassen wurde, bekam es seine Augen, das wichtigste Merkmal, denn ohne die Augen konnte es nicht leben und folglich auch nichts sehen. War das Boot bereit, brachte die ganze Gemeinde es nach Phnom Penh.

Das erklärte, warum ich das sonst so überschaubare Flußufer kaum noch sehen konnte. Menschenmassen bewegten sich schleppend zwischen dem Wasser und der Häuserfront auf und ab, es gab kein Entkommen. Ich kämpfte mich durch und ergatterte einen guten Platz direkt am Wasser. Von dort hatte ich einen sehr guten Blick auf die bunt bemalten Boote, die aussahen wie eine Drachenfamilie, die vom Grund des Flusses an die Oberfläche gekommen war, um zu spielen.

Die Paddel glänzten naß in der Sonne, und die Tänzerinnen schwenkten graziös ihre Arme, während die Steuermänner laut brüllten: „… schneller Jungs, los!"

Die Boote hatten sich nördlich der Post versammelt und warteten auf ihren Einsatz. Die Zuschauer standen dort dicht gedrängt auf den großen Schiffen, die sich gefährlich zum Wasser neigten. Überall gab es Garküchen, auf Freibühnen unterhielten Pop- und Rocksänger die Menge, Kinderkarusselle drehten sich unentwegt, kurz – es war ein riesiges Volksfest, das gut mit dem Münchner Oktoberfest konkurrieren konnte, zumindest was die Auswahl der Biersorten betraf. Und nach Sonnenuntergang erfreute ein riesiges Feuerwerk die Gemüter.

Drei Tage dauerte das Spektakel.

Am Tag zwei wollte Hubert kommen. Ich hinterließ eine Nachricht für ihn an der Rezeption und hämmerte den Jungs ein, daß sie sehr wichtig sei. Als ich wieder zurückkam, war die Nachricht verschwunden und Hubert und die Schokolade eingetroffen. Ich ließ mir seine Zimmernummer geben und ging erst mal duschen. Als ich mir die Schuhe anzog, klopfte es an der Tür.

„Du bist der mit der Schokolade, gell?"

Ein großer Blonder grinste mich an.

„Genau. Willst du sie gleich haben?"

„Ja bitte."

Das war der Auftakt zu einem 36stündigen Marathon der deutschen Sprache. In zwei Tagen und Nächten redeten wir uns die Zungen fransig und hörten uns Blutergüsse an die Ohren.

Hubert brachte nicht nur Schokolade, er war auch ein Stück Heimat. Ein Kollege von meiner Freundin, wohnte in Frankfurt – das waren schon eine Menge Gemeinsamkeiten in dem fernen Kambodscha. Ich litt nicht unter Heimweh, das tat ich nie, aber es war sehr schön, all meine Erlebnisse jetzt mit jemandem zu teilen, der auch eine Schwäche für dieses Land hatte, wenn auch etwas anderer Natur. Er kam schon zum dritten Mal her, die Tempel hatten es ihm angetan. Leider hatte er nicht viel Zeit mitgebracht, und als das Wasserfest zu Ende war, flog er nach Angkor.

Kaum war das Taxi mit ihm verschwunden, kamen auch schon die ersten Kommentare von der Rezeption.

„Naaa? Netter Kerl, was? Vermißt du ihn schon? Wann kommt er denn wieder?"

Und zur allgemeinen Belustigung lief ich prompt rot an, hoffte aber, daß man das unter der Sonnenbräune nicht allzu deutlich sah. Ich nahm meinen Schlüssel und verschwand so schnell wie möglich aus ihrem Wirkungskreis.

Am nächsten Tag ging ich los und kaufte mir ein Flugticket für Rattanakiri. Dann sagte ich der netten Postlerin, daß sie ja meine Briefe aufheben solle, denn ich würde frühestens in vier Wochen wiederkommen. Auf dem Rückweg schlenderte ich am Flußufer entlang. Das Fest war vorbei, und auf dem Platz sah es aus wie nach einer gewonnenen Schlacht. Das Wasser floß wieder in den Mekong zurück, die Regenzeit war zu Ende und meine Zeit in Phnom Penh auch.

BITTERKÜRBIS MIT CHILI

„Würden Sie sich bitte anschnallen?"
Ich sah hoch. Vor mir stand eine echte Stewardess.
„Ja natürlich."
Wie konnte ich so etwas vergessen. Ich tat alles, was das Mädchen in der hübschen Uniform sagte, schnallte mich an, stellte den Sitz gerade, aß brav das Stückchen Kuchen und trank meinen Kaffee. Es war ein komisches Gefühl, wieder in einem Flugzeug zu sitzen. Wann hatte ich eigentlich zum letzten Mal an Fliegen und Dubai gedacht, abgesehen von den Momenten, in denen ich mich ärgerte, daß mir niemand von dort schrieb? Ich wußte es nicht.

Unter uns lag der Mekong, breit und braun, eine träge Schlange, die sich langsam durch die grünen Felder wälzte. Wasser, wohin man auch sah. Das besiedelte Land wurde weniger, und dichter Wald legte sich darüber wie eine Bettdecke. Hier und da bahnte sich ein schmaler, roter Streifen einen Weg hindurch. Eine Straße.

Ich holte meine Kambodschakarte hervor und verfolgte die Flugrichtung. Rattanakiri lag in der nordöstlichsten Ecke Kambodschas, an der Grenze zu Laos und Vietnam, etwa vierhundert Kilometer von Phnom Penh entfernt. Eine Fahrt über Land hätte im besten Fall drei Tage gedauert. Was waren vierhundert Kilometer in Deutschland? Dreieinhalb Stunden im Intercity oder auf der Autobahn.

Nach einer Stunde begann der Pilot den Anflug auf Ban Lung. Die Landebahn war eine rote Piste, und das Flugzeug verschwand in einer dichten Staubwolke. Der Flughafen war nicht mehr als eine große Hütte. Eine junge Chinesin mit kurzen Haaren sprach mich an: „Weißt du schon, wo du schläfst?"

Wie hieß doch gleich das Gästehaus, das mir Ralph empfohlen hatte? Ich suchte nach dem Zettel.

„Kennst du das *Garden 2*?"
Sie lachte.

„Ja, es gehört mir. Wenn du dein Gepäck hast, bringe ich dich hin."

Es dauerte noch eine ganze Weile, *Royal Air Cambodge* beschäftigte leider keine Ameisen.

Das Gästehaus lag einen Kilometer weiter am Ende der Straße. Eine alte Villa in einem völlig verwilderten Garten. Eine ältere Frau, bekleidet mit einem verblichenen Sarong und vergrauter Rüschenbluse, saß im Hof und rauchte eine Zigarette. Die junge Frau sagte etwas zu ihr und zeigte mir dann die Zimmer. Der erste Stock war ein Aufbau aus Holz mit vier Zimmern und einer großen Veranda. Ich verliebte mich auf der Stelle in dieses Haus.

„Ich heiße Lin", sagte die junge Frau, „und das dort ist meine ältere Schwester Moy. Sie spricht kein Englisch, wenn du etwas brauchst, dann komm zu mir. Ich habe noch ein Gästehaus, es liegt direkt an der Kreuzung."

Ich packte aus und setzte mich dann auf die Veranda. Die Aussicht war herrlich. Vertrocknete Wiesen gesprenkelt mit gelben Blüten, ein Sportplatz, auf dem ein paar Kinder Fußball spielten, ein See, in dem sich der wolkenlose Himmel spiegelte, und am Horizont lagen dicht bewaldete Berge, Ausläufer des Kontoum- und Chlongplateaus, die die natürlichen Grenzen zu Vietnam und Laos bildeten.

Ban Lung war eine kleine Stadt mit viel zu breiten, ungeteerten Straßen. Der rote Staub wirbelte jedesmal riesige Wolken auf, wenn ein Fahrzeug darüber fuhr. Häuser aus Stein waren eher die Ausnahme, hier bestimmten Holzhäuser auf Stelzen das Stadtbild. Auf dem Markt reihten sich Bretterbuden aneinander und verkauften hauptsächlich Waren aus Vietnam, die von dort einfacher herzuschaffen waren als über den langen Landweg aus dem kambodschanischen Tiefland. Die Grenze zu Vietnam war nur sechzig Kilometer entfernt, und die Kambodschaner konnten sich einen Durchgangspaß besorgen, für Ausländer war die Grenze leider gesperrt.

Rund um den Markt lagen Restaurants, allerdings schien mir die Sauberkeit hier etwas fragwürdig zu sein. Für Ausländer gab es das *Chili Restaurant*, es lag fünfhundert Meter von meinem Gästehaus an der Hauptstraße. Dort versammelten sich sämtliche Entwicklungshelfer zum Frühstück, Mittag- und Abendessen. Es wurde auch mein Stammlokal, denn das Essen war gut und billig, und für Unterhaltung war immer gesorgt.

Am Nachmittag lernte ich meinen einzigen Zimmernachbarn kennen. Morris kam aus Kanada und arbeitete wie fast alle Ausländer für eine der zahlreichen Umweltorganisationen in Ban Lung.

„Wann bist du denn angekommen?"

„Heute, mit dem Flugzeug."

„Komisch, ich habe dich gar nicht gesehen, ich komme nämlich auch gerade von Phnom Penh zurück. Naja, ist ja auch egal. Wie lange bleibst du hier?"

„Ungefähr vier Wochen."

„Vier Wochen?! Was machst du denn in den vier Wochen? Arbeitest du hier? Die Touristen bleiben immer höchstens drei Tage."

„Gibt es denn viele Touristen hier?"

„Nein. In der Hochsaison sind es vielleicht zehn pro Monat, aber das ist sehr viel. Meistens kommen gar keine."

„Und was machst du hier?"

„Ich arbeite unten am Yac Lom See. Wir bauen dort ein Kulturzentrum, in dem wir Gegenstände des täglichen Gebrauchs der Minoritäten ausstellen, zum Beispiel traditionelles Werkzeug, Kleidung, Strohmatten und Körbe. Du mußt mal vorbeikommen."

„Auf jeden Fall. Wie kommt man denn am besten hin?"

„Es gibt viele Wege. Am einfachsten ist es, wenn du auf der Straße nach Vietnam entlang läufst und dann beim Kreisverkehr im Hüttendorf rechts abbiegst. Dann kannst du ihn nicht verfehlen."

„Aha. Ich werde es schon finden. Kennst du einen, der Ralph heißt und hier oben arbeitet?"

„Ja, aber ich kann ihn nicht leiden. Er wohnt da drüben, auf der anderen Seite vom Sportplatz."

Als ich am nächsten Morgen auf die Veranda ging, um mir einen Kaffee zu holen – Service des Gästehauses –, schienen sich alle Entwicklungshelfer von Rattanakiri dort versammelt zu haben. Sie saßen um einen etwa fünfzehnjährigen Jungen herum und redeten pausenlos auf ihn ein. Nimmit, ein gutaussehender Kambodschaner, und Andy, ein Neuseeländer, dolmetschten. Nach einer Weile verschwanden sie alle bis auf Andy, den ich fragte, was los war.

„Ach, wir haben hier ein echtes Problem mit der Landverteilung. Die Minoritäten besitzen keine Urkunden über ihren Landbesitz. Und die Khmer kommen und beanspruchen immer mehr Land, das angeblich niemandem gehört."

„Aber es gehört den Minoritäten, richtig?"

„Ja. Es hat ihnen schon immer gehört, das ist ein ungeschriebenes Gesetz. Die Khmer sind erst in den letzten Jahrzehnten hierhergekommen und nehmen sich einfach, was sie brauchen, ohne vorher die Dorfchefs zu fragen."

„Und wer war der Junge vorhin?"

„Das war der Sohn von dem Chef des Tampuandorfes, das am südlichen Ende von Ban Lung liegt. Der Vater ist zur Zeit draußen in den Feldern, und sein Sohn soll ihm jetzt Bescheid sagen, daß er besser mal herkommt, sonst ist sein Dorf gleich wieder ein paar Hektar Land los."

Wir standen am Geländer und sahen auf die Berge.
„Läufst du gerne?"
„Ja, eigentlich schon."
„Wenn du möchtest, dann komm doch mal mit. Ich bin sehr oft dort draußen unterwegs. Ich glaube, ich suche den Dorfchef besser selbst. Es ist nämlich wichtig. Wie wär's mit einem Ausflug?"
Mit Andy war ich von da an sehr viel unterwegs. Er zeigte mir die Hüttendörfer, unzählige Schleichwege in den Wäldern und erzählte mir sehr viel über die Lebensweise der ethnischen Minoritäten, mit denen er auf gutem Fuße stand. Sein Wissen wurde für mich von unschätzbarem Wert, denn sonst hätte ich mich oft hoffnungslos verlaufen, wenn ich alleine unterwegs war. Das konnte sehr schnell passieren, wie zum Beispiel an jenem Tag, an dem ich die Abkürzung zum Yac Lom See suchte.

Auf der Straße ging ich nur einmal entlang, denn am Vormittag, wenn es noch angenehm kühl war, herrschte dort reger Verkehr, und es war kein Vergnügen, ständig den Staub einzuatmen. Andy sagte mir, daß es eine Abkürzung gebe, erst da lang, dann dort hoch, dann nach links, dann wieder nach rechts und so weiter. Die Gegend hinter dem Hüttendorf südlich Ban Lungs war mir noch bekannt, aber dann wurde es knifflig.

‚Welchen Pfad hat er denn bloß gemeint? Hier sind vier!'
Die Pfade führten alle in die Richtung des Sees, aber oft endeten sie nach einem Kilometer vor einer Hütte, und ich mußte wieder zurück. So ging es stundenlang, und ich entfernte mich immer mehr von Ban Lung. Hin und wieder kam ich durch ein Hüttendorf, aber Fragen hatte wenig Sinn. Erstens sprach ich nicht die Sprache der Minoritäten, und zweitens war kaum jemand zu sehen. Es war Erntezeit, und die Dorfbewohner lebten in kleinen Unterständen auf ihren Feldern. Erst danach kehrten sie in ihre Dörfer zurück und fingen das Feiern an.

Nach geraumer Zeit stieß ich auf ihre Felder. Hier wurde Hochlandreis angebaut, den man nicht wässern mußte. Die Ernte war eine mühselige Angelegenheit. Kinder und Erwachsene standen bis zur Hüfte zwischen den Halmen, streiften jede Ähre einzeln ab und sammelten die Körner in kleinen Körben, die sie an einem Gürtel um den Bauch trugen. Die Bauern sahen mich überrascht an. Ein alter Mann saß am Feldrand und rauchte eine aus Bananenblättern gedrehte Zigarette, die mächtig stank.

„Woher kommst du?"
„Von Ban Lung."
„Und wohin gehst du?"
„Yac Lom. Kannst du mir sagen, wie ich hinkomme?"
Er sprach ebensowenig Khmer wie ich und deutete auf den Berg.

„Da lang."

Er hatte mir mit dieser Auskunft sehr geholfen; daß der See hinter dem Berg lag, soviel wußte ich auch. Ich ging weiter und traf immer mehr Menschen, die alle auf den Berg deuteten, wenn ich mich nach dem Weg erkundigte. Im Tal hinter dem Fluß ertönte auf einmal eine laute Frauenstimme: „Haalloo! Hast du das Foto dabei?"

Eine junge Frau kam hinter den Büschen hervor, und ich erkannte ihr freches Gesicht wieder. Ich hatte sie und ihre beiden Freundinnen vor ein paar Tagen auf der Straße getroffen. Es hatte geregnet, und sie bildeten einen schönen Kontrast in ihrer ‚Sonntagskleidung' mit geschminkten Gesichtern und Plateau-Gummischlappen auf der schlammigen, aufgeweichten Straße. Weit weniger hergerichtet saßen sie jetzt auf der festgestampften Erde in ihrer Hütte und bereiteten das Mittagessen zu.

„Komm, setz dich zu uns und iß mit!"

Ich setzte mich auf einen kleinen Schemel und sah mir die Hütte an. Sie war geräumiger, als sie von außen aussah. Baumaterial waren immer Bambus und die Faser einer anderen Pflanze, die man als Stricke benutzte, um die Stöcke zusammenzubinden. An den Wänden standen zwei erhöhte Plattformen, auf der einen saß und schlief man, auf der anderen standen sehr große Behälter aus Korb, in denen der Reis gelagert wurde. Werkzeug und Küchengerät hingen von der Decke herab oder steckten in der Wand. Als Trinkflaschen dienten getrocknete Kürbisse, in denen man das Wasser vom Fluß holte. Sie hatten den Vorteil, daß das Wasser durch den Lichtschutz nicht so schnell brackig wurde.

Ich fragte mich, was ich gleich zu Essen bekommen würde. Gekocht wurde nichts, es gab kalte Küche. Die Frauen warfen lauter Grünzeug in einen großen Mörser und zerstampften alles zu einem Brei.

„Hier, iß."

Löffel und Gabel waren unnützes Gerät, man nahm die Finger. Ich stopfte mir eine Handvoll in den Mund und sprang Sekunden später vor die Hütte, um das Zeug in die Hecke zu spucken. Die Köchinnen kugelten sich vor Lachen.

„Schmeckt nicht gut?!"

„Was heißt hier schmecken?"

Bitterkürbis und eine Lkw-Ladung Chili gehörten nicht unbedingt zu meiner Standarddiät! Sie nahmen es mir nicht übel, daß ich nicht weiter aß.

Als sie fertig waren, setzten wir uns vor die Hütte und rauchten eine Zigarette, das heißt: ich rauchte die Zigarette, und die drei Frauen stopften ihre Pfeife. Hier rauchte jeder, bereits mit sechs Jahren wurden die Kinder mit Tabak, Bananenblättern und dem Zigarettendrehen vertraut gemacht. Die Älteren rauchten aber meistens Pfeife.

Ich verabschiedete mich und fragte nochmals nach dem Weg zum See.

„Hier, hinter der Hütte gehst du den Berg hoch, und wenn du oben bist, gehst du auf der anderen Seite wieder herunter. Ganz einfach."

Ja, ganz einfach. Ich ging hinter der Hütte den Berg hinauf und stand auf einer kleinen Lichtung im Wald. Plötzlich baumelte ein Fußpaar vor meiner Nase. Ich erschreckte mich fürchterlich und sah nach oben. Eine täuschend echt aussehende Vogelscheuche hing über mir an einem Ast. Bei der Herstellung hatte man kein Detail ausgelassen, selbst das unerlässliche, rotkarierte Krama hing ihr über die Schultern. Hinter den Bäumen hörte ich ein unterdrücktes Kichern. Vater und Sohn waren gerade bei der Papayaernte.

Ich konnte keinen Pfad mehr entdecken und schlug mich durchs Dickicht. Eine Machete hätte ich dafür gut gebrauchen können. Dann endlich sah ich den See. Ein Vulkankrater mit kristallklarem Wasser mitten im Wald.

Ich suchte nach einer seichten Stelle, zog mir einen Sarong an, den ich wohlweislich mitgebracht hatte, und ging schwimmen. Das Bad hatte ich auch nötig, dreckig und verschwitzt wie ich war. Das Wasser war angenehm kühl, und ich drehte ein paar Runden. Am Ufer war keine Menschenseele zu sehen. Die Eingeborenen kamen selten her, sie fürchteten sich vor Ungeheuern und Wassergeistern, die angeblich in der Tiefe lauerten. Als ich aus dem Wasser wollte, sah ich, wie sich eine braune Baumschlange meinen Sachen näherte, die ich über einen Ast gehängt hatte. Ob sie giftig war? Ich warf aus sicherer Entfernung ein Stöckchen und hoffte, daß sie nicht ins Wasser fallen würde.

Auf dem Rückweg schaute ich im Kulturzentrum vorbei. Morris und zwei junge Männer bauten gerade ein Regal für die Ausstellungsstücke. Den Job hätte ich auch gerne gehabt!

„Wo kommst du denn her?"

„Von da hinten."

„Aber da gibt es doch gar keinen Weg!"

„Das habe ich auch gemerkt. Aber da war ich schon mittendrin im Dschungel. Zeigst du mir mal das Haus?"

Das Kulturzentrum war ein großes Holzhaus, hergestellt in der traditionellen Bauweise der Minoritäten, verkleidet mit schwarzgelben geflochtenen Strohmatten.

„Ich dachte, die Häuser stehen hier auch auf Stelzen?"

„Ja, tun sie auch. Aber wir wollten eins mit einem Fundament aus Stein, das ist stabiler und hält länger. Hier, sieh mal, wie findest du die Karte?"

Auf einem zwei mal zwei Meter großen Tisch lag eine aus Steropur gefertigte Plastik des Sees und der Umgebung. Da hatte sich jemand sehr viel Arbeit gemacht, denn sie war sehr genau. Ich kannte ja jetzt die Umgebung gut genug.

„Sie ist sehr gut. Was ist denn das?"

Ich hob eine Konstruktion mit Rädchen und Schnüren vom Boden hoch.

„Das ist ein Spinnrad."

„Die Leute spinnen und machen ihre eigenen Stoffe?"

„Ja, der Webrahmen steht da drüben, muß aber repariert werden. Solche Arbeiten verrichten sie, wenn die Ernte eingebracht ist."

„Wie sehen denn die Stoffe aus? Die Minoritäten, die ich bis jetzt gesehen habe, tragen immer nur die Sarongs und abgetragenen Hemden, die auf den Märkten verkauft werden."

Morris zeigte mir ein Stück aus grobem, schwarzem Stoff mit roten und gelben Rändern.

„Die Sachen auf den Märkten sind billig, und für die Webstücke brauchen die Leute viel Zeit. Aber in einzelnen Dörfern tragen sie sie noch, meistens wenn sie feiern."

„Mit was feiern sie denn? Bier?"

„Nein, sie betrinken sich mit Reiswein. Er wird in diesen Krügen gelagert."

Er zeigte auf große, bunte Tonkrüge, die in einer Ecke standen.

„Hast du schon mal Reiswein probiert?"

„Ja, beim Japaner in Johannesburg."

„Das ist doch nicht dasselbe. Du mußt mal das einheimische Zeug trinken. Das hat's in sich."

„Danke, von einheimischem Zeug habe ich vorerst genug. Und jetzt zeigst du mir bitte die Abkürzung nach Ban Lung, und dann lasse ich dich weiterarbeiten."

Hinter dem Kulturzentrum führte ein breiter Weg den Hang hinauf, und es war tatsächlich bloß ein Fußmarsch von einer Stunde. Um den See zu erreichen, hatte ich vier Stunden gebraucht mit allen Umwegen. Aber dafür hatte ich auch etwas gesehen und wußte nun, wie Bitterkürbis mit Chili schmeckte.

Im *Garden 2* war ein neuer Gast angekommen, Jim, ein junger Amerikaner, der nicht so recht zu wissen schien, was er hier wollte. Er sagte, er suche Arbeit, konnte sich aber nicht entscheiden, bei welcher Organisation er zuerst anklopfen sollte. Ich traf ihn eines Abends, als er völlig erledigt mit Moy auf der Veranda saß.

„Na schlapper Krieger, was hast du denn gemacht?"

„Oh Mann, scheiß Mopeds. Ich wollte nach Voensay fahren, aber auf halber Strecke hat die Mühle den Geist aufgegeben, und ich mußte das Teil zwanzig Kilometer zurückschieben. Ich bin vielleicht erledigt!"

Ich verkniff mir einen Kommentar und unterdrückte das Lachen. Wir hatten uns zwei Tage zuvor über die Vor- und Nachteile einer Mopedfahrt ohne Begleiter unterhalten.

„Warum hast du denn nicht den Bus genommen?"

„Den Bus? Hast du den mal gesehen? Da sind weder Scheiben noch Türen drin."

„Aber er fährt, und wenn er den Geist aufgibt, mußt du wenigstens nicht alleine schieben oder zurücklaufen."

„Haha, sehr witzig."

„Wenn du möchtest, dann nehme ich dich mal mit in die Umgebung. Um Hüttendörfer zu besichtigen, brauchst du nämlich nicht bis nach Voensay."

Das war ein Fehler gewesen, denn er kam tatsächlich ein paar Tage später mit. Mit Andy hatte ich nicht mehr als zwei Stunden für die Strecke gebraucht. Wir hatten nach einem Weg gesucht, der auf den hinter dem See liegenden Berg hinaufführte. Die Suche verlief erfolglos, und wir hatten uns statt dessen bei einem der Dorfbewohner im Armbrustschießen geübt. Jetzt wollte ich noch mal nach dem Weg suchen. Aber mit dem Tempo, das Jim vorgab, würde es mindestens einen Tag dauern, bis wir den Berg erreichten. Ich lief hinter ihm her, und es juckte mich in den Füßen, ihm einen Tritt ...

„Heb die Füße, Mensch. So kommen wir nie vorwärts."

Er stolperte über jeden Stein und jeden Ast. Dann ging ich vor, mußte aber ständig auf ihn warten. Schließlich hatte ich ihm angeboten mitzukommen, da konnte ich ihn jetzt schlecht abhängen. Aber er war ein rechter Klotz am Bein.

Eines Abends erzählte einer der Entwicklungshelfer im Restaurant von einer illegalen Holzfälleraktion auf halber Strecke zur vietnamesischen Grenze. Die Geschichte verursachte unter den Anwesenden große Unruhe.

Wie war das möglich?

Unter dem Druck der Internationalen Gemeinschaft hatte die Regierung Kambodschas ein Abkommen unterzeichnet, das jegliches Fällen und Ausführen von Tropenhölzern bis Ende '96 verbot.

Die Wälder Kambodschas zählten zu den größten und unberührtesten in Südostasien. Durch den langen Krieg geschützt, waren hier noch viele, mittlerweile vom Aussterben bedrohte Arten in Flora und Fauna erhalten geblieben. Mit fortschreitendem Frieden fanden jedoch immer mehr Holzgesellschaften Gefallen an dem Waldreichtum, und die kambodschanische Regierung, die knapp die Hälfte ihres Staatshaushaltes mit ausländischen Mitteln bestritt, verteilte allzu bereitwillig Konzessionen, um Devisen in die Kassen zu bringen. 1960 waren noch achtzig Prozent des Landes mit Wald bedeckt, Anfang der neunziger waren die Bestände bereits auf sechzig Prozent zurückgegangen. Verantwortlich dafür waren in erster Linie die Roten Khmer zu machen; sie hatten jahrelang gnadenlos die Wälder des Kardamomgebirges, das in dem von ihnen kontrollierten Gebiet lag, gerodet und an Thailand verkauft. Aber auch die beiden Provinzen Rattanakiri und Mondulkiri waren zunehmend bedroht.

Ich beschloß, mir aus der Nähe anzusehen, worüber ich sonst immer nur las, und suchte mir auf dem Markt ein Mopedtaxi. Ausgerüstet mit Luftpumpe, Ersatzschlauch, Motoröl und einer Limoflasche Benzin machten wir uns auf den Weg ins dreißig Kilometer entfernte Bokeo.

Es war bereits später Vormittag, und auf der Straße herrschte kaum noch Verkehr. Lange Zeit kam uns niemand entgegen. Die waldreiche Gegend um Ban Lung machte für eine Weile savannenartiger Landschaft Platz. Kurz vor Bokeo wurden wir von einer Straßensperre angehalten. Ein schwer bewaffneter Soldat, der ganz und gar nicht kambodschanisch aussah, fragte uns nach unserem Reiseziel.

„Zu den Edelsteinminen", antwortete der Fahrer geistesgegenwärtig.

Der Soldat wollte in meinen Rucksack sehen, aber da fand er nur die Luftpumpe und den Ersatzschlauch; die Kamera hatte ich mir schon vorher sicherheitshalber um den Hals gehängt und unter dem Hemd versteckt. Schließlich wollten wir illegaler Holzfällerei zusehen, und Journalisten (= jeder, der einen Fotoapparat besitzt) waren so ziemlich das letzte, was sich die Gesellschaften als Zuschauer wünschten. Wir durften weiterfahren.

Vor Bokeo gabelte sich die Straße. Ein älteres Ehepaar hatte an der Kreuzung einen Erfrischungsstand aufgebaut, und wir machten eine Pause. Der Mann sprach ein wenig Französisch, und ich fragte ihn, was hier vor sich ging.

„Schlimm, schlimm. Immerfort kommen die Lkws vorbei, zwei- bis dreihundert pro Tag. Wenn das so weitergeht, dann ist der ganze Wald bald weg."

Während wir dasaßen, donnerten sie vorbei. Vier Stück in den letzten zwanzig Minuten hatte ich gezählt. Wir erstickten jedesmal fast in den Staubwolken. Der Mann am Stand riet uns, nicht weiter zu fahren, „... zu gefährlich, zu viele Soldaten, die aus Versehen schießen."

Wir fuhren trotzdem weiter, zu den Edelsteinminen, wie wir vorgaben. Nach wenigen Kilometern sahen wir überall am Straßenrand die Stümpfe frisch gefällter Bäume. Wir blieben stehen und kletterten die Böschung hinauf.

Der Anblick war schrecklich. Es sah aus, als wäre jemand mit einem überdimensionalen Mähdrescher durch den Wald gefahren. Das Gelände hatte erschreckend viel Ähnlichkeit mit einem Kriegsgräberfriedhof. Selbst der Fahrer, der sich wie die meisten seiner Landsleute nicht sonderlich für Umweltschutz interessierte, sah einigermaßen erschüttert aus.

Am anderen Ende hatten sich die Lkws zu einem gewaltigen Fuhrpark gruppiert und standen im Schutz der Bäume. Die heißgelaufenen Motoren der Kettensägen dröhnten in der Luft und erstickten jedes Geräusch, und so hörten wir auch nicht den Jeep, der sich uns näherte. Vier Soldaten mit Kalaschnikow über der Schulter und Patronengürtel um die Hüfte stiegen aus, und ich bekam weiche Knie. Ich versteckte mich halb hinter dem Fahrer, was aber leider nicht viel half. Sie herrschten uns an und fragten, was wir hier zu suchen hätten. Wieder erklärte der Fahrer alles, und wieder wollte man in meinen Rucksack sehen. Ich betete, daß sie meine dritte Brust in Gürtelhöhe nicht bemerken würden, denn das Objektiv der Kamera beulte verräterisch unter dem Hemd.

Sie sagten uns, daß wir viel zu weit gefahren seien und wiesen uns den Weg zu den Edelsteinminen. Argwöhnisch ließen sie uns gehen. Anstandshalber hielten wir noch mal bei den Minen.

Die zehn bis zwanzig Meter tiefen Löcher, aus denen die Erde in flachen Körben zum Schürfen heraufgeholt wurde, waren in keiner Weise gesichert, und ich, immer noch wackelig auf den Beinen, fiel fast hinein. Zwei Jungen holten einen Korb herauf, versäumten es aber nicht, den Stein, den der eine schon die ganze Zeit in der Hand hielt, schnell in die Erde zu stecken, um es dann als Fund zu präsentieren.

„Nettes Steinchen, 'n bißchen glatt dafür, daß er erst noch geschliffen werden muß, findest du nicht auch?"

Er verstand kein Englisch, merkte aber, daß er in mir keinen lukrativen Käufer vor sich hatte.

Wir fuhren zurück nach Ban Lung; meine Neugierde war vorerst gestillt, und zum Sensationsreporter war ich eindeutig ungeeignet. Das einzige Foto, das ich gemacht hatte, war verwackelt. Am Abend erzählte ich Morris von meinem Ausflug.

„Wie hast du denn das geschafft? Kein Taxi fährt dich dort freiwillig hin!"

„Bevor wir losgefahren sind, habe ich Lin gebeten, dem Fahrer alles ganz genau zu erklären. Keine Ahnung, was sie ihm gesagt hat, auf jeden Fall hat er seine Sache verdammt gut gemacht."

„Und du hast also gesehen, wo sie abholzen?"

„Ja."

„Dann erzähl das mal Mr. Spencer. Er arbeitet als Berater für den Umweltminister und ist gerade in Ban Lung, um der Sache auf den Grund zu gehen."

Mr. Spencer gab mir dann den Rahmen zu der Aktion.

An eine vietnamesische Gesellschaft wurde eine zwanzigtägige Konzession zum Fällen von Hölzern aller Art ausgestellt, für einen Betrag von 600.000 $US. Wer dafür verantwortlich zu machen war, wußte man noch nicht. Auf jeden Fall schienen der Gouverneur von Rattanakiri und die beiden Premierminister darin verwickelt zu sein. Aber darüber sprach man selbstverständlich nur hinter verschlossener Tür. Während unserer kurzen Unterhaltung ging Mr. Spencer immer wieder zur Tür und zum Fenster, um sich zu vergewissern, daß auch niemand lauschte.

MEINE FREUNDIN MOY

Moy und ich brauchten eine Weile, bis wir warm miteinander wurden.

Sie hatte zwei Töchter, Ling und Thavy. Thavy war ein richtiger Backfisch und traf sich in jeder freien Minute mit ihren Verehrern vor dem Hoftor. Ling hatte ein einfältiges Gesicht und zählte am liebsten Geld. Sie war verheiratet und hatte eine fünfjährige Tochter namens Lea und einen anderthalbjährigen Sohn namens Savuth. Der Kleine war eine echte Nervensäge. Kaum hatten die Hähne unter meinem Fenster um halb sechs den Tag angekündigt, folgte er ihrem Beispiel mit lautstarkem Gebrüll. Jeden Morgen. Er war so fett wie seine Mutter und lief den ganzen Tag plärrend mit rotzverschmiertem Gesicht herum.

Eines Abends kam Moy herauf. Ich las gerade ein Buch, und sie beachtete mich nicht weiter. Moy stand am Geländer der Veranda und rauchte gedankenverloren eine Zigarette. Sie hatte ein Krama wie ein Turban um ihre störrischen Locken gewickelt und erinnerte mich mit ihrer Haltung an die stolzen Afrikanerinnen. Es dauerte nicht lange, da tauchte ein schreiendes Etwas hinter ihr auf und störte die angenehme Stille. Sie drehte sich herum, sah mit verachtungsvollem Blick auf Savuth herab, sagte etwas zu ihm und gab ihm einen leichten Tritt in den Hintern. Er hörte sofort mit dem Gejammer auf, schluckte noch einmal und verschwand.

Das machte Eindruck auf mich. Denn normalerweise wurden die Jungen von ihren Müttern, Großmüttern und Tanten aller Art vergöttert, während die Mädchen zu nichts anderem als zur Arbeit und später zum Kinderkriegen gut genug waren.

Moy sah mich an, deutete dem Kleinen hinterher und schüttelte den Kopf. Ich nickte zustimmend. Sie setzte sich zu mir und bat mich um eine Zigarette. Man sah sie fast nie ohne, immer hing ein weißer Glimmstengel in ihrem Mundwinkel. Nach einer Weile ließ sie mich dann wieder allein.

Ein paar Tage später suchte ich sie in der Küche hinter dem Haus auf.

„Moy, ich weiß, es ist ein Service vom Gästehaus, aber wenn ihr schon Kaffee macht, muß er dann wirklich so dünn sein wie Abwaschwasser?"

Ich hielt ihr die Tasse mit der Brühe hin. Sie verstand und rief nach Ling. Und die bekam von ihr den Anschiß. Ich verdrückte mich schnell.

Ling sparte das Haushaltsgeld von Lin auf ihre Weise; sie benutzte alle Teebeutel und Kaffeefilter zweimal. Die nächsten Tage schmeckte der Kaffee nach Kaffee, aber dann wurden wieder die alten Beutel durchgedrückt. Moy hatte es sich zur Angewohnheit gemacht, abends mit mir auf der Veranda zu sitzen, zu rauchen und die letzten Kaffeereste zu leeren. Sie war genau so ein Kaffeesäufer wie ich. Sie hob die Tasse an den Mund, spuckte aber gleich wieder alles in den Garten.

Für den Rest der Zeit schmeckte der Kaffee einwandfrei, aber Ling würdigte mich eine Woche lang keines Blickes.

Moy war eine Einzelgängerin, man sah sie selten in Gesellschaft der Nachbarinnen. Die meiste Zeit verbrachte sie im Garten. Das Gras stand sehr hoch und mußte geschnitten werden; eine Beschäftigung auf Lebenszeit, denn der Garten war so groß, daß man, kaum fertig, wieder von vorne anfangen konnte. Aber sie schien es gerne zu tun. Abends warf sie dann alles auf einen Haufen, zündete ihn an, setzte sich auf die Mauer und schaute in die Flammen.

Als wir uns besser kannten, setzte ich mich oft dazu. Ich bedauerte es sehr, daß sie kein Englisch konnte und ich so wenig Khmer sprach. Aber wenn wir zusammen am Feuer saßen und unsere Zigaretten rauchten, war jedes Wort ein Wort zuviel, da waren wir uns einig. Manchmal kam die kleine Lea dazu und kroch unter Moys zerfledderte Jacke. Auch sie sprach kein Wort und sah schüchtern durch die Knopflöcher zu mir herüber.

Es war Moy, die mir die nötige Motivation zum Sprache-Lernen wiedergab. Immer öfter holte ich die Zettel mit den Vokabeln und die Unterlagen aus der Sprachschule hervor, und es ging langsam wieder vorwärts. Sie setzte sich oft dazu und half mir. Moy war eine gute Lehrerin, denn sie sprach sehr deutlich, und wenn ich auch oft die Wörter nicht kannte, ein Blick in ihr Gesicht genügte, um zu wissen, um was es ging. Ihre Augen sprachen Bände.

„Moy, ist Lin wirklich deine Schwester?"

„Warum?"

„Ihr seht euch überhaupt nicht ähnlich. Lin sieht aus, als hätte sie chinesisches Blut in der Familie. Du nicht."

„Lin ist nicht meine Schwester. Ihr Vater ist Chinese und lebt in Singapur. Ich bin die Cousine von ihrem Mann. Ist das wichtig?"

„Nein, ist es nicht."

Manchmal gab ich ihr meine Wäsche zum Waschen. Dann saß sie hinter dem Haus vor drei großen Wannen, bewaffnet mit einer Wurzelbürste und einer Tüte Waschpulver. Auch hier hatte sie immer die unvermeidliche Zigarette im

Mund. Ich sah gerade, wie sie die Asche auf meinem einzigen weißen Hemd breit wischte und ging zu ihr hin.

„Moy, muß das sein? Kannst du nicht einmal die Kippe weglegen?"

Sie sah mich an, nahm die Zigarette aus dem Mund und lachend sprach sie das Zauberwort: „No Problem."

Sie rächte sich wenig später. Ich hatte nicht weit von dem Wäscheplatz im Garten meine Hängematte aufgespannt und schaukelte. Sie schlich sich von hinten an und goß mir einen Eimer Wasser über den Kopf.

Eines Tages ging ich mit Roger, einem neuen Entwicklungshelfer, in eines der Hüttendörfer, wo er gemeinsam mit Morris Englisch unterrichtete.

Keine leichte Sache.

„Also, ich zeige euch ein Bild, sage euch den englischen Namen, und ihr sprecht mir dann nach, okay?"

Bis dahin dolmetschte Nimmit, der überall dort war, wo man ihn zu brauchen schien.

„Okay."

„Als erstes möchte ich mich vorstellen: Mein Name ist Roger."

„Meinamis Wodscher."

„Nein, das sollt ihr nicht wiederholen."

Nimmit sprang ein und erklärte. Aus den Reihen kam ein Kichern.

„Das ist ein Hund. Sprecht mir nach: H-U-N-D."

„Spekmina: H-U-N-D."

„Sehr gut."

„Säägut."

„Das ist eine Ente. E-N-T-E."

„Dasisein E-N-T-E."

„Fantastisch!"

„Fastisch!"

„Ihr sollt mir nicht alles nachplappern, sondern nur die Tiernamen, verstanden?"

Sie sagten etwas zu Nimmit.

„Roger", übersetzte er grinsend, „sie möchten, daß du etwas langsamer sprichst. Der letzte Satz war zu schnell. Kannst du ihn noch mal wiederholen?"

„Ich geb's auf."

„Igebsauf."

Ich auch, es fiel mir immer schwerer, ernst zu bleiben, und so verdrückte ich mich durch den Hinterausgang der großen Hütte und wartete, bis die Stunde zu Ende war.

„Na, wie sieht's aus mit einer Karriere als Englischlehrer?"
„So schlecht war ich doch gar nicht, dafür, daß das meine erste Stunde war, oder? Aber um deine Frage zu beantworten – ich arbeite lieber als Förster."
„Was machst du denn heute noch?"
„Arbeiten muß ich nichts mehr. Hast du Lust, mit zum Wasserfall schwimmen zu gehen?"
„Gute Idee."
Eine halbe Stunde von Ban Lung entfernt lag an der Straße nach Lumphat ein schöner Wasserfall mit einer großen Badegumpe. Wir zogen unsere Sachen aus und sprangen ins Wasser. Es war herrlich. Anschließend machten wir eine Motorradtour durch die Umgebung. Auf Rogers Geländemaschine kam man wesentlich schneller vorwärts, außerdem hatte sie bessere Stoßdämpfer als die Mofas und Mopeds, und die Fahrt wurde zu einem richtigen Vergnügen.
Wieder im Gästehaus, bekam ich einen Anschiß von Moy.
„Wie siehst du denn aus? Sieh dir mal dein Hemd an!"
„Oh."
Der ganze Rücken war voll mit dem roten Staub, den wir auf der Straße aufgewirbelt hatten.
„Das nächste Mal ziehst du etwas Dunkles an, hörst du! Dann kann ich auch beim Waschen wieder rauchen, klar?"

Die Sonnenuntergänge in Rattanakiri waren immer sehr dramatisch. Hinter dem Ort lag ein kleiner Aussichtshügel. Ich stieg fast jeden Abend hinauf, setzte mich zu dem schlafenden Buddha und sah zu, wie sich der Himmel dunkelrot färbte. Man konnte noch weiter hinauf gehen, aber in dem hohen Gras gab es viele Schlangen, und der einsame Wald war mir zu unheimlich.
„Was ist, gehst du heute nicht zum Berg?" fragte mich Moy eines Abends.
„Nein."
„Was ist los?"
Ich traute mich nicht. Am Nachmittag war ich am Yac Lom See vorbei gelaufen und wollte noch eine Runde schwimmen. Ich hatte die Straße genommen und ging gerade über den Parkplatz zum Ufer hinunter, als mich ein Polizist anhielt und fragte, was ich hier wollte. Ich sagte es ihm.
Der Mann war mir nicht geheuer, er stand zu dicht neben mir und sah mich so merkwürdig an. Im Bruchteil einer Sekunde kam die Erinnerung an den Überfall von Sihanoukville wieder hoch, und meine Knie begannen, weich zu werden. Dann legte er auch noch den Arm um meine Schultern. Ich stieß ihn fort, und sagte, er solle das lassen, sonst würde ich Morris rufen. Der Polizist kannte Morris natürlich und wußte, daß es dann Ärger geben würde. Er ließ

mich in Ruhe, aber mit dem Frieden am See war es für mich vorbei. Ich ging nie wieder alleine dort schwimmen.

„So. Du hast also Angst. Dann gehen wir eben zusammen."

Moy sah nach, ob sie genug Zigaretten dabei hatte, dann gingen wir los und setzten uns zu dem schlafenden Buddha.

„Nettes Plätzchen, aber alleine würde ich auch nicht herkommen."

„Moy, wie alt bist du eigentlich?"

„Ich glaube fünfundvierzig."

„Und wo ist dein Mann?"

„Der? Keine Ahnung. Mistkerl hat mich sitzen lassen. Mitten im Krieg. Als alles vorbei war, kam er wieder. Dann war ich mit Thavy schwanger, und er hat sich scheiden lassen. Und jetzt lebt er in Kanada, ist mit einer anderen verheiratet und hat noch drei Kinder."

„Ist sie Kanadierin?"

„Nein, sie kommt aus Kambodscha. Ist das wichtig?"

„Nein, ist es nicht."

Wir schweigen lange.

„Der Krieg war schlimm, weißt du. Erzählen dir die Leute oft davon?"

„Nicht oft. Aber ich frage auch nicht danach. Wenn sie darüber sprechen möchten, dann werden sie es schon tun."

„Ich spreche fast nie darüber, aber vergessen habe ich es nicht. Pol Pot war ein Ungeheuer. Hat so viele Menschen umgebracht. Seine Leute waren überall, immer in diesen schwarzen Jacken und Hosen, nie sah man sie, und plötzlich standen sie vor dir und haben dir ein Gewehr unter die Nase gehalten."

„Und dann?"

„Dann? Man wußte nie, was kommt. Entweder sie haben dich wieder ins Dorf geschickt oder dir eine Kugel in den Kopf gejagt. Peng! Ein Schuß. Ich habe viele Schüsse gehört. Aber genug davon. Hier, probier mal meine Zigaretten."

„Nein danke, die stinken mir zu sehr."

Ein paar Tage später fing sie wieder an, vom Krieg zu erzählen.

„Weißt du, wir vom Land waren nicht so schlimm dran wie die aus der Stadt. Wir mußten sehr hart arbeiten, aber das mußten wir vorher auch. Wir bekamen fast nichts zu essen, aber man hat uns wenigstens nicht so verhört wie die Menschen aus der Stadt. Ich bin nur ein einziges Mal richtig verprügelt worden."

„Weshalb?"

„Das weiß ich nicht. Zwei Soldaten sprachen mit Ling. Dann kamen sie zu mir und nahmen mich mit."

„Ling? Aber sie muß doch noch sehr klein gewesen sein!"

„Vier Jahre. Und ihr Geschwätz haben die ernst genommen. Ich weiß nicht mal mehr, was sie ihnen erzählt hat. Auf jeden Fall habe ich solche Hiebe bekommen, daß ich eine Woche lang kaum laufen konnte."

„Und Ling?"

Um Moys Mundwinkel zuckte es verdächtig.

„Ling hat dann von mir Prügel bezogen. Und nicht zu knapp, das kannst du mir glauben! Danach hat sie den Soldaten immer nur dumme Antworten gegeben. Ist ihr auch nicht schwer gefallen, sehr hell ist sie sowieso nicht."

„Moy, sie ist deine Tochter!"

„Ja, schlägt aber in jeder Hinsicht nach ihrem Vater. Von mir hat sie nichts, sie sieht mir nicht mal ähnlich."

Danach sah ich Moy eine ganze Weile nicht mehr, sie schien mir aus dem Weg zu gehen.

Ich erzählte Morris von dem Vorfall am See, und er war sehr verärgert. Mit dem Polizisten hatte es schon früher Ärger gegeben; eine Entwicklungshelferin war von ihm belästigt worden.

„Der Typ soll dort aufpassen, daß niemand mit dem Motorrad um den See fährt, aber anscheinend kann er nicht die Finger von den Ausländerinnen lassen. Er hat eine Warnung bekommen, jetzt fliegt er raus. Dafür sorge ich."

Zwei Tage später kam er von der Arbeit zurück und sagte, der Polizist sei nach Stung Treng versetzt worden.

EIN DICKER PICKEL

Um sechs Uhr holte Morris immer seinen Weltempfänger hervor, und wir hörten gemeinsam die Nachrichten. In Rattanakiri gab es weder Zeitungen noch Fernsehnachrichten, und man war völlig von der Welt abgeschnitten, was mich aber ehrlich gesagt nicht sonderlich beunruhigte. Die Neuigkeiten waren ohnehin meist unangenehmer Art – Kriege, Revolutionen, Skandale – und wechselten sich täglich ab. Hin und wieder gab es aber auch Meldungen, über die man noch lachen konnte.

Am 6. Dezember feierten die Vereinigten Arabischen Emirate ihren fünfundzwanzigsten Geburtstag, und die Torte, die dafür gebacken wurde, machte tatsächlich Schlagzeilen. Alles in allem war sie mehr als zwei Kilometer lang, und zu den Zutaten gehörten mehrere Tonnen Mehl und Zucker und siebzigtausend Eier. Die Verantwortung trug der Küchenchef vom Sheraton in Dubai. Ich fragte mich, in welchem Ofen sie gebacken werden sollte.

„Hast du eigentlich etwas von der Feier des ‚Memorial Day' der Amerikaner mitbekommen?"

„Nein, ich war zu der Zeit in Siem Reap gewesen. War es interessant?"

„Kommt darauf an. Ich fand es eher geschmacklos. Die Amerikaner beklagen ihre Gefallenen vom Vietnamkrieg, und die Kambodschaner sehen zu. Wer weiß, was hier passiert wäre, wenn die Amerikaner ihren Krieg damals nicht auf Kambodscha ausgeweitet hätten."

„Ja, wer weiß. Vielleicht wäre ein Pol Pot niemals zum Zuge gekommen und die ‚Killing Fields' niemals zum Inbegriff Kambodschas geworden."

Ein sehr delikates Thema, auch heute noch, fünfundzwanzig Jahre nach dem Ende des Vietnamkrieges, der wie kaum ein anderer Amerika eine verheerende Presse einbrachte. Es wurde viel darüber geschrieben, aber die Konsequenzen, die der Krieg für Kambodscha hatte, darüber liest man selten etwas.

Am 17. April 1975 marschierten die Truppen der Roten Khmer in Phnom Penh ein und wurden von einer jubelnden Bevölkerung empfangen, die sich im Freudentaumel über den Sieg der Kommunisten und das baldige Kriegsende befand. Sie freuten sich zu früh.

Innerhalb dreier Tage evakuierte man die Bevölkerung der Städte auf das Land. Anschließend wurde das Geld abgeschafft, die Religionsausübung verboten, Schulen geschlossen, der Postverkehr eingestellt, jeder mußte Bauernkleidung tragen, und nach '77 wurde nur noch im Kollektiv gegessen. Das neue Regime führte einen Kampf gegen die bestehenden Klassen, zerstörte vorrevolutionäre Institutionen und machte die Menschen zu unbezahlten Landmaschinen.

„Zweitausend Jahre kambodschanischer Geschichte sind nun zu Ende, jetzt beginnt eine neue Zeitrechnung. Wir schreiben die Stunde Null", verkündete ein Regierungssprecher stolz.

Die neue Ära dauerte keine vier Jahre, aber der Preis, der für das Versuchsobjekt einer kommunistischen Ideologie bezahlt wurde, war grauenhaft. Zwei Millionen unschuldige Menschen fielen ihr zum Opfer.

Wie konnte es dazu kommen?

Dreißig Jahre zuvor, im März 1945, besetzten die Japaner alle wichtigen Ämter in der Kolonie. Sie jagten die Franzosen aus dem Land und sagten dem König, er könne nun die Unabhängigkeit ausrufen. Ein halbes Jahr später kamen die Franzosen zurück und übernahmen erneut die Macht, erlaubten aber als kleines Zugeständnis die Gründung von Parteien. Unter dem Vorsitz von Prinz Yuthevong entstand die Demokratische Partei, die die Unabhängigkeit von Frankreich als oberstes Ziel setzte. Prinz Norindeth führte den Vorsitz der

Liberalen, verfolgte eine konservative Linie und sprach sich für ein Abhängigkeitsverhältnis zu Frankreich aus.

Nach den ersten Wahlen legten die Demokraten, die die absolute Mehrheit in der Nationalversammlung gewannen, eine Verfassung vor, die die Machtbefugnisse des Königs stark einschränkte. Doch trotz Mehrheit blieben die Demokraten weitgehend machtlos, denn die führenden Köpfe der Wirtschaft (königliche Familie, Chinesen, Sino-Khmer) lehnten einen Kampf für die Unabhängigkeit ab, da sie ihre eigenen Interessen durch das entstehende Chaos gefährdet sahen. Somit fehlten den Demokraten vor allem die nötigen finanziellen Mittel für ihren Kampf für die Unabhängigkeit, und ihre Reaktion äußerte sich in Widersetzungstaktik bei allen Beschlüssen und Entscheidungen.

Ende 1949 gewährten die Franzosen Kambodscha völlig unerwartet ‚halbe' Unabhängigkeit. Grund dafür war eine Verschärfung des Indochinakonflikts. Durch den Sieg der Kommunisten in China öffnete sich den Vietminh ein neues Waffenarsenal und Rückzugsgebiet, außerdem fanden sie neue Verbündete. Die Franzosen baten die Vereinigten Staaten um militärische Hilfe; gewährt wurde diese allerdings nur unter der Bedingung, daß die Franzosen den Kolonialkrieg in Indochina beendeten und statt dessen einen Kampf gegen den Kommunismus führten.

Anfang 1953 begann König Sihanouk seinen Kreuzzug für die Unabhängigkeit Kambodschas. Die Franzosen bezeichneten den Wunsch nach Unabhängigkeit als ‚unangebracht' und lehnten ihn rundweg ab.

Trotzig trat Sihanouk seine Heimreise über Kanada und die Vereinigten Staaten an. In Washington traf er mit Staatssekretär John Foster Dulles zusammen. Dulles erklärte Sihanouk, daß Unabhängigkeit für Kambodscha keinerlei Bedeutung hätte, denn ohne den Schutz Frankreichs würde Kambodscha von den Kommunisten ‚verschluckt' werden.

In einem Zeitungsinterview mit der New York Times kurze Zeit später drohte Sihanouk mit einem Aufstand des kambodschanischen Volkes gegen die französische Herrschaft und einer Anbindung an den kommunistischen Vietminh, sollten die Franzosen eine Unabhängigkeit hinauszögern. Das zog. Frankreich nahm die Verhandlungen mit Sihanouk wieder auf, und im November 1953 wurde die Unabhängigkeit Kambodschas ausgerufen.

Von Amerika jedoch war der König eher enttäuscht; man hatte es an gebührendem Respekt fehlen lassen und ihm nicht einmal einen Staatsempfang bereitet. Dies betrachtete Sihanouk als Feindseligkeit gegenüber seiner Person und seinem Land und mag vielleicht ein wenig zu seiner Ablehnung Amerikas in seiner späteren Politik beigetragen haben.

1955 dankte König Sihanouk ab, machte seinen Vater Suramarit zum König, trat als Privatmann (von nun an: Prinz Sihanouk) aktiv in die Politik ein und gründete eine neue Partei, Sangkum. Die Demokraten waren in den vergangenen Jahren wieder stärker geworden und tendierten mit ihrer Politik in die Richtung der gemäßigten, noch jungen, pro-kommunistischen Partei Pracheachon. Das verärgerte Sihanouk; er ließ Mitglieder der beiden Parteien vor den Wahlen von 1955 polizeilich verfolgen, und viele der Wahlkämpfer verschwanden für immer. Ein großer Teil der Demokraten wurde danach Mitglied der Sangkum, und 1958 war die Demokratische Partei Geschichte.

Anfang der sechziger Jahre schloß Sihanouk ein strategisches Bündnis mit den Linken Kambodschas und China. Die Folge davon waren: ein Linkskurs der Presse, Toleranz linksorientierter Lehrer, von denen viele mittlerweile Mitglieder der im Untergrund operierenden Kommunistischen Partei waren, und der Bruch mit der USA. Sihanouk befürchtete, daß weitere Militärhilfen der USA Kambodscha eines Tages unweigerlich in den Krieg zwischen den kommunistischen Vietminh und den westlich orientierten Südvietnamesen hineinziehen würde. Anschließend erklärte er die Neutralität Kambodschas.

1966 schloß Sihanouk ein heimliches Bündnis mit Nordvietnam und genehmigte deren Stationierung von Truppen auf kambodschanischem Boden und den Transport von Kriegsmaterial durch sein Land. Im Gegenzug respektierte Nordvietnam die Grenzen Kambodschas, ließ die Zivilbevölkerung unbehelligt und vermied Konfrontationen mit der Armee. Die Amerikaner erfuhren bald von der Präsenz der Vietnamesen in Kambodscha, wußten aber nichts von dem Bündnis.

Oberstes Ziel der Politik Sihanouks war, Kambodscha aus dem Krieg herauszuhalten. Während seine Außenpolitik noch vertretbar war, scheiterte seine Innenpolitik vor allem daran, daß er seine politischen Gegner mit feindlichen, ausländischen Mächten identifizierte und jegliche Opposition im Keim zu ersticken suchte. Er betrachtete sich als Vater der Nation; ein Angriff auf seine Person war gleichbedeutend mit einem Angriff auf sein Kind – Kambodscha. Nachdem die Demokraten Ende der fünfziger Jahre völlig von der Bildfläche verschwunden waren, gab es keine echte Opposition mehr; die Pracheachon wurde von Sihanouk kontrolliert und bedeutete keine Gefahr.

Der Bruch mit den USA markierte den Anfang vom Ende. Keine andere Nation übernahm die Rolle Amerikas, und Kambodschas Armee verkümmerte zu einem bedeutungslosen Gegner.

Als nächstes verstaatlichte Sihanouk Import und Export. Damit wollte er die Macht der Sino-Khmer-Wirtschaftselite beschneiden, die er – zu Recht – amerikafreundlich glaubte. Das Ergebnis war, daß bis 1967 ein Viertel der jährlichen Reiserträge illegal an die Kommunisten Vietnams verkauft wurde, dem Staat enorme Verluste durch fehlende Exportzölle entstanden und Sihanouk Nordvietnam verdächtigte, mit ihm ein doppeltes Spiel zu treiben. Das Eintreiben *von Reisüberschüssen durch die Armee endete in einem blutigen Aufstand, bei dem mehr als zehntausend Menschen ums Leben kamen.*

Die Wirtschaft des Landes kam gewaltig ins Schwanken. Mißwirtschaft in der staatlich kontrollierten Industrie, illegaler Handel und zu hohe Ausgaben reichten sich die Hand mit zu hohen Zinsen für Kredite an die Bauern, schlechten Bewässerungssystemen und niedrigen Ernteerträgen.

Währenddessen wurden die Kommunisten im Untergrund immer stärker, und Ende der sechziger Jahre bedeuteten sie eine ernsthafte Gefahr für die Regierung.

Nachdem sich die Kommunistische Partei Indochinas 1951 auflöste, entstanden unabhängige kommunistische Parteien in Laos, Kambodscha und Vietnam. Zu den führenden Köpfen der Kommunisten in Kambodscha gehörten junge Männer, die man Ende der vierziger Jahre zum Studium nach Frankreich geschickt hatte und die im Zuge der Zeit Anhänger der marxistisch-leninistischen Idee wurden.

Zurück in der Heimat, arbeiteten sie als Lehrer und erfreuten sich wachsender Beliebtheit bei Intellektuellen, Studenten und Mönchen vor allem durch ihr korrektes Benehmen und ihren moralischen Eifer, den sie durch scharfe Verurteilung von Privilegien, Korruption und Ungerechtigkeit der führenden Schicht zum Ausdruck brachten. Eine große Anzahl kambodschanischer Kommunisten begab sich jedoch bald nach Hanoi zur weiteren Ausbildung unter Führung der Vietminh.

In einem Anflug von Mißtrauen ließ Sihanouk 1963 eine Reihe linker Lehrer verhaften, und der Vorsitzende der Kommunistischen Partei Saloth Sar, später berühmt geworden unter seinem Decknamen Pol Pot, Ieng Sary und andere flüchteten an die vietnamesische Grenze und verbrachten die nächsten acht Jahre im Dschungel.

Zwischen den Kommunisten Vietnams und denen Kambodschas kam es bald zu Spannungen. Während erstere dafür plädierten, behutsam bei den Verhandlungen mit Sihanouk vorzugehen, dessen Unterstützung der Nordvietnamesen für den Erfolg des Krieges gegen den Süden von großer Bedeutung war, betrachteten die Mitglieder des Zentralkomitees in Kambodscha Sihanouk als Klassenfeind Nummer eins und drängten auf eine baldige Durchführung einer Revolution in Kambodscha. 1968 distanzierten sie sich von Vietnam und riefen zum Kampf auf.

Als sich Sihanouk 1970 auf einer Auslandsreise befand, führte man einen Staatsstreich gegen ihn, und die Führung übernahm Lon Nol, Oberbefehlshaber der Armee und Premierminister seit 1966. Kurze Zeit später rief er die Khmer-Republik aus. Lon Nol war dabei die ausführende Hand; hinter dem Coup stand Sirik Matak, ein Cousin des Prinzen, und dahinter verbarg sich der lange Arm der Amerikaner. Sihanouk war ihnen zu unberechenbar gewesen, aber unter Lon Nol hatten sie freie Hand und konnten ihren Krieg gegen die Kommunisten auf Kambodscha ausweiten.

Das kambodschanische Volk war von dem Vorhaben, die Vietnamesen aus dem Land zu jagen, begeistert. Zu Tausenden stürzten sie sich auf den verhaßten Feind, und in einem ungleichen Kampf gegen den kriegserprobten Gegner mußten unzählige Menschen ihr Leben lassen. Genau das aber hatte Sihanouk die ganze Zeit über mit seiner verwirrenden Politik verhindern wollen.

Die unglückliche Republik überlebte fünf Jahre. Amerikanische Unterstützung und die Weigerung der Nordvietnamesen, ihren Kollegen in Kambodscha Hilfe zu leisten, bevor sie den Süden besiegt hatten, zögerten das Ende immer wieder hinaus. Bis zu ihrem Rückzug aus Indochina 1973 bombardierten die Amerikaner wiederholt das Land, um sämtliche kommunistische Nester auszurotten; am schlimmsten aber traf es den Osten, wo der berüchtigte Ho-Chi-Minh-Pfad verlief, ein weit verzweigtes Netz von geheimen Pfaden und Wegen, die von Nordvietnam durch den Dschungel von Laos und Kambodscha nach Südvietnam führten und über den der Vietcong unentwegt Kriegsmaterial von Norden nach Süden schleuste.

In jener Zeit fielen mehr als Hunderttausend Tonnen Bomben auf Kambodscha herab, vergleichbar mit den schlimmsten Bombenangriffen des Zweiten Weltkriegs.

In der Zwischenzeit gründete Sihanouk aus seinem Exil in Peking eine Guerillabewegung, die alle Gegner Lon Nols vereinigte, einschließlich der Kommunisten, und aus der sich später die Roten Khmer herausbildeten. Die Bombardierungen fügten den Guerillas schwere Verluste zu, aber Lon Nols Truppen nutzten die Gunst der Stunde nicht, und nach dem Abzug der Amerikaner wurden sie zusehends von den Roten Khmer in Phnom Penh eingekesselt.

Am 17. April 1975 marschierten die Truppen Pol Pots in Phnom Penh ein; ihre finsteren Gesichter waren der Vorbote für eine vierjährige Schreckensherrschaft, die ebenso schwarz war wie die Kleidung, die sie trugen.

(Fortsetzung folgt)

„Schade, daß du nicht mitbekommen hast, wie die Amerikaner neulich hier nach Überresten ihrer Kriegsopfer gesucht haben."

„Überreste ihrer Kriegsopfer? Wie darf ich denn das verstehen?"

„Naja, sie suchen nach den sterblichen Resten all jener Soldaten, die bis heute als vermißt gelten."

„Und wozu soll das gut sein?"

„Man weiß, daß sie definitiv tot sind und nicht irgendwo in Kriegsgefangenschaft leben. Das beruhigt die Angehörigen."

„Und wenn sie die Knochen nicht finden? Stell dir mal vor, du lebst seit zwanzig Jahren in vietnamesischer Gefangenschaft. Paßt dich an, lernst die Sprache und so weiter. Das passiert natürlich alles unter Zwang, aber zwanzig Jahre sind eine verdammt lange Zeit. Und dann kommt dein ehemaliger Stabschef und holt dich zurück nach Amerika, wo die Zeit bestimmt nicht stehengeblieben ist. Ich kann mir vorstellen, daß ein Soldat, der sehr jung in Kriegsgefangenschaft geraten ist, sich nur sehr schwer wieder zurechtfindet in seinem Land."

„So abwegig ist das nicht, aber er kann ja wieder zurückgehen, wenn er merkt, daß es ihm nicht gefällt."

„Hast recht. Und haben sie denn die sterblichen Überreste gefunden?"

„Nein, obwohl die Kinder in den Dörfern sehr behilflich waren bei der Suche. Sie schleppten ständig irgendwelche Hühnerknochen und Hundebeine an, die Sucher fanden das allerdings nicht so witzig."

„Ich schon. Wer weiß, nach was sie wirklich gesucht haben."

„Was machst du eigentlich Weihnachten und Neujahr?"

„Ich hatte vor, mich mit Freunden aus Dubai in Hongkong zu treffen, aber ich habe bis jetzt noch nichts gehört von der unzuverlässigen Truppe, es kann sein, daß ich mir etwas anderes einfallen lassen muß. Und du?"

„Ich fliege mit ein paar Freunden nach Thailand. Auf der Insel Koh Chang mieten wir uns einen Bungalow und tun nichts außer Nichstun. Übrigens solltest du dich bald um ein Ticket kümmern, vor Weihnachten werden die Flieger ziemlich voll."

„Danke für den Tip."

Am nächsten Tag kamen zwei neue Gäste an, James und Dennis. Sie liefen eine Weile vor mir auf der Straße her und sahen aus wie Pat und Patterchon. Der eine war fast zwei Meter lang und weiß wie Milch, der andere reichte ihm gerade bis zum Bauchnabel und hatte sein spärliches Haupthaar zu einem Pferdeschwanz gebunden.

Dennis war der Lange, er unterrichtete Englisch in Phnom Penh. James, der Kurze, befand sich auf einer Reise durch Asien. Sie hatten sich in Phnom Penh getroffen und beschlossen, gemeinsam Rattanakiri zu besuchen. Sie blieben ein paar Tage in Ban Lung, dann nahmen sie den Bus nach Voensay und mieteten sich bei einer chinesischen Familie ein, die sich als rechte Halsabschneider entpuppten. Nach zwei Tagen zogen sie dann um in ein laotisches Kloster.

Voensay lag dreißig Kilometer nördlich von Ban Lung am Tonlé San in einer der schönsten Landschaften Rattanakiris. Endlose Urwälder, gespickt mit Hügeln, durchzogen von Sümpfen und Wasserstraßen, wo Elefanten, Tiger, Leoparden und Rotwild noch im Schutz der dichten Wälder lebten. Neben den Minoritäten siedelten dort vorwiegend Laoten. James und Dennis kamen ganz begeistert zurück. Als nächstes wollten sie sich Lumphat ansehen, die Hauptstadt von Rattanakiri unter den Roten Khmer.

Auch ich interessierte mich für Lumphat, das am Tonlé Srepok lag. Der Fluß bildete die geographische Grenze nach Mondulkiri. Die politische lag etwas weiter südlich. Ich wollte herausfinden, ob es auf der anderen Seite eine Verbindung nach Senmonorom gab, der Hauptstadt von Mondulkiri.

Die Provinz hatte meine Neugierde geweckt. In keinem der wenigen Reiseführer stand etwas darüber, und in Phnom Penh konnte mir auch niemand mit Informationen weiterhelfen. Ich hatte meine Kambodschakarte genau studiert und sah, daß Straßen von Rattanakiri nach Mondulkiri eingezeichnet waren. Das bedeutete nicht viel, denn meistens waren die Straßen nichts als von Schlaglöchern übersäte Pisten, die schon seit Ewigkeiten nicht mehr benutzt wurden. Da die östlichen Provinzen jedoch als ‚sicher' betrachtet wurden, reizte mich eine Überlandfahrt sehr. Dafür würde ich gern auf die Silvesterparty in Hongkong verzichten.

Ich ging kurz nach Sonnenaufgang zum Markt und fragte, wo ein Bus oder Jeep nach Lumphat abfahren würde. Der Taxistand für den Überlandverkehr hatte nicht viel mit den Taxiständen Phnom Penhs gemein; hier standen Busse, denen alles fehlte bis auf die Räder, Lkws aus der russischen Nachkriegszeit und Jeeps, die fast auseinanderfielen, wenn man sie scharf ansah. Der einzige Lkw nach Lumphat war am Vortag abgefahren, der nächste ging erst wieder in einer Woche.

Dann eben nicht. Ich ging zu einer der Bretterbuden, die sich Restaurants nannten, und trank einen Kaffee. Am südlichen Marktende saßen frühmorgens immer die Minoritäten und verkauften frisches Obst und Gemüse.

Die Khmer schimpften oft über sie; sie seien faul und täten nichts, außer Papayas zu verkaufen, die sie im Wald gepflückt hatten. Nur mußten diese Papayas ja auch irgendwie auf den Markt gelangen, und dafür liefen die Minoritäten oft bis zu fünfzehn Kilometer von ihren Dörfern bis zu den Märkten der größeren Ortschaften, mit schweren Körben auf dem Rücken. Am frühen Nachmittag machten sie sich wieder auf den Heimweg und hatten nicht mehr als einen Dollar Gewinn in der Tasche und ein Paar neuer Gummischlappen im Korb. Sie gaben ein hübsches Bild ab, wenn sie mit der Pfeife im Mund nach und nach im Wald verschwanden. Sie lebten ihr eigenes Leben, das mit dem der Khmer nicht viel gemein hatte.

Ich kaufte eine Papaya der Größe eines Truthahns und schleppte das Ding gerade zum Gästehaus, als ich James auf der Straße traf.

„Guten Morgen! Wo willst du denn so früh hin?"

„Nach Lumphat."

„Da hast du aber Pech, denn der nächste Lastwagen fährt erst wieder in einer Woche. Wollte Dennis nicht mitkommen?"

„Eigentlich schon, aber er hat einen entzündeten Pickel am Kinn, der ihm letzte Nacht ziemliche Kopfschmerzen bereitet hat."

„Mir haben Pickel auch immer Kopfschmerzen bereitet, aber da war ich fünfzehn!"

„Lach nicht, sondern sieh dir mal den Auswuchs an seinem Kinn an. Das sieht böse aus. Du sagst, es fährt nichts mehr nach Lumphat? Na dann werde ich wohl mit dem Mopedtaxi fahren müssen."

„Wenn du wirklich fährst, dann erkundige dich doch mal bitte für mich, wie es mit Transport nach Mondulkiri auf der anderen Flußseite aussieht."

Wieder zurück im Gästehaus, beäugte ich erst mal Dennis' Pickel. James hatte recht, das war kein Pickel mehr, sondern ein ausgewachsener Furunkel, der sein Kinn aufs Doppelte anschwellen ließ.

„Das sieht aber gar nicht gut aus. Vielleicht solltest du mal zu dem Arzt gehen, der hier im Krankenhaus arbeitet. Ich habe gehört, er soll sehr gut sein."

Viele der in Rattanakiri vorherrschenden Krankheiten waren Infektionen, die durch den Staub übertragen wurden. Ein großes Problem war dabei die Spuckerei. Jeder spuckte seine Bazillen mit dem Speichel aus, der dann auf der Straße trocknete und zusammen mit dem Kot der Tiere als Staub aufgewirbelt von den Menschen wieder eingeatmet wurde. Viele Menschen litten unter Infektionen der Augen und Atemwege, und der Arzt sagte, daß es kaum Möglichkeiten gebe, diese unter den gegebenen Umständen unter Kontrolle zu bringen. Ein weiteres Problem war Malaria. In den beiden Ostprovinzen und den Wäldern entlang der thailändischen Grenze kam fast ausschließlich die ‚Malaria Tropica' vor, die in mindestens einem von fünf Fällen tödlich verläuft.

Ich habe mir oft überlegt, daß ein Kind, das unter diesen harschen Lebensbedingungen das fünfte Lebensjahr erreicht, gute Chancen hat, achtzig zu werden, vorausgesetzt, es tritt nicht auf eine Mine oder wird von einem Ochsenkarren überfahren.

Natürliche Auslese nennt man das, oder ‚nur die Stärksten kommen durch'.

Am Nachmittag war Dennis' Kinn auf Fußballgröße angeschwollen, und seine Kopfschmerzen wurden unerträglich. Ich sah ihm hinterher, wie er langsam zum Krankenhaus trottete. Er hatte gehofft, daß die Schwellung im Laufe des Tages zurückgehen würde, denn er traute den medizinischen Einrichtungen nicht so ganz. Eine Stunde später kam er wieder zurück, mit einem dicken Verband um den ganzen Kopf und einer Packung Antibiotika in der Hand.

„Was haben sie denn mit dir gemacht? Das Kinn abgeschnitten?"

„Oh Mann, diese hübsche, kleine Krankenschwester, erst lächelt sie mich verführerisch an und dann packt sie plötzlich mein Kinn und drückt zu. Möchte hier nicht ausführlich beschreiben, was da alles raus kam."

„Nein, das brauchst du auch nicht. Sind die Kopfschmerzen weg?"

„Ja, aber dafür habe ich jetzt bestimmt lauter blaue Flecken am Kinn!"

Moy hatte an dem Patienten einen Narren gefressen. Sie kam nun wieder öfter abends auf die Veranda und brachte ihn mit ihrem Mienenspiel in einem fort zum Lachen. Dennis sprach kein Wort Khmer, aber wenn Moy mit ihm redete, nickte er ständig mit dem Kopf und sagte in monotonem Rhythmus immer: „Ja, ja, ja".

„Dennis, was hat denn Moy gerade gesagt?"

Dennis sah mich dann an und antwortete ebenso monoton: „Ich habe nicht die leiseste Ahnung."

Eines Abends gab sie wieder Unterricht.

„Dennis, sprich mir nach: *Knjom mien kdom todj*."

Dabei zuckte es leicht um ihre Mundwinkel. Dennis sprach es nach, und Moy brach in schallendes Gelächter aus.

„Moy, was war das gerade?"

„Warum siehst du nicht in deinem schlauen Buch nach?"

„Schon gemacht, aber ich habe hier weder *kdom todj* noch sonst irgend was."

Jetzt fiel sie vor Lachen fast vom Stuhl.

„Natürlich hast du nicht, Dennis hat!"

„Hääh?"

Zum Glück kam Lin dazu. Wir fragten sie nach der Übersetzung, aber sie schüttelte nur den Kopf, sagte, sie verstünde uns nicht, und verschwand gleich wieder.

„Ich habe das Gefühl, sie hat uns da gerade was Schmutziges nachsprechen lassen, da bin ich mir ganz sicher."

Dennis behielt recht. Als James nach ein paar Tagen von Lumphat zurückkam, brachte er des Rätsels Lösung.

„,Ich habe einen kleinen Schwanz', das heißt es."

Zwei Tage lang brütete Dennis über meinem Wörterbuch, und als Moy das nächste Mal bei uns saß, sagte Dennis in schönstem Khmer, daß Moy sich mit ihrer Vermutung gewaltig im Irrtum befände. Sie sah ihn verachtungsvoll an und schwieg.

James brachte mir keine guten Neuigkeiten aus Lumphat mit, alles, was er hatte in Erfahrung bringen können, war, daß hinter dem Fluß die Welt aufhörte. Es gab keine Fähren, die Fahrzeuge auf die andere Flußseite transportierten, folglich gab es auch keinen Verkehr zwischen Rattanakiri und Mondulkiri.

„Warte mal, mir hat neulich jemand erzählt, daß von Bokeo Lkws an der Grenze entlang fahren. Vielleicht solltest du mal nach Bokeo fahren und dich dort ein bißchen umhören."

„Habe ich schon getan. Die Lkws fahren an der Grenze entlang, allerdings auf vietnamesischer Seite. Das scheidet somit aus. Schade, ich wäre gerne durch den Urwald gefahren."

„Wie sieht es denn aus mit Booten?"

„Hm, Wasserstraßen gibt es mehr als genug. Aber da bin ich ehrlich – ich habe keinen Schimmer über die Verbindungen, und alleine traue ich mich nicht."

„Vielleicht kommen Dennis und ich mit, wir müssen beide erst am Jahresende wieder in Phnom Penh sein."

„Das wäre natürlich etwas anderes. Laßt mich wissen, wenn es soweit ist. Ich habe in einer Viertelstunde gepackt."

Sie fuhren nicht nach Mondulkiri, denn Dennis' Pickel hatte sich so sehr entzündet, daß es fast zwei Wochen dauerte, bis er wieder ohne Verband herumlaufen konnte. Die Stadtbevölkerung fand es köstlich, wenn er mit seinem weißen Kopfwickel zum Markt einkaufen ging.

Die Zeit zerrann mir zwischen den Fingern, und bald stand Weihnachten vor der Tür. Ich hatte Wanderungen in alle Himmelsrichtungen unternommen, bis auf eine. Die Gegend hinter dem Aussichtshügel im Westen kannte ich noch nicht.

Am Fuße des Hügels stand ein kleines Kloster mit einem Klostergarten. Ich ließ ihn links liegen und befand mich bald im dichten Gras. Es wuchs hier über drei Meter hoch und war ein großes Problem für die Bewohner des Urwalds. Im Hochland war die Brandrodung noch immer weit verbreitet; die Felder wurden bis maximal fünf Jahre ackerbaulich genutzt, und dann überließ man sie wieder dem Wald. Das Gras wuchs allerdings in den meisten Gegenden so schnell, daß sie den neuen Pflänzchen und jungen Trieben die Nährstoffe aus dem Boden entzogen und das Sonnenlicht nahmen. Andy und seine Kollegen suchten ständig nach neuen Techniken und Pflanzen, die sowohl den starken Graswuchs unter Kontrolle brachten als auch den Besonderheiten der Natur angepaßt waren. Man hätte ebensogut Fässer mit Unkrautvertilgungsmittel auskippen können, aber das entsprach nicht unbedingt den Richtlinien der Umweltschützer.

Nicht weit von Ban Lung entfernt stieß ich auf eine kleine Hütte, in der eine Familie des Tampuanstammes lebte. Zwei alte Männer saßen unter einem Vordach und rauchten Pfeife, und eine schwangere Frau zerstampfte Mais in einem großen Holzbottich. Mitten im Hof stand ein kleines Bäumchen, das von drei, oben zusammengebundenen Pfählen vor allzu gierigen Schweinerüsseln geschützt wurde. Darauf lag ein Brettchen, auf dem in Bananenblätter gewickelter Reis lag.

Das Bäumchen wurde zu Ehren der verstorbenen Vorfahren gepflanzt, und man sah diese Konstruktionen in jedem Dorf vor jeder Hütte. Die religiösen Zeremonien der Minoritäten in Rattanakiri und Mondulkiri basierten auf einem uralten Ahnenkult; sie huldigten den Geistern der Vorfahren sowie den Naturgeistern, die über das Wohlergehen der Familie und der Dorfgemeinschaft bestimmten. Wurde ein neues Stück Land für landwirtschaftliche Nutzung ausgesucht, nahmen die Priesterinnen eines Dorfes in Träumen Verbindung mit der Geisterwelt auf und brachten in Erfahrung, ob das neue Feld ‚geeignet' war.

Ich nahm Verbindung mit dem kleinen Geist in der Hütte auf; der Junge hatte sein Krama sehr raffiniert zu einer Mütze gewickelt, und er sollte mir jetzt zeigen, wie er das gemacht hatte. Es hatte begonnen zu nieseln, und so war meine neue Mütze ein praktischer Regenschutz.

Nach einer halben Stunde Fußmarsch kündigte ein leicht säuerlicher Geruch eine Sammelstelle von Kautschuk an. Kurz nachdem ich den Wald betrat, stieß ich auf eine Frau, die mit einem Stock eine weiße Masse umrührte, die in Vertiefungen in der Erde gekippt worden war. Der Wald war eine der vielen Kautschukplantagen, die die Franzosen hier zu Beginn des Jahrhunderts eingeführt hatten. Die Bäume gediehen auf der roten Vulkanerde ganz vorzüglich, brachten aber nicht mehr die erwarteten Erträge. Nachdem ein großer Teil der Plantagen in staatlichen Besitz übergegangen war, haperte es mit der Pflege ganz gewaltig. Außerdem wurden immer wieder beachtliche Mengen des Kautschuks unterschlagen. Korruption ist auch in Kambodscha kein Fremdwort.

In den Plantagen konnte man sich wunderbar verlaufen. Die Bäume standen zu Tausenden in Reih' und Glied wie die Zinnsoldaten, und es gab keinerlei Orientierungspunkte. Deswegen bewegte ich mich immer nur am Rande eines solchen Waldes.

Die Frau kochte einen Tee auf einem kleinen Feuer und bot mir welchen an.
„Ich bin Frau Islam. Ich gehöre nicht zu denen da."
Sie deutete in eine Richtung, wo sich wahrscheinlich ein Hüttendorf befand.
„Ich bin nicht Frau Islam", sagte ich zu ihr, „aber ich schreibe Islam. Wie ist denn dein Name?"
„Kalida Huot."
Ich nahm ein Stöckchen und kratzte ihren Namen mit arabischen Schriftzeichen in die Erde. Sie konnte weder Lesen noch Schreiben, erkannte aber die Schriftzeichen, die so aussahen wie die des Korans. Sie blickte ganz verzückt auf das Gekrakel und bot mir noch einen Tee an.
„Nein, vielen Dank, ich möchte noch ein Stück laufen, bevor es dunkel wird."

Durch die Baumreihen sah ich eine Lichtung und ging darauf zu. Ganz versteckt lag hier ein großes Hüttendorf. Es gehörte dem Stamm der Kroeung, das erkannte man an den vereinzelten Hütten, die auf weit höheren Stelzen standen als die meisten anderen Hütten. Darin wohnten die halbwüchsigen Jungen eines Dorfes; mit Eintreten der Pubertät wurden die Kinder aus dem Elternhaus geschickt, damit sie sich nach einem Partner umsahen. In der Mitte eines Dorfes stand immer ein *Longhouse*, ein sehr großes Haus, das zu Versammlungszwecken und dem Abhalten religiöser Zeremonien diente.

Kurz bevor ich das Dorf erreichte, lief ich an einer Hütte vorbei, die etwas abseits von den anderen stand. Im Hof liefen lauter schwarze Schweine herum, und vor dem Eingang stand eine runzlige Alte und starrte mich mit finsterem Blick an. Ihren Kopf stützte eine stattliche Anzahl von Goldreifen, die von den Schulterblättern bis zum Kinn reichten. An den Unterarmen trug sie noch mal soviel Gold. Wahrscheinlich war sie die wandelnde Schatzkammer von Rattanakiri.

Das Dorf selber war wie ausgestorben, auch hier schien jedermann in den Feldern zu weilen. Mittlerweile hatte ich durch meinen Querfeldeinmarsch die Orientierung verloren und war froh, als ich ein paar Kautschukzapfer im Wald traf. Sie zeigten mir die Richtung nach Ban Lung.

„Es ist ein weiter Weg. Warum kommst du nicht mit uns? Es wird bald Regen geben."

Sie hatten recht, der Himmel hatte sich verdunkelt, und ein heftiges Gewitter war im Anzug. Ich sah mir die Ponykutsche an und stieg auf.

Am Abend traf ich Andy im Restaurant und erzählte ihm von der goldenen Frau.

„Sie war bestimmt Laotin. In Laos und in Nordthailand sieht man diese Frauen sehr oft."

„Aber das ist doch bestimmt ein ganz schönes Gewicht! Gold ist zwar kein Schwermetall, aber aus Erfahrung weiß ich, daß schon die kleinsten Mengen ziemlich viel wiegen. So war es zumindest auf den Goldmärkten in Dubai."

„Die Frauen tragen tatsächlich einige Kilo um den Hals. Dieser ‚Schmuck' ist sehr umstritten, denn die Halsmuskeln bilden sich stark zurück, und wenn die Reifen eines Tages abgenommen werden, kann es leicht passieren, daß sich die Frau das Genick bricht. Außerdem entsteht ein starker Druck auf das Schlüsselbein, das auch sehr schnell brechen kann."

„Warum müssen denn immer die Frauen ihre Hälse für solche Sachen hinhalten? Können sich die Männer nicht die Goldreifen umhängen?"

„Frag mich mal was leichteres. Angeblich wurde diese Praxis schon vor einiger Zeit verboten. Aber weil die Touristen so scharf auf Fotos mit den Frauen waren, fing man vereinzelt wieder damit an. Gutes Geschäft."

„Das kann schon sein, aber ich wehre mich dagegen, daß Touristen für *alles* verantwortlich gemacht werden. Und die Goldmarie von heute ist bestimmt noch nicht sehr oft abgelichtet worden. Sie hat mich so feindselig angesehen, daß ich gar nicht daran dachte, von ihr ein Bild zu machen."

Das Restaurant war fast leer. Die meisten Entwicklungshelfer waren bereits abgereist und erholten sich wie Morris irgendwo auf einer Insel im thailändischen Golf von Kambodscha.

„Wann reist du eigentlich ab?"

Andy zuckte mit den Schultern.

„Ich weiß nicht. Ich habe gar keine Lust, von hier wegzufahren. Mir gefällt es hier besser als auf einer Insel oder sonstwo. Ich muß aber leider nach Phnom Penh. Und was ist mit dir?"

Ich hatte auch keine Lust abzureisen, und am allerwenigsten lockte mich mittlerweile die Aussicht auf Hongkong.

Während meiner Zeit in Dubai war ich ständig in Singapur, Hongkong oder Bangkok gewesen; ich kannte die Städte gut und hatte mich dort immer sehr wohl gefühlt. Aber das war vor – nicht mal einem halben Jahr, obwohl es mir vorkam, als läge ein ganzes Leben dazwischen. Die Vorstellung, morgens mit Moy auf der Veranda meinen Kaffee zu trinken und am gleichen Abend in Hongkong in *Joe Bananas* mit lauter Flugbegleitern aufs Neue Jahr anzustoßen, behagte mir überhaupt nicht. Das waren zwei Welten, wie sie verschiedener nicht sein konnten.

Ich entschied mich dagegen und hoffte, daß mir meine Freunde es nicht übel nahmen.

Der Abschied von Rattanakiri ist mir nicht leicht gefallen. Ich hatte eine sehr schöne und weitgehend sorgenfreie Zeit verbracht, mit endlosen Streifzügen durch die Wälder und oft sehr unterhaltsamen Begegnungen mit den Minoritäten. Ich hatte Moy getroffen, und aus einer Bekanntschaft wurde Freundschaft. Und dann waren da noch die Entwicklungshelfer, die mir immer mit Rat und Tat zur Seite standen, wenn ich ihn brauchte.

Aber Rattanakiri war nur eine Provinz von vielen, und wenn ich mehr von Kambodscha sehen wollte, dann wurde es Zeit, daß ich weiter zog.

Als mich Lin zum Flughafen brachte, suchte ich überall nach Moy, um mich von ihr zu verabschieden. Vor fünf Minuten war sie noch da gewesen, jetzt schien sie wie vom Erdboden verschluckt. Ich blickte noch mal vom Moped zurück auf die Villa. Moy stand auf der Veranda, die Haare zerzaust, die Zigarette im Mundwinkel und winkte mir nach.

MÜNCHEN LIEGT IM URWALD

Phnom Penh war laut und geschäftig wie immer. Das *Metropol* hatte einen neuen Anstrich bekommen, das Restaurant war total überfüllt und die Saison somit eröffnet. Die Taxifahrer begrüßten mich mit viel Hallo und die, die mich noch nicht kannten, fragten gleich, ob ich mir am Nachmittag die ‚Killing Fields' ansehen wollte.

Ich wohnte wieder im Zimmer 209. Meine Nachbarn waren ein eitler Freak, der ständig seine langen Haare in meiner Fensterscheibe bewunderte, und ein japanisches Pärchen, das von der quietschenden Matratze gar nicht mehr herunter kam.

Ich tat, was ich immer tat, wenn ich nach Phnom Penh zurückkam. Ich setzte mich ins Restaurant, bestellte einen Kaffee und überlegte, was als nächstes zu tun sei. Meine Freunde aus Dubai hatten sich endlich gemeldet und mir mitgeteilt, daß aus Hongkong nichts würde; die Einsatzleitung hatte bei der Flugplanerstellung gepfuscht. Ende Januar wurde mein Visum fällig. Bis dahin hatte ich genau einen Monat Zeit. Zeit genug für Mondulkiri. Das nächste Flugzeug ging in zwei Tagen.

Ich gab Mr. Heng, dem Neffen des Hotelbruders, meinen Reisepaß und fünfzig Dollar. Er würde sich um ein Visum für Vietnam kümmern. Dann kaufte ich ein Ticket für Mondulkiri, sah mich auf dem Markt um nach einer Taschenlampe und einem neuen Rucksack, besorgte Reiseproviant in dem Westsupermarkt und überlegte, was ich sonst noch alles in der Wildnis brauchte.

Ein Taxifahrer namens Elefant brachte mich zum Flughafen.

„Madame, wohin fliegst du?"

„Nach Mondulkiri."

„Oh, oh, da gibt es viel Mosfly, sehr gefährlich."

„Warum gefährlich?"

„Malaria."

Er meinte Moskitos; Mosfly war ein sehr effektives Insektenspray.

Auf dem Flug wurde mir klar, warum die Provinz Mondulkiri vom Rest des Landes so stiefmütterlich behandelt wurde. Kaum hatten wir den Mekong überflogen, sah ich unter uns nur noch ein grünes, schier undurchdringliches Meer von Wald. Keine Straße war zu erkennen, keine Siedlung war zu sehen, es gab nur noch Bäume. Wo auch immer ich hinflog – es schien von der Welt völlig abgeschnitten zu sein. Erst kurz vor Semonorom änderte die Landschaft ihr Gesicht. Kahlgeschlagene Hügel ragten wie Glatzköpfe aus dem Dickicht, die Erde war rot und das Gras braun oder abgebrannt.

Als ich aus dem Flugzeug stieg, blies mir ein kühler Wind ins Gesicht; man merkte, daß Mondulkiri tausend Meter höher lag als Phnom Penh. Der Flughafen war ein langgezogenes Holzhaus auf Stelzen, und über der Treppe hing ein blaues Schild mit der Aufschrift: CPP – Cambodian People's Party. Ein junger Mann in blauweißer Uniform lief mir über den Weg.

„Hallo, kannst du mir sagen, wo es hier ein Hotel gibt?"

„Warte einen Augenblick, gleich ist das Flugzeug fort, dann bringe ich dich hin."

Er informierte Phnom Penh über Funk, daß die Maschine gestartet sei, dann nahm er meine Tasche, und wir fuhren zweihundert Meter zum *Peak Hotel*, das einzige Hotel in Senmonorom.

„Wie lange bleibst du hier?"

„Etwa vier Wochen."

„Mein Name ist Kim, ich wohne im Flughafen. Komm mich doch mal besuchen, dann zeige ich dir die Umgebung."

„Mußt du nicht arbeiten?"

„Bei einem Flug in der Woche ist das kein Problem."

„Danke, ich komme gerne."

An der Tür stand eine rundliche Frau im mittleren Alter. Sie sprach kein Englisch, aber in Rattanakiri hatte ich mein Khmer wieder soweit auf Vordermann gebracht, daß ich mich verständigen konnte.

„Hallo, möchtest du ein Zimmer? Dort oben haben wir Bungalows, die kosten zehn Dollar pro Nacht, hier im Haus kostet ein Zimmer sieben Dollar. Komm, ich zeige sie dir."

„Die Bungalows brauchst du mir nicht zu zeigen, zehn Dollar ist zuviel für mich."

Die Zimmer hatten weder Tür noch Fensterläden, dafür aber sehr raffinierte Moskitonetze aus apfelgrüner Spitze.

„Und wo ist das Bad?"

„Hinter dem Haus."

Wir gingen zur Hintertür hinaus und in ein kleines Hüttchen hinein. Dort standen zwei große Fässer mit Wasser, ein Westklo ohne Spülung, und an der Bretterwand hing ein rosafarbenes Herzgestell mit Spiegel und einem Becher für die Zahnbürste. An der Decke zählte ich bei dieser kurzen Inspektion vier große, braune Spinnen. Nicht gerade das Sheraton.

„Gefällt es dir?"

„Hm-m. Aber sieben Dollar ist ein bißchen viel, findest du nicht?"

Ich hielt mich zurück; eigentlich hätte sie mich bezahlen müssen, daß ich hier wohnte. Aber um zu handeln, mußte man etwas in der Hand haben, und das hatte ich nicht. Meine Alternative war Abreisen, aber wegen zwei Dollar

mehr und einem Spinnenbad würde ich nicht den Aufenthalt platzen lassen. Abgesehen davon mußte ich hier bleiben, denn das nächste Flugzeug würde erst wieder in einer Woche fliegen.
,Daran gewöhnst du dich schon, so schlimm ist es doch gar nicht.'
„Wieviel bezahlst du denn in Phnom Penh?"
„Vier Dollar, aber da habe ich ein richtiges Bad im Zimmer. Und in Rattanakiri habe ich fünf Dollar bezahlt."
Wir schwiegen und sahen uns an.
„Wie lange bleibst du?"
„Eine Weile."
„Na gut, du bezahlst fünf Dollar. Aber erzähl es niemandem weiter, okay?"
„Abgemacht."
Ich hätte gar nicht gewußt, wem ich es hätte erzählen sollen.

Am Nachmittag sah ich mir Senmonorom an. Die kleine Stadt erstreckte sich über zwei Täler; die Landebahn vor dem Flughafen bildete den höchsten Punkt und diente gleichzeitig als Hauptverkehrsstraße. Autos sah ich überhaupt keine, hin und wieder fuhr ein Moped vorbei, aber die meisten Leute gingen entweder zu Fuß oder saßen auf Ochsenkarren mit Speichenrädern, dem gängigen Transportmittel.

Hinter dem Ort stieg die Straße steil an und führte zu einem verfallenen Haus. Früher war es das Gästehaus des Königs, seine Residenz hatte man dem Erdboden gleich gemacht. Ich ging hinein. Die Wände waren voller Einschußlöcher, der Putz blätterte von der Wand, und überall wuchsen Pflanzen und kleine Bäume. An einer Wand befand sich ein Relief von Angkor Wat; es schien als einziges unangetastet.

Ich lief in einem Bogen um Senmonorom und suchte dann nach dem Markt. Er war in einem trostlosen Zustand. Die Hälfte der Bretterbuden hatte geschlossen, und das Warenangebot der anderen war mehr als dürftig. Cafés und Restaurants waren nirgends zu finden, aber dafür grinste mich von einem Schild ein breites Gebiß an: ZAHNARZT. Immerhin.

Ich hatte langsam Hunger. Auf dem Rückweg sah ich auf dem Platz vor dem Markt ein großes Holzhaus. Die Tür war verschlossen, aber durch das Fenster erspähte ich ein Regal mit Bierdosen. Vielleicht war das ein Restaurant? Zurück im Hotel wartete bereits ein gedeckter Tisch.

„Aber ich habe doch gar kein Essen bestellt!"
„Am ersten Tag gibt es immer Essen auf Kosten des Hauses."
Die Madame sah mich freundlich an. Sie hatte ein schönes Kleid angezogen, das halblange, lockige Haare straff zurückgekämmt und Make-up aufgelegt.

Während ich aß, stand sie immer hinter mir und paßte auf, was ich brauchte, schaufelte haufenweise Reis auf meinen Teller und schenkte zu Trinken nach. Sie hatte nicht nur gute Karten für eine Stewardess, sondern auch beste Aussichten auf eine baldige Beförderung. Trotzdem nervte es mich, daß sie dauernd um mich herum sprang.

„Wir sind doch allein, setz dich zu mir. Wie heißt du?"
„Ich bin Madame Sopurn. Das ist meine kleine Tochter, Neng La."
„Hast du noch mehr Kinder?"
„Nein."
„Wo ist denn dein Mann?"
Ihre Augen strahlten plötzlich.
„Oh, mein Mann ist in Phnom Penh. Das Erziehungsministerium hat ihn dorthin bestellt. Er ist Lehrer. Oberlehrer."
„Wie schön."
„Und du? Wie alt bist du?"
„Einunddreißig. Ich habe keine Kinder und bin auch nicht verheiratet."
„Wie schade für dich. Bist du traurig deswegen?"
„Nein, im Gegenteil", sagte ich schmatzend, „ich bin sehr froh darüber."
„Warum denn froh?"
„Sonst wäre ich jetzt nicht hier."
Sie dachte eine Weile nach.
„Madame –"
„Nenn mich Anna."
„Anna, der Generator wird jeden Abend um zehn Uhr ausgeschaltet. Wenn du ins Bad mußt, dann geh vorher."

In Mondulkiri gab es keine elektrische Stromversorgung, lediglich ein paar wohlhabendere Leute verfügten über einen Generator. Und so ging man mit den Hühnern schlafen und stand mit dem ersten Hahnenschrei wieder auf.

Die Nacht war schweinekalt gewesen. Ich hatte alles angezogen, was ich im Rucksack hatte und mir in der Nacht die Decken aus den anderen Zimmern geholt. Als ich in aller Herrgottsfrühe aufs Klo mußte, sah ich im ersten Morgenlicht auf das Thermometer an der Hauswand. Vier Grad. Brrrrr! Das sollte subtropisch sein? Bring mir mal jemand einen Pelzmantel!

Ich machte gerade die Augen noch mal zu, als von irgendwoher buddhistische Gesänge aus Lautsprechern plärrten, danach folgten Gebete und die Nationalhymne. Es wurde hell, und ich zog mich an. Das würden mir meine Freunde nie glauben, daß ich um sechs Uhr morgens auf den Markt ging.

Ich fand einen Stand, wo Brot verkauft wurde. Dann suchte ich nach dem Holzhaus. Diesmal war die Tür geöffnet. Es dauerte eine Weile, bis sich meine Augen an das Halbdunkel im Innern gewöhnt hatten. In dem großen Raum standen fünfzehn Tische, und neben der Eingangstür hing an der Wand ein Fernseher. Ich setzte mich in die hinterste Reihe, wo ein Fensterladen offen stand. Ein hübsches Mädchen kam an und fragte, was ich essen wollte. Zu meiner Erleichterung sprach sie ein wenig Englisch. Sie und ihr Bruder führten das Lokal, aber er brachte immer alles durcheinander und vergaß die meisten Bestellungen, und so durfte er nur ‚austeilen'. Nach und nach füllte sich das Restaurant, und um sieben Uhr wurde das erste Video gezeigt. Groß und Klein hatte sich um die Tische versammelt, dabei saßen die jüngsten alle auf dem Fußboden unter dem Fernseher. Ich fragte das Mädchen, ob das Restaurant auch abends geöffnet sei.

„Ja, aber am Abend kochen wir nicht für Gäste. Wenn du möchtest, dann kochen wir für dich mit, wenn die Familie ißt. Das ist kein Problem. Jeden Abend so um sieben."

Mir gefiel es in dem Restaurant viel besser als allein im Hotel am Tisch zu sitzen mit einer Madame im Rücken, die einem die Wünsche vom Teller ablas. Nachdem für die Grundbedürfnisse wie Essen und Schlafen gesorgt war, konnte ich mit meinen Exkursionen beginnen. Die Madame hatte mir gesagt, daß in der Nähe von Senmonorom ein Wasserfall lag, und den wollte ich mir zuerst ansehen.

Der Weg führte an dem verlassenen Haus vorbei. Der Himmel war strahlendblau, und die warme Sonne kletterte langsam über die Gipfel der Hügel. In der Ferne kam ein Elefant mit zwei Männern auf dem Rücken langsam aus dem Tal herauf und bewegte sich in Richtung Stadt. In den Flußniederungen und Tälern hing noch der Morgennebel, und nur die Baumwipfel schauten verschwommen aus dem Dunst heraus. Es war ganz still, bloß die Vögel zwitscherten in den Bäumen. Auf beiden Seiten des Weges lagen Wiesen, aber das Gras war verdorrt und wurde abgebrannt, bevor es so hoch wachsen konnte wie in Rattanakiri. Am Fuß der verkohlten Büschel sah man schon wieder die ersten hellgrünen Triebe sprießen. Ein Junge führte seine Rinderherde an dem Haus vorbei zu einem kleinen Pinienwäldchen, und eine alte Frau lief mit Feuerholz auf dem Rücken zum Markt.

Nach einer Stunde endete der Weg, und ich stand vor dem Wasserfall. Das Gefälle betrug etwa zehn Meter, und das Wasser sammelte sich in einem See, der im Schatten der Bäume lag. Ich kletterte hinab und setzte mich auf einen Stein. Zum Baden war das Wasser viel zu kalt, aber es machte Spaß, zuzusehen, wie die durch das Blattwerk fallenden Sonnenstrahlen auf den roten und blauen Körpern der Libellen schimmerten.

Der Fluß war nicht sonderlich breit, aber die Strömung war ziemlich stark. Meine Suche nach einer seichteren Stelle zum Durchqueren des Wassers war vergeblich. Alles, was ich fand, waren schmale Baumstämme, die von Ufer zu Ufer reichten. Aber da ich nicht schwindelfrei war, wußte ich, daß ein Versuch garantiert mit einer Bauchlandung im kalten Wasser enden würde. Ich blieb noch eine Weile sitzen, dann kehrte ich langsam um. In Senmonorom machte ich einen Abstecher zum Flughafen, um Kim zu besuchen.

„Hallo! Wo warst du?"
„Am Wasserfall."
„Du bist dort ganz alleine hingegangen? Hast du denn keine Angst?"
„Es ist doch nicht weit. Vor was soll ich denn Angst haben?"
Ganz hinten in meinem Kopf bimmelte ein leises Glöckchen.
„Naja, vor wilden Tieren, zum Beispiel."
„Was gibt es denn hier für wilde Tiere?"
„Leoparden, Tiger, Nashörner …"
„Und? Hast du schon mal einen wilden Tiger gesehen?"
„Nein. Aber sie sind da draußen, das weiß ich. Wie gefällt es dir hier?"
„Bis jetzt ganz gut. Was gibt es denn hier so alles zu sehen?"
„Den Wasserfall von Bou Sra. Den mußt du dir unbedingt ansehen, der ist riesig!"
„Aber soweit ich weiß, liegt der fast an der vietnamesischen Grenze. Das sind doch bestimmt vierzig Kilometer. Wie komme ich dorthin?"
„Kein Problem. Wir fahren zusammen. Hast du morgen Zeit?"
„Ich sehe mal in meinem Terminkalender nach. Natürlich habe ich Zeit, morgen ist ja Sonntag."
„Komm nach dem Frühstück zu mir."

Zurück im Hotel beschloß ich, mich mit den Spinnen bekannt zu machen. Nebenbei bemerkt: Ich ekelte mich vor keinem Tier mehr als vor Spinnen, und das Bad mit ihnen teilen zu müssen, war eine harte Probe.

Mit der Fingerkuppe stupste ich die Tür auf und prüfte den Eingang. Dann sah ich mir die Wände an, wo ich meine Sachen und das Handtuch hinhängen wollte. Die Viecher saßen gerne unter den Balken, wo es schön dunkel war. Hoffentlich blieben sie auch da. Insgesamt *lebten* hier zweiundzwanzig fette, braune, haarige Spinnen, die anderen hingen tot in ihren eigenen Netzen. Hätte mir vor einem halben Jahr jemand erzählt, daß ich eines Tages mit Spinnen gemeinsam duschen würde, hätte ich wahrscheinlich nächtelang Alpträume gehabt. Erstaunlich, was man alles mitmacht, wenn man keine andere Wahl hat.

Ich hockte mich in die Mitte und goß mir mit dem Schöpfer das kalte Wasser über den Kopf. Ausgedehnte Duschen fielen wegen begrenzter Wassermenge und dessen eisiger Temperatur flach. Das Bad wurde durch eine Bretterwand von der Küche getrennt, und mit ein bißchen Glück machte Novy, die Cousine von Madame Sopurn, gerade ein Feuer. Dann war es im Bad immer schön warm.

In meinem Zimmer bekam ich Besuch von Madame und Novy. Sie setzten sich rechts und links von mir auf das Bett und inspizierten meinen Waschbeutel. Ich hatte noch viel Kosmetik aus den Fliegerzeiten, die ich nach und nach aufbrauchte. Damals hatte ich geglaubt, daß je teurer die Creme, desto weniger die Falten. Und wenn eine Creme so richtig schön teuer ist, dann sieht ja auch die Verpackung immer recht ansprechend aus. Und die machte Eindruck auf die beiden Begutachterinnen. Novy staunte bloß, während Madame jede Tube, jedes Töpfchen und jedes Döschen einzeln hervorzog und mich fragte, was das sei und was es gekostet hatte. Als sie alles durchgesehen hatte, holte sie aus ihrem Schlafzimmer einen Korb mit Kosmetika. Ich staunte nicht schlecht. Bei ihrem letzten Besuch in Phnom Penh hatte sie für sage und schreibe zweihundert Dollar Antifaltencremes gekauft. Rechnung und Verpackung wurden selbstverständlich aufgehoben. Dann zeigte sie mir, wo sie welche Creme hinschmierte, denn jede war für eine bestimmte Gesichtspartie.

Hatte ich gesagt, sie hatte gute Karten für eine Stewardess? Sie war geboren für den Job!

Am nächsten Morgen packte ich meinen Rucksack, ging frühstücken und machte mich dann auf den Weg zu Kim. Sein Kollege Son machte mir die Tür auf und sagte, daß Kim gleich wiederkommen würde. Ich wartete draußen. Nebenan hatten die Mitglieder der CPP eine Parteiversammlung. Die Herren kamen alle in Jacket und Sarong. Fehlte bloß die Krawatte.

CPP war die Partei des zweiten Premierministers Hun Sen, die sich unter der vietnamesischen Besatzungszeit gebildet hatte. Da ich bisher noch kein Schild mit der Aufschrift FUNCINPEC – die Partei des ersten Premierministers Ranariddh – gesehen hatte, ging ich davon aus, daß Hun Sen in Mondulkiri das Sagen hatte.

Nicht weit entfernt entdeckte ich die Krachmacher, die einen morgens immer so unsanft weckten. Entlang der Landebahn hingen in den Eukalyptusbäumen überall Lautsprecher.

„Hallo, wartest du schon lange?"

„Nein. Bin gerade gekommen, um Son zu wecken. Mit welchem Moped fahren wir denn?"

„Wir fahren mit dem Dienstwagen von *Royal Air Cambodge*. Ich gehe ihn eben holen."

Fünf Minuten später kam er mit einem blauen Mofa zurück.

„Der Dienstwagen. Schick, nicht?"

„Ja, ich bin sehr beeindruckt. Hoffentlich sind die Stoßdämpfer in Ordnung. Was hast du denn da?"

„Ein Gewehr."

„Wozu brauchen wir denn ein Gewehr?"

„Wilde Tiere."

„Du mit deinen wilden Tieren. Du solltest froh sein, wenn du jemals ein wildes Tier zu sehen bekommst."

„Vielleicht sind auch Rote Khmer auf der Straße."

Kim sah verschlagen aus den Augenwinkeln zu mir herüber.

Bei meiner Ankunft hier oben dachte ich, daß ich in Rattanakiri bereits die schlimmsten Straßen gesehen hatte. Weit gefehlt. Der Begriff ‚Straße' war eine völlig irreführende Bezeichnung; nach dem richtigen Ausdruck suche ich noch immer. Straßenbelag war im Hochland ein Fremdwort. Knorrige Wurzeln, ausgewaschene Fahrrinnen, ganze Flüsse, die zu durchqueren waren, Schlammlöcher, über einen halben Meter tief, durch die wir gemeinsam das Mofa tragen mußten, versperrten den Weg, und ich bedauerte, daß wir nicht den Elefant genommen hatten, das einzig adäquate Transportmittel. Was machten die Menschen eigentlich in der Regenzeit?

Im Wald war es ganz still, außer dem Knattern des Mofas hörte man nichts. Man sah auch keine Menschen, und ein paar Kilometer hinter Senmonorom hatte das letzte Hüttendorf gelegen. Mondulkiri hatte eine Bevölkerungsdichte von einer Person pro Quadratkilometer bei einer Gesamtbevölkerung von 25.000 Menschen. Die meisten lebten in Dörfern und kleinen Städten, und so waren riesige Teile der Wälder unbewohnt. Nach dem Vietnamkrieg versteckte sich hier die FULRO-Gruppe. Diese Gruppe setzte sich aus vietnamesischen Ureinwohnern zusammen, die für ein unabhängiges Land der ethnologischen Minderheiten in dieser Region kämpften. Die Amerikaner versorgten sie mit Waffen und Geld und setzten sie bei dem Kampf gegen den Vietcong für ihre Zwecke ein. Als letzterer mehr und mehr von ihnen umbrachte, flüchteten die meisten in den Schutz der Wälder und warteten auf neue Befehle und Waffen, um ihren Kampf weiterzuführen. Daß der Krieg seit fünfundzwanzig Jahren zu Ende war, hatten sie in dieser Abgeschiedenheit nicht mitbekommen. Mitglieder der UNTAC, die in Mondulkiri die Durchführung der Wahlen überwachten, hatten sie gefunden und über die neuen Verhältnisse aufgeklärt, die sie einigermaßen überraschten.

Nach zwei Stunden Holperfahrt erreichten wir Sra Amphong, ein Hüttendorf auf halbem Wege. Am Ortseingang hing ein blauweißes Schild mit der Aufschrift:

MÜNCHEN, FREISTAAT BAYERN, DEUTSCHLAND.
Dann folgten Hütten auf Stelzen, Hütten mit Strohdächern, die fast bis zur Erde reichten, eine Bretterkirche, in den Höfen standen abgeschirrte Ochsenkarren, auf der Straße liefen magere Hühner und gefleckte Schweine herum – so sah also das München von Mondulkiri aus. Interessant!
„In Deutschland gibt es auch eine Stadt, die München heißt, richtig?"
„Richtig."
„Wie sieht es denn dort aus? So wie hier?"
„Zum Verwechseln ähnlich."
Kim kannte einen alten Mann in Sra Amphong, dem ein kleiner Laden gehörte. Er lud uns zum Mittagessen ein, wenn wir auf dem Heimweg wieder hier vorbeikamen. Wir aßen ein paar Bananen und fuhren dann weiter. Nicht weit hinter dem Dorf lag ein Baumstamm quer über der Straße.
„Was ist los? Warum bleiben wir stehen?"
„Siehst du den Baumstamm dort? Das ist ein Zeichen, aber kein gutes."
Ich schluckte. Mußte uns heute an diesem schönen Tag wirklich die Realität einholen?
„Was bedeutet es?"
„Keine Ahnung, vielleicht Banditen, Rote Khmer, Minen, wer weiß?"
„Und was machen wir nun?"
„Hmm."
Jetzt war guter Rat teuer. Umkehren?
War vielleicht das Beste; was auch immer der Baumstamm bedeuten mochte – für mich war eines so schlimm wie das andere. Kim stieg ab und räumte den Stamm aus dem Weg.
„Hey Kim, wir müssen nicht weiterfahren. Ich habe keine Lust, heute abend ohne Fuß ins Restaurant zu gehen. Wie sieht denn das aus?"
Kim fuhr langsam und vorsichtig. Er sah auf die Straße und achtete auf lockere Erde in dem hartgebackenen Boden, was ein Hinweis auf kürzlich gelegte Minen hätte sein können. Die Stille im Wald wurde bedrückend. Mir war nicht ganz wohl bei der Sache; auf Tuchfühlung gehen mit Minen oder Roten Khmer stand nicht auf meiner Erfahrungsliste. Andrerseits, beruhigte ich mein Gewissen, andrerseits würde sich Kim wohl kaum meinetwegen einer solchen Gefahr aussetzen. Er war schließlich kein Märtyrer.
Nach zwanzig Minuten kamen uns ein paar Mopeds entgegen. Sie wechselten einige Worte mit Kim und fuhren weiter. Kim gab wieder Gas. Scheinbar war alles in Ordnung. Wir durchquerten noch einen großen Fluß, und dann waren wir da.
Das war endlich mal ein richtiger Wasserfall! Das Wasser donnerte mit ohrenbetäubendem Getöse über drei Kaskaden achtzig Meter in die Tiefe, um gleich

wieder hinter einer Biegung im Wald zu verschwinden. Wir kletterten auf einem rutschigen Pfad die Böschung hinab, um uns das erste Gefälle von unten anzusehen. Von der Gischt nasse Lianen boten den einzigen Halt, und wir hangelten uns langsam hinunter. In dem eiskalten Wasser wuschen wir den Staub und Dreck ab, der uns Augen und Ohren verkleisterte. Dann machte ich Bilder. Kim erwies sich als ein nützlicher Assistent, er trug das Stativ und die Objektive.

Als ich fertig war, setzten wir uns auf einen Stein und machten ein Mittagspäuschen. Scheinbar aus dem Nichts erschien ein kleiner Junge mit einem Fisch in der Hand. Kim entfachte aus einigen Ästen ein Feuer, und nach zehn Minuten hatten wir ihn verspeist. Den Fisch.

„Kann man noch weiter nach unten?"

„Schon, aber es ist ziemlich gefährlich. Der Weg ist sehr steil, und man kann sich kaum festhalten."

Das erste Gefälle betrug ungefähr zwanzig Meter, das zweite etwa fünfzig. Mir wurde schwindlig, wenn ich hinunter sah.

„Sag mal Kim, wie alt bist du eigentlich?"

„Sechsundzwanzig."

Er sah jünger aus. Seine Mutter war Chinesin, und von ihr hatte er das fein geschnittene Gesicht. Die Mischung Sino-Khmer brachte sehr schöne Menschen hervor.

„Und du bist noch nicht verheiratet? Das ist aber ungewöhnlich für kambodschanische Verhältnisse."

„Ich suche nach einer weißen Frau, am besten eine Amerikanerin."

„Tatsächlich. Und warum muß es eine weiße Frau sein?"

„Weiße Frauen sind nicht so dumm wie die kambodschanischen Mädchen."

„Oh, da wäre ich mir aber nicht so sicher. Ich kenne eine ganze Menge davon, habe jahrelang mit ihnen zusammengearbeitet."

„Trotzdem, ich finde die Mädchen hier dumm."

„Du wirst es nicht glauben, aber die meisten Mädchen denken genauso wie du."

„Wirklich?"

„Ja. Sie wollen alle weiße Männer heiraten, weil die Kambodschaner angeblich nichts taugen."

„Das stimmt nicht."

„Es stimmt auch nicht, daß die Mädchen alle dumm sind."

„Ich weiß nicht. Aber ich kann auch gar nicht heiraten, weil ich nicht genug Geld verdiene."

„Komm, als Angestellter von *Royal Air Cambodge* verdienst du mehr als die meisten Beamten, Soldaten und Lehrer zusammen."

„Schon, aber ich muß das Geld sparen."

„Für was sparst du denn?"

„Ich möchte mir ein Stück Land hier oben kaufen und Kaffee anpflanzen."

„Kaffee?"

„Ja, das ist ein sehr gutes Geschäft. Vor drei Jahren haben ein paar Leute hier die ersten Pflanzen angebaut. Es ist eine gute Sorte, Arabica, und sie wächst ausgezeichnet auf dem Boden. Dieses Jahr haben sie zum ersten Mal geerntet. Und das Land ist außerdem sehr billig."

„Die Idee ist gar nicht schlecht. Mit so wenigen Flügen hast du viel Zeit zum Unkrauthacken."

„Dafür stelle ich natürlich jemanden ein. Hinter Senmonorom gibt es eine große Kaffeepflanzung. Wenn du möchtest, dann zeige ich sie dir einmal."

„Gerne."

„Morgen?"

„Kim, ich reise nicht so bald ab. Es besteht also kein Grund zur Eile."

„Nein das nicht, aber ich weiß nicht, was ich den ganzen Tag machen soll."

„Also gut, vielleicht. Ich sage dir Bescheid. Was kocht denn dein Freund zum Mittagessen?"

„Keine Ahnung. Vielleicht Fisch? Hast du Hunger?"

„Ein bißchen. Wollen wir fahren?"

Als wir oben auf der Straße ankamen, waren wir wieder genauso dreckig wie zuvor.

Hinter dem großen Fluß lag ein verlassenes Hüttendorf. Ich hatte es auf der Hinfahrt gar nicht bemerkt, weil ich mich so auf die Straße konzentriert hatte. Es sah ein wenig schaurig aus, wie die Hütten langsam zerfielen und unter der Vegetation verschwanden. Bevor wir zu Kims Freund gingen, sahen wir uns noch ein wenig in Sra Amphong um.

„Was leben hier für Menschen, Kim?"

„Khmer und Pnong."

„Wer ist das, Pnong?"

„Die Pnong sind eine der vielen ethnischen Minoritäten im Hochland. Du hast sie bestimmt schon in Rattanakiri getroffen."

„Pnong nicht, dort leben vor allem Tampuan und Kroeung. Aber ich habe in Rattanakiri keine Kirchen gesehen. Gab es hier denn Missionare?"

„Nicht hier. Aber in Vietnam. Während dem Krieg sind viele der Minoritäten über die Grenze nach Vietnam geflohen. Als sie zurückkamen, haben sie das Kreuz geschlagen."

„Aber ganz abgelegt haben sie ihre alten Sitten noch nicht."

„Warum?"

„Sieh mal, die Frau da drüben. So was sehen die Missionare gar nicht gern."

Vor der Hütte gegenüber lief eine Frau durch den Hof. Sie trug nichts außer einem Sarong, der Oberkörper blieb unbedeckt, und zwischen ihren Brüsten baumelte ein kleines Kreuz.

„Die Missionare nicht, ich schon."

Kim grinste.

„Die Menschen glauben trotzdem noch an die alten Geister aus dem Wasser und dem Wald. Der Heilige Geist ist eben nur einer mehr."

„Du hast den Geist der Neuen Welt vergessen."

„Wie meinst du das?"

Wir standen vor einer Hütte, über deren Eingang ein Brett schief angenagelt war. Darauf stand in fetten Lettern: **KARAOKE**. Wir gingen durch den Vorhang ins Innere. Auf dem einzigen Regal befand sich der heilige Gral, verborgen unter einer Brokatdecke – ein Fernseher mit einem Videorekorder. Selbst hier in der völligen Wildnis hatte die ‚Zivilisation' bereits erfolgreich ihren Eroberungsfeldzug geführt; Karaokecafés gab es selbst im hinterletzten Winkel. Die Dorfgemeinschaft legte ihr Geld zusammen und erstand einen Generator, Fernseher und Videorekorder. Die Kassetten tauschte man zwischen den Dörfern.

„Gibt es in Deutschland auch Karaoke?"

„Ich weiß nicht, ich habe die letzten sechs Jahre nicht in Deutschland gelebt. Aber ich glaube nicht, daß die Deutschen so wild auf Karaoke sind wie die Asiaten."

„Son geht jeden Abend singen. Du mußt mal mitkommen."

Kims Freund hatte uns gesehen und rief uns zum Essen. Es gab gegrillten Fisch mit Reis und einer grünen Soße.

„Kim, was ist das für eine Soße?"

„Bitterkürbis mit Chili, schmeckt sehr gut. Probier mal."

„Nein danke, lieber nicht."

Statt der grünen Soße brachte mir sein Freund eine klare, süßsaure Tunke, und es war sehr lecker.

„Frag mal deinen Freund, wie das ‚München'-Schild hierher kommt."

„Er sagt, daß der deutsche Botschafter hier eine Schule gebaut hat."

Der Botschafter hatte in einer privaten Spendenaktion Gelder gesammelt und in zwölf Distrikten Mondulkiris ordentliche Schulgebäude bauen lassen. Dabei hatte ihn das Land Bayern unterstützt.

Während wir beim Essen saßen, raste ein voll beladener Jeep vorbei, und einer der Insassen brüllte etwas zu uns herüber. Kim sprang auf wie von der Tarantel gestochen, machte das Mofa startklar und rief mir zu, ich solle mich beeilen.

Der Gastgeber blickte ihn genauso verdutzt an wie ich. Rote Khmer seien auf dem Weg, nicht weit von hier, das hatte der Mann auf dem Jeep gebrüllt. Kims Freund schüttelte den Kopf und sagte, das sei ein Scherz. Er kannte den Brüller, der mache so etwas öfter.

Als wir wieder unterwegs waren, fragte mich Kim, ob ich Angst vor Pol Pot hätte.

„Natürlich, was denkst du denn?"

„Und warum?"

„Weil meines Wissens nach bisher kein Ausländer ein Treffen mit ihm oder seinen Leuten überlebt hat. Und du? Hast du Angst vor Pol Pot?"

Er sah mich vielsagend an und schwieg eine Weile. Dann sagte er:

„Alle Kambodschaner haben Angst vor Pol Pot. Nicht nur ich."

SILVESTER

„Gehst du heute nicht fort?"

„Nein, mir tut mein Bein weh."

Ich hatte mir bei der Kletterei am Wasserfall wohl die Bänder etwas überdehnt, mit dem Ergebnis, daß ich nach hundert Metern nur noch humpelte. Auf dem Markt gab es einige Apotheken, und ich kaufte mir eine Sportlersalbe. Dann machte ich es mir im Garten hinter dem Hotel gemütlich, breitete Bücher und Schreibzeug auf dem Tisch aus und legte das Bein hoch. Am Nachmittag wurde es mir dann etwas langweilig, das Herumsitzen bekam mir nicht, und ich machte einen Spaziergang auf der Landebahn. Der Berg nördlich der Stadt stand ganz in Flammen, ein Bauer brannte das Gras ab. Am Ende der Landebahn lag die Schule. Flache Gebäude mit roten Ziegeldächern unter Eukalyptusbäumen. Auf dem Schulhof spielten ein paar Jungs Fußball. Mir war der Film ausgegangen, und ich humpelte zurück zum Hotel, um einen neuen zu holen.

In der Tür standen zwei Frauen, die ich erst bei genauerem Hinsehen wiedererkannte. Es waren Novy und Madame Sopurn. Sie trugen enge, lange Samtkleider, hatten die Haare hochgesteckt mit einer Blume über dem Ohr – passend zum Kleid – und eine ziemlich dicke Schicht Make-up ins Gesicht geschmiert. Die beiden sahen aus wie Schaufensterpuppen.

„Sagt mal, wo wollt ihr denn hin?"

„Oh, wir gehen zu einer Hochzeit. Madame, kannst du nicht ein Bild von uns machen?"

„Mit dem größten Vergnügen!"

Madame Sopurn suchte einen geeigneten Platz. Schließlich entschied sie sich für ein Arrangement mit dem Moped in der Mitte. Daß sich die Baustelle im Hintergrund befand, mußte ihrem Auge entgangen sein. Das Bild wurde für das Familienalbum gebraucht, nach dem Motto: Das Moped – unser ganzer Stolz. Aber das kennt man ja auch in Deutschland: Das Auto – mein liebstes Kind. Als wir fertig waren, stöckelten die beiden auf hohen Schuhen davon. In der Regenzeit wären sie mit den Tretern nicht sehr weit gekommen. Nach zwei Stunden waren sie wieder zurück. Die Madame setzte sich zu mir und legte ihre Hand auf meine. Sie wollte etwas.

„Anna, kannst du mich fotografieren? Ich bezahle den Film und alles andere, kein Problem."

„Warum nicht?"

„Ich ziehe mich nur schnell um."

Was dann folgte, war eine Modenschau par excéllence. Madame holte sämtliche Kleider und Kostüme aus ihrem Schrank, mit passenden Hüten, Schuhen und Accessoires. Sie bestimmte die Komposition des Bildes, und ich drückte auf den Auslöser. Sie hatte eine sehr genaue Vorstellung von den Bildern. Im cremefarbenen Zweiteiler plazierte sie sich vor dem Spiegel, das Spiegelbild mußte mit drauf. Im roten Kleid saß sie auf dem Ledersofa, im Arm eine schwarze Schachtel von einem teuren Whisky. Im fliederfarbenen Mini stellte sie sich vor die roten Bierkästen. Das perfekte Model. Sie zum Lachen zu bringen, war schier unmöglich. Dafür grinste Novy, die manchmal mit aufs Bild mußte, immer wie ein Pferd. Für die letzte Aufnahme zog Madame ein tannengrünes Abendkleid an und stellte sich unter die Neonröhre am Treppenaufgang. Das Gesicht: verträumt – romantisch. Wegen dem schlechten Licht brauchte ich eine Weile, bis ich scharf eingestellt hatte. Durch das Objektiv sah ich, wie ihr eine große Heuschrecke auf das Dekolleté flog. Madame Sopurn verzog keine Miene, auch dann nicht, als das Ding langsam in den Ausschnitt krabbelte.

Hier versagte der Fotograf!

In Senmonorom arbeiteten vier Ausländer, die alle vor Neujahr mit dem letzten Flug nach Phnom Penh flogen. Laut Flugplan kam das Flugzeug nun zweimal pro Woche nach Mondulkiri, aber deswegen wurden die Passagiere nicht mehr. Ich machte es mir bald zur Angewohnheit, mit der ganzen Stadt zum Flughafen zu pilgern, wenn die Maschine kam. Nicht, daß ich jemanden erwartete, aber das Leben war so isoliert hier oben, daß man förmlich nach Neuigkeiten aus dem Flachland gierte. Als das Flugzeug in einer roten Staubwolke verschwand, blieb ich als einziger Ausländer in Senmonorom zurück.

Ich stand früh auf wie immer. Im Restaurant sah ich die Fortsetzung von: *In jedem Polizist steckt ein weicher Kern*, eine chinesische Seifenoper aus Singapur. Man brauchte nicht Khmer zu sprechen, um der Handlung folgen zu können. Die Synchronisation war theatralisch genug, und die Bilder sprachen für sich. Dann packte ich meinen Rucksack und ging los. Ich wollte die Gegend hinter Senmonoroms Wasserfall auskundschaften.

Wieder einmal stand ich ratlos vor dem tiefen Bach, über dem ein schmaler Baumstamm lag. Wie sollte ich da hinüber kommen?

Ich war schon öfter die gesamte Umgebung abgelaufen, aber außer diesem Baumstamm hatte ich weit und breit keine Möglichkeit gesehen, auf die andere Flußseite zu gelangen. Dann nahm ich mir ein Herz. Ich sah mich um, ob mich auch niemand beobachtete, setzte mich seitwärts auf den Stamm und robbte langsam hinüber. Nur ein paar Meter weiter wiederholte sich das Ganze, und ich hoffte inständig, daß das vorläufig der letzte Fluß war. Auf der anderen Seite irrte ich eine Weile durch eine dichte Bambushecke, bis ich einen Pfad gefunden hatte, der den Berg hinauf führte. Es ging höher und wurde immer steiler, und nur noch die Aussicht auf die schöne Aussicht ließ mich weiterklettern. Endlich oben angekommen, wurde meine Anstrengung reichlich belohnt.

Die Sicht war atemberaubend. Die sanft geschwungenen Kurven der gelbroten Berge sahen aus wie die Sanddünen einer Wüste, die schwarzen, abgebrannten Felder täuschten Schatten vor, und die grünen Flußtäler machten das Bild zu einer Landschaft in Aquarell, bei der sich der Blick am fernen Horizont verlor.

Ein scharfer Geruch von brennendem Gras brachte mich wieder in die Gegenwart zurück. In dem Tal, aus dem ich gerade gekommen war, wurde ein Feld abgefackelt. Nicht sicher, in welche Richtung der Wind die Flammen tragen würde, lief ich weiter. Ein Freund hatte mir mal erzählt, daß, wenn man lange genug auf diesem Bergrücken entlang lief, man irgendwann völlig unvermittelt auf den Großen Wald stoßen würde, der Mondulkiri vom Rest der Welt trennte. In welche Richtung man gehen müsse, hatte er mir allerdings nicht gesagt. Als ich mitten in einer Hecke stand, blinkte vor meinem dritten Auge ein rotes Warnschild. Minen! Auch wenn die Provinzen im Osten des Landes als ‚sicher' galten, verlor damit die Warnung vor Minen nicht ihre Gültigkeit.

„Entfernen Sie sich *niemals* von ausgetretenen Pfaden in offener Landschaft!"

So stand es fettgedruckt und dreimal unterstrichen in jedem Reiseführer. Und was ich gerade tat, war purer Leichtsinn. Das Gemeine an Minen war, daß man sie erst bemerkte, wenn man darauf stand, dann war es allerdings zu spät. Aber in dieser Idylle konnte man sie leicht vergessen. Ich setzte auf mein Glück und ging weiter. Plötzlich fiel das Gelände steil nach unten ab, und zu meinen Füßen lag der Große Wald.

Was für ein Anblick!

War es noch kurz zuvor das Bild der Wüste, das mir die Natur vorgegaukelt hatte – jetzt sah ich den Ozean! Das Grün der Urwaldriesen färbte sich im Dunst der Atmosphäre zu Blau, und so folgte Woge auf Woge wie in einem endlosen Meer ohne Schiffe.

Ich überlegte gerade, wie ich den Zauber mit der Kamera einfangen konnte, als plötzlich der Boden unter meinen Füßen verschwand. Ich rutschte auf einer Bananenschale aus, und ehe ich mich versah, befand ich mich auf einer unfreiwilligen Schlitterpartie durch Hecken und Bambushaine den steilen Hang hinab. Unversehrt unten angekommen, watete ich durch knöcheltiefen Schlamm und Dornengestrüpp zu einem nahegelegenen Bach. Ich wusch mir die Füße und legte eine Pause ein.

Da saß ich nun mutterseelenallein mitten in der Wildnis, umgeben von Bäumen, die über vierzig Meter hoch waren, und Flüssen, die ich nicht überqueren konnte. Wildnis, die man nur aus Filmen kannte. Das nächste Dorf war Meilen entfernt. Ich blickte in die hohen Baumwipfel über mir und dachte über den Verlauf meiner Reise nach. Der Anfang war ziemlich chaotisch gewesen. Aber ich hatte alles so gemacht, wie ich es für richtig gehalten hatte. Natürlich ist man hinterher immer schlauer, aber ich hatte es nicht besser gewußt. Und Kambodscha?

Ich war mittlerweile heilfroh, daß ich damals nach dem Überfall nicht die Flinte ins Korn geschmissen hatte und abgereist war. Idioten gab es überall auf der Welt. Die Menschen, die mir in der Zwischenzeit begegnet waren, haben hundertfach wieder wettgemacht, was einer verdorben hatte. Ich konnte mich nicht beschweren, im Gegenteil. Das Kambodscha, das ich aus der Presse kannte, und das Bild, das sich mir ständig vor Ort bot, waren grundverschieden. ‚Ein Land im Krieg‘, hieß es oft, ‚in dem Massenmörder und Banditen frei herumlaufen, alle hundert Meter eine Tretmine liegt, die ausgemergelte Bevölkerung in Fetzen herumläuft und mal geradeso überlebt, die Regierung so korrupt wie zu Zeiten Lon Nols ist‘ – dieses Bild schwebte jedem vor, der Kambodscha nicht kannte. Es war ja auch nicht ganz falsch. Aber warum schrieb niemand dazu, daß die Menschen ihr Leben allmählich wieder in den Griff bekamen, ihre Lieblingsbeschäftigung Faulenzen und Geldzählen war und das Mißgeschick des Nachbarn ihr größtes Vergnügen? Denn damit hatten sie eine große Gemeinsamkeit mit dem Rest der Welt.

Meine Schlußfolgerung zum Jahresende war jedenfalls, daß dieses Land nicht mehr am Krückstock ging, sondern allmählich lernte, wieder auf eigenen Füßen zu stehen. Es ging vorwärts, langsam zwar, Schritt für Schritt, aber in Anbetracht der Tatsache, daß das Volk nach Pol Pot regungslos am Boden gelegen hatte, war das eine bemerkenswerte Leistung. Die Kambodschaner waren zäh wie Leder.

Ich kam mir vor wie Reinhold Messner, als ich versuchte, aus dieser Mulde wieder herauszukommen. Meter für Meter hangelte ich mich an den dünnen Bambusstäben empor und verfluchte im stillen immer wieder diese ‚Bananenschalen'. Die alten Stauden faulten langsam vor sich hin und ließen mich noch mehrmals der Länge nach hinschlagen. Als ich über das verbrannte Grasfeld zurück nach Senmonorom lief, wirbelte bei jedem Schritt Asche auf, und bald sah ich aus wie ein Schornsteinfeger.

Mit dem Flugzeug waren drei neue Gäste angekommen, ein Polizist aus Phnom Penh und zwei Geschäftsmänner aus Taiwan. Sie bewohnten die Bungalows und luden mich zu einer Tasse Kaffee ein. Sobald die Sonne am Horizont verschwand, wurde es sehr kalt, und so saßen wir dicht beieinander um das kleine Feuerchen im Hof. Die drei sprachen sehr gut Englisch, und bei Kaffee und gerösteter Süßkartoffel erzählten wir uns Geschichten. Cheng, der Polizist, steuerte so einiges aus Polizeikreisen dazu bei.

„Ich habe gehört, daß es im Frühling ziemlich heiß herging in Phnom Penh. Es soll viel passiert sein."

„Ja, das kann man wohl sagen. Am schlimmsten war die Vergewaltigung von der Frau des Entwicklungshelfers aus Frankreich. Das war eine böse Sache."

Das weckte mein Interesse, denn auf meinem letzten Flug nach Dubai hatte mir der Kapitän davon erzählt. Er hatte es in der Zeitung gelesen und mir geraten, mich vorzusehen.

„Was war denn passiert?"

„Das Ehepaar bewohnte eine Villa in Phnom Penh. Die Frau war alleine zu Hause, als zwei Männer eingebrochen sind. Sie haben vierzig Dollar gestohlen, und weil sonst nichts Wertvolles im Hause war, haben sie die Frau zur Strafe ziemlich brutal vergewaltigt."

„Und dann?"

„Die Frau ist bald danach abgereist nach Frankreich. Die Täter sind natürlich untergetaucht, aber angeblich hat man sie nun gefunden und verhaftet."

„Ich habe darüber in der Zeitung gelesen. Aber soweit ich mich erinnere, kommen sie mit dem Verhör nicht voran, weil die Frau in Frankreich ist und die Täter nicht identifizieren kann. Das Geständnis des jungen Mannes sei außerdem erzwungen worden, indem man seinen kleinen Bruder vor seinen Augen geschlagen hat. Wird so etwas bei der Polizei öfter gemacht?"

„Ja. In diesem speziellen Fall weiß ich nicht Bescheid, aber natürlich werden die Häftlinge verprügelt, das ist doch überall so. Die meisten haben es auch verdient. Aber öffentlich zugeben würde das keiner, ich auch nicht."
„Das hast du doch gerade getan."
„Bei dir ist das etwas anderes."
„Du solltest vorsichtiger sein, Cheng, schließlich will ich ein Buch über dieses Land schreiben. Aber du kannst beruhigt sein, ich werde deinen Namen ändern. Abgesehen davon bin ich froh, daß du ehrlich bist."
„Ich erzähle euch noch etwas. Die meisten Überfälle werden von Soldaten und Polizisten gemacht. Seht mal, ihr Verdienst liegt bei fünfzehn Dollar pro Monat, aber sie bekommen ihr Gehalt immer erst Monate später ausbezahlt. Wie sollen sie denn ihre Familie ernähren? Da kommt man schnell auf dumme Gedanken, besonders wenn man immer eine Waffe bei sich trägt."
„Lehrer verdienen auch nicht mehr."
„Auf jeden Fall gibt es dazu auch eine sehr lustige Geschichte. Im Frühling, als so viele Überfälle passiert sind, liefen zwei Ausländerinnen abends nach Hause. An einer dunklen Stelle wurden sie von einem bewaffneten Mann angehalten, der ihr ganzes Geld wollte. Sie gaben ihm ungefähr fünfzig Dollar und durften weitergehen. Am nächsten Tag gingen die beiden Frauen zur Polizei, um Anzeige zu erstatten. Aber der diensthabende Polizist war der Mann vom Vorabend, der sie überfallen hatte. Sie verzichteten auf die Anzeige und schrieben statt dessen einen Bericht für die Zeitung!"
Mr. Wu und Mr. Yong sahen ihn ungläubig an.
„So etwas passiert hier? In Taiwan gibt es so etwas nicht. Aber warum unternimmt denn die Regierung nichts dagegen?"
„Leicht gesagt. Erst als dem Botschafter von Singapur die Limousine unter dem Hintern weg geklaut wurde und es Druck von der Botschaft gab, da ist sie endlich eingeschritten. Seitdem ist es ruhiger geworden."
„Da fällt mir auch eine Geschichte ein. Ich habe sie gehört, als ich in Angkor war. Ein japanischer Tourist kam erst nach Einbruch der Dunkelheit von den Tempeln zurück. Auf dem Weg durch den Wald wurde er von einem bewaffneten Kerl angehalten und sollte ein bißchen was bezahlen, dafür, daß er so spät noch unterwegs war. Er zog seine Brieftasche aus der Hose, die vor Dollarnoten nur so auseinanderklaffte. Er konnte nicht viel sehen und bat den Räuber, ihm mit der Taschenlampe zu leuchten. Er suchte eine Weile nach dem richtigen Schein und gab ihm dann zehn Dollar. Der Räuber war zufrieden und ging wieder."
„Oh nein! Warum hat er denn nicht die ganze Brieftasche genommen?"
„Zehn Dollar waren ihm anscheinend genug. Der wird vor Gericht bestimmt wegen Bescheidenheit freigesprochen."

„Mal was anderes. Habt ihr gehört, daß vor einem Monat in Stung Treng eine Frau um ein Haar in einer Pfütze ertrunken wäre?"
„Nein. Erzähl."
„Also, die Frau war mit dem Moped unterwegs. Ihr kennt ja die Straßen in Kambodscha, sie sind ziemlich schlecht. Die Frau wollte einen Jeep überholen, aber neben dem Wagen war eine Pfütze. Sie hat sich nichts dabei gedacht, fuhr hinein und verschwand. Der Fahrer des Jeeps hatte sie zum Glück gesehen, blieb stehen und zog sie raus. Das Schlagloch war über zwei Meter tief, aber das konnte man ja nicht wissen. Durch den vielen Regen war es vollgelaufen und sah aus wie eine Pfütze. Das Moped holte man mit ziemlich viel Aufwand am nächsten Tag heraus, aber es war hin."

Sachen gibt's, die gibt's gar nicht. In Kambodscha war alles möglich. Uns ging langsam das Feuerholz aus, und trotz der gemütlichen Pfadfinderatmosphäre wurde es mir allmählich zu kalt.

„Herrschaften, ich zieh mich zurück. Außerdem ist es gleich zehn und der Generator wird abgestellt. Ich wünsche euch einen guten Rutsch und angenehme Nachtruhe."

„Gleichfalls."

Aber Schlafen war noch lange nicht angesagt. Sarath, der Mann von Madame Sopurn, war aus Phnom Penh zurückgekehrt, und da seine Frau am Morgen nach Vietnam zum Einkaufen gefahren war und sobald nicht zurück erwartet wurde, nutzte er die Gelegenheit und feierte ausgiebig das Wiedersehen mit seinen Freunden. Bekleidet mit Sarong und sibirischen Pelzkappen auf dem Kopf, saßen sie auf der Veranda und öffneten zur Feier des Tages die Reisweinfässer.

„Komm Madame, setz dich zu uns! Trink mit! Bei euch feiert man doch heute das Neue Jahr!"

So kam ich nun doch noch zu meiner Silvesterparty. Der Alkohol wirkte Wunder gegen die Kälte, und nach dem dritten Becher boten mir die Freunde, die die Provinzregierung von Mondulkiri repräsentierten und nicht mehr die jüngsten waren, den ‚Onkel' an, das kambodschanische Pendant zum ‚Du'. Reichlich angesäuselt fiel ich ins Bett, und als ich wieder aufwachte, schrieben wir ein neues Jahr.

Am Jahresende macht man ja immer so eine Art Bilanz oder Rückblick und faßt lauter gute Vorsätze für das neue Jahr. Ich konnte mit gutem Gewissen sagen, daß 1996 es ganz schön in sich hatte, aber in weiser Voraussicht hielt ich mich mit guten Vorsätzen für '97 zurück. Denn es kommt ja erstens: immer ganz anders und zweitens: als man denkt.

DIENSTREISE NACH OREANG

Ich wachte erst am Mittag mit einem ziemlichen Kater auf. Aus dem Schlafzimmer von Madame Sopurn dröhnte laute Musik. Als ich aus dem Wasserzimmer kam, lief mir Sarath über den Weg.

„Madame, komm mal mit, ich möchte dir etwas zeigen."

Wir gingen ins Schlafzimmer. Auf dem Spiegeltischchen standen eine brandneue Stereoanlage und eine Kiste voll mit CDs.

„Wie findest du sie? Ich habe sie in Phnom Penh gekauft. Hat nur vierhundert Dollar gekostet!"

Nur vierhundert Dollar! Den Leuten ging es nicht schlecht!

„Ganz gut, ich hatte früher fast dieselbe Anlage."

Er verbrachte den ganzen Tag mit seinem neuen Spielzeug und versorgte halb Senmonorom mit Musik. Ich hatte Hunger und ging in die Küche. Mittlerweile fühlte ich mich mehr als ein Teil der Familie als ein bezahlender Hotelgast. Novy war abgereist, statt dessen übernahm die Tante von Madame Sopurn die Küchenaufsicht. Sie bewunderte gerade hinter dem Schuppen ihre – schönen – Beine.

„Hast du etwas Kaffee?"

„Kaffee? Nein, habe ich nicht. Aber du kannst welchen auf dem Markt kaufen, dann koche ich dir einen."

Gesagt, getan. Ich kaufte Kaffee und suchte gleich noch einen Stand mit Obst. Vergeblich. Auf dem Rückweg sah ich eine Frau Waffeln backen. Von der Decke ihres Standes baumelten ein paar Bündel Bananen herab.

„Ich nehme zwei Waffeln und Bananen."

„Oh, die Bananen sind nicht zum Verkauf, ich nehme sie zum Backen."

Neben ihr saß ein alter Mann und sagte etwas zu ihr. Sie stand auf und machte ein Bündel ab.

„Ich schenke sie dir."

Wieder im Hotel, fragte ich die Tante, warum auf dem Markt kein Obst verkauft wurde.

„Hier hat jeder Obstbäume im Garten, da braucht man doch keines zu kaufen. Weißt du, daß der Kaffee, den du da gekauft hast, aus Mondulkiri kommt?"

„Wirklich? Ich dachte, die Pflanzen müssen noch wachsen, bis sie die ersten Bohnen tragen."

„Das stimmt, aber dieser hier kommt von der vietnamesischen Seite von Mondulkiri."

„Naja, ich hoffe, er schmeckt trotzdem gut."

Aber was die Tante mir zehn Minuten später auf den Tisch stellte, war eine Zumutung und kein guter Kaffee. Lauwarm und schwarz wie Teer. Ich ging in die Küche und fragte nach heißem Wasser. Von da an machte ich meinen eigenen Kaffee.

Langsam verschwanden meine Kopfschmerzen, und ich machte einen kleinen Spaziergang durch ein idyllisches Flußtal. Links und rechts des Ufers lagen am Hang Kaffeepflanzungen. Die Sträucher mit den weißen Blüten sahen fast wie Zierpflanzen aus. Am Fluß selber lagen kleine Gemüsegärten und Fischteiche. Dann endete der Weg. Ich sah auf einem Steg Mutter und Tochter sitzen und fragte sie nach einem anderen Weg zurück nach Senmonorom.

„Du mußt diesen Berg hier hochgehen, dann stößt du auf die Straße. Warte, ich zeige sie dir."

Sie ging voran und hielt an einer Hütte.

„Das ist unser Haus. Setz dich eine Weile in den Schatten, die Sonne ist viel zu heiß. Das ist mein Mann."

Hinter der Hütte stand ihr Mann und hackte Holz.

„Wir sind Mann und Frau Islam. Kennst du?"

„Ja, kenne ich."

„Wir kommen von Champa. Aber Champa gibt es schon lange nicht mehr."

Sie kicherte. Die Muslime in Kambodscha nannten sich ‚Cham' und waren tatsächlich Nachfahren des untergegangenen Champareiches, das auf dieser Höhe in Vietnam gelegen hatte.

„Gibt es in Mondulkiri eigentlich viele Cham?"

„Nein, nicht so viele. Ich weiß die Zahl nicht."

„Gibt es denn eine Moschee, wo ihr zum Beten hingeht?"

Sie lachte.

„Wir haben nicht mal einen Vorbeter, wozu brauchen wir dann eine Moschee?"

„Und woher wißt ihr dann, was im Koran steht?"

„Mein Vater hat es mir gesagt, als ich noch ein Kind war. Willst du etwas Wasser?"

Sie hielt mir eine ausgehöhlte Kürbisflasche hin. Ich trank mit gemischten Gefühlen, da ich nicht wußte, woher das Wasser kam und wie alt es war, aber zu meiner Überraschung schmeckte es wie frisch aus der Quelle. Wie auch im Orient war die Gastfreundschaft der Muslime hier sprichwörtlich. Nicht, daß die Khmer unfreundlich waren, ganz und gar nicht, aber die Spontaneität der Muslime fehlte ihnen genauso wie allen nichtmuslimischen Asiaten. Mein Wortschatz erschöpfte sich langsam, und die Frau begleitete mich zum Weg.

„Besuch uns mal wieder, wenn du hier vorbei kommst."

Auf dem Rückweg hielt ich an dem kleinen Kloster, das etwas außerhalb Senmonoroms lag. Die Pagode war eine einfache Holzhütte, die nichts von dem Prunk der Pagoden aus dem Tiefland besaß. Zehn Mönche lebten hier, aber man sah sie nur sehr selten. Das Kloster lag auf dem höchsten Punkt der Stadt, und man hatte einen schönen Blick auf die Umgebung. Ich saß oft hier und beobachtete die Sonnenuntergänge. Im Tiefland und in Rattanakiri tauchten sie den Himmel immer in ein wildes Flammenmeer, aber in Mondulkiri sah man nur zarte Pastelltöne. Die Landschaft versank allmählich im Dunst der Abenddämmerung, und am Himmel gingen die Farben leise von hellblau in ein zartes, dunkles Rosa über.

Sobald die Sonne hinter den Baumwipfeln verschwunden war, ging ich zurück zur Stadt, denn das Dämmerlicht wehrte nicht lange, und bald war es stockfinster. In den Häusern zündeten die Leute Kerzen an, und im Kreis der Familie saß man auf dem Boden und nahm das Nachtmahl ein.

„Hallo, bist du das, Madame?"
„Ja, ich bin das. Und wer bist du?"
„Hach, du kennst mich nicht?"
„In dieser Dunkelheit kann ich niemanden erkennen, aber nach deiner lauten Stimme zu urteilen, bist du Son. Richtig?"
„Richtig."

Son war davon überzeugt, daß, je lauter er sprach, desto besser sein Englisch wurde.

„Ich habe dich überall gesucht, denn ich will dich zu einer Party einladen."
„Party?!"
„Ja, bei meinen Freunden. Ich muß noch schnell einen Funkspruch nach Phnom Penh senden, dann können wir fahren. Du kannst ja so lange am Flughafen warten. Es dauert nicht lange."

Eine Party in Mondulkiri – ich war gespannt.
„Wann kommt Kim denn von Phnom Penh zurück?"
„Vielleicht mit dem nächsten Flug? Ich hoffe, bald, denn sonst bleibt die ganze Arbeit an mir hängen."

Eine halbe Stunde später saßen wir bei seinen Freunden auf dem Fußboden und aßen Suppe.
„Magst du Musik?"
„Ja, eigentlich schon."
„Und Karaoke?"
„Willst du für mich singen?"
„Ja, du mußt mich unbedingt mal hören. Ich bin nämlich ein sehr guter Sänger."

Kaum hatten wir die Suppe ausgelöffelt, ging es zu der nächsten Karaokebar. Son bestellte mir einen Kaffee und sich einen Tee, dann suchte er nach einem

Video mit seiner Lieblingsmusik. Unterdessen saß ein anderer junger Mann an einem Tisch, hielt das Mikrophon mit beiden Händen fest umklammert und sang mit viel Inbrunst aus vollem Halse eine echte Khmerschnulze. Auf dem Bildschirm spielte ein Pärchen das entsprechende Liebesdrama dazu. Hin und wieder geriet der junge Mann aus dem Takt, aber bei der Anzahl von Bierflaschen, die vor ihm auf dem Tisch stand, wunderte es mich gar nicht.

„Beachte ihn nicht weiter", sagte Son, „er ist ein rechter Trunkenbold. Warte, bis ich singe."

Als sein Video an die Reihe kam, stand er auf und stellte sich in die Mitte. Son sang sehr laut und sehr schief, und auf seinem Gesicht zeigte sich die gleiche Liebespein wie bei seinem Double im Fernseher. Gildo Horn wäre neidisch geworden, zumindest was Sons Gebärden betraf.

„Na! Wie war ich?"

„Ganz toll, Son, ganz toll. Hätte ich nie gedacht, daß du so gut singen kannst. Wirklich."

Er strahlte über das ganze Gesicht.

„Komm, jetzt gehen wir essen."

„Schon wieder? Wir haben doch gerade bei deinen Freunden gegessen."

„Das war doch kein richtiges Essen, sondern nur Suppe, und davon werde ich nie satt. Aber wenn du keinen Hunger hast, kannst du ja zusehen."

Es war nicht nur für Son ein Ding der Unmöglichkeit, eine Mahlzeit ausfallen zu lassen. Essen in Kambodscha wurde fast zu einem Ritual. Ich fragte mich oft, ob das vielleicht mit den Entbehrungen im Krieg zusammenhing. Son verdrückte immer Unmengen, zeigte aber nicht die geringsten Anzeichen von Fettleibigkeit.

„So. Und jetzt gehen wir auf den Markt und nehmen das Dessert ein."

In den Restaurants gab es im allgemeinen keine Speisekarte, sondern nur eine Art Tagesmenü, das aus einer Suppe und einem Fleischgericht bestand. Dazu aß man immer Reis. Süßspeisen gab es auf den Märkten. Auf großen Tischen standen acht bis zehn Schüsseln mit den verschiedensten Inhalten, die zwar nicht sehr appetitlich aussahen, aber um so besser schmeckten. Wegen der Hitze und der Gefahr des schnellen Verderbens wurden die Tische immer erst am späten Nachmittag aufgebaut. Über den Schüsseln lag grundsätzlich ein Gazétuch, um den Inhalt vor Fliegen zu schützen.

Rund um den Dessertstand saßen Sons Freunde, denen er mich stolz vorstellte.

„Das ist meine Freundin Anna. Setz dich. Was möchtest du haben?"

„Gibt es Bananen in Kokosmilch?"

Das war mein Lieblingsdessert; an dem Zeug konnte ich mich blöd essen.

„Ich freue mich sehr, daß du heute mit mir mitgekommen bist. Aber sag bitte nichts zu Kim, okay?"

„Warum denn nicht?"

„Kim ist mein Vorgesetzter, und weil er immer mit dir unterwegs ist, sieht er es bestimmt nicht gerne, wenn ich jetzt mit dir herumlaufe."

Ich mußte lachen.

„Sagt Kim, daß ich seine Freundin bin?"

„Nicht direkt, aber die Leute sollen es glauben."

„Und du?"

„Och, hm, sei mir nicht böse, aber du bist *nur* meine Freundin. Ich habe nämlich schon ein Liebling."

„Und wer ist das?"

„Das sage ich nicht."

„Komm schon Son, ich erzähle es auch niemandem weiter."

„Auch nicht Kim?"

„Nein, niemandem. Also, wer ist es?"

Es war herrlich zu beobachten, wie er sich genierte.

„Sie heißt Ley und arbeitet in Phnom Penh am Flughafen. Sie ist sehr hübsch. Hast du sie gesehen?"

„Ist sie die hübscheste?"

„Oh ja."

„Dann habe ich sie gesehen. Ganz sicher."

Son platzte bald vor Stolz. Er genoß es auch, sich von seinen Freunden bewundern zu lassen. Außer ihm sprach niemand Englisch, und mit mir an seiner Seite war er ein Mann von Welt.

„Wenn du fertig gegessen hast, begleite ich dich zu deinem Hotel. Und in den nächsten Tagen würde ich gerne an deiner Seite spazieren gehen."

„Son, wo hast du eigentlich Englisch gelernt?"

„Aus meinem Buch. Wieso? Ist es nicht gut?"

„Doch, doch, es ist sehr gut, nur manchmal ein wenig altmodisch."

„Wirklich?"

„Nur manchmal, Son. Meistens ist es sehr gut. Und ich sage dir Bescheid, wenn ich spazieren gehe. Du darfst gerne an meiner Seite mitkommen."

Son war sehr unterhaltsam. Unbedarft, freimütig und manchmal etwas naiv. Kim war in seiner ganzen Art feiner, überlegter und intelligenter. Auch äußerlich unterschieden sich die beiden sehr. Son war ein echter Khmer, mit kräftigem Körperbau, kantigem Gesicht und wirrem, lockigem Haar, während Kim seine zierliche Gestalt von seiner Mutter, einer Chinesin, hatte.

So gut es mir auch in Mondulkiri gefiel, der Landweg nach Rattanakiri ging mir nicht aus dem Kopf. Ich fragte Sarath, ob er mir weiterhelfen könne.

„Nein, leider nicht. Am besten fragst du Issroy. Das ist der Fahrer vom Gouverneur und kennt Mondulkiri wie seine Westentasche. Er ist vorhin gerade von Phnom Penh zurückgekommen."

„Vorhin? Aber heute kam doch gar kein Flugzeug!"

„Issroy kommt meistens auf dem Landweg."

„Ich dachte, der wäre sehr schlecht und gefährlich?"

„Nicht für Issroy!"

Am nächsten Morgen zeigte mir Sarath Issroys Haus, berichtete ihm von meinem Anliegen und fuhr dann zur Schule. Issroy war ein kräftiger Mann und verschaffte sich schon allein durch seine beeindruckende Größe Respekt. Leider sprach er nur sehr schlecht Englisch, aber ich verstand sein Kopfschütteln schon richtig. Nach und nach kamen alle seine Freunde (meine Onkels) vorbei und machten ihm ihre Aufwartung. Er erklärte ihnen meine Gegenwart, und mit ein wenig Englisch hier, Französisch da und Khmer mit Hand und Fuß erfuhr ich, warum der Landweg nicht in Frage kam. Er zeigte mir auf meiner Karte, welche Gebiete zu riskant waren.

„Hast du zufällig eine bessere Karte von Mondulkiri?"

Hatte er. Issroy ließ sich nicht lumpen und breitete auf dem Boden eine zwei mal zwei Meter große Karte aus.

„Hier oben, siehst du, um Koh Nek herum, gibt es Gruppen von Roten Khmer, und die Straßen sind stellenweise vermint. Erst vor ein paar Tagen haben sie einen jungen Mann hierher ins Krankenhaus gebracht, ohne Fuß."

Ich hatte davon gehört. Ein Mopedfahrer hatte eine Reifenpanne, und der Soldat, der ihm helfen wollte, trat auf eine Tretmine. Es konnte einen überall erwischen.

„Und was ist mit der Straße entlang der Grenze?"

„Sehr schlecht, da fährt schon seit Jahren kein Fahrzeug mehr entlang. Da kannst du höchstens zu Fuß laufen. Mach dir nichts daraus, es gibt dort ohnehin nichts zu sehen."

‚Das, mein lieber Issroy, ist Ansichtssache.' Ich behielt es für mich.

„Komm, trink mal 'nen Cognac auf die Enttäuschung."

Bäh! Wie konnte man denn um zehn Uhr morgens schon Cognac trinken?! Ich lernte es. Und nach dem ersten kam der zweite, und nach dem zweiten kam der dritte und so weiter. Bis die Frau von Issroy das Mittagessen servierte, zu dem sie mich eingeladen hatte, standen drei leere Flaschen auf dem Tisch, und ich schwankte gewaltig.

„Kennst du schon André? Er ist Franzose und pflanzt hier Erdbeeren. Er kommt immer zum Essen zu uns."

Ein lustig aussehender kleiner Mann kam gerade die Treppen hoch.

„Du wohnst im Hotel, nicht war? Ich habe schon von dir gehört. In Senmonorom bleibt nichts geheim."

„Und du pflanzt Erdbeeren an. Wachsen die hier überhaupt?"

„Ja. Wir machen gerade ein Probefeld. Das Problem mit dem Anbau im großen Stil ist der Transport. Luftfracht ist zu teuer und über Land – besser, wir machen sie hier zu Marmelade."

„Wo habt ihr denn die Pflanzung?"

„Fünf Kilometer von hier, an der Straße nach Dak Dam. Wenn du möchtest, komm doch heute nachmittag mit!"

„Keine schlechte Idee. Da leg ich mich ins Gras und schlafe meinen Rausch aus. Issroy hat mich ganz schön abgefüllt vor dem Essen."

Und genau das tat ich. Während André und seine Leute Furchen zogen und die Pflänzchen setzten, legte ich mich ins Gras. Das letzte, was ich hörte, war „allé, allé, opp, opp, nicht so langsam, alléeé!" Dann war ich weg.

Leises Murmeln weckte mich wieder auf. Die Stimmen kamen näher, aber ich sah nirgendwo Menschen. Merkwürdig. Ich drehte mich noch einmal um und sah auf der Straße den Elefant. Der Wind hatte die Stimmen der beiden Männer, die auf ihm saßen, herüber getragen. Der Elefant konnte bestimmt auf der schlechten Straße laufen; das wäre doch eine feine Sache, auf dem Elefant von Mondulkiri nach Rattanakiri!

Als ich wieder in Senmonorom war, ging ich zu dem Touristenbüro und erkundigte mich, ob so etwas möglich sei.

„Theoretisch schon. Aber da mußt du dich mit dem Besitzer in Verbindung setzen."

„Und wo wohnt der?"

„In Phum Pulung. Das ist das Dorf an der Straße nach Bou Sra. Aber billig ist es nicht."

Madame Sopurn war aus Vietnam zurückgekehrt. Im Hof stapelten sich ihre Einkäufe. Eine neue Wohnzimmereinrichtung, Mobiliar für zwei neue Bungalows, Tische und Stühle für das Restaurant, das sie gerade bauen ließ, und diverse Kleinigkeiten. Kein Wunder, daß sie mit dem Lkw gefahren war.

Mit dem Flugzeug war ein neuer Gast angekommen, ein kambodschanischer Sozialarbeiter. Er nahm mit der Chefin und Sarath gerade das Abendessen ein. Madame stellte mich vor und fragte mich, ob ich mitessen wolle. Ich lehnte dankend ab. Sie fragte wieder etwas und deutete auf ihren Mann. Ich sagte jaja, hatte aber keine Ahnung, was sie gefragt hatte. Die drei lachten. Dann kam die nächste Frage und dann noch eine, die ich immer bejahte, weil ich merkte, daß sie sich gerade einen Spaß mit mir erlaubten, und den wollte ich ihnen nicht verderben. Der Sozialarbeiter sprach ein wenig Englisch und übersetzte mir später unsere Konversation.

„Das ist mein Mann. Gefällt er dir?"
„Ja. Gefällt mir sehr."
„Willst du ihn haben?"
„Ja."
„Dann habe ich endlich nachts meine Ruhe."
„Richtig."
„Kann er heute schon bei dir schlafen?"
„Ja, kein Problem."

Und weil ich so kooperativ war, fragte mich Sarath, ob ich Lust hätte, mit ihm und den Onkels am nächsten Tag nach Oreang zu fahren. Sie mußten eine Dienstreise machen, und ich konnte mich in der Umgebung ein wenig umsehen.

„Um acht Uhr geht es los."
„Jaja."

Sarath kam nicht zu mir ins Bett, da hatte ihn dann doch sein Mut verlassen.

Als ich ihn am nächsten Morgen vor versammelter Mannschaft fragte, wo er die letzte Nacht geblieben sei, hatte ich die Lacher auf meiner Seite. Er packte das Mittagessen in einen Eimer, legte drei Flaschen Whisky oben drauf, als seine Frau gerade nicht hinsah, und dann hupte auch schon der Jeep. Zu siebt quetschten wir uns hinein, und dann ging es los. Auf den ersten Kilometern war die Straße noch ganz gut, denn es ging auf dem Bergrücken entlang, aber schon bei der Durchquerung des ersten Flußbettes mußten wir alle aussteigen und anschieben. Für die zwanzig Kilometer brauchten wir zwei Stunden. In einem kleinen Hüttendorf kurz vor Oreang setzten sie mich ab. Wir vereinbarten, daß wir uns um eins wieder an dieser Stelle treffen würden.

Das Hüttendorf erstreckte sich über ein weites Tal, durch das ein kleiner Bach floß. Frauen saßen am Wasser und wuschen ihre Wäsche. Im Schatten der Bäume entstand ein Leprazentrum, das gerade den letzten Anstrich bekam. Etwas weiter bauten ein paar Männer eine neue Schule. In einem großen Baum saßen Kinder, die Früchte ernteten. Sie sahen selbst aus wie reifes Obst. In einem Hof hockte ein alter Mann vor drei großen, flachen Körben mit Reis und suchte nach schlechten Körnern. Ein anderer sah nach der Sonne und beschloß, Mittagspause zu machen.

Die Zeit bestimmte man hier nach der Sonne und dem Mond, der Trockenzeit und der Regenzeit; Stunden und Minuten hatten keine Bedeutung. Eine Armbanduhr war nichts als ein modernes Schmuckstück.

Ich lief durch das Dorf und stieg auf einen Berg. Am Wegrand sah ich ein großes Geisterhaus mit einem Topf, in dem lauter Räucherstäbchen standen. Wem auch immer dieser Schrein gewidmet war, er mußte ein rechter Säufer gewesen sein, denn neben den üblichen Gaben hatten die Hinterbliebenen auch einige Flaschen Bier geopfert. Ein schmaler Fußpfad führte durch die Wiesen zu einem kleinen Wäldchen. In dieser Stille wurde selbst Senmonorom zu einer lauten Stadt, ganz zu schweigen von Phnom Penh. Absolute Ruhe, ohne die leisesten künstlichen Hintergrundgeräusche, wo hatte man das heute noch in der zivilisierten Welt?

Ich setzte mich unter einen Baum in den Schatten, packte meine gebackenen Bananen aus und ließ die Seele baumeln. Hinter mir lagen die vertrockneten gelben Berghänge, und unter mir lag wieder der Große Wald. Ich fragte mich, wie lange er noch so unberührt dastehen würde? Tropenhölzer wurden immer knapper und Kambodscha nicht reicher. Alles eine Frage der Zeit.

Kurz vor eins machte ich mich auf den Weg zurück ins Dorf. Ich war mir sicher, daß meine Gesellschaft nicht pünktlich um eins erscheinen würde, aber man konnte ja nie wissen. In den Höfen liefen überall kleine schwarze Ferkel herum. In Rattanakiri hatte ich nur riesige Säue gesehen, die mit der gleichen Selbstverständlichkeit über den Markt liefen wie ihre Besitzer, aber diese hier waren nur wenig größer als Meerschweinchen. Die Kinder liefen schnell in die Hütten, als sie mich kommen sahen, und lugten durch die Türschlitze.

Ich tat, was ich immer tat, wenn ich warten mußte – ich nahm einen Pinsel aus der Tasche und befreite meinen Fotoapparat von zuviel Staub. Das machte die Leute, vor allem die Kinder so neugierig, daß sie nach und nach näher kamen und zusahen. Wenn ich fertig war, ließ ich sie durch das Teleobjektiv schauen, für das sie sich immer sehr begeistern konnten. War einmal die Angst vor dem vermeintlichen Kanonenrohr genommen, hatte ich keinerlei Schwierigkeiten mehr, groß und klein zu fotografieren. Die Entwicklungshelfer in Rattanakiri hatten immer gesagt, daß es außerordentlich schwierig sei, gerade die Minoritäten zu fotografieren. Aber ehrlich gesagt – wenn mich ein Fotograf so mir nichts, dir nichts mit der Kamera überfallen würde, da würde auch ich zu einem schwierigen Subjekt werden. Und jeder andere auch. Es gehört eben Fingerspitzengefühl dazu, erst recht, wenn die Menschen ein Teleobjektiv schnell mit einem Gewehrlauf verwechseln, der ihnen weit vertrauter ist als eine Kamera.

Es wurde immer später, und ich gab die Hoffnung fast auf, daß meine Mitreisenden noch auftauchen würden. Langsam wanderte ich von Hütte zu Hütte und suchte mir im stillen eine aus, in der ich mich für die Nacht einladen würde. Eine junge Frau bat mich herein. Sie sprach Khmer.

„Wie alt bist du?"

„Einunddreißig."

„Ich auch. Hast du Kinder?"

„Nein."

„Was? Du hast keine Kinder?! Ich habe fünf!"

Sie sah mich bestürzt an und rief nach ihrer Mutter. Aus dem Dunkel der Hütte erschien eine zahnlose Greisin. Die sah mich an, strich mir mit ihrer knotigen Hand übers Gesicht und lachte wie eine alte Hexe.

„Meine Mutter kann dir helfen. Sie ist Heilerin und Priesterin."

„Oh, danke, aber das ist nicht nötig. Kinder kämen mir im Moment sehr ungelegen, weißt du. Ich habe nämlich keinen Mann, der sich um sie kümmern kann."

„Ich verstehe", sagte sie langsam.

Wahrscheinlich wunderte sie sich, was das für ein Stamm sei, wo die Frauen erst nach dreißig Kinder bekamen und sie dann dem Mann überließen.

In einer Ecke sah ich mehrere Krüge mit Reiswein, einen Stapel Kerzen, Bündel getrockneter Kräuter, Schälchen mit Reis, alles ordentlich nebeneinander.

„Was ist das?"

„Das braucht meine Mutter, wenn sie einen Menschen heilt. Der Mann von der Frau da drüben war sehr krank, aber meine Mutter hat ihn wieder gesund gemacht. Er war von den Geistern aus dem Wasser besessen, und es war eine lange Prozedur. Zum Schluß hat sie ihm diese großen Reiskörner gegeben, und jetzt geht es ihm schon viel besser."

Sie zeigte mir die großen Reiskörner. Es waren Antibiotika.

Morris hatte mir von den Heilungszeremonien erzählt. Die Heilerin schlief mit dem Kopf auf den Schälchen mit Reis. Durch den Traum, den sie dann hatte, erfuhr sie von dem Geist, der sich in den Körper geschlichen hatte, und bestimmte das Opfer, das die Familie bringen mußte, damit der Geist den Körper wieder verließ. War alles bereit, versammelte sich die Familie um ein Feuer. Mit Hilfe von Trommeln versetzte sich die Heilerin in Trance und bat den Geist, das Opfer anzunehmen und den Körper zu verlassen. Je nach Schwere der Krankheit konnte eine solche Zeremonie bis zu zwei Tagen dauern. Das Verabreichen von Medikamenten, das immer häufiger geschah, spielte dabei eine untergeordnete Rolle. Die Menschen betrachteten sie als sehr starke Medizin, die den Geist schneller vertrieb. In ein Krankenhaus gingen sie nur sehr ungern, denn dort lebten die Geister der Menschen, die in ihm gestorben waren; das machte ihnen große Angst und verurteilte den Heilungsprozeß schon im Anfangsstadium zum Scheitern.

Aus der Ferne hörte ich eine Autohupe, und es dauerte nicht lange, da tauchte eine äußerst vergnügte Provinzregierung aus dem Wald auf.

„Hallo! Wartest du schon lange?"

„Nein, bloß zwei Stunden!"

Puh! Die Jungs hatten eine Fahne, die man fünf Meter gegen den Wind roch. Sie vertraten sich die Beine und verschwanden in einer Hütte. Ich wartete mit dem Fahrer hinter dem Jeep. Im Wagen saß ein neuer Fahrgast, der ziemlich schlaff in den Seilen hing. Plötzlich ging die Tür auf, und der Gute kotzte sich die Seele aus dem Leib.

‚Besser hier als auf der Fahrt', dachte ich, denn bei meinem Glück hätte er sich wahrscheinlich in meinen Schoß übergeben.

Die Männer kamen mit zwei Säcken Reis zurück, und da sich in Oreang noch zwei Passagiere angeschlossen hatten, saßen wir nun zu neunt im Jeep. Sie hatten ganz schön einen im Tee. Hinter dem letzten Flußbett machten wir halt. Der Fahrer wusch den Wagen, und wir leerten die Reste.

„Hier, trink mit, du magst doch Reiswein!"

„Nein, eigentlich mag ich ihn nicht. Er schmeckt wie Schnaps, und den habe ich noch nie gerne getrunken."

„Keine Ausrede. Trink. Das Zeug muß alle werden."

Den Whisky hatten sie beim Mittagessen gekippt, aber einer der beiden neuen Fahrgäste hatte eine Flasche Reiswein beigesteuert. Sarath mischte ihn mit Tonic, dann konnte auch ich ihn genießen. Der Onkel mit den angebissenen Ohrläppchen – er war auch der Älteste – kam auf mich zu und lallte:

„Daich schon dein Ongel bin, mußte michetz Tande nennn. Hahaha!"

Das letzte Stück durfte ich großzügigerweise vorne sitzen.

„Madame?"

Von hinten blies mir jemand ins Ohr.

„Bitte nichts der Madame im Hotel erzählen, okay?"

„Noch was, übermorgen machen wir eine Dienstreise nach Bou Sra. Kommste wieder mit?"

„Mit dem größten Vergnügen!"

HOHER BESUCH

An der Kurve vor dem Hotel stoppte ein Junge den Wagen. Er wedelte aufgeregt mit den Armen und hielt einen Briefumschlag in der Hand. Darauf stand: UN … Den Herrschaften fiel die Kinnlade herunter. Zwei Mitarbeiter einer Hilfsorganisation waren angekommen, die Informationen über das Erziehungswesen in Mondulkiri einholen wollten.

Als ich ausstieg, sah ich vor den Bungalows eine Blondine, die mir bekannt vorkam. Es war Lilian; ich hatte sie schon in Rattanakiri getroffen. Ich lief zu ihr hinüber und begrüßte sie.

„Hallo! Das ist aber eine Überraschung! Was machst du denn hier?"

„Arbeiten!! Aber zum Glück bleiben wir nicht lange."

„Wieso zum Glück?"

„Naja, wenn ich mich hier so umschaue, befinde ich mich hier am Ar…Ärmel der Welt."

„Das stimmt. Aber ich bin schon seit fast drei Wochen hier oben, und ich kann dir garantieren, es ist mit Abstand die unterhaltsamste Provinz im Lande."

„Wirklich? Singh! Wir bleiben länger!!"

Ihr Kollege sah sie verdutzt an.

„Warum das denn?"

„Anna sagt, Mondulkiri ist die unterhaltsamste Provinz in Kambodscha."

„Von mir aus bleiben wir noch, aber du weißt, das muß vom Gouverneur genehmigt werden. Wir befinden uns nämlich auf einer Dienstreise."

„Hör zu, Lilian. Ich gehe etwas essen, und wir sehen uns später. Dann erzähle ich dir ein bißchen was."

„Würde gerne mitkommen, aber leider müssen wir nachher mit den Herren, mit denen du unterwegs warst, noch etwas Geschäftliches besprechen."

„Viel Glück! Ich bin mir nicht sicher, ob dabei viel herauskommt."

„Ja, ich habe es schon gerochen. Die haben vielleicht eine Fahne!"

Lilian und Singh blieben von Montag bis Donnerstag. Ihre Arbeit bestand darin, Informationen über das Schulwesen einzuholen, das heißt wieviele Schüler, welches Alter, Verhältnis Junge/Mädchen, Größe der Schulen und so weiter. Diese Infos gaben sie dann zur Auswertung an das Erziehungsministerium weiter, mit dem ihre Hilfsorganisation zusammenarbeitete.

Am Abend erzählte ich ihr, daß die Herren alle etwas nervös geworden waren, als man von ihrer Ankunft berichtete.

„Schön. Sie haben nämlich auch allen Grund, nervös zu werden. Vor ein paar Monaten sollten alle Lehrer in Mondulkiri eine einmalige Gehaltszulage von zwölf Dollar bekommen. Das Geld wurde abgeschickt, aber die Lehrer haben es nie erhalten."

„Und wer hat es?"

„Frag mal den mit den angebissenen Ohrläppchen."

„Du meinst meine Tante?"

„Genau den. Der weiß es mit Sicherheit. Über den Daumen gepeilt sind knapp zehntausend Dollar verschwunden."

„Und du denkst, die Provinzregierung hat sie unterschlagen?"

„Wir sind uns ziemlich sicher."

„Das ist aber kein schöner Zug. Die Lehrer verdienen doch ohnehin fast nichts. Und dann werden ihnen noch läppische zwölf Dollar vorenthalten. Und was passiert jetzt?"

„Schwierig. Wir können leider nichts beweisen, sondern nur drohen."

„Bleibt ihr in Senmonorom?"

„Mal sehen. Eigentlich müßten wir ins Hinterland, aber dafür haben wir keine Genehmigung. Eine Umfrage in den Schulen hier in der Stadt ist aber nicht repräsentativ."

„Die Provinzregierung macht übermorgen eine Dienstreise nach Bou Sra. Das Dorf liegt hinter dem großen Wasserfall und ist sehr groß. Vielleicht könnt ihr da mitfahren?"

„Keine schlechte Idee. Morgen ist ein Feiertag, da können wir gar nichts machen. Aber da kannst du ja mal ein bißchen Touristenführer für uns spielen, was hältst du davon?"

„Kein Problem!"

Wir trafen uns am nächsten Morgen um acht vor dem Hotel, und ich schleppte sie und Singh zum Wasserfall. Es schlossen sich noch zwei weitere Kambodschaner an, die für eine andere Organisation arbeiteten und in Mondulkiri Nachforschungen über Mädchenhandel und Kinderprostitution betrieben. Sie arbeiteten verdeckt und erzählten mir nur ungern etwas über ihre Arbeit.

„Es ist kein schöner Job, das kannst du glauben. Am schlimmsten ist die Kinderprostitution."

„Wie laßt ihr denn einen Puff auffliegen?"

„Wir lassen nichts auffliegen, sondern wollen die Kundschaft kennenlernen, und um das zu erreichen, müssen wir so tun, als wären wir tatsächlich an den Kleinen interessiert. Keine schöne Arbeit."

„Und was passiert dann?"

„Wir nehmen sie mit in ein Zimmer und dann sagen wir ihnen, wer wir wirklich sind und was wir wissen wollen. Das Problem ist, daß sie nicht immer mitspielen, denn die Kunden zahlen sehr gut, vor allem wenn es Ausländer sind, und die Kinder haben sich oft mit ihrem Los abgefunden. Am übelsten sind die Kleinsten dran, die werden nämlich nicht nur von den Kunden mißbraucht, sondern auch von den älteren Jungs."

„Wie alt sind denn so die jüngsten?"

„Acht, neun Jahre, manchmal auch jünger."

„Und ihr holt sie nicht raus?"

„Doch, aber das kommt erst später und wird von einer anderen Stelle organisiert."

„Und wer sind die Kunden?"

„Es gibt keine spezielle Gruppe. Viele Weiße im mittleren Alter, aber auch Kambodschaner."

Ich werde nie begreifen, wie Männer sich an Kindern vergehen können und ihren Schmerz sexuell erregend finden. Solche Menschen sind krank im Kopf und sollten alle lebenslänglich auf den Nordpol zum Schneeschippen geschickt werden. Dort können sie über ihre Sünden nachdenken, und hoffentlich friert ihnen bei minus dreißig Grad der Schwanz ab, damit es ihnen ein für allemal vergeht. Was für ein Thema an so einem schönen Tag.

Die Dienstreise nach Bou Sra wurde sehr langweilig.

Der Grund? Wir hatten offiziellen Besuch dabei, da mußte sich die Provinzregierung zusammenreißen und konnte nicht so hemmungslos dem Alkohol frönen wie in Oreang. Bei mir war das etwas anderes; da ich nichts mit Organisationen oder offiziellen Ämtern zu tun hatte, konnten sie in meiner Gegenwart die Sau rauslassen, ohne Gefahr zu laufen, daß es an die Öffentlichkeit gelangte. Ich für meinen Teil betrachtete es als ein Privileg, die Herren von der Regierung bei der Arbeit zu beobachten, und gleichzeitig wurde mir dabei Einblick in die hiesige Männerwelt gewährt. Ich hatte Saraths Stereoanlage fachmännisch gelobt und seitdem hatte ich bei ihm einen Stein im Brett. Einem Mann, Journalist, Fotograf oder was auch immer, war es hingegen fast unmöglich, die Welt der Frauen auf ähnliche Weise zu erschließen. Von mir aus konnten sie sich im Dienst betrinken, wie sie wollten, und unterschlagen, was sie wollten. Ich war nicht hier, um zu urteilen, sondern um mir ein Bild von Kambodscha zu machen.

Und so vertraute mir meine neue Tante auch bald an, daß sich in der 7up-Flasche keineswegs Limonade befand.

Während Lilian und Singh in einer Karaokebar ihre Interviews mit den Dorfschullehrern führten, setzte sich ein Teil der Männer ab und ging heimlich in die nächste Kneipe, um das selbstgebraute Bier zu testen. Am frühen Nachmittag fuhren wir wieder zurück. Am Wasserfall kam dann die obligatorische Fotosession. Wir posierten alle in der Gruppe, jeder einzeln, jeder mit jedem und zum Schluß wollte jeder noch mal mit Lilian und mir aufs Bild. Die Rückfahrt wurde dann doch noch ganz lustig, aber man sah der Provinzregierung an, daß sie mit dem Ergebnis der Dienstreise nicht sehr zufrieden war.

Am nächsten Tag kehrte wieder Ruhe ein. Und ich stattete endlich *Kap Anamur* einen Besuch ab. *Kap Anamur* war eine der ganz wenigen deutschen Hilfsorganisationen im Lande. Zu den Mitarbeitern gehörten ein Arzt, eine Krankenschwester und eine Übersetzerin. Sie arbeiteten im Krankenhaus, das es noch nicht sehr lange gab. Martin, der Arzt, fragte mich, ob ich Lust hätte, am nächsten Tag mit zum Impfen zu fahren. In regelmäßigen Abständen fuhr ein Team in die verschiedenen Distrikte, um Schutzimpfungen durchzuführen.

„Du mußt wahrscheinlich hinten auf dem Pick-up sitzen, ich hoffe, das macht dir nichts aus."

„Überhaupt kein Problem. Wo geht es denn hin?"

„Nach Phum Pulung."

„Ist das das Dorf an der Straße nach Bou Sra, nicht weit hinter der Kreuzung?"

„Richtig. Sei Morgen um halb acht am Krankenhaus."

Ich war pünktlich, das Impfteam nicht. Gegen acht kam Martin an und sagte, daß alles verschoben worden sei, da ein hohes Tier aus Phnom Penh angekommen war.

„Macht nichts, dann laufe ich eben. Ich möchte sowieso nach Phum Pulung, um den Elefantenbesitzer zu fragen, was er von einer Tour nach Rattanakiri hält."

„Viel Glück!"

Es war ein weiter Weg. Das Dorf lag acht Kilometer von Senmonorom entfernt; eine Abkürzung durch den Wald, die es bestimmt gab, kannte ich nicht. Der Himmel war stellenweise bewölkt, und die Sonne tauchte die vertrocknete Landschaft mit den dürren Bäumen in ein seltsames Irrlicht. Es blies ein heftiger Wind, und ich rechnete mit Sturm. Ich vermummte mir das Gesicht mit meinem Krama und setzte meine Sonnenbrille auf. Das schützte vor Staub und eventuellen Belästigungen. Nach zwei Stunden kam ich in Phum Pulung an. Das Dorf schien wie ausgestorben, nichts regte sich, weder in den Hütten noch in den Höfen. Seltsam. Ich ging um eine langgestreckte Kurve und traute meinen Augen nicht. Die gesamte Dorfbevölkerung saß dort auf der Straße. Als sie mich sahen, brachen sie in schallendes Gelächter aus. Ich nahm die Sonnenbrille und das Tuch vom Kopf, und jetzt lachten sie noch lauter.

‚Was machen die denn alle hier auf der Straße? Sieht aus, als ob sie auf jemanden warten.'

Ich wußte mit der Situation nichts anzufangen, setzte mich vorsichtshalber dazu und wartete mit. Ein paar Männer holten große Blechpfannen, stellten sich im Kreise auf und fingen an, auf den Pfannen zu trommeln.

„Sehr nett. Habt ihr das für mich gespielt?"
„Ja", sagte einer der Musiker. „Wir kennen dich."
„Woher denn?"
„Du warst vor ein paar Tagen in Oreang. Du hast mit der Heilerin gesprochen. Mein Freund hat mir das erzählt."
„Und woher weißt du, daß ich das war?"
„Es gibt nur einen Barang hier, der mit dem Fotoapparat herumläuft."
„Habt ihr was dagegen, wenn ich euch fotografiere?"
„Oh nein, bestimmt nicht. Mach bloß."
„Sicher?"
„Kein Problem."

In diesem Augenblick fuhr ein großer Pick-up mit Blaulicht und vielen Soldaten um die Kurve. Jetzt dämmerte es mir. Das hohe Tier, von dem Martin gesprochen hatte, kam nach Phum Pulung, um die neue Schule einzuweihen. Ein zweiter Pick-up fuhr um die Kurve, und es stieg niemand anderes aus als Sarath. Als er mich sah, winkte er mir zu.

„Sag mal, wer ist denn der wichtige Mensch?"
„Das ist ein General aus der Armee", flüsterte er.
„Wichtig?"
„Sehr wichtig."
„Sie haben nämlich mich erst für den General gehalten und Musik für mich gemacht. Um ein Haar hätte ich die Schule eingeweiht."

Der General hielt eine Rede, schnitt dann das blaue Band durch (auch diese Schule ging auf das Konto des deutschen Botschafters) und schüttelte hundert Hände. Für mich war das *die* Gelegenheit; ich fotografierte ohne Unterbrechung und kam zu meiner lustigsten Porträtsammlung. Bevor sie wieder abfuhren, fragte ich Sarath, ob er den Besitzer des Elefanten in der Menge sah.

„Nein, er ist nicht hier. Aber seine Hütte steht am Ende des Pfades, der dort links in den Wald führt. Geh einfach hin."

Die Hütte fand ich nicht, dafür aber den Elefantenstall. Seine riesigen Haufen führten mich hin. Leider waren Elefant und Besitzer ausgeflogen. Ich ging noch eine Weile auf dem Pfad entlang durch einen Wald und über eine Lichtung, aber da ich mich in dieser Gegend überhaupt nicht auskannte, kehrte ich bald wieder um, denn ich hatte noch einen langen Nachhauseweg vor mir. Auf halber Strecke stieß ich auf einen Ochsenkarren, dessen Besitzer mir anbot, mitzufahren. Ich lehnte dankend ab, erstens war ich zu Fuß schneller, und zweitens war der Karren nicht gepolstert, auf der schlechten Straße bedeutete das eine Menge blauer Flecken. Als ich Senmonorom am Horizont auftauchen sah, war ich heilfroh, denn ich konnte meine Füße kaum noch heben.

Am nächsten Tag machten mir meine Kniebänder so sehr zu schaffen, daß ich beschloß, einen Tag im Hotel zu verbringen. Und zwar mit Wäsche waschen. Ich hatte kaum Kleidungsstücke mitgenommen, und die wenigen, die ich hatte, hingen immer im Wechsel auf der Leine. Madames Tante leistete mir Gesellschaft, und so saßen wir in trauter Zweisamkeit hinter dem Hotel vor drei großen Waschwannen und drückten unsere Sachen durch. Wir waren so beschäftigt, daß ich es glatt versäumte, zum Flughafen zu pilgern.

Ein paar Tage später liefen in einem fünfzig Mann starken Konvoi Prinz Ranariddhs Leibwächter ein, um die Ankunft des Premiers für den nächsten Tag anzukündigen. Er und eine Delegation Abgeordneter und Botschafter wollten ein Picknick am Wasserfall machen. Ich saß gerade hinter dem Hotel und plauderte mit dem Neffen der Madame. Der Chef der Truppe kam zu mir herüber. Er erzählte, daß er über Land gekommen sei.

„Über Land? Ich denke, die Straßen sind so schlecht?"

„Haha, bald nicht mehr. Eine Straßenbaufirma aus Malaysia baut eine vierspurige Autobahn von Phnom Penh nach Mondulkiri. Sie ist bereits zur Hälfte fertig."

Ich schickte schnell ein Stoßgebet zum Himmel und bat um schlimme Monsunregen, die die noch ungeteerte Piste in ein Flußbett verwandeln würden. Eine Straße nach Mondulkiri in dem beschriebenen Umfang bedeutete das Ende für die Provinz; es war klar, daß die Malaysier so etwas nicht aus purer Nächstenliebe taten, sie würden sich reichlich mit Holz entlohnen.

„Hast du Lust, mit uns über Land nach Phnom Penh zurückzufahren?"

„Wann soll denn das sein?"

„Übermorgen früh."

Ich überlegte. Interessant war es bestimmt, außerdem war meine Zeit um, und mein Flug ging zwei Tage später. Auf der anderen Seite erschien es mir etwas überstürzt, wann sollte ich mich dann von allen verabschieden? Ich blieb unentschieden.

Kaum erfuhr Madame Sopurn, daß sie mit der Verköstigung der hohen Gäste betraut wurde, setzte sie sich auf ihr Moped und verschwand. Als sie wiederkam, hatte sie den ganzen Markt aufgekauft. Einer nach dem anderen schritt mit vollen Körben durch das Hoftor, und sämtliche Nachbarsfrauen wurden kurzfristig als Köchinnen beschäftigt. Ich ging in die Freiluftküche und sah ihnen zu. Auf drei großen Holzpritschen lagen die Zutaten:

Fleisch einer zerteilten Kuh, fünfzig Kilo Reis, Berge von Kräutern und Gemüse, Körbe, gefüllt mit Zwiebeln, Knoblauch und Chili. Kochtöpfe der Größe eines Badezubers standen auf kleinen Kohleöfchen, Bambusstangen dienten als Kochlöffel.

Die Köchinnen schnitten und schnippelten und rührten bis tief in die Nacht hinein, und was immer es sein mochte, was sie da fabrizierten, es roch köstlich und ließ mir das Wasser im Munde zusammenlaufen. Madame saß in eine Wolldecke gehüllt daneben und überwachte das Ganze. Ihre Diamanten, die sie vorsichtshalber schon mal angelegt hatte, glitzerten im Feuerschein. Sie lud mich ein, zum Picknick mitzukommen. Trotz der Aussicht auf ein leckeres Essen lehnte ich dankend ab. Ein drittes Mal auf der Folterstrecke zu fahren – das mußte nicht sein.

Die halbe Provinz schien sich am Flughafen versammelt zu haben. Wasserwerfer befeuchteten die Landebahn, damit es nicht so staubte, wenn die Maschinen landeten, den Kindern drückte man Fähnchen in die Hand, die Provinzregierung stand im Anzug bei Fuß, kurz – Senmonorom war bereit für einen Staatsempfang. Die Partei des Prinzen hatte zwar keine große Lobby in Mondulkiri, aber er war der Sohn des Königs, das zählte mehr.

Acht Hubschrauber landeten wenig später, und die ganze Ordnung war dahin. Ich kämpfte mich in die vorderen Reihen durch und überlegte, welcher der Männer nun der Prinz sei. Neben mir verbeugten sich zwei Kinder vor einem kleinen Mann in Trainingsanzug und Turnschuhen. Auf dem Kopf trug er eine Schirmmütze. Sein Gesicht ähnelte dem des Königs, dann mußte dieser Mann ja wohl sein Sohn sein. Er stand mir genau gegenüber, und ich wußte nicht, was ich tun sollte. Trainingsanzug hin, Turnschuhe her – er war ein Prinz, und es gehörte sich, ihm Respekt zu zeigen. Ich legte die Handflächen aufeinander, hob sie vor das Gesicht und neigte den Kopf. So begrüßte man sich in ganz Asien.

Der Prinz machte keinen sehr glücklichen Eindruck; offenbar war er mit der Organisation nicht zufrieden. Nachdem seine Leute T-Shirts mit Werbesprüchen der FUNCINPEC verteilt hatten, stieg die Delegation um in Jeeps, und kurze Zeit später waren sie alle in einer roten Staubwolke verschwunden.

Spät am Abend kam Sarath völlig aufgelöst zurück.

„Madame, ein Unfall! Meine Frau liegt im Krankenhaus, der Jeep ist kaputt, oh je, was mach ich nur?"

„Wie schlimm hat sich deine Frau verletzt?"

„Hier am Arm, an der Schulter ... Es war dunkel, ich habe nichts gesehen, und auf einmal fiel der Jeep um!"

Es hatte schon seine Gründe, warum man immer vor Einbruch der Dunkelheit zurück sein sollte. Wer die Straßen nicht kannte oder nur selten auf ihnen fuhr, dem konnte schnell so etwas passieren. Und so wie ich ihn kannte, war bestimmt auch Alkohol im Spiel gewesen. Was für ein Glück, daß ich nicht mitgefahren war, denn wahrscheinlich würde ich jetzt Madame Sopurn im Krankenhaus Gesellschaft leisten.

Am nächsten Morgen wurde sie entlassen. Ihre Tante breitete auf der Veranda eine Strohmatte aus, und in Wolldecken gewickelt empfing Madame ihre Besucher. Über ihr hing die Infusionsflasche, verziert mit einem Strauß roter Plastikrosen. Es ging ihr soweit ganz gut, an der Schulter und Hüfte hatte sie böse Prellungen, aber gebrochen war zum Glück nichts.

Meine Abreise stand bevor. Mit schwerem Herzen begann ich, meine paar Sachen und zwei Kilo Kaffee in den Rucksack zu stopfen.

Ich hatte eine wunderbare Zeit verbracht und bezweifelte, daß sich das noch einmal wiederholen würde. Erst jetzt fiel mir auf, daß ich es in Mondulkiri ausschließlich mit Kambodschanern zu tun gehabt hatte, mit Ausnahme der kurzen Begegnungen mit André und den Leuten von *Kap Anamur*. Nachdem es sich herumgesprochen hatte, daß ich nicht gleich wieder mit dem nächstbesten Flugzeug abgereist war, öffneten sich die Menschen und hießen mich willkommen. Ich hatte sehr viele Freunde gefunden, die sich bemühten, mir meinen Aufenthalt hier oben so angenehm wie möglich zu machen. Das taten sie, indem sie so waren wie immer. Ein Englischlehrerpärchen, das ich aus Siem Reap kannte, hatte durch Mißtrauen und ständige Feilscherei genau das Gegenteil bewirkt. Mondulkiri kannte keinen Tourismus; wer hierher kam und erwartete, daß man den roten Teppich vor seinen Füßen ausrollte, würde eine herbe Enttäuschung erleben. Ich war der Besucher gewesen, also hatte ich mich auch so zu benehmen wie ein Gast. Leider wurde das von vielen allzu oft vergessen.

„Warum spricht hier niemand Englisch? Warum gibt es hier kein gescheites Restaurant? Warum ist hier alles so teuer? Es ist eine Unverschämtheit, uns Wessis so das Geld aus der Tasche zu ziehen!"

Kambodschaner bezahlten die gleichen Preise, aber das wußten die wenigsten.

So viele Touristen fahren alljährlich durch die *billigsten* Länder der Dritten Welt, um sie kennenzulernen, und sobald die Preise für ein Hotel höher sind als in dem zwei Jahre alten Reiseführer, schimpfen sie „Wucher!" und fühlen sich von Anfang an betrogen.

Am Abend lief ich ein letztes Mal zu dem Pinienwäldchen, das an der Straße nach Oreang lag. Die Abendsonne tauchte die Landschaft in ein rotgoldenes Licht und am Horizont trottete der Elefant gemächlich heimwärts.

HALBZEIT

Glücklich sah ich auf den riesigen Stapel Briefe, der vor mir lag. Ich saß in der besten Ecke des Restaurants im *Metropol* und begann zu lesen. Zwei Freundinnen kündigten ihren Besuch aus Deutschland an. Sie kamen tatsächlich! Als ich damals aufgehört hatte zu fliegen, sagte ich allen Freunden, daß sie, wenn sie mich nun sehen wollten, nach Kambodscha kommen müßten. Jahrelang war ich kreuz und quer duch Europa geflogen, um sie zu besuchen; die billigen Tickets machten es möglich. Jetzt durften sie sich revanchieren.

Am nächsten Tag fuhr ich mit dem Taxi nach Moc Bai an die vietnamesische Grenze. Für mich war dieser Ausflug eher lästig; es paßte mir überhaupt nicht in den Zeitplan. Aber das Visum mußte erneuert werden, und dazu mußte ich das Land verlassen.

Je näher wir an die Grenze kamen, um so grüner wurde die Landschaft. Hier lebten zum größten Teil ethnische Vietnamesen, die ihre Felder das ganze Jahr über bestellten. Sie verstanden nicht, daß die Khmer mit einer Reisernte – manchmal auch zwei – zufrieden waren und das fruchtbare Land liegen ließen, anstatt es zu bewässern. Aber die Kambodschaner machten keinen Hehl aus ihrer ‚Faulheit'. Sie arbeiteten, um zu überleben, das taten sie seit Jahrhunderten, und daran würden auch die Vietnamesen nichts ändern.

„Sie haben eben Pech, daß in Vietnam so viele Menschen auf so wenig Fläche leben, da müssen sie nun mal mehr arbeiten!" sagte Mr. Heng aus dem *Metropol*.

Die Bevölkerungsdichte in Vietnam war fast fünfmal so hoch wie in Kambodscha, und die Vietnamesen mußten jeden Quadratzentimeter bewässern und bepflanzen, damit sie sich ernähren konnten. Die größten Anbaugebiete waren das untere Mekongdelta und das Delta des Roten Fluß im Norden. Soweit das Auge reichte, erblickte man nichts anderes als die weiten grünen Reisfelder und die spitzen Hüte der Bauern.

„Die besten Bauern sind die Vietnamesen", sagte einmal eine Touristin zu mir, und sie hatte bestimmt recht. Es war sehr schön mitanzusehen, wie sie ihre Felder bestellten. Jede Pflanze hatte ihren Platz, sie standen so gerade in langen Reihen, daß man eine Wasserwaage hätte anlegen können. Sie hegten sie und pflegten sie, als wäre es das kostbarste Gut auf Erden – aber das war es sicher auch für sie. Die Kambodschaner hingegen setzten die Pflänzchen und ließen sie dann wachsen. Wen kümmerte es, ob die Reihen krumm und schief waren, die Hauptsache war, daß sie genug Erträge brachten. Ein kleiner, aber feiner Unterschied zwischen den beiden Nachbarn, die sich noch nie leiden konnten. Die Vietnamesen waren emsig wie die Bienen und die Kambodschaner träge wie ein Honigbär.

Saigon war nur eine Autostunde von der Grenze entfernt. Nach dem Fall von Saigon hatten die Kommunisten die Stadt umbenannt in Ho Chi Minh City, aber unter dem Volk hatte sich diese Bezeichnung nie durchgesetzt; Saigon blieb Saigon, und daran würde keine Regierung etwas ändern. Ich nahm mir ein Hotel und begab mich gleich zur Botschaft.

„Kann ich bitte ein Businessvisum bekommen?"

„Nein, das tut mir leid, da müssen Sie nach Hanoi."

„Nach Hanoi? Aber warum das denn?!"

„Das hier ist ein Konsulat, wir können nur Touristenvisa ausstellen. Für ein Businessvisum müssen Sie zur Botschaft nach Hanoi."

Das war wirklich Pech. Ein Businessvisum konnte man beliebig oft verlängern, ein Touristenvisum nicht. Das eine in ein anderes umändern ging auch nicht. Also würde ich wieder die Ratte kontaktieren müssen, denn ob ich nach Hanoi fahren würde oder Bestechungsgelder bezahlte, das blieb sich (fast) gleich.

„Wann kann ich es abholen?"

„Morgen nachmittag."

Wenigstens etwas. Dann war ich zum Wochenende wieder zurück in Phnom Penh. In der Zwischenzeit ließ ich mir Visitenkarten drucken und stöberte in den Stoffläden herum.

Saigon hatte sich sehr verändert in dem einen Jahr, das zwischen meinen Besuchen lag. Die Cyclos verschwanden allmählich; es wurde ihnen untersagt, auf den meisten Hauptverkehrsstraßen zu fahren und so mußten sie oft weite Umwege machen. Immer mehr Autos verkehrten auf den Straßen; im Jahr zuvor hatte ich nur vereinzelt welche gesehen. Es gab Verkehrsampeln, die funktionierten, moderne Hochhäuser schossen wie Pilze aus dem Boden, alte Villen wurden renoviert, aus Ramschläden wurden feine Boutiquen, kurz – Saigon war auf dem besten Weg, eine Metropole wie Bangkok und Hongkong zu werden.

Der Anblick deprimierte mich sehr, und ich setzte mich an den Brunnen neben der Kathedrale. Gegenüber saß ein sehr alter Mann und schaute geistesabwesend ins Wasser. Was mochte *er* wohl denken, wenn es mich schon so erschütterte, wie schnell sich das Leben in einem Jahr ändern konnte? Ich war heilfroh, als ich meinen Paß wieder in der Hand hielt und zurück nach Kambodscha fuhr. Dort schien die Zeit still zu stehen, zumindest im Vergleich mit Saigon.

Ich blieb nur einen Tag in Phnom Penh und fuhr dann nach Sihanoukville. Ich wollte endlich wieder schwimmen gehen, mich halbnackt in der Sonne aalen und nichts weiter tun, als lesen und essen und faulenzen, ganz nach Art der Kambodschaner. Außerdem fing in zwei Tagen das chinesische Neujahrsfest an, Tet, und da die meisten Bewohner Phnom Penhs ohnehin Chinesen waren, würde fast alles für eine Woche geschlossen haben.

Sali und Eric freuten sich sehr, mich wiederzusehen, ebenso Suyin, aber das Gästehaus war ständig voll, und es gab soviel zu tun, daß nur wenig Zeit für gemütliche Unterhaltungen blieb. Ich tat wirklich nicht mehr, als ich mir vorgenommen hatte, ich ging nicht einmal in die Stadt. Das hatte allerdings noch einen anderen Grund. Im Gästehaus und am Strand fühlte ich mich wohl, auf der Straße, auf der ich überfallen wurde, nicht. Mich schauderte, wenn ich nur in die Nähe kam. Abgesehen davon hatte ich auch keinen Grund, in die Stadt zugehen.

Je öfter ich nach Sihanoukville fuhr, um so weniger mochte ich seine Menschen. Sie waren grob, ungehobelt und wirklich nur am Geschäft interessiert. Nach der Zeit im Hochland fiel mir das besonders auf. Ich war sehr beruhigt, als Eric mir sagte, es ginge ihm genauso.

„Weißt du, als ich während UNTAC-Zeiten in Prey Veng war, da hatte ich viele lustige Freunde, und wir hatten sehr viel Spaß miteinander. Aber hier in Sihanoukville sind die Leute nur scharf aufs Geld. Sieh dir doch mal die Schlitten an, mit denen sie herumfahren. Hast du so etwas in Mondulkiri gesehen?"

„Nein. Dort siehst du nur Ochsenkarren, Mofas, baufällige Jeeps und Pickups, im ganzen vielleicht zehn."

„Das muß sehr schön sein. Hier steigt ihnen alles zu Kopf. Sieh mal meinen Vermieter. Als wir vor ein paar Jahren herkamen, war er der netteste Mensch von Sihanoukville. Er war glücklich, etwas extra Geld zu verdienen, indem er das Stückchen Land an uns verpachtete. Er kam oft vorbei, wir tranken ein Bier zusammen und unterhielten uns wie zwei richtige Kerle."

Dabei mußte er lachen und ich auch.

„Und warum kommt er nicht mehr?"

„Er hat einen Job als Hafenarbeiter bekommen und verdient sich dumm und dusselig."

„Wie das?"

„Ha, kein Problem. Ich möchte nicht wissen, was hier vor meiner Haustür alles geschmuggelt wird. Offiziell verdienen die Hafenarbeiter nicht mehr als alle anderen im öffentlichen Dienst, aber wie willst du mit zwanzig Dollar eine Familie ernähren und gleichzeitig den neuen Mercedes bezahlen, auch wenn er als Diebesgut billiger ist als im Laden? Eine kleine Unterschrift auf den Ein- und Ausfuhrpapieren für tausend Dollar? Und wenn du erwischt wirst, gibst du der Polizei fünfzig und bist wieder auf freiem Fuß."

„Woher weißt du das alles?"

„So etwas spricht sich herum. Ich frage nicht, sondern höre nur zu. Ich kenne keine Namen, die will ich auch nicht wissen. Das ist Kambodscha, und ich bin hier Gast. Wer zuviel weiß, hat schlechte Karten. Und wenn ich morgen verschwunden bin, kümmert das kein Schwein. Nicht hier in Sihanoukville."

„Hast du mal daran gedacht, woanders ein Gästehaus aufzumachen? Zum Beispiel in Rattanakiri? Das hat nach Angkor das größte touristische Potential, und die Entwicklung soll in den nächsten Jahren gefördert werden. Außerdem gibt es nicht wenige Entwicklungshelfer, die ein bißchen Abwechslung bestimmt begrüßen würden."

„Ich weiß. Ich habe schon oft darüber nachgedacht, aber ich entscheide nicht allein. Sali ist lieber hier, und sie ist der Boß. Wenn es nach ihrem Kopf ginge, hätte sie ein Hotel mit fünf Sternen in Phnom Penh, aber das habe ich ihr erfolgreich ausgeredet."

„Wie denn?"

„Ich habe ihr gesagt, daß sie keine Schweine in der Lobby halten kann."

„Wie bist du denn darauf gekommen?"

„Vor einer Woche hatte sie drei Ferkel auf dem Markt gekauft. Fleisch sei teuer, und deswegen würde sie jetzt ihre eigenen Schweine halten. Den Koben hat sie unter die Treppe vor den Bungalows gebaut."

Ich mußte lachen, denn ich konnte mir nicht vorstellen, daß die Gäste sehr begeistert davon waren.

„Waren sie auch nicht, aber Sali sagte: ‚Macht nichts, wenn sie gehen, dann haben wir eben Platz für andere, die kommen.' Dann kam Billy und hat gerufen: ‚Hey Sali, die Grande Dame füttert jetzt Schweine, oder was? Ich dachte, du bist eine Lady!' Das tat es. Am nächsten Morgen waren die Ferkel verschwunden. Verkauft auf dem Markt. Mit Gewinn natürlich."

Nach einer Woche fuhr ich wieder ab, denn ich mußte meine Freundin Ellen vom Flughafen abholen. Christiane kam zehn Tage später. Ich freute mich riesig über den Besuch, und ich wußte es sehr zu schätzen, daß sie sich die Mühe machten, mich ausgerechnet in Kambodscha zu besuchen. Sie waren beide noch nie in Asien gewesen, geschweige denn in einem Land der Dritten Welt.

So groß die Freude auch war, ich mußte sehr aufpassen, was ich ihnen zumuten konnte und was nicht. Ich erinnere mich noch sehr gut an meinen ersten Zusammenstoß mit der Dritten Welt; ich war in Sri Lanka und saß in einem öffentlichen Bus von Colombo nach Galle. Es regnete, und in den erbärmlichen Hütten entlang der Straße lebten lauter Menschen, die in Lumpen gekleidet waren. Im Regen wird die Not schnell zu Elend, und es hatte mich sehr erschüttert. Im Laufe der Jahre habe ich mich an diesen Anblick gewöhnt und gelernt, damit umzugehen. Aber Christiane und Ellen waren im Urlaub und nicht auf Forschungsreise, und ich wollte nicht, daß ein Kulturschock ihnen die Reise vermasselte.

In Phnom Penh machten wir Touren im Cyclo, und ich zeigte ihnen Sehenswürdigkeiten wie Wat Phnom, die Silberpagode, das Nationalmuseum und die Märkte.

„So. Und jetzt bereitet euch seelisch und moralisch auf die jüngste Geschichte vor; die ist nämlich weniger schön als die der Vergangenheit, aber nicht minder interessant."

„Warum? Was sehen wir uns denn an?"

„Das Museum Tuol Sleng und eventuell die ‚Killing Fields'."

Wir liefen durch die Seitenstraßen in den südlichen Stadtteil Tuol Sleng, nach dem das Museum benannt worden war. In einer Schule hatte die Führungsspitze der Roten Khmer ein ‚Interrogationszentrum' eingerichtet; die Bezeichnung ‚Folterkammer' kommt der Wirklichkeit näher. Wer hierher gebracht wurde, machte seinen letzten Gang zu den ‚Killing Fields', wo die Häftlinge hingerichtet und in Massengräbern verscharrt wurden.

Im ersten Gebäude befanden sich die Einzelzellen, wo wichtige Parteikader verhört wurden. In den leeren Räumen stand jeweils ein eisernes Bettgestell, auf dem die Gefangenen angekettet und mit Hilfe von Elektroschocks verhört wurden. Als die Vietnamesen Phnom Penh befreiten, schnitten die Gefängniswärter den Häftlingen noch schnell die Kehlen durch, bevor sie die Flucht antraten. Die Opfer wurden vor dem Gebäude beerdigt.

Der zweite Trakt ist wohl der bekannteste; die Fotos der Galerien werden auch heute noch in Zeitungen und Dokumentationen reproduziert, wenn Kambodscha Schlagzeilen macht. Ganze Wände sind bedeckt mit Schwarz-Weiß-Aufnahmen der Opfer, die man bei ihrer Einlieferung zur Registrierung abgelichtet hatte. Diese Portraits wurden – neben Angkor Wat – in der ganzen Welt zum Wahrzeichen von Kambodscha.

Das dritte Gebäude beherbergte Einzel- und Gruppenzellen, und wurde komplett mit Stacheldraht verhängt; eine Maßnahme, die die Häftlinge daran hindern sollte, sich in den Freitod zu stürzen. In den ehemaligen Klassenzimmern hatte man Mauern hochgezogen; in den Zellen konnte man nur zusammengekauert liegen. In die Wände der Gruppenzellen waren Eisenringe eingelassen, an denen man die Häftlinge festgekettet hatte. Bis zu achtzig Gefangene hatte man in den Räumen zusammengepfercht.

Im vierten Gebäude hat der Maler Van Nath, einer der sieben überlebenden Insassen, die Grausamkeiten, die hier verübt worden sind, auf Bildern verewigt. Darauf sieht man die Foltermethoden in sehr genauen Details; Menschen, die mit dem Kopf in Wasserbecken getaucht wurden, denen man die Fingernägel mit Zangen herausgerissen hatte und ähnliches. Nach den erpreßten Geständnissen wurden die Sterbenden wie Schlachtvieh an einer Stange hängend zu den ‚Killing Fields' gebracht. Ein Feld, fünfzehn Kilometer außerhalb der Stadt liegend, auf dem die Opfer ihre Massengräber selber schaufeln mußten, sich dann an den Rand knieten und zu Tode geknüppelt wurden. Eines der Bilder zeigte, wie die Soldaten kleine Kinder in die Luft warfen, um sie dann vor den Augen der Mutter mit dem Bayonett aufzuspießen.

In einem der letzten Zimmer hingen zwei Landkarten an der Wand. Die erste und kleinere zeigte Kambodscha mit vielen Pfeilen, die in verschiedene Richtungen zeigten, die zweite bedeckte eine ganze Wand und war ausgefüllt mit Totenschädeln. Sie bedurfte keiner Erklärung.

„Was bedeuten denn die vielen Pfeile auf der Karte dort?"

„Die Pfeile weisen die Richtungen an, in die die Bevölkerung der Städte evakuiert wurde."

Nachdem die Truppen der Roten Khmer in Phnom Penh einmarschiert waren, wurden innerhalb einer Woche zwei Millionen Menschen aus ihren Häusern gejagt und aus der Stadt vertrieben. Endlose Züge von Menschen füllten die Straßen, Alte, Kinder und schwerverletzte Patienten aus den Krankenhäusern säumten sterbend die Gräben.

Gründe für die Evakuierung waren: Nahrungsmittelknappheit in der Hauptstadt; Schwierigkeiten, über zwei Millionen Menschen zu regieren, die Anhänger der Republik Lon Nols gewesen waren und der kommunistischen Partei feindselig gegenüberstanden; die Angst der Führer um ihre eigene Sicherheit; vor allem aber das Unterstreichen eines Sieges der Landbevölkerung über die der Städte und das Hervorheben der privilegierten Stellung der Armen über die Reichen.

Die neuen Führer änderten den Staatsnamen in ‚Demokratisches Kampuchea', (DK). Pol Pot wurde Regierungschef, Ieng Sary Außenminister und Khieu Samphan Präsident. Sie verbargen ihre wahre Identität und die Existenz der Partei noch zwei Jahre lang und machten die Welt glauben, Sihanouk stünde weiterhin an der Spitze der Regierung. Der aber war in Wirklichkeit machtlos und saß in seinem Palast eingesperrt wie in einem goldenen Käfig. Die Regierung bezeichnete sich schlicht als die ‚Organisation'.

In DK wurde jegliche Form von Privatbesitz und Religionsausübung verboten, Menschenrechte wurden ebenso abgeschafft wie Bücher, Postverkehr und Geld, die Menschen mußten Bauernkleidung tragen, damit jeder Hinweis auf eine frühere gesellschaftliche Stellung fehlte, und eine ungehinderte Bewegung innerhalb des Landes wurde undenkbar.

In einem Vierjahresplan sah man stetig ansteigende Reiserträge vor; der Überschuß sollte exportiert werden und die Kassen mit harter Währung füllen. Damit wollte man die Importe und zu einem späteren Zeitpunkt eine allmähliche Industrialisierung finanzieren. Die festgelegten Reiserträge von drei Tonnen pro Hektar waren utopisch. Man strebte drei Ernten pro Jahr an, die nur mit extensiver Bewässerung und unter massivem Arbeitseinsatz der Bevölkerung möglich schien.

Zwischen Theorie und Praxis stehen oft viele Hindernisse; in Kambodscha war es die Weigerung, der Tatsache ins Auge zu sehen, daß es sich bei den neuen Landarbeitern in erster Linie um Städter handelte, die den körperlichen Anforderungen nicht gewachsen waren, und daß ein solcher Einsatz nur bei entsprechender ‚Belohnung' erfolgen konnte. Aber der einzige Anreiz für die Bevölkerung war: ‚Ab 1980 gibt es täglich ein Dessert.'

Die Lebens- und Arbeitsbedingungen variierten von Region zu Region, am härtesten aber waren sie im Nordwesten. Die Gebiete um Battambang gehörten zu den fruchtbarsten im Lande, folglich wurde den Menschen dort am meisten abverlangt. Immer wieder wurden große Gruppen der ‚neuen Menschen' (Städter) dorthin umgesiedelt, denn unter den harten Bedingungen starben die Menschen wie die Fliegen. Erschöpfung, Unterernährung und Krankheit waren die häufigsten Gründe, medizinische Hilfe wurde ihnen nicht gewährt. Viele der Überlebenden erinnerten sich vor allem an folgenden Spruch:

„Dich am Leben zu erhalten, ist kein Profit; dich zu verlieren, ist kein Verlust."

Im ersten Jahr der Revolution waren die Zustände noch ‚erträglich'. Zum ersten Mal seit vielen Jahren befand sich das Land nicht im Krieg, und die Bevölkerung zeigte Ehrgeiz, ihr kaputtes Land wieder aufzubauen. Entscheidend war jedoch, daß es genug zu essen gab. Aber bereits Mitte 1976 verschlechterte sich die Situation, und im darauffolgenden Jahr brachen in verschiedenen Teilen des Landes Hungersnöte aus. Die Führung in Phnom Penh wußte davon nichts; vermeintliche Überschüsse in der Reisproduktion wurden weiterhin erzielt, indem die örtlichen Machthaber das Saatgut und die Rationen für die

Ernährung der Menschen reduzierten. Als Pol Pot 1977 in einer öffentlichen Ansprache die Existenz der Organisation bekanntgab, erwähnte er unter anderem, daß das Pro-Kopf Reiseinkommen 300 kg betrage. Es stellte sich später heraus, daß damals Reis bereits vom Speiseplan verschwunden war.

Im September '77 kam es zu einer inoffiziellen Spaltung in der Partei. Anlaß war das Gründungsdatum der Kommunistischen Partei. Die einen plädierten für die Entstehung 1951 nach der Auflösung der Kommunistischen Partei Indochinas, andere sprachen sich aus für 1960, als Mitglieder wie Pol Pot, Ieng Sary und andere ins Zentralkomitee gewählt wurden; jene, die jetzt die Führungsspitze bildeten. Man einigte sich auf 1960, aber alle, die für 1951 plädiert hatten, wurden als konterrevolutionäre, vietnamtreue Staatsfeinde betrachtet und landeten nach und nach in Tuol Sleng, wo sie verhört und als Verräter zum Tode verurteilt wurden. Bis zum Ende von DK fanden sechzehntausend Menschen dort ihr Ende. Ein großer Teil davon waren Frauen und Kinder.

Die Invasion der Vietnamesen war die Antwort auf jahrelange Querelen zwischen den beiden Nachbarn. Streitgegenstand waren Inseln und maritime Gebietsansprüche im Golf von Thailand, wo große Ölvorkommen vermutet wurden. Grenzüberschreitende Angriffe seitens Kambodschas wurden von den Vietnamesen nicht mit Vergeltungsaktionen erwidert; es lag nicht in ihrem Interesse, einen neuen Krieg zu führen, am allerwenigsten gegen seinen Nachbarn. Statt dessen machten sie Verhandlungsangebote, auf die Pol Pot jedoch nicht einging. Er und seine Partei hatten Oberwasser; sie hatten Phnom Penh eingenommen ohne die Hilfe Vietnams – sie würden alles schaffen. China versorgte DK mit Waffen, Munition und Kriegsmaterial und sicherte Hilfe zu im Falle einer Konfrontation mit Vietnam, nicht aber die Unterstützung in einem offenen Krieg.

Die Verbindung mit China betrachtete Vietnam als Provokation und marschierte Ende 1977 in verschiedenen Teilen des Landes ein. Nach ein paar Wochen zogen sie mit Tausenden von Gefangenen wieder ab und begannen, unter den Kambodschanern, die in Vietnam lebten oder dorthin ins Exil geflohen waren, eine Regierung im Exil zu bilden, die sie bei entsprechender Gelegenheit einsetzen konnten. Um ein Gegengewicht zu Kambodscha-China darzustellen, schloß Vietnam einen Freundschaftsvertrag mit der Sowjetunion.

Kambodscha und Vietnam begannen mit einer Mobilmachung ihrer Truppen entlang der Grenze, und bald befanden sie sich in einem kostspieligen Kampf, der zwar den Interessen der Supermächte diente, die aber ihrerseits keine Risiken eingehen wollten und die Kampfhandlungen nicht aktiv unterstützten.

Am 7. Januar 1979 besetzten die Vietnamesen Phnom Penh. Die Führungsspitze floh in Hubschraubern; ihre halb verhungerten Truppen folgten ihnen wenige Monate später. Die jungen Männer waren noch immer bereit, ihr Leben

zu geben für eine Organisation, die ihnen wie kein anderer Selbstachtung und Macht verliehen hatte. Als sie rekrutiert wurden, waren viele von ihnen jünger als zwanzig gewesen; sie waren wie ein weißes Blatt Papier, auf das man erfolgreich die Lehren der Revolution geschrieben hatte. Für ihre Meister würden sie alles tun.
(Fortsetzung folgt).

In weniger als vier Jahren fanden fast zwei Millionen Menschen ihren Tod, nicht durch den Feind in einem Krieg, nein, ihre Mörder waren ihre eigenen Landsleute. Sie mußten auf grausame Art sterben für eine Ideologie, die jeglicher Vernunft entbehrte. Unglaublich, was ein einzelner Mensch – in diesem Falle Pol Pot – in Bewegung setzen konnte. Ebenso unglaublich ist es, daß seine Parteigenossen, die den Wahnsinn sehen *mußten,* diesen *einen* Mann nicht aus dem Verkehr zogen.

„Wenn man sich hier so umsieht, dann fällt es schwer zu glauben, was alles passiert ist. Die Menschen sind so fröhlich und vergnügt, als wäre nie so etwas passiert."

„Und es ist erst zwanzig Jahre her. Aber sollen sie den ganzen Tag den Kopf hängen lassen? Sie beklagen die Toten und beten für sie, aber das Leben geht weiter."

Die beiden hatten einen schönen Urlaub. Mit Ellen fuhr ich nach Kompong Cham und Sihanoukville; mit Christiane machte ich einen Ausflug nach Takeo und Kampot. Über unseren denkwürdigen Ausflug auf die Bergstation von Bokor werde ich noch berichten.

Ein paar Wochen später erhielt ich von Ellen eine Postkarte:
Die Schweizer Paßkontrolleure haben mich mit finsterem Gesicht begrüßt – es ist wirklich nett, wieder in der Heimat zu sein!

Und Christiane schrieb kurz darauf:
[...]; es war fast ein bißchen wie Urlaub auf einem anderen Planeten. [...], ohne dich hätte ich Asien oder gar Kambodscha noch lange zugunsten anderer Urlaubsziele aufgeschoben und wäre jetzt um viele Eindrücke und Erfahrungen ärmer! Ich muß öfter an die Näherin denken, die mich an meinem letzten Tag auf dem Markt in Phnom Penh gefragt hat, wo es besser wäre: in Deutschland oder in Kambodscha? Wenn ich mich morgens in der U-Bahn so umschaue und in die mürrischen, verbissenen Gesichter sehe, dann bin ich mir sicherer denn je, daß ich obige Frage nur mit Recht sehr zögerlich und mit vielen Einschränkungen beantwortet habe. Lebensqualität und vor allem Zufriedenheit und Ausgeglichenheit steigen in keinster Weise mit dem Lebensstandard.

Kambodscha hatte seine Wirkung auf die beiden nicht verfehlt, und darüber freute ich mich am meisten. Nachdem sie abgereist waren, nahm ich mir den nächsten Abschnitt von Kambodscha vor – den Mekong. Mit dem Schiff flußaufwärts, soweit wie möglich.

WO DER TABAK GEDEIHT ...

Es war noch dunkel, als ich aufbrach. Der Hafen lag im Norden Phnom Penhs hinter der japanischen Freundschaftsbrücke. Ich kaufte eine Fahrkarte und ging über eine schmale Holzplanke zum Boot. Leider fuhr an diesem Tag keines der langsamen Schiffe, und ich mußte mit einem Schnellboot vorliebnehmen. Ich warf meinen Rucksack auf das Dach und kletterte hinterher. Das Boot füllte sich allmählich, und wir legten ab, nur zehn Minuten später als auf dem Fahrplan stand.

Halt! Da kamen noch ein paar Reisende, die es besonders eilig hatten. Wieder zurück, anlegen, einladen, ablegen. Endlich. Die Sonne stand noch niedrig, und der Fahrtwind blies kühl. Kaum waren wir um den Zipfel der Halbinsel herumgefahren, sah man überall Fischerboote auf dem Fluß. Bis zu acht Männer standen darin und zogen gemeinsam die schweren Netze nach oben. Zappelnde Fische glitzerten silbrig im Licht und versuchten vergeblich, zu entkommen.

Für geraume Zeit war kein Ufer zu sehen, viele kleine Inseln versperrten die Sicht, und ich dachte, ich sei auf dem falschen Boot gelandet und mache eine Inselkreuzfahrt. Erst allmählich zeigte sich der Fluß als solcher. Er war hier mehrere hundert Meter breit, aber an vielen Stellen erreichte seine Ausdehnung sogar bis zu einem Kilometer und mehr. Das Ufer war kaum zu erkennen im Morgendunst, und außer den immer wieder auftauchenden Fischerbooten gab es nicht viel zu sehen. Die Fänge waren immer sehr ergiebig, zählt doch der Mekong über achthundert verschiedene Fischarten, von denen mittlerweile viele vom Aussterben bedroht waren, wie die Flußdelphine, die nahe der laotischen Grenze immer wieder Dynamitfischern zum Opfer fielen.

Der Mekong ist einer der längsten Flüsse der Erde. Er entspringt aus dem ewigen Eis am Rande des tibetischen Hochplateaus in China, und auf den nächsten 4500 Kilometern fließt er durch Burma, Laos, Thailand und Kambodscha, bis er in einem weit verzweigten Delta in Vietnam ins südchinesische Meer mündet. Durchgehend schiffbar wird er erst südlich der Grenze zwischen Laos und Kambodscha; Stromschnellen und bis zu dreitausend Meter tiefe Schluchten an seinem Oberlauf beschränken den kommerziellen Nutzen auf die Energiegewinnung aus Wasserkraftwerken in Laos.

Die Regierungen Thailands und Kambodschas planten seit einer Weile den Bau von gewaltigen Staudämmen in Kambodscha. Als ich davon hörte, konnte ich nur mit dem Kopf schütteln. Es war doch mittlerweile ein alter Hut, daß der kurzfristige Nutzen solcher Dämme den langfristigen Schaden in keiner Weise aufwog. Warum zog man so etwas überhaupt noch in Betracht? Kambodscha hätte ohnehin nicht viel davon; der Profit ginge in den ersten Jahren an Thailand und an die Investoren, bis der Schuldenberg abgetragen war, und danach würde der Gewinn geradeso die Instandhaltungskosten decken. Allerdings war es fraglich, ob jemand das benötigte Kapital in ein Land investieren würde, in dem die politische Situation so instabil war wie in Kambodscha. Es hatte eben alles zwei Seiten.

Wir näherten uns langsam Kompong Cham, der ersten größeren Stadt flußaufwärts von Phnom Penh. Das Ufer wurde steiler, und an manchen Abschnitten betrug der Höhenunterschied vom Ufer bis zur Wasseroberfläche in der Trockenzeit bis zu vierzehn Meter. Zerklüftete Erdschollen fielen steil ab, und die Anwohner hatten Treppenstufen in die von der Sonne hartgebackene Erde gehauen. Sie warteten jetzt immer häufiger in kleinen Grüppchen, halb im Wasser stehend, auf das Boot. Nach drei Stunden Fahrt waren wir da.

Ein wackeliger Brettersteg ohne Geländer führte zum Ufer, und ich fragte mich, wann ich wohl endlich das Gleichgewicht verlieren und ins Wasser fallen würde. Eine steile Treppe führte hinauf zur Straße. Der Bequemlichkeit halber ging ich wieder ins *Mae Nam Kong Hotel*, das genau gegenüber lag. Ich meldete mich an und suchte dann gleich nach dem Café auf dem Markt, wo es den besten Filterkaffee in ganz Kambodscha gab. Der junge Mann erkannte mich sofort wieder und brachte mir lachend gleich zwei Tassen.

Mit mir an dem klapprigen Holztisch saß eine alte Frau. Sie saß immer dort, mit geschorenem Kopf, ein blaukariertes Krama über die Schultern gelegt, eine Tasse Tee vor sich und den Blick stumm in die Ferne gerichtet.

„Wie alt bist du, Großmutter?"

Langsam drehte sie den Kopf zu mir herüber und sah mich an. Dann steckte sie den Finger in den Mund und malte mit Spucke die Zahl ‚92' auf den Tisch. Ich hätte einiges dafür gegeben, besser Khmer sprechen zu können, denn diese alte Frau war ein wandelndes Geschichtsbuch. Wieviele Menschen mochten wohl noch in Kambodscha leben, die so alt waren wie sie? Wo doch über die Hälfte der Bevölkerung jünger ist als zwanzig Jahre. Sie hatte Könige und Kolonialherren, Revolutionen und Bürgerkriege, Pol Pot und die vietnamesische Besatzung miterlebt, und jetzt sah sie dem neuen Aufschwung Kambodschas zu. Was mochte sie wohl denken nach so einem langen Leben?

Für die nächsten Tage mietete ich mir ein Fahrrad und erkundete die Gegend. Von der Uferpromenade Kompong Chams führte am südlichen Ende eine Behelfsbrücke zu der Insel Koh Trong. Die ursprüngliche aus Beton hatte eines Tages den Fluten nachgegeben und ihre Überreste waren jetzt bevorzugter Spielplatz der Kinder. Die Behelfsbrücke hatte man aus Bambusstäben zusammengebaut. Sie sah ziemlich instabil aus, und ich sah davon ab, sie zu überqueren. In der Nähe war ein Ponykutschen-Taxistand.

„Sagt mal, gibt es noch einen anderen Weg hinüber zur Insel?"

„Fahr durch Phum Roka. Hinter der Moschee ist ein Weg, keine Brücke. Da fällst du bestimmt nicht ins Wasser."

Vielen Dank. In Phum Roka gab es eine kleine, muslimische Gemeinde. Eine brandneue, strahlendweiße Moschee sprang mir sofort ins Auge. Ich blieb stehen und sah sie mir an.

„Gefällt dir unsere Moschee?"

Aus dem Innern kam ein kurzer, dicker Mann mit arabischer Kopfbedeckung.

„Sie ist wohl neu, oder?"

„Ja, ganz neu. Ich heiße Ali. Möchtest du einen Tee?"

„Oh ja, gerne."

Wir setzten uns in ein kleines Café am Straßenrand.

„Gibt es hier viele Muslime?"

„Wieviele es in Kompong Cham sind, weiß ich nicht genau, aber in ganz Kambodscha gibt es ungefähr eine Million. Ist unsere Moschee nicht schön? Wir sind ganz stolz auf sie."

Ich glaube, er wäre am liebsten eingezogen.

„Ja, sie ist sehr schön. Wo ist denn die alte?"

Er lachte kurz auf.

„Aber die gibt es doch gar nicht mehr. Pol Pot hat sie zerstört. Seine Leute haben Schweine darin gezüchtet, kannst du dir das vorstellen? S-c-h-w-e-i-n-e!! Dieser Barbar!"

„Ja, ich habe davon gehört. Er mochte wohl gläubige Menschen nicht besonders."

„Er hat sie alle umgebracht, alle. Meine Mutter, meinen Vater, meinen Bruder, er ist ein Mörder!"

Jetzt hatte er Tränen in den Augen, und ich wollte ihn etwas aufheitern.

„Eure neue Moschee war doch bestimmt teuer, so schön, wie sie ist."

Sein Gesicht hellte sich wieder auf.

„Ja, sie war nicht billig. Aber wir haben alle gespendet und dann haben wir noch Geld von reichen Arabern bekommen. Das war sehr nett."

„Von Saudi Arabien?"

„Nein, nein, von Dubai. Das ist ein kleines Land neben Saudi Arabien. Ich glaube nicht, daß du es kennst. Niemand kennt es."

Ich mußte mir das Lachen verkneifen.

„Doch, doch, ich kenne Dubai. War sogar schon mal dort."

„Du warst dort? Wirklich? Die Araber dort sind sehr nett. Sie helfen uns immer bei den Pilgerfahrten nach Mekka. Das kostet doch so viel Geld."

„Hast du deine Pilgerfahrt schon gemacht?"

„Ja, vor zwei Jahren."

„Dann bist du jetzt ein ‚Haddschi', richtig?"

Er strahlte so sehr, daß seine Augen fast hinter seinen dicken Bäckchen verschwanden.

„Ja, ich bin Ali Al-Haddschi. Du weißt aber viel!"

Die Welt war so klein; vielleicht war Ali Al-Haddschi sogar mal mein Passagier gewesen?

„Ali, warum ruft ihr eigentlich nicht zum Gebet? Ich habe noch nie in Kambodscha den Ruf des Vorbeters gehört."

„Ach weißt du, es ist besser, wenn wir uns ruhig verhalten. Wir wollen niemanden stören. Wir gehen zum Gebet, wenn ein kleines Glöckchen bimmelt."

Wie bescheiden; daran sollten sich die Fundamentalisten im Orient mal ein Beispiel nehmen.

„Habt ihr denn Ärger mit den Buddhisten?"

„Oh nein, überhaupt nicht. Aber Pol Pot war kein Buddhist, sondern ein Irrer! Und wenn so einer wieder kommt, wollen wir kein Aufsehen erregen."

Seine Stimme zitterte schon wieder verdächtig, und ich lenkte ab.

„Ich möchte nach Koh Trong. Kannst du mir sagen, wie ich hinüber komme?"

„Fahr immer geradeaus, am Ende des Weges führt eine Bambusstraße auf die Insel."

In der Trockenzeit war kein Wasser zwischen der Insel und dem Festland, und die Bewohner hatten Bambusmatten auf den sandigen Untergrund gelegt, damit man besser fahren konnte. Am Ende gab es eine Mautstation; nichts war umsonst.

Auf der Insel wurde hauptsächlich Tabak angebaut. Vor den Häusern saßen Frauen und Kinder auf Strohmatten vor großen Haufen der hellgrünen Blätter und zogen sie auf Bambusstöcke auf, die dann von den Männern in Trockentürme zum Trocknen und Räuchern gehängt wurden. Die fünf Meter hohen Lehmbauten hatte ich vom Fluß aus oft gesehen; jetzt wußte ich, wofür man sie benutzte.

„Was guckst du da?"
Ein junger Mann stand neben mir.
„Och, ich sehe mich nur ein wenig um."
„Bist du Tourist?"
„Jain."
„Komm mit in mein Haus, ich möchte mit dir Englisch üben."

Er wohnte mit seiner Mutter und seiner Schwester in einem sehr schönen Stelzenhaus, in das eine hohe Treppe führte. Innen war es angenehm kühl. Es gab einen großen Raum und zwei kleinere. Küche und Brunnen befanden sich unter dem Haus.

„Wo hast du denn Englisch gelernt?"
„An der Universität von Phnom Penh."
„Und was studierst du?"
„Landwirtschaft. Aber ich habe aufgehört."
„Warum denn?"
„Meine Familie hat nicht genug Geld. Man muß alles selber bezahlen, die Lehrer, die Fotokopien für den Unterricht, die Bücher, das Essen und die Unterkunft. Ich habe nämlich keine Verwandten in Phnom Penh. Das war zu teuer. Jetzt habe ich eine gute Stelle bei einer Organisation aus Europa. Die bezahlen mir zweihundert Dollar im Monat. Warum sollte ich studieren?"

„Vielleicht, damit du etwas in der Hand hast, wenn diese Organisation wieder verschwindet. Niemand bleibt ewig in Kambodscha. Die ziehen ihr Programm durch und dann reisen sie wieder ab."

„Aber nicht Klaus. Sie ist mein Boß, kennst du sie?"

Ich kannte Klaus. Ellen und ich hatten diese laute, herrische Person in einem Restaurant kennengelernt und ihr diesen Männernamen gegeben, denn der paßte zu ihr. Sie hatte mir ihre Visitenkarte in die Hand gedrückt und ich ihr meine; ich war stolz, endlich welche zu verteilen. Aus Mangel an einer besseren Idee hatte ich ‚Journalist' aufdrucken lassen, und Klaus leierte prompt sämtliche Projekte der Organisation herunter, zu denen unter anderem auch eine Brücke über den Mekong gehörte. Sie war eine ehemalige Stewardess und hatte dann in internationalen Organisationen Karriere gemacht.

Klaus war sicherlich nicht verkehrt, aber mich störte ihr außerordentlich autoritäres Auftreten den Kambodschanern gegenüber, und ihre Äußerung, sie kenne die Kambodschaner, auch ohne mit ihnen reden zu können. Sie wüßte, was in ihren Köppen vorginge, und sehr hell seien die meisten ohnehin nicht. Ich fand das eine unglaubliche Anmaßung, und damit hatte sie es sich bei mir verschissen.

„Also du glaubst, Klaus läßt dich nicht hängen?"

„Nein, bestimmt nicht. Ich weiß, daß sie denkt, ich bin ein bißchen dumm, weil ich so schlecht Englisch kann, und sie kommandiert viel, aber meistens ist sie ganz nett."

Von der Begegnung mit ihr erzählte ich ihm nichts; wem hätte es genutzt? Ich fuhr weiter. Hoppla! Nur knapp entging ich einem Zusammenstoß mit einem Ochsenkarren, der vorbei raste, als sei der Teufel hinter ihm her. Ich sah dem Gefährt erstaunt hinterher. Auf den mit Tabakblättern gefüllten Körben thronte eine dicke Frau, die mich breit anlachte. Ihr Gebiß ganz aus Goldzähnen hätte den ‚Beißer' aus den James-Bond-Filmen vor Neid erblassen lassen.

Das Fahren auf dem sandigen Untergrund erwies sich als äußerst mühsam, und ich wich auf einen schmaleren, aber festeren aus. Ich befand mich nun hinter den Häusern. Plötzlich stieg mir ein vertrauter Geruch in die Nase. Ich blieb stehen und sah mir die Pflanzen, die da zum Trocknen in der Sonne lagen, etwas genauer an. Das hätte ich mir eigentlich denken können.

„Wo der Tabak gedeiht, blüht der Hanf nicht weit!"

Im Januar wurde ein Gesetz verabschiedet, das den Anbau von Marihuana in Kambodscha für illegal erklärte – sehr zum Bedauern der Bauern, die nun erhebliche finanzielle Einbußen erlitten, wenn ihre Felder in voller Blüte abgefackelt wurden. Von meiner plötzlichen Anwesenheit waren sie auch nicht gerade begeistert und dirigierten mich schnell wieder auf die Hauptstraße.

Ein weiter Sandstrand umgab die Insel, und am Ufer standen ein paar armselige Fischerhütten. Die darunter sitzenden jungen Männer flickten Netze, und die älteren spielten Schach. Mit Muscheln, Kieselsteinen, Kronenkorken und steinzeitlichen Figuren auf einem Brett, das sie in den Sand gezeichnet hatten. Und die Frauen machten wie üblich die Drecksarbeit. Sie zerhackten Fisch in eine blutige Masse, die dann mit Salz eingelegt zu Fischpaste, Prahoc, weiterverarbeitet wurde. Ich hatte sie mal probiert, mein Leibgericht wurde es nicht.

Bei einer anderen Fahrt verirrte ich mich zwischen Reisfeldern und kleinen Tümpeln. In einem dieser Tümpel standen lauter Jungen, schaufelten den Schlamm mit den Händen hin und her und griffen nach etwas silbrigem, das durch die Luft flog.

„Was macht ihr denn da?"

„Wir fangen Fische. Der ganze Tümpel ist voll davon; hier, sieh mal!"

Sie zeigten mir einen Eimer, in dem es vor kleinen silbernen Fischchen nur so wimmelte.

„Warum wartet ihr nicht, bis sie größer sind? Das da ist doch bloß was für den hohlen Zahn."

Sie lachten bei der Vorstellung.

„Wenn sie größer sind, ist der Tümpel trocken und die Fische längst weg."

Ich erinnerte mich an eine Unterhaltung mit einem Mitarbeiter der *Mekong River Commission*. Er hatte mir die Wanderungen der Fische erklärt. Wenn das Wasser in den Flüssen während der Regenzeit stieg, wanderten riesige Schwärme flußaufwärts in die Seitenarme des Mekong, den Tonlé Sap See und in überschwemmte Gebiete wie Wälder und Reisfelder. In den stillen Gewässern war das Nahrungsangebot sehr groß, und sie konnten dort laichen. Da sie allerdings zu dieser Zeit eine leichte Beute darstellten, gab es von alters her ein Fangverbot von Juni bis Oktober. Sobald das Wasser zurückging, begannen auch die Fische mit ihrer Wanderung in die großen Flüsse, wo sie jedoch von den Netzen der Fischer erwartet wurden.

„Wie komme ich von hier wieder auf die Straße?"

„Fahr dort über den Friedhof, dahinter ist die Straße."

Friedhof? Ich hatte in ganz Kambodscha noch keinen Friedhof gesehen außer in den Klöstern. Ich hatte genug Anstand, nicht mit dem Fahrrad über die Gräber zu fahren, sah aber ein paar Männer, die ohne mit der Wimper zu zukken an die Grabsteine pinkelten. Es war ein Friedhof der Chinesen. Sie verbrannten ihre Toten nicht wie die Khmer, sondern beerdigten sie. Hinter dem Friedhof lag ein Bananenhain und dahinter ein Café. Es war heiß geworden, und ich machte eine Pause.

Ein älterer Herr im Anzug setzte sich zu mir. Ich erlebte dies immer öfter, anscheinend war hier so wenig los, daß ein Barang, der mit dem Fahrrad scheinbar ziellos durch die Gegend fuhr, eine willkommene Abwechslung bot.

„Hallo. Was machst du hier?"

Ich erzählte es ihm.

„Und du Großvater, was machst du hier?"

Mit Großvater und Großmutter sprach ich immer alle Leute an, die wesentlich älter waren als ich. Das war eine Form des Respekts, die mir Vora eingehämmert hatte, und sie freuten sich, daß ich es wußte. Ich sagte ihnen nicht, daß eine Vierzigjährige in Deutschland schwer beleidigt wäre, wenn ich sie Oma nennen würde.

„Ich bin der Direktor vom Gefängnis."

„Nicht viel zu tun, was?"

„Nein, zur Zeit nicht. Ein paar Diebe und zwei Menschenfresser, nichts Aufregendes."

„Menschenfresser?"

„Ja."

„Erklär mir das bitte."

„Wir haben zwei Männer verhaftet, die mit einer Totgeburt eine Suppe gekocht haben. So was kommt in den besten Familien vor."
„Und was passiert jetzt mit ihnen?"
„Gar nichts."
„Gar nichts?"
„Nein! Wir haben in Kambodscha kein Gesetz, das die Behandlung von Leichnamen regelt."
„Und warum nicht?"
„Weiß ich nicht. Wir haben für viele Dinge keine Gesetze. Es dauert eben alles ein bißchen länger bei uns. Wie gefällt es dir hier in Kambodscha?"
„Bis auf die Tatsache, daß Totgeburten gekocht werden, ganz gut. Du sprichst sehr gut Französisch."
„Das habe ich gelernt, als die Franzosen noch hier waren. Ich kam aus einer guten Familie und ging in eine gute Schule. Außerdem habe ich einen Bruder in Frankreich, den ich sogar schon mal besucht habe."
„Wie hat es dir denn in Frankreich gefallen?"
Er überlegte eine Weile und holte dann tief Luft, bevor er anfing.
„Naja, also schlecht ist es dort nicht – aber mir war immer langweilig."
„Warum denn langweilig? Es gibt doch eine Menge zu sehen."
„Schon, aber ich bin nicht nach Frankreich gefahren, um mir etwas anzusehen, sondern weil ich meinen Bruder besuchen wollte. Aber er mußte immer den ganzen Tag arbeiten, und da war mir eben langweilig! Hier kann man sich im Café treffen, auch wenn man arbeitet."
„Aber doch auch nicht jeder. Die Bauern können das nicht."
„Nein, die Bauern nicht. Aber meine Freunde, die, die in der Verwaltung arbeiten oder im Ministerium."
„Gibt es da auch so viel zu tun wie im Gefängnis?"
„Manchmal schon. Aber die Franzosen – ich verstehe wirklich nicht, wie man den ganzen Tag arbeiten kann. Ist das in Deutschland auch so schlimm?"
Ich mußte herzlich lachen.
„Die Deutschen leben für die Arbeit, hast du das noch nie gehört?"
„Aber dafür sieht man nachher auch was; bei den Franzosen nicht."
Auf den Mund gefallen war er nicht.
„Warst du schon mal in Moskau?"
„Nein, leider nicht."
„Ich mußte dort hin zu einer Schulung, das war vor zehn Jahren. Da waren die Vietnamesen noch hier, Kommunisten, weißt du, und die haben uns öfter ins Ausland geschickt. Zu anderen Kommunisten. Aber bei euch im Osten war ich nicht."

„Und wie hat es dir in Moskau gefallen? War es dort auch langweilig?"

„Nicht so sehr wie in Frankreich, aber dafür war es viel kälter. Bei der Schulung gab es viele Ausländer, aber am besten habe ich mich mit den Afrikanern verstanden. Aus Angola. Die sitzen auch gerne im Café und trinken und reden."

„Und wo warst du noch überall?"

„Von Moskau aus sind wir nach Korea geflogen, aber da wurde ich krank, und sie haben mich nach Hause geschickt. Entzündeter Blinddarm. War 'ne schlimme Sache."

„Mal etwas anderes. Nächstes Jahr sind in Kambodscha Wahlen. Ich habe schon öfter gehört, daß es Krieg geben soll, weil die Wahlen mit Sicherheit andere Ergebnisse bringen als die gewünschten. Was meinst du? Gibt es Krieg?"

Er winkte ab.

„Nein, bestimmt nicht. Die Menschen haben so viel mitgemacht, sie haben genug vom Kämpfen."

„Aber viele denken anders."

„Das sind doch Pessimisten. Sieh mal, was die Menschen alles erreicht haben in den letzten zehn Jahren. Glaubst du, sie setzen das aufs Spiel?"

„Weiß nicht. Aber Tatsache ist doch, daß die Oberschicht wieder ganz schön korrupt geworden ist, so wie zu Zeiten Lon Nols. Und es gibt noch immer viel zu viele Menschen, die bettelarm sind."

„Das stimmt. Aber den Krieg führen nicht die armen Leute, sondern die reichen. Und die wollen ihr Geld nicht verlieren."

Ich wünschte, er würde Recht behalten. Aber je länger ich hier war, um so öfter bemerkte ich den Unmut in vielen Gesichtern und um so mehr nahm ich die soziale Ungerechtigkeit wahr. Da fuhr eine Zehnjährige auf einem Mofa zur Schule, und ein alter Mann strampelte sich daneben auf seiner Fahrradkarre ab, um ein paar Riel zu verdienen. Der alte Mann sah das doch, er war ja nicht blind.

„Wo fährst du als nächstes hin?"

„Oh, ich glaube nicht, daß ich noch mal verreise. Hier bin ich zu Hause, hier fühle ich mich am wohlsten."

„Und wenn es doch Krieg gibt?"

„Mein liebes Kind, ich will dir mal etwas sagen. Es gibt nichts, was wir Kambodschaner noch nicht gesehen hätten. Wir haben Pol Pot überlebt *und* die Vietnamesen. So schnell haut uns nichts mehr um."

Ich glaube, da hatte er recht.

Als die Vietnamesen 1979 Phnom Penh und weite Teile des Landes besetzten, wurden sie von der einheimischen Bevölkerung freudig begrüßt. Den Menschen war jedes Mittel recht, das sie von dem Joch der Schreckensherrschaft befreite, selbst wenn es bedeutete, daß nun die verhaßten Vietnamesen das Sagen hatten.

Sofort nach dem Einmarsch setzten die Vietnamesen die von ihnen gebildete Exilregierung ein und riefen die Volksrepublik Kambodscha (VRK) aus. Die Regierungsbeamten waren ehemalige Mitglieder der Kommunistischen Partei, die 1977 nach Vietnam ins Exil geflohen waren, und Kambodschaner, die seit den fünfziger Jahren in Vietnam gelebt hatten.

In Kambodscha selber herrschte nach der Invasion das reinste Chaos. Hunderttausende setzten sich in Bewegung und suchten nach Angehörigen, nach ihren Dörfern oder gingen ins Ausland. Mehr als dreihunderttausend Flüchtlinge versammelten sich in Flüchtlingslagern an der thailändischen Grenze. In dem Durcheinander kümmerte sich niemand um die Reisernte, und Mitte des Jahres wurden erste Warnungen einer drohenden Hungersnot, verstärkt durch anhaltende Dürre, laut.

Bestimmt sind noch vielen Menschen die schrecklichen Bilder, die damals um die Welt gingen, in Erinnerung. Wandelnde Skelette, die sich mit letzter Kraft über die Grenze schleppten, brachen vor den Kameras der Journalisten zusammen und starben vor ihren Augen. Das Ausmaß der Not war unbeschreiblich.

Eine weltweite Spendenaktion setzte sich in Bewegung, um den Opfern mit dem Nötigsten zu helfen. Es fehlte an allem. Massive Lieferungen erreichten die Opfer allerdings erst, als es vielerorts fast zu spät war; die Gründe dafür waren bürokratische Rivalitäten zwischen Thailand und seinen Verbündeten sowie der Widerstand Vietnams, das unter den Organisationen Agenten der Westmächte vermutete und außerdem einen Teil der Hilfsgüter für sich beanspruchte.

Die kambodschanische Gesellschaft schien dem Ende nah. Die Dörfer waren zerstört, Werkzeuge, Saatgut und Dünger gab es nicht, die Menschen litten an extremer Unterernährung, Malaria und standen unter Schock. Sechzig Prozent der Haushalte wurden von Witwen geführt, und Tausende Menschen standen völlig allein da; sie hatten ihre ganze Familie verloren.

1980 begann sich die Situation einigermaßen zu stabilisieren. Hilfsorganisationen der UN hatten sich in den Flüchtlingslagern etabliert und halfen, wo sie konnten. Sie pumpten Luft in den leblosen Körper und machten ihn wieder lebensfähig.

China war durch den Einmarsch der Vietnamesen in Kambodscha sehr verärgert und beschloß, ihnen eine Lektion zu erteilen. Mit stillschweigender Billigung der USA griffen sie mehrere Gebiete in Nordvietnam an, und es kam zu schweren Kampfhandlungen. Nach zwei Wochen zogen sie ihre Truppen wieder zurück. Vietnam sah sich nur noch von Feinden umgeben und weigerte sich jetzt erst recht, aus Kambodscha abzuziehen, da das Land eine ideale Pufferzone zu Thailand darstellte.

Während die von Vietnam eingesetzten Politiker in Phnom Penh nach und nach zu einer funktionierenden Regierung wurden, bildete sich in den Flüchtlingslagern in Thailand wachsender Widerstand gegen die Invasoren.

Drei Gruppen kämpften zunächst unabhängig voneinander gegen den gemeinsamen Feind. Die stärkste Gruppe waren natürlich die Roten Khmer unter ihrer alten Führungsspitze. Die zweite Gruppe unter dem früheren Premierminister Son Sann waren Republikaner, und die dritte Gruppe, die Royalisten, schloß sich Sihanouk an.

Es wurde bald deutlich, daß China und die USA bereit waren, DK im Exil zu unterstützen, als Strafe sozusagen für den Einmarsch der Vietnamesen. Des weiteren machte China Druck auf Sihanouk, mit DK eine Allianz zu bilden. Er weigerte sich, sah sich jedoch auch mit dem Schicksal seines Landes konfrontiert, dessen ‚Vater' er noch immer war.

Im September 1981 setzten sich die drei Gruppen an einen Tisch und bildeten eine Koalitionsregierung im Exil, die von den Vereinten Nationen anerkannt wurde. Um glaubhafter zu wirken, schwor die Führung von DK dem Kommunismus ab, löste die Partei auf und erklärte, DK würde nun einen kapitalistischen Kurs verfolgen. Obwohl sie eine Koalition geformt hatten, gingen jedoch alle drei Gruppen weiterhin ihren eigenen Weg.

Was die Territorialfrage betraf, so kontrollierte die Regierung in Phnom Penh bzw. die Truppen Vietnams den größten Teil des Landes, die 30.000 Mann starke Armee der Koalitionsregierung hingegen nur einen schmalen Streifen entlang der thailändischen Grenze. In dem folgenden Bürgerkrieg konnten sie jedoch ihre Gebietsansprüche ausdehnen, und Ende der achtziger Jahre hatten die Roten Khmer den Nordwesten und die Region um Battambang, den Südwesten und Kampot eingenommen und bedrohten immer wieder Sihanoukville.

Mitte der achtziger Jahre begannen die Vietnamesen mit einem allmählichen Abzug ihrer Truppen aus Kambodscha, der 1989 endete. Die Regierung in Phnom Penh war selbständig genug geworden, Kambodscha ohne fremde Hilfe zu regieren. Nach dem Zusammenbruch des Ostblocks wurden die Finanzhilfen der kommunistischen Länder immer weniger und die Besatzung immer teurer; und als die Sowjetunion sich aus Afghanistan zurückzog, konnte Vietnam ihrem Beispiel folgen, ohne viel Gesicht zu verlieren.

Der Bürgerkrieg in den Provinzen ging auch nach dem Abzug der Vietnamesen weiter, und die Widerstandskämpfer fanden vermehrt Zulauf unter der Bevölkerung.

Premierminister Hun Sen und seine Regierung sahen sich mit wachsenden Problemen konfrontiert. Blühender Schwarzmarkthandel und Korruption machten seine Beamten reich, während die Staatskassen leer blieben und sich die Situation auf dem Land verschlimmerte. Die Krankenhäuser waren überfüllt mit Minenopfern, die Strom- und Wasserversorgung blieb mangelhaft, ein großer Teil der Bevölkerung litt noch immer an Unterernährung, die Rate der Säuglingssterblichkeit war eine der höchsten der Welt, ebenso wie die Geburtenrate, und die Kosten für den Kriegsapparat überschritten bei weitem die Möglichkeiten des Staates. Das Wirtschaftsembargo der USA gegen die Vietnamesen nach deren Einmarsch in Kambodscha traf auch den kleinen Nachbarn; die Leidtragenden waren das Volk.

Unterdessen wurden die Widerstandsgruppen von den Hilfsorganisationen der Vereinten Nationen gefüttert und mit Hilfe der USA, China und Thailand aufgerüstet.

Bereits 1987 hatte man mit zähen Verhandlungen über eine friedliche Lösung des Konflikts begonnen, aber erst 1991 unterzeichneten alle vier Bürgerkriegsparteien in Paris einen Friedensvertrag. Unter der Präsidentschaft Sihanouks wurde eine provisorische Regierung gebildet; mit der Durchführung des Vertrags betraute man die UNTAC (United Nations Transitonal Authority in Cambodia). Der Friedensplan bestand aus drei Phasen: Entwaffnung aller kriegsführenden Parteien, Registrierung der Wähler und Durchführung freier Wahlen.

Im März 1992 ‚besetzten' 22.000 Soldaten und ziviles Personal der UNTAC das Land. Aber um auch die letzten Winkel des Landes erreichen zu können, mußten erst einmal Straßen gebaut, Minen geräumt und Kommunikationsnetze erstellt werden; erst dann konnten sie mit ihrer eigentlichen Aufgabe beginnen.

Die Entwaffnung scheiterte an dem Widerstand der Roten Khmer, und die anderen Gruppen folgten deren Beispiel. Auch bei der Registrierung der Wähler verhielten sich die Roten Khmer wenig kooperativ; sie entführten und ermordeten UNTAC-Personal, verminten die Straße zu ihrer Hochburg Pailin und unternahmen immer wieder Attacken auf die Vietnamesen, die unter der Besatzungsmacht allmählich wieder in Kambodscha zu siedeln begannen. Doch trotz ihrer zahlreichen Versuche, den Friedensprozeß zu destabilisieren, wurden im Mai 1993 in allen Landesteilen friedliche Wahlen durchgeführt, bei denen fast neunzig Prozent der registrierten Wähler teilnahmen. (Am liebsten hätten die Wähler der UNTAC ihre Stimme gegeben.)

Keine der beiden großen Parteien CPP – Hun Sen – und FUNCINPEC – Prinz Ranariddh – konnte eine absolute Mehrheit für sich verbuchen, aber daß die Partei Ranariddhs mehr Stimmen bekam, ärgerte Hun Sen so sehr, daß er sich weigerte, die Wahlen anzuerkennen. Der gerade erst beginnende Frieden schien erneut zu zerbrechen. Sihanouk ergriff die Initiative. Er ließ sich wieder zum König krönen und machte seinen Sohn Ranariddh und Hun Sen zu Premierministern mit gleichen Machtbefugnissen. Das Land bekam einen neuen Namen (der fünfte seit 1970) und hieß nun: ‚Königreich Kambodscha'.
Happy End?

„OH LO-ORD!"

Mir gefiel es sehr gut in Kompong Cham. Die kleine Stadt am Mekong war ruhig und friedlich, und mit dem Fahrrad konnte man weit auf das flache Land hinausfahren. Aber es gab noch mehr Städte am Mekong, die ich sehen wollte, und so stieg ich eines Morgens wieder die steile Hafentreppe hinab und auf ein Boot, das mich nach Kratie bringen sollte.

Nach deutscher Sitte saß ich bereits eine Viertelstunde vor Abfahrt auf dem Dach des kleinen Bootes und schaute zu, was alles geladen wurde. Drei große Körbe mit Obst und Gemüse, zwei Stapel bunter Kramas, ein neues Waschbekken, drei Kisten mit Büchern, vier überdimensionale Bilderrahmen, zehn Kisten Zigaretten, vier Maschinengewehre von Soldaten, die es vorzogen, im Bootsinnern zu sitzen, zwei Lkw-Reifen, in denen es sich die Kinder bequem machten, und zu guter Letzt ein Motorrad, das ein Mann in halsbrecherischem Manöver auf der Schulter die steile Treppe hinunter zum Boot balancierte.

Mittlerweile war acht Uhr vorbei, aber noch immer machte keiner der Fahrgäste Anstalten, einzusteigen. Dann endlich gab der Kapitän das Signal zum Aufbruch, und jetzt sprangen sie alle. Mit zwei Stunden Verspätung legten wir ab, aber wie in Phnom Penh gab es auch hier zahlreiche Nachzügler, und wir fuhren fünfmal wieder zurück, um sie noch mitzunehmen.

Nordöstlich von Kompong Cham wurde der Mekong zur wichtigsten Verkehrsader. Die Straßen waren in solch schlechtem Zustand, daß ein regelmäßiger Transport auf Lkws nicht mehr möglich war. Zudem wurden die meisten Gebiete von Banditen kontrolliert; wer keine ‚Straßengebühren' entrichtete, bezahlte statt dessen mit seinem Leben.

Auf dem Fluß herrschte reger Verkehr. Große Boote, kleine Boote, schnelle und langsame, Fischerboote, Fähren, Flöße und Kanus. Östlich des Mekong begann der Große Wald, und wenn die Kambodschaner von ihm sprachen, dann immer mit Respekt und einer Spur von Furcht in ihrer Stimme.

Das Boot hielt an jeder Milchkanne, um Fahrgäste ein- und auszuladen. Überall warteten die Bauern mit Körben voller Obst und Gemüse auf die Frachtboote, die sie zu dem nächsten Markt brachten. Richtige Bootsanlegestellen gab es nur in den größeren Ortschaften, ansonsten hieß es springen und durchs Wasser waten.

Die Anlegestellen glichen kleinen Snackbars. Kinder und Frauen warteten auf die Ankunft der Boote, um die Fahrgäste mit einem kleinen Imbiß zu versorgen. Gekonnt sprangen sie auf das Trittbrett, Tabletts und Schüsseln kunstvoll auf dem Kopf balancierend. Die Auswahl reichte von Reis über gebackenen und getrockneten Fisch bis hin zu eingelegtem Gemüse. Die Speisekarte änderte sich jeweils mit der Tageszeit; Mittagessen in Kroch Chmar, frisches Obst in Chlong und kurz vor Kratie gab es dann das Dessert.

An der Reling stand ein Dreikäsehoch und mußte mal. Die Passagiere, die in der Windrichtung saßen, rückten alle ein Stück zur Seite, und der Kleine ließ es mit sichtlichem Vergnügen in hohem Bogen ins Wasser plätschern.

Nach fünf Stunden Fahrt tauchten hinter hohen Bäumen die ersten Häuser von Kratie auf.

Wieder führte eine steile Treppe zum Ufer hinauf, und wieder lag gleich gegenüber ein Hotel, *Hotel Mekong*, dessen Standard allerdings sehr zu wünschen übrigließ. Ich suchte mir ein anderes, mit Erfolg. Im ersten Hotel gab es im Erdgeschoß ein Restaurant, das an den Seiten offen war und einen prächtigen Ausblick auf Hafen und Fluß freigab. Ich setzte mich an die Ecke, bestellte einen Kaffee und machte ein paar Notizen, als ich auf der Straße jemanden singen hörte.

"Oh Lo-ord, oh Jeeesus, we love you …!"

Zwei Minuten später saß der Sänger an meinem Tisch. Es war Henry, mein Zimmernachbar aus Kompong Cham. Er kam aus Taiwan, hatte seine Stellung als Chefkoch im *Stilton Taipeh* an den Nagel gehängt und arbeitete jetzt als Missionar in Kambodscha. Er war sehr nett und bildete die berühmte Ausnahme zu der Regel, nach der Missionare grundsätzlich Berufsverbot bekommen sollten. Wir unterhielten uns eine Weile über den Bootsverkehr, und er fragte mich, wie lange ich bleiben wollte.

„Ich weiß es noch nicht. Das kommt darauf an, wie der Verkehr flußaufwärts nach Stung Treng ist."

„Da weiß ich auch nicht sehr gut Bescheid; als ich das letzte Mal dort war, bin ich geflogen. Du weißt, daß die Strecke ziemlich gefährlich ist?"

„Es soll Banditen geben, richtig?"

„Richtig. Aber die Fahrt auf dem Fluß ist auch nicht ohne. Oberhalb von Sambor gibt es gefährliche Stromschnellen und Felsen. Und jetzt in der Trokkenzeit fahren kaum noch Boote dort hinauf, denn es gibt nicht viele Kapitäne, die genug Erfahrung und Geschick besitzen, um ihr Boot dort sicher hindurch zu manövrieren."

„Ja, ich habe davon in der Zeitung gelesen. Erst vor zwei Wochen ist wieder ein Boot gekentert. Aber zum Glück kann ich schwimmen."

„Ich nicht. Deswegen fahre ich dieses Mal nur bis Sambor. Hast du Lust, mitzukommen?"

„Was machst du denn dort?"

„In dem schwimmenden Dorf gibt es eine kleine christliche Gemeinde. Ich möchte sehen, wie es ihnen geht. Es sind sehr nette Leute, wirst schon sehen."

„Wann fährst du?"

„Morgen. Jetzt muß ich jemanden hier im Ort besuchen, einen alten Freund. Und heute abend zeige ich dir das beste Restaurant in Kratie. Laß dich überraschen."

In der Zwischenzeit machte ich einen Spaziergang zu den schwimmenden Dörfern südlich der Stadt. Es war noch immer sehr heiß, und ich setzte mich auf einen Holzstamm in den Schatten. Es dauerte nicht lange, da nahm der erste Besucher neben mir Platz. Der junge Mann strahlte mich an, krempelte das Hosenbein hoch und deutete auf seine schicke, neue Prothese. Er erzählte und erzählte, aber ich konnte leider nicht verstehen, was er sagte, denn mir war der hiesige Dialekt völlig unverständlich. Außerdem hatte er eine Hasenscharte. Aber um ihm die Freude nicht zu verderben, nickte ich immer freundlich mit dem Kopf und sagte ab und zu: „Ach wirklich?!" und „Soso."

Nach einer Weile bedeutete er mir, mit ihm in seinen Laden auf der gegenüberliegenden Straßenseite zu kommen. Aus einem Karton kramte er ein verblichenes Fotoalbum hervor, das etwas Licht ins Dunkel brachte. Stolz zeigte er mir eine Aufnahme, auf der er mit zwei gesunden Füßen vor Angkor Wat stand. Das nächste Bild zeigte ihn mit Prothese in einem Rehabilitationszentrum. Als Soldat konnte er nicht mehr arbeiten und so sattelte er um. Er lernte Malen und versorgte nun die Geschäfte in Kratie mit Schildern. Stolz zeigte er mir seine Werke. Auf dem Schild für den Friseur war eine hübsche Frau mit Lockenwicklern auf dem Kopf, das Schild für den Zahnarzt zeigte ein grinsendes Gebiß mit zwei faulen Zähnen und einem Bohrer, der wie ein Preßlufthammer aussah, und auf dem Schild für das Büro einer Telefongesellschaft war ein Geschäftsmann mit Telefonhörer in der Hand zu sehen; dabei hatte Alain Delon Modell gestanden.

Während ich mir seine Kollektion ansah, verging die Zeit, und für die schwimmenden Dörfer wurde es zu spät. Ich ging zurück, um Henry zu treffen. Ich hatte Hunger und war gespannt, wo wir essen würden.

Er führte mich zum Markt. Dort kannte er zwei vietnamesische Schwestern, die angeblich ganz vorzüglich kochen konnten. Ich verließ mich auf das Urteil des ehemaligen Chefkochs.

Auf einem Tisch standen zwölf Töpfe mit Gemüse, Fleisch und Fisch, und wir suchten uns etwas davon aus. Reis und eisgekühlter Tee wurden automatisch dazu serviert. Es schmeckte wirklich gut bei den beiden Schwestern, und ich wurde zu ihrem neuen Stammgast. Gesättigt gingen wir anschließend auf ein Bier zum Flußufer.

Wie in Kompong Cham standen auch hier lauter Stände mit Getränken, wo sich die Bevölkerung allabendlich zu einem Schlummertrunk traf. Henry kannte die Verkäuferinnen, die sich ihrerseits sehr freuten, ihn wiederzusehen und unentwegt mit ihm schäkerten. Während wir unser Bier auf Eis schlürften, kam ein Junge zu uns an den Tisch. Auch ihn kannte Henry.

„Darf ich vorstellen: Das ist Heng, der kleinste Schlawiner von Kratie."

„Wieso Schlawiner?"

„Er ist ein Straßenjunge. Mit acht Jahren ist er von zu Hause fortgelaufen und seitdem schlägt er sich alleine durch."

„Wie alt ist er denn jetzt?"

„Fünfzehn."

Ich hatte ihn für zwölf gehalten. Selbstgefällig zündete er sich eine Zigarette an.

„Und wo wohnt er?"

„Auf der Straße. Mit kleinen Gelegenheitsarbeiten verdient er sich ein bißchen Geld, und die Mädchen hier geben ihm zu essen."

„Das ist doch kein Leben. Warum geht er denn nicht zurück zu seiner Familie und hilft dort?"

„Ich habe ihn das auch schon gefragt, aber er hat angeblich vergessen, wo sein Dorf ist. Außerdem seien seine Eltern sehr arm."

Ich sah Heng eine Weile an und überlegte, was in dem Kopf eines kleinen Jungen vorgehen mochte, der mit acht Jahren beschloß, sein Glück woanders als zu Hause zu versuchen. Er mußte sich doch manchmal schrecklich allein fühlen, ohne einen Vater, der schützend seine Hand über ihn hielt, wenn es Ärger gab, oder die Mutter, hinter deren Rockzipfel man sich verstecken konnte. Eine sorglose Kindheit zu verbringen, war ein Luxus, den die meisten Familien Kambodschas ihren Kindern nicht bieten konnten. Mit zehn Jahren waren viele von ihnen bereits erwachsener als Vierzigjährige in hochentwickelten Industrieländern.

Wir trafen uns am nächsten Morgen im Restaurant. An Henrys Seite lief Heng. Etwas an ihm sah anders aus als am vorigen Abend.

„Wie findest du seinen neuen Haarschnitt?"

„Sieht lustig aus, der Strubbelkopf. Kommt Heng mit?"

„Ja. Und morgen fahren wir zusammen nach Phnom Penh. Ich habe ihn gefragt, ob er mitkommen möchte. Er kann in meinem Haus wohnen, und ich unterrichte ihn in Khmer und Chinesisch. Ich habe noch mehr Kinder von der Straße aufgelesen, da hat er Gesellschaft."

„Aber du hast doch gesagt, daß sie viel jünger sind. Heng ist fünfzehn, und ich glaube nicht, daß er sich so einfach einfügt. Er ist kein Kind mehr."

„Ich weiß. Die einzige Bedingung, die ich ihm gestellt habe, ist, daß er sich nicht mit der Zigarette im Mund erwischen läßt."

Ich sah Heng mitleidig an; diese militanten Nichtraucher waren wirklich lästig.

Wir organisierten zwei Mopeds. Heng und ich quetschten uns gemeinsam hinter den Fahrer, der ordentlich Gas gab. Bald hatten wir Henry verloren, und so hielten wir an einer Brücke, um auf ihn zu warten. Ich bot Heng eine Zigarette an, die er nur ungern ablehnte.

„Heng, ich sag Henry schon nichts. Raucher müssen zusammenhalten."

Er lachte und griff zu.

Die Straße nach Sambor war gar nicht so schlecht, und nach einer Stunde hatten wir das dreißig Kilometer entfernte Dorf erreicht. Wir sahen uns zuerst die neue Pagode an, die gerade ihren Innenanstrich bekam. Bilder vom Leidensweg Buddhas in grellbunten Farben. Dann liefen wir hinunter zum Fluß.

Ganze Dörfer schwammen hier, und ihre Bewohner waren fast ausschließlich vietnamesische Minderheiten. Nachdem Pol Pot sie gänzlich ausgerottet hatte, kamen sie unter der vietnamesischen Besatzung wieder von Vietnam herauf und siedelten an den Ufern des Mekong. Sehr zum Leidwesen der Khmer kontrollierten sie in vielen Gebieten den kommerziellen Fischfang und verdienten dabei nicht schlecht.

Die Familie freute sich über unseren Besuch, und in aller Eile wurde ein kleines Mahl zubereitet. Nach dem Essen holte Henry sein Gesangbuch hervor, und die Familie versammelte sich um ihn und den kleinen Hausaltar, um zu singen und zu beten. Heng saß dazwischen und bekam einen kleinen Vorgeschmack auf sein zukünftiges Leben. Ein wenig niedergeschlagen schaute er den Männern am Ufer zu, die gerade ein neues Boot zimmerten.

Auf dem Rückweg hielten wir in einem kleinen Café.

„Sag mal Henry, kümmerst du dich nur um die Christen oder bekehrst du auch andere Menschen?"

„Ich betreue christliche Gemeinden. Es steht jedem frei, welcher Religion er sich zuwendet. Nur einmal habe ich es versucht, bin aber gescheitert."

Er mußte lachen.

„Was war denn so lustig?"

„Jemand erzählte mir, daß es in der Nähe eine Gemeinde gäbe, die sich gerne bekehren lassen würde. Ich fuhr hin, fand die Menschen und versammelte sie in einem Kreis um mich herum. Dann holte ich mein Gesangbuch heraus, wunderte mich aber, daß die Leute nicht mitsingen wollten und mich etwas merkwürdig anstarrten. Da nahm sich einer der Männer ein Herz und sagte mir, daß sie Muslime seien. Ich glaube, da hatte sich jemand einen Spaß mit mir erlaubt; Muslime zu bekehren, ist ein Ding der Unmöglichkeit!"

Am nächsten Morgen reisten die beiden ab. Als Heng die Treppe zum Boot hinunterstieg, sah er nicht mehr ganz so glücklich aus wie am vorigen Abend.

Ich ging zu der Hütte des Hafendirektors und fragte ihn, wann das nächste Boot nach Stung Treng fuhr.

„Das kann ich dir beim besten Willen nicht sagen. Vielleicht morgen, vielleicht übermorgen? Erst muß das Boot von Stung Treng zurückkommen, aber das kann auch noch eine Woche dauern. Warum fährst du denn nicht mit dem Jeep?"

„Aber das ist doch viel zu gefährlich! Man hat mir gesagt, daß an der Straße sehr viele Banditen lauern."

„Ha, das war vor zwei Monaten. Aber jetzt wird die Straße repariert, und sehr viele Soldaten stehen Wache."

Das mochte stimmen, aber oft waren Soldaten und Banditen ein und dieselbe Person. Mir waren Soldaten nicht geheuer; ich war nach wie vor überzeugt, daß der Mann, der mich in Sihanoukville überfallen hatte, ein Soldat gewesen ist, da er eine Armeejacke getragen hatte. Seitdem machte ich um Soldaten einen großen Bogen.

Da ich vorerst nichts besseres zu tun hatte, sah ich mir das Städtchen an. Kratie war wirklich hübsch. Die Uferpromenade war von großen, schattigen Bäumen bestanden. Prachtvolle Villen lagen in riesigen Gärten, in denen Bougainvillea in allen Farben blühte, auf den Bürgersteigen dufteten die Magnolienbäume, und am Ufer standen Bänke, auf denen ich mich allabendlich niederließ, um der untergehenden Sonne zuzusehen, die langsam wie ein glühender Feuerball hinter den Palmen am Horizont verschwand und die Boote zu schwarzen Silhouetten auf dem roten Wasser des Mekong werden ließ.

Von Armut war in diesem Ort wenig zu spüren, ein Blick auf die Holzhäuser der Khmer genügte, um zu sehen, daß hier eher der Wohlstand regierte. Zweigiebige Ziegeldächer bedeuteten, daß die Familie, die darin wohnte, einiges Vermögen besaß. In Kratie aber hatten die meisten Häuser vier und fünf Giebel. Als ich das nächste Mal im Restaurant saß, fragte ich den Verwalter nach dem Grund für den Wohlstand.

„Hier arbeiten viele Leute in der Holzindustrie. Das ist hier der wichtigste Wirtschaftszweig und schafft für viele Menschen Arbeitsplätze. Als Holzfäller, in Sägewerken, als Schiffsbauer und Köhler."

„Und wozu sind hier so viele Soldaten?"

„Die bewachen den Holztransport nach Phnom Penh. Es gibt zu viele Diebe."

„Die meisten davon in der Regierung und der Armee."

„Woher weißt du das?"

„Stand in der Zeitung. Das Holz wird verkauft für viele Millionen Dollar, aber komischerweise verbucht das Finanzministerium keine Eingänge."

Er lachte kurz auf.

„Du mußt nicht die Zeitung lesen, um zu erfahren, wie korrupt sie alle sind. Sieh dir doch mal die Wagen der Militärs an. Glaubst du, daß ein General mit vierzig Dollar Verdienst die Karre da drüben bezahlen kann?"

Auf der gegenüberliegenden Seite stand ein Landrover, der gut seine dreißigtausend Dollar gekostet hatte. Er trug ein privates Kennzeichen und gehörte einem der Generäle, die in Kratie stationiert waren.

„Die Korruption ist mittlerweile fast so schlimm wie zu Zeiten Lon Nols. Bald gibt es wieder einen Krieg, da bin ich mir sicher."

„Warum?"

„Sieh dir doch mal unsere Regierung an. Die sind sich doch nie einig. Hun Sen hat die Macht und Ranariddh die Mehrheit des Volkes hinter sich. Aber auch nur, weil er der Sohn des Königs ist. Als Politiker ist er anscheinend völlig unfähig."

„Und warum hat Hun Sen die Macht? Ich dachte, die beiden Premierminister seien gleichberechtigt."

„Offiziell sind sie das auch. Aber sieh mal, Hun Sen war schon Premierminister unter der vietnamesischen Besatzung. Er kontrolliert den größten Teil der Armee, der Polizei und der Verwaltung. Außerdem verfügt er über viel mehr Erfahrung, was die Organisation einer Partei betrifft. Er ist ein richtiger Spitzbube."

Er sah sich verstohlen um, ob uns auch niemand zuhörte.

„Was wird aus den Wahlen?"

„Welchen Wahlen? Die Regierung hat ja noch immer kein Wahlgesetz verabschiedet. Jetzt fangen sie allmählich damit an, und schon gibt es wieder Ärger."

„Was ist denn passiert?"

„Hun Sen und die CPP haben beschlossen, daß niemand kandidieren darf, der zwei Staatsangehörigkeiten besitzt. Das wäre ein großer Teil der FUNCINPEC und allen voran Prinz Ranariddh."

„In der Zeitung habe ich gelesen, daß Mitglieder der FUNCINPEC nach Anlong Veng gefahren sind, um heimliche Verhandlungen mit dem harten Kern der Roten Khmer aufzunehmen. Weißt du etwas darüber?"

„Nicht viel, außerhalb von Phnom Penh bekommst du kaum etwas mit von der Politik. Soweit ich weiß, buhlen beide Parteien um die Gunst der Roten Khmer. Ieng Sary hat sich – bis jetzt – unparteiisch verhalten, aber das kann sich ganz schnell ändern, wenn der harte Kern um Pol Pot ebenfalls die Waffen streckt."

„Pol Pot die Waffen strecken? Niemals. Das kann ich mir im Traum nicht vorstellen. Ich bin kein Historiker oder Politiker, aber bevor Pol Pot aufgibt, hängt er sich lieber auf. Darauf geh ich jede Wette ein."

„Ich glaube auch nicht, daß Pol Pot jemals aufgibt, aber er ist alt, und es gibt jüngere Kader, die vielleicht anders denken."

„Mal angenommen, sie wechseln die Seite, wem würden sie sich zuwenden?"

„Ganz bestimmt nicht der CPP. Hun Sen ist in ihren Augen nicht nur ein Verräter, sondern auch eine Marionette der Vietnamesen. Und da liegt das Problem. Hun Sen fürchtet die Verbindung der Roten Khmer aus Anlong Veng mit Ranariddh."

„Die Roten Khmer haben eine ziemlich schlagkräftige Armee, oder?"

„Das nimmt man an."

„Woher haben sie denn das Geld? Bezahlen die Chinesen immer noch für ihre Waffen?"

„Das weiß ich nicht. Aber die Roten Khmer haben jahrelang die Wälder entlang der thailändischen Grenze abgeholzt und Edelsteine verkauft. Auf ihren Bankkonten in Thailand liegen mehrere Hundertmillionen Dollar."

„Und das sollen Kommunisten sein? Sie haben tatsächlich ihren Kurs gewechselt. Das bittere ist, daß mindestens zwei Millionen Menschen für diese kommunistische Spinnerei ihr Leben gelassen haben, und jetzt werden die Überlebenden noch nicht mal gefragt, was sie von einer neuen Allianz halten. Wenn sie Pech haben, kandidieren die Roten Khmer in den nächsten Wahlen."

„Das ist sehr gut möglich."

„Und gewinnen sie am Ende noch."

„Auch das ist möglich."

Es war deprimierend genug, darüber zu sprechen, aber es gab Momente, wo ich mir wünschte, daß zumindest ein Teil der Bevölkerung eine Lektion zum Nachdenken erteilt bekam. Mit der Korruption und dem schnellen Reichtum einiger Leute wuchs nämlich auch deren Arroganz. Im Hotel fragte ich Chamnan, die Tochter der Besitzerin, wo ich ein Fahrrad mieten könne. Neben mir stand ein Mann um die Fünfzig und mischte sich ein.
„Was willst du denn mit einem Fahrrad?"
Mir gefiel sein herablassender Ton nicht.
„Vielleicht Fahrrad fahren?"
„Hör mal Mädchen, das ist was für die armen Leute. Unsereins fährt Moped oder Auto."
„Das kann ja sein, aber ich fahre eben lieber Fahrrad."
Ich fragte ihn nicht, wovon er sein Auto bezahlt hatte. Und sagte ihm auch nicht, daß er sehr schnell vergessen hatte, daß er vor fünfzehn Jahren nicht mal ein Hemd zum Anziehen besessen hatte, ganz zu schweigen von einem Luxusartikel wie ein Fahrrad. Ich verkniff es mir, aber es fiel mir nicht leicht. Als der Mann weg war, kam Chamnan zu mir und sagte, daß mir der Junge vom Nachbarn sein Fahrrad leihen würde, aber ich müsse bis zum Nachmittag wieder zurück sein.

Am Abend im Restaurant saßen zwei junge Kambodschaner am Nebentisch. Mit Goldkettchen, Schmalzlocke und Lackschuhen.
„Hey Barang, sprichst du Französisch?"
Sie meinten mich.
Ich hatte keine Lust auf Konversation und verneinte.
„Wenn du kein Französisch kannst, was machst du dann in Kambodscha?"
„Ich dachte, man spricht hier Khmer. Oder gehört Kambodscha immer noch den Franzosen?"
Am nächsten Abend saßen sie wieder da. Einer der beiden nahm sein Bierglas und setzte sich selbstgefällig und breitbeinig an meinen Tisch.
„Was dagegen, wenn ich mich zu dir setze, Barang?"
„Du sitzt doch schon. Aber da du mich so nett fragst – ja, ich habe etwas dagegen. Würdest du bitte dein Glas nehmen und wieder gehen?"
„Warum?"
„Mir gefällt dein schlechtes Benehmen nicht."
Er grinste etwas dümmlich und verzog sich.
Man mußte nicht immer aus der Haut fahren, um sein Gesicht zu verlieren.

Dann wurde ich krank. Meine größte Besorgnis war, daß es Malaria sein könnte. Die Krankheit verlief in Phasen und konnte sich sehr in die Länge ziehen, aber ich hatte keine Zeit, mal eben einen Monat im Bett zu verbringen.

Zum Glück war es nichts Aufregendes wie Malaria oder Typhus, sondern nur eine ganz gewöhnliche Erkältung, die mich eine Woche außer Gefecht setzte. Chamnan kümmerte sich rührend um mich und brachte mir ständig heißen Tee und Neuigkeiten vom Hafen. Nicht ein einziges Boot fuhr nach Stung Treng, aber es hatte ein schweres Bootsunglück gegeben. Dreißig Tote.

„Wo denn?"

„Das Schnellboot, das von Stung Treng herunter kam, ist gekentert."

„Konnten denn die Menschen nicht ans Ufer laufen? Ich dachte, das Wasser sei so niedrig?"

„Das Wasser war nicht tief, aber das Boot hatte keine Fenster, die man aufmachen konnte. Die Leute sind darin ertrunken."

Wie furchtbar. Als ich damals nach Siem Reap gefahren war, hatte ich mich zuerst nach einem Fluchtweg umgesehen (alte Stewardessengewohnheit), denn es hatte mir überhaupt nicht behagt, mit so vielen Menschen in einem Boot eingepfercht zu sein. Aber da hatten sich wenigstens die Fenster aufschieben lassen.

Als es mir wieder besser ging, wanderte ich zu dem See hinter der Stadt. Weit kam ich nicht, denn rundherum wuchsen Dornenbüsche, die den See wie ein schützender Wall umgaben. In der Nähe lag ein verlassenes Kloster. Der Weg dorthin führte durch ein kleines Wäldchen, in dem unter hohem Gras und dichtem Strauchwerk die Spitzen alter Stupas herausragten. Hier und da durchbrachen Sonnenstrahlen das Dickicht.

„Was machst du da?"

Ich schrak zusammen. Ich wußte nicht, daß jemand hier war. Hinter mir stand ein alter Mönch.

„Ich suche nach einem Weg zu dem See."

„Du stehst auf dem Friedhof des Klosters."

„Das habe ich eben erst bemerkt. Entschuldigung."

„Zum See kannst du nicht."

„Warum?"

„Niemand geht dorthin. Es ist dort nicht ganz geheuer. Außerdem ist es gar kein See."

„Was ist es dann?"

„Ein Wasserspeicher. Von Pol Pot."

„Und warum ist es dort nicht geheuer?"

„Hier sind damals viele Menschen verschwunden, aber man hat nie ihre Leichen gefunden."

Er sah mich vielsagend an.

„Du meinst, sie liegen in …"

„Man weiß nichts. Aber geh dort nicht hin."

Ich lief trotzdem um den ganzen See, aber es gab tatsächlich nicht eine einzige Stelle, wo man zum Wasser konnte.

Ich war nicht gerade abergläubisch, aber der weitverbreitete Geisterglaube verfehlte seine Wirkung auf mich dennoch nicht. Ich ging ins Restaurant, um den Verwalter nach der Geschichte zu fragen. Er und seine Frau machten einen sehr vernünftigen Eindruck auf mich; beide sprachen ausgezeichnet Französisch und verfügten über eine große Allgemeinbildung. Für mich war das eine sehr willkommene Abwechslung. Außerdem schienen sich die beiden sehr gut zu verstehen. Ich sah sie oft beisammen sitzen und miteinander plaudern, wenn keine Gäste im Restaurant waren. Der Verwalter war nicht da, nur seine Frau und Polly, die Kellnerin.

„Möchtest du einen Kaffee?"

„Ja. Und etwas zu essen. Was empfiehlst du denn heute?"

Polly war die beste Kellnerin, die mir bis jetzt begegnet war. Bei ihr gab es kein gewöhnliches Gemüse, sondern nur zarte Böhnchen und Möhrchen, junge Kartöffelchen und aromatische Tomätchen, sie beschrieb mir immer detailliert die Gerichte mit allen Ingredienzen, und wenn sie es an den Tisch brachte, sagte sie freundlich: „Madame, einmal gebratenen Fisch mit Reis. Ich wünsche einen guten Appetit."

Oft kochte sie selber, und wenn ich ihr sagte, wie lecker es schmeckte, strahlte sie über das ganze Gesicht. So wie jetzt. Wenn sie etwas abnehmen würde, hätte sie ausgezeichnete Karten für eine Stewardess.

Wenig später kam Madame Dairit zu mir.

„Schmeckt es?"

„Oh ja, sehr gut. Polly ist Gold wert."

„Ich weiß. Sie arbeitet schon neun Jahre hier, und ich weiß nicht, was ich ohne sie machen würde.

„Hat Polly denn keine Familie?"

„Ach nein, es ist sehr traurig. Sie war die einzige Überlebende. Vor drei Jahren hat sie geheiratet, aber ihr Mann ist abgehauen, und ihr Baby ist mit neun Monaten gestorben. Tuberkulose. Wir sind ihre Familie geworden. Madame, ich habe gehört, daß die Näherinnen in Phnom Penh gestrikt haben, stimmt das?"

„Ja, das stimmt."

Sie seufzte.

„Wenn man nicht alles selber in die Hand nimmt, passiert in diesem Land überhaupt nichts. Für was haben sie denn gestrikt?"

„Einen Achtstundentag statt zwölf, bezahlte Überstunden, bessere Gehälter (vierzig statt fünfundzwanzig Dollar), Mutterschaftsurlaub; alles Dinge, die in den Ländern, wo ihre Auftraggeber herkommen, nämlich dem Westen, eine Selbstverständlichkeit sind."

„Aber die Politiker sagen, daß die Arbeitsbedingungen attraktiv bleiben müssen, sonst kommen keine Investoren."

„Richtig, das sagen sie. Andrerseits haben sie eine Verfassung verabschiedet, in der nichts von Sklavenhalterei steht. Und wenn sie sich nicht daran halten, gibt es bald kein Geld mehr aus dem Ausland. Außerdem wehren sich die Arbeiter früher oder später, und kein Mensch investiert in ein Land, in dem es Unruhen gibt."

Ein ganzes Bataillon Soldaten stürmte den Laden, und Madame Dairit mußte an die Arbeit. Auf dem Weg zurück zum Hotel kaufte ich mir in einem kleinen Laden ein paar Flaschen Wasser und Zigaretten. Neben der Kasse stand eine Vorratspackung Kondome.

„Wer kauft denn so viele Kondome?" fragte ich die Verkäuferin.

„Die Soldaten. Erst gehen sie essen und betrinken sich, dann verschwinden sie bei den Mädchen da drüben in den Nachtklubs."

Gegenüber der Straße lagen vier garagenähnliche Bars mit roter Schummerbeleuchtung über dem Eingang. Davor saßen lauter hübsche, blutjunge Lockvögel. Ich hoffte in ihrem Interesse, daß ihre Besucher auch tatsächlich die überall angebotenen Gummis mitbrachten, denn mittlerweile war auch in Kambodscha Aids zu einem großen Problem geworden. Dennis hatte mir mal erzählt, daß sich viele Männer weigerten, sie zu benutzen. Um herauszufinden, ob ein Mädchen gesund war, befühlten sie ihre Haut; war sie kühl und trocken, dann war das Mädchen in Ordnung. Vielleicht war die Methode für Fieberkrankheiten geeignet, nicht aber für die Immunschwäche Aids.

Es gab noch immer kein Boot nach Stung Treng, und ich beschloß, nach Phnom Penh zurückzufahren und von dort aus weiter nach Kampot. An meinem letzten Abend im Restaurant fragte ich den Verwalter nach dem Bootsunglück.

„Es war nicht das Boot von Stung Treng; sondern eines, das von Kompong Cham heraufkam. Kurz vor Chlong ist es umgekippt."

„Wie kann denn ein Boot einfach so umkippen?"

„Es war überladen, die meisten Passagiere saßen auf dem Dach, und als es zu schnell eine Biegung zum Ufer hin machte, ist es eben umgekippt."

„Stimmt es, daß es dreißig Tote gegeben hat?"

„Nein, aber zehn waren es bestimmt. Kannst du schwimmen?"

„Ja, ich kann schwimmen. Und ich habe mir neulich auf dem Markt eine echte kambodschanische Handtasche gekauft. Wasserdicht. Da kommen die Fotoapparate rein, nur für den Fall, daß ich springen muß!"

Die Handtasche war eine Sporttasche aus Nylon, sehr praktisch für unterwegs.

„Was ist das übrigens für eine Geschichte mit dem See? Liegen da wirklich Leichen drin?"

Er sah seine Frau an, die sich zu uns gesellt hatte.

„Das weiß niemand genau. Aber bei dem Bau des Wasserspeichers sind viele Menschen vor Erschöpfung gestorben, und es gibt überall in Kambodscha noch unentdeckte Massengräber; es würde mich nicht wundern, wenn der See dazu gehört."

Das Boot nach Kompong Cham fuhr um sechs Uhr dreißig. Ich frühstückte ein letztes Mal gemütlich mit dem Verwalter und seiner Frau, dann verabschiedete ich mich schweren Herzens von ihnen und von Polly.

Als ich an der Hafentreppe stand, sah ich mein Boot gerade auslaufen. Deutsche Pünktlichkeit, Mist! Ich steckte zwei Finger in den Mund und – pfiff!

„Haalt! Ich will mit!!"

Das Boot kam tatsächlich zurück, und zur allgemeinen Belustigung kletterte ich mit Rucksack und neuer Handtasche den Ziegenpfad an der Böschung hinunter zum Boot. Ein Junge kam mir zu Hilfe.

Ich drehte mich um und sah – Heng! Welch eine Überraschung!

„Na, hat es dir in Phnom Penh nicht gefallen?"

Er zündete sich lässig eine Zigarette an und schüttelte lachend den Kopf.

„Kratie ist besser!"

EIN BLUTIGES OSTERFEST

Das schwimmende Dorf südlich der Stadt lag noch im Dunst verborgen, und hinter den Häusern ging langsam die Sonne auf. Ich saß schläfrig auf dem Dach und hatte den Kopf auf die Knie gestützt.

„Hallo, wie geets?"

Oh nein, bitte nicht. Keine Englischkurse zu so früher Stunde. Ich tat, als ob ich schliefe und reagierte nicht. Die Fahrt würde über vier Stunden dauern, es gab noch genug Zeit für Plaudereien. Ich drehte den Kopf so, daß der Junge mein Gesicht nicht sehen konnte.

Golden zog das Ufer vorbei, an dem die Frauen standen und ein Bad nahmen. Bauern führten ihre Büffel ans Wasser herab, um sie zu tränken, ein Mann saß auf einem Steg und ließ die Seele baumeln, Kinder lagen träge in schaukelnden Kanus auf dem Fluß – niemand schien es eilig zu haben.

Das letzte Bootsunglück hatte Schule gemacht. Der Kapitän lief um das Boot herum und kontrollierte die Gewichtsverteilung. Die meisten Fahrgäste schickte er ins Innere, in das sie sich nur widerwillig setzten. Verständlich. Dann kam er zu mir und sah mich scharf an.

„Madame, ab ins Boot."

Der Junge neben mir sagte schnell etwas zu ihm, und ich durfte sitzen bleiben.

„Ich habe ihm gesagt, daß du Fotograf bist und von dem Fluß Bilder machen willst."

„Wie bist du denn darauf gekommen?"

„Du hast zwei Kameras in der Tasche. Ich habe sie gesehen. Mein Name ist Savuth, und ich möchte gerne ein bißchen Englisch mit dir reden."

Nachdem er mir den Platz auf dem Dach gesichert hatte, konnte ich schlecht ablehnen, und wir plauderten über dies und das.

Wohin, woher, warum, wieso und „wo ist dein Mann?"

An der ersten Haltestelle kauften alle Fahrgäste süße Küchlein von den kleinen Verkäufern. Meine Tüte war ziemlich voll, und so bot ich den Leuten, die sich mittlerweile wieder auf das Dach geschlichen hatten, davon an. Sie sahen mich überrascht an und reichten nun ihrerseits die Beutelchen herum. Auch bei der nächsten Haltestelle sprangen wieder viele kleine Verkäufer an Bord, aber bevor sie ihr Geld einsammeln konnten, legte der Kapitän ab und machte keinerlei Anstalten, noch mal zurückzufahren. Was blieb ihnen anderes übrig, als ins Wasser zu springen und zurückzuschwimmen! Anscheinend machten sie es nicht zum ersten Mal. In hohem Bogen flogen die Schüsseln zum Ufer, und als sie im Wasser untertauchten, sah man nur noch kleine Fäuste, die das Geld fest umklammert hielten.

Als der Kapitän wieder seine Runde machte, fragte ich ihn nach der Stelle, wo das Boot gekentert sei.

„Ich werde sie dir zeigen. Das Boot liegt immer noch da. Böse Sache."

Savuth sprach besser Englisch, als ich angenommen hatte.

„Ich studiere schon lange Englisch in Phnom Penh, das heißt, ich studiere Rechtswesen; Englisch lerne ich seit sechs Jahren in einer Privatschule. Aber ich mußte leider aufhören."

„Warum?"

„Kein Geld."

„Stimmt es, daß man sich die Studienplätze kaufen kann?"

„Ja. Das machen die Kinder aus reichen Familien. Es ist so ungerecht. Sie schaffen nicht mal die Aufnahmeprüfungen, aber dann bezahlt ihr Vater ein paar tausend Dollar, und sie können studieren, was sie wollen."

„Was kostet denn so ein Studienplatz?"

„Fängt bei achthundert Dollar an, aber am teuersten ist Medizin, das kostet dreitausend."

„Und wieviel hast du bezahlt?"

„Gar nichts. Ich hatte Glück. Vor vier Jahren war es noch nicht so schlimm. Da war die UNTAC da und hat aufgepaßt, daß so etwas nicht passiert."

Die Situation der Studenten war alles andere als beneidenswert. Das Land brauchte dringend junge Akademiker, aber die Universitäten waren überfüllt mit Studenten aus Familien, bei denen ein solcher Titel zum Statussymbol wurde. In Kambodscha stimmte es noch, daß Studieren fast ausschließlich den Reichen vorbehalten war.

„Madame, du wolltest doch das Boot sehen. Da liegt es."

Das Boot sah aus wie ein Flugzeug ohne Flügel und lag träge im Wasser wie ein schwimmender Sarg. Mir lief ein Schauer über den Rücken, als ich mir vorstellte, wie die Menschen darin verzweifelt versucht hatten, herauszukommen.

Es wurde allmählich heiß, und die Teerpappe auf dem Dach klebte an meiner Hose. In weiser Voraussicht hatte ich mir einen Pappdeckel mitgenommen und legte ihn unter. Die Frau vor mir zog ihre Gummischlappen aus und setzte sich darauf, und der alte Mann daneben kramte in seiner Tüte, bis er etwas Passendes gefunden hatte. Er untersuchte die schicke Nylonunterhose im Armeedesign nach Löchern und zog sie über seine lange Hose.

Kurz bevor wir Kompong Cham erreichten, wollte eine Frau aussteigen. Zufällig kam uns gerade ein anderes Boot entgegen, das zu ihrem Dorf fuhr. Der Kapitän brüllte dem des anderen Bootes zu, er solle mal näher kommen, damit die Frau umsteigen konnte. Es war gar nicht so einfach, das Boot in die richtige Position zu manövrieren, und unser Kapitän wurde ungeduldig.

„Nun mach schon", brüllte er dem anderen zu, „es kann doch nicht so schwer sein, den Kahn da zu fahren! Auf welchem Markt hast du denn deinen Führerschein gekauft? Oder bist du am Ende ein Vietnamese?"

Alles lachte.

Ich blieb nur zwei Tage in Kompong Cham und nahm dann den ersten Bus nach Phnom Penh. Es war ein sonniger, friedlicher Morgen. Um kurz nach neun erreichten wir die Hauptstadt. Als der Bus auf dem Boulevard Monivong in Richtung Busbahnhof fuhr, hatte ich ein merkwürdiges Gefühl. Irgend etwas stimmte hier nicht. Für einen Sonntagmorgen war viel zu viel Verkehr auf den Straßen. Ich stieg aus und nahm ein Taxi zum *Metropol*. Ich saß noch auf dem Moped, da kam Kang, einer der Taxifahrer, angerannt.

„Madame! Komm schnell! Granaten! Ich fahr dich hin! Schnell, beeil dich, du mußt fotografieren!"

„Moment mal, was ist denn los?"

„Vier Granaten sind explodiert! Eine Demonstration, vor der Nationalversammlung! Viele Tote, viele Verletzte!"

„Kang, ich bringe mein Gepäck nach oben und dann erzählst du mir alles in Ruhe, okay?"

„Ja, aber beeil dich!"

Ich ging schnell nach oben, ließ mir ein Zimmer geben und warf meinen Rucksack aufs Bett. Dann setzte ich mich zu Kang und den Taxifahrern.

„Jetzt noch mal der Reihe nach, was ist passiert?"

Sie sprachen alle aufgeregt durcheinander. Endlich hatte Kang das Wort.

„Heute morgen gab es eine Demonstration. Sie liefen auf der Straße an der Nationalversammlung vorbei, und da haben Männer vier Granaten geworfen."

„Wer hat denn demonstriert?"

„Sam Rainsy, der Führer der KNP. Sie haben für eine Reform des Rechtssystems demonstriert."

„Und wer hat die Granaten geworfen?"

Auf einmal schwiegen sie alle wie aus einem Mund.

„Nun kommt schon, ihr wißt ganz genau, daß ich für keine Zeitung schreibe."

„Madame, es ist besser, wir sagen dir nicht den Namen."

„*Wißt* ihr denn, wer es war?"

„Beweisen kann man es nicht, aber jeder denkt, daß, naja, man glaubt, also ..."

„Nun sag es doch! ‚Es war Hun Sen!'"

„Hun Sen?!" wiederholte ich überrascht.

„Psst, nicht so laut!"

„Und warum ER?!"

„Weil er Sam Rainsy nicht leiden kann. Sam Rainsy ist nämlich sehr beliebt bei den einfachen Leuten, mußt du wissen."

„Madame, ich fahr dich hin. Du mußt Fotos machen."

Ich brauchte nicht lange überlegen. Vier Granaten waren in der Menge explodiert; ein schöner Anblick war es bestimmt nicht.

„Nein Kang, danke, aber ich möchte nicht fotografieren. Ich mache keine Blutbilder, ich bin kein Reporter oder Frontfotograf."

Aus dem Restaurant winkten mir Morris und Andy zu.

„Hallo! Was macht ihr denn hier? Ich dachte, ihr arbeitet im hohen Norden?"

„Um das herauszufinden, sind wir hier. Man entscheidet gerade über eine Verlängerung unserer Verträge. Was gab es denn so Wichtiges zu besprechen da drüben?"

„Ihr habt es noch nicht gehört?"

„Nein, was denn?"

„Vor zwei Stunden hat man vier Granaten in eine friedliche Demonstration geworfen. Es muß ziemlich schlimm sein."

„Oh Gott. Jetzt fängt es an."

„Fängt was an?"

„Überall spricht man von einem neuen Krieg."

„Ich glaube nicht, daß es soweit kommt. Noch nicht."

„Hoffentlich hast du recht."

„Wie lange bleibt ihr denn in Phnom Penh?"

„Eine Woche, und du?"

„Nur zwei Tage, dann fahre ich weiter nach Kampot."

„Kommst du heute abend mit zum Inder essen?"

„Ja gerne. Wann?"

„Um sieben?"

„Okay."

Andy rief mir etwas hinterher. Ich drehte mich zu ihm um.

„Was hast du gesagt?"

„Ich wünsche dir frohe Ostern."

Ostern. Hatte ich ganz vergessen. Ich saß in meinem Zimmer und wußte nicht, was ich denken sollte. Die ganze Stadt schien in Aufruhr zu sein, und das Attentat war das Gespräch des Tages. Noch wußte man keinerlei Einzelheiten, aber am Nachmittag gab es eine Sonderausgabe einer Khmerzeitung mit den ersten Fotos. Ich ging zu dem Hotelbruder an der Rezeption und fragte ihn nach den Neuigkeiten. Er sah sehr besorgt aus, wie alle anderen.

„Und? Was steht in der Zeitung?"

„Nicht viel. Bis jetzt hat man zehn Tote gezählt, aber fast alle Beteiligten der Demonstration sind verletzt, zum Teil sehr schwer."

„Weiß man denn schon, wer den Anschlag verübt hat?"

Er schüttelte energisch den Kopf.

„Nein, die Kerle sind entkommen. Das Merkwürdige ist, daß die Soldaten, die das Gelände umstellt hatten, die Attentäter durchgelassen und die Verfolger daran gehindert haben, ihnen nachzurennen."

„Dann war es ein Komplott?"
„Ganz bestimmt."
„Und wer steht dahinter?"
Er legte den Zeigefinger an die Lippen.
„Darüber redet man in Kambodscha nicht."

Es war ein Komplott. Aber wer die Drahtzieher gewesen sind, das bekam man nie heraus. In der Regierung gab es heiße Debatten, aber am lautesten schrie Hun Sen. Er zeigte mit dem Finger auf Sam Rainsy und schob ihm die ganze Verantwortung zu. Hätte er die Demonstration nicht organisiert, gäbe es jetzt auch keine Toten. Seine Schlußfolgerung war, daß öffentliche Demonstrationen die Sicherheit gefährdeten und am besten abgeschafft würden. Feine Demokratie.

Ranariddh verhielt sich ruhig. Bevor er sich zu dem Anschlag äußerte, drückte er zuerst sein Mitgefühl für die Opfer und deren Angehörige aus. Zumindest wußte er, was sich gehörte.

Als ich nach ein paar Tagen die *Phnom Penh Post* in der Hand hielt, war ich froh, daß ich nicht zum Fotografieren an den Unglücksort gefahren bin. Die Bilder waren grausam. Die Opfer lagen verstreut über den Platz, Arme und Beine abgerissen, in riesigen Blutlachen, mit leerem Blick. Die meisten waren bereits tot, andere lagen im Sterben. Unter den Lesern entspann sich eine heiße Kontroverse über die Notwendigkeit, solche ‚blutrünstigen' Fotos zu veröffentlichen. Ich habe lange darüber nachgedacht und bin der Meinung, man sollte sie zeigen, solange sie nicht zum Thema werden. Es schadet nicht, wenn den Menschen auf diese Weise gezeigt wird, wie reale Gewalt aussieht. Auf der einen Seite sieht man sich im Kino die perversesten Formen der Gewalt an, aber wenn die Leinwand zur Wirklichkeit wird, halten sich die meisten die Augen zu.

Um sieben traf ich mich mit Andy und Morris beim Inder an der Ecke. Natürlich unterhielten wir uns über das Attentat und über die Panik, die unter den Ausländern entstanden war. Der amerikanische Nachrichtensender CNN hatte die Neuigkeiten längst um die weite Welt geschickt, und bald würden sich regionale Sender anschließen. Immerhin handelte es sich bei dem Anschlag um das schlimmste politische Verbrechen seit Abzug der UNTAC.

„Ich weiß nicht, ob ich meine Mutter anrufen soll", sagte Morris. „Wenn sie davon hört, macht sie sich bestimmt große Sorgen."

Ich hatte längst beschlossen, nicht anzurufen, denn sonst würde sich die Familie bloß unnötig Gedanken machen. Schließlich hatte man in Kambodscha noch nicht den Kriegszustand ausgerufen. Wir waren gerade fertig mit Essen, da kam Dennis um die Ecke. Er sah uns durch die Scheibe und leistete uns Gesellschaft.

„Was für ein Osterfest! Viermal Bumm, und ich war wach!"

Er wohnte ganz in der Nähe der Nationalversammlung.

„Wo kommst du denn gerade her?"

„Vom französischen Kulturzentrum. Heute hat doch das Internationale Filmfestival angefangen."

„Stimmt ja, das hatte ich ganz vergessen! Findest du es nicht ein wenig makaber, daß sie die Sache trotz des Anschlags eröffnet haben?"

„Auf jeden Fall. Man hätte wenigstens einen Trauertag einlegen können."

„Sag mal, ist denn der Ehrengast auch eingetroffen?"

„Nein, Alain Delon ist nicht gekommen. Er hat es sich wohl in letzter Minute anders überlegt."

„Feigling."

„Dennis, irgend jemand hat mir erzählt, daß du dem Personal vom *Intercontinental* Englischunterricht gibst, stimmt das?"

Dennis lachte.

„Das stimmt. Aber es ist ein hoffnungsloses Unterfangen. Heute morgen hat jemand angerufen und nach Mr. Delon gefragt. Das Mädchen von der Zentrale fragte: ‚Wer?' – ‚Der ist nicht da.' – ‚Wann er kommt?' – ‚Weiß ich doch nicht.' Ich kann ihnen hundert Mal erzählen, was sie in so einem Fall machen sollen und wie sie einigermaßen höflich antworten, aber es dringt einfach nicht durch. Selbst bei den Angestellten in höheren Positionen muß man unter Null anfangen. Anna, du kennst doch Luxushotels zur Genüge. Erzähl mal, wie sie eingerichtet sind."

„Es sind ziemlich noble Schuppen, mit feinem Mobiliar, edlen Teppichböden, Vitrinen in der Lobby, schwierig zu beschreiben. Es stinkt vor Geld."

„Richtig. Neulich gab es in einem der Konferenzräume eine Besprechung. Teilnehmer waren die höheren Angestellten, alles Khmer. In der Pause servierte man Getränke und einen kleinen Imbiß."

Ich wußte, was kam, und mußte kichern.

„Ihr könnt euch nicht vorstellen, wie es in dem Raum nachher ausgesehen hat. Sie haben alles auf den Fußboden geschmissen, Servietten, Essensreste und die Zigarettenkippen, obwohl auf den Tischen Aschenbecher standen. Auf dem teuren Teppich waren lauter Brandflecke, und er war total versaut. Es sah aus, wie in einem gewöhnlichen Straßencafé."

Jetzt mußten auch die anderen lachen. In Kambodscha war es Sitte, alles auf den Boden zu schmeißen; erst wenn die Cafés und Restaurants wieder leer waren, kehrte man den Dreck zusammen. Ich hatte lange gebraucht, bis ich mich daran gewöhnt hatte. Man mußte wirklich unter Null mit einer Ausbildung der Khmer anfangen, das hatten schon die Vietnamesen bei ihrer Invasion festgestellt, besonders wenn östliche Sitten in westlichen Hotels vermieden werden sollten.

„Anna, wo fährst du denn als nächstes hin?"
„Übermorgen nach Kampot."
„Oh, das trifft sich gut. Ich habe eine Woche frei und fahre auch nach Kampot. Da können wir vielleicht was zusammen unternehmen."
„Gerne. Du findest mich in dem Hotel hinter dem Markt."

BEERDIGUNG IN KAMPOT

„Du bist wieder da? Wo ist denn deine Freundin?"
„Die ist zurück nach Deutschland gefahren."
„Möchtest du dasselbe Zimmer?"
„Nein, ich möchte gern ein Zimmer unter dem Dach."
Der Junge führte mich in den dritten Stock. Vor dem Zimmer war ein großer, überdachter Balkon. Ich befestigte meine Hängematte an den Balken, kochte mir einen Kaffee und genoß die Aussicht. Direkt unter mir lag der Markt. Hinter der kleinen Stadt erstreckte sich die weite, mit Zuckerpalmen gespickte Ebene, die hier und da von Ausläufern der Elefantenberge unterbrochen wurde. Im Westen lag zum Greifen nahe Phnom Popok, der Berg in den Wolken. Er war über eintausend Meter hoch, und auf dem Gipfel gab es eine Bergstation.
„Ich sehe, du hast dich bereits häuslich eingerichtet."
„Oh, hallo Dennis. Gerade angekommen?"
„Ja. Aber ich glaube, ich hole mir erst einmal eine Hängematte auf dem Markt."
Zehn Minuten später kam er wieder zurück, mit Hängematte und zwei riesigen Mangos.
„Hier, ich habe dir eine mitgebracht. Das sind die besten Mangos der Welt."
„Genauso wie die Papayas von Rattanakiri. Danke."
„Mann, das ist vielleicht schon wieder heiß!"
„Das kannst du laut sagen. März/April sind die schlimmsten Monate in Südostasien. Ich habe meine Aktivitäten mittlerweile auf den frühen Morgen und späten Nachmittag beschränkt. Jetzt mache ich es wie die Khmer und schlafe die meiste Zeit."
„Du warst schon mal in Kampot, richtig?"
„Richtig."

„Warst du auch in Kep?"
„Ja, aber wir können gerne noch mal zusammen hinfahren. Ich möchte nämlich ein paar Fotos machen. Vielleicht morgen?"
„Warum nicht."

Kampot lag an der Küste, etwa vierzig Kilometer oberhalb der Grenze zu Vietnam. Durch die räumliche Nähe zu den Bergen hatte sie mich immer mehr an eine Stadt im Himalaya erinnert als an eine Küstenstadt in den Tropen.
Kampot schien größer, als es war. Ein breiter Fluß trennte die Stadt in zwei Teile, die von einer Eisenbahnbrücke und einer baufälligen Autobrücke miteinander verbunden waren. Wie in allen Städten Kambodschas säumten auch hier Bäume und Bänke die Uferpromenade. Der östliche Teil zeigte noch überall Spuren der französischen Kolonialzeit, die vielen Villen, die allmählich zerfielen, der Markt, der zweifellos der schönste von Kambodscha war, und die breiten Straßen, an denen am Nachmittag die Verkäufer saßen und Essen verkauften. Ich zeigte Dennis, wo man die besten gebackenen Nudeln – Lotscha – und die leckeren Fruchtshakes bekam.

Am nächsten Morgen fanden wir nach einiger Suche jemanden, der uns sein Moped lieh, – ein Fahrrad zu finden, war ein aussichtsloses Unterfangen –, und fuhren ins zwanzig Kilometer entfernte Kep. Die Fahrt führte durch eine sehr idyllische Kulturlandschaft, vorbei an Holzhäusern auf Stelzen in kleinen Palmengärten, flachen, vom Meer hereinragenden Buchten mit schräg im Wasser dümpelnden Booten und weiten abgeernteten Reisfeldern, auf denen Kühe die letzten Halme fraßen. Die Uferstraße säumten Berghänge, die von dichtem Urwald überwuchert waren. Unter dem Dickicht lagen noch überall Minen, was das Abholzen im großen Stil bisher verhindert hat. Umweltschutz auf kambodschanische Art.
Nach einer Stunde erreichten wir Kep. Die Kolonialherren hatten hier eine Miniaturversion ihrer geliebten Côte d'Azur errichtet, mit traumhaften Villen an grünen Hängen, luxuriösen Hotels und einer endlosen Uferpromenade. Hier frönten die Reichen und Adligen, Franzosen und Khmer, den Annehmlichkeiten des Geldes und vergnügten sich mit Wasserski, Tiefseetauchen und Krabbenschmaus. Bis 1975.
Dann begannen die Roten Khmer einen Akt beispielloser Zerstörung, den nicht ein einziges Gebäude überstanden hat. Ruine neben Ruine, eingestürzt oder zusammengefallen, mit unzähligen Einschußlöchern in den schwarzen Mauern. Kep war zu einer Geisterstadt geworden, die Hollywood nicht besser hätte erfinden können.

Noch war die kambodschanische Regierung unschlüssig, ob sie die Ruinen als Mahnmal stehen lassen oder abreißen und ein neues Ferienressort errichten sollte.

„Was meinst du, Dennis?"

Wir saßen unter einem Sonnendach aus Bambus und genossen die frische Seeluft.

„Ich weiß nicht. Hat alles seine zwei Seiten. Ein Ferienressort ist keine schlechte Idee, andererseits …. Was würdest du denn tun?"

„Schwierig. Mit unserer Geschichte sind wir Deutschen sowieso vorbelastet; in Deutschland werden Geschichte und Mahnmale allmählich zu einem eigenen Wirtschaftszweig. Aber hier? Das gewöhnliche Volk hatte doch mit dem Leben, das hier geführt wurde, nicht viel zu tun. Ein neues Ressort schaffen? Für wen? Die Kambodschaner kommen her, um einen Tag am Meer zu verbringen, aber hast du schon mal gehört, daß sie hier auch übernachten?"

„Niemals. Sie fürchten sich vor den Geistern der Toten, die angeblich in den Bergen umherspuken. Und vor den Roten Khmer."

Noch bis vor ein paar Monaten dienten die undurchdringlichen Wälder den Roten Khmer als Unterschlupf, und niemand konnte mit Sicherheit behaupten, daß sie sich alle in den Nordwesten zurückgezogen hatten.

„Die Menschen brauchen keine Mahnmale, sie wissen ganz genau, was passiert ist. Vielleicht sollte man die Ruinen wirklich abreißen. Man kann ja ein paar besonders schaurige stehen lassen, für die Touristen. Was passiert ist, ist nun mal passiert, man kann es nicht mehr rückgängig machen. Wir Europäer kleben an Denkmälern, die Kambodschaner nicht. Das Leben geht vorwärts und nicht rückwärts."

Wir gingen in ein kleines Restaurant und bestellten uns gegrillte Krebse, eine Spezialität von Kep. Unter der Woche war hier nichts los, aber am Wochenende kamen die Städter in großen Scharen in überladenen Bussen und Taxis hierher, um sich zu amüsieren. Während die Kinder in aufgeblasenen Lkw-Schläuchen im Wasser planschten, vertrieben sich die Erwachsenen die Zeit mit Essen, oder sie schliefen in ihren Hängematten, die sie zwischen den schattigen Bäumen an der Uferpromenade aufgehängt hatten. Am Nachmittag packten sie alles wieder zusammen und machten sich auf den Heimweg.

Der Platz auf dem Balkon war ein richtiger Logenplatz. Besonders am späten Nachmittag, wenn die Sonne langsam hinter die Berge wanderte. Für meine Sonnenuntergänge in Kampot brauchte ich keinen Meter zu laufen.

Dennis und ich hingen schlaff in unseren Hängematten. Die Hitze und die hohe Luftfeuchtigkeit wurden langsam unerträglich. Unter uns krabbelten Heerscharen von Ameisen. Der Geruch des Mangosaftes, den Dennis großzügig auf dem Boden verspritzt hatte, lockte sie an. Sie zu beobachten, war ein netter Zeitvertreib.

„Wenn Ameisen Menschen wären, aus welchem Land kämen sie wohl?"

Es kamen nur zwei in Frage; Japan oder China. Für Japan sprach die effektive Arbeitsweise, für China der unerschöpfliche Vorrat an Arbeitskräften.

„Hast du Hunger?"

„Nein, nicht besonders. Willst du auf den Markt?"

„Ja, mir ist langweilig."

Da ich nicht ununterbrochen in der Hängematte liegen konnte, betrieb ich zwischendurch Marktstudien.

Vom Aufbau her glichen sich die Märkte im ganzen Land. In der Mitte lag immer die ‚Kochecke'. Um sie herum reihten sich die verschiedenen Abteilungen für Haushaltswaren, Waschmittel, Handwerksartikel, Elektrogeräte, Büromaterial, Stoffe, Bekleidung, Matratzen und Decken, dann kamen die Geldwechsler und Goldhändler, und dahinter lag der Bereich für Lebensmittel. Obst und Gemüse, Fleisch und Fisch, Reis und Zuckerrohr. Um die Fleischabteilung machte ich immer einen großen Bogen, denn der süßliche Geruch von den rohen Stücken schlug mir auf den Magen. Zum Glück lag das Fleisch nie lange auf den Tischen; die Kambodschaner kauften ihre Vorräte am frühen Morgen, bevor es heiß wurde.

Die Verkäufer der Märkte waren nie aufdringlich, die einzige Ausnahme bildeten der Zentralmarkt und der Russenmarkt in Phnom Penh, aber auch nur wegen der vielen Touristen, die dort Souvenirs kauften. Ausländer waren stets willkommene Besucher, nicht zuletzt als ein Zeichen des fortschreitenden Friedens.

Nachdem ich im Laufe der Zeit immer mehr Sarongs und farblich dazu passende Gummischlappen (mein Zugeständnis an die Mode) erworben hatte, verlegte ich meine Lieblingsecke dorthin, wo gekocht wurde. Meine Favoriten wechselten mit jeder Provinz, und in Kampot waren es vietnamesische Frühlingsrollen, die roh gegessen wurden, süß-sauer-scharf eingelegtes Gemüse, grüne Mango in Fischsoße und Klebreis mit Karamelpudding.

Sämtliche gesundheitliche Bedenken bezüglich der Ernährung hatte ich ziemlich zu Beginn meiner Reise über Bord geworfen. Ich ging davon aus, daß die Einheimischen wußten, was ihnen gut bekam und was nicht, und so tat ich es ihnen einfach nach. Ich aß, wenn jeder aß, und zwar immer dort, wo der größte Andrang herrschte. Bis jetzt hatte ich keinerlei Probleme damit gehabt. Und die kulinarischen Genüsse konnten allemal mit den Imitationen westlicher Küche der Restaurants konkurrieren.

Ich kaufte eine Mango für Dennis und ging wieder zurück.
„Hier, hab ich dir mitgebracht. Hast du Lust, später mit zur Eisenbahnbrücke zu kommen?"
„Gerne."

Es war ein langer Fußmarsch am Flußufer entlang, bis wir endlich die roten Eisenträger der Brücke erreichten. Die Plattform an der Seite für Fußgänger war stellenweise durchgerostet, und man mußte aufpassen, daß man nicht aus Versehen die Löcher vergrößerte. Wir standen in der Mitte der Brücke und betrachteten die Flußlandschaft.
„Es ist schön hier, nicht wahr?"
„Ja. Nicht nur hier, in ganz Kambodscha gibt es zauberhafte Plätze, aber oft muß man einfach zweimal hinsehen, bevor man sie überhaupt wahrnimmt."
Ein kleines Boot tuckerte den Fluß hinauf, und die darinsitzenden Leute winkten uns fröhlich zu. Am anderen Ufer stand halb verborgen im Gebüsch ein Pavillon auf Stelzen im Wasser, und dahinter lag ein Bananenhain. Dünne Rauchfähnchen von Küchenfeuern stiegen zum Himmel und hoben sich hell von dem malerischen Hintergrund der dunklen Berge ab. Wie friedlich hier doch alles war. Und wie trügerisch der Schein.
Ein lautes Pfeifen kündigte die Eisenbahn an. Im Schneckentempo kroch sie über die Brücke, von den Dächern leuchteten die orangefarbenen Gewänder der Mönche, und die Fahrgäste winkten uns zu.
„Hey, was macht ihr da? Kommt, steigt ein und fahrt mit!"
Sehr gern, aber leider war es Ausländern seit den Entführungen von '94 streng verboten, mit der Eisenbahn zu fahren. Drei junge Männer waren unterwegs von Phnom Penh über Kampot nach Sihanoukville gewesen, als in den Bergen von Kampot der Zug von einem Kommando der Roten Khmer angehalten wurde. Mehrere Kambodschaner mußten ihr Leben lassen, und nach erfolglosen Lösegeldverhandlungen ermordete man auch die drei Ausländer.
„Warst du auch schon dort oben auf dem Berg?"
„Ja, aber an die Fahrt erinnere ich mich eher mit gemischten Gefühlen. Ich hatte eine Freundin aus Deutschland dabei, und was ich ihr zugemutet habe, war etwas leichtsinnig von mir. Komm, laß uns zurückgehen, ich erzähle es dir auf dem Weg."

Christiane und ich lagen auf unseren Betten im Hotel und machten Pläne für den nächsten Tag. Wir hatten den Reiseführer studiert und zogen die Bergstation von Bokor in die engere Wahl. Bei dem Reiseführer gab es allerdings ein kleines Problem; er war mehr als zwei Jahre alt, und mittlerweile hatte sich einiges geändert in Kambodscha. Der Autor hatte Bokor zwar besucht, aber nach dem Abzug der UNTAC hatten sich nach und nach die Roten Khmer in dieser Region breitgemacht und kontrollierten die Berge entlang der Küste. Es war noch kein Jahr her, als sie einen brutalen Anschlag auf ein Sägewerk in der Umgebung verübt hatten, bei dem mehr als zehn Menschen starben.

Nachdem im September '96 ein großer Teil der Roten Khmer übergelaufen war, nahm ich an, daß darunter auch jene aus der Region um Kampot waren. Mit dieser Vermutung lag ich falsch, und es hätte fatale Folgen für uns haben können.

„Hör zu, wir machen es so: Wir gehen morgen früh auf den Markt und suchen uns zwei Taxis, die uns dort hinauf fahren. Wenn sie sich alle weigern, wissen wir, daß die Gegend unsicher ist, und wir überlegen uns etwas anderes. Ist sie sicher, dann fahren bestimmt viele Kambodschaner dort hoch, um ein Picknick zu machen. Das tun sie immer am Sonntag."

Gesagt, getan. Wir gingen zum Markt, und die folgende Diskussion mit den Taxifahrern drehte sich um den Fahrpreis und nicht um die Sicherheit. Nachdem wir alles geklärt hatten, ging es noch schnell zur nächsten Tankstelle, und dann konnte unser Abenteuer beginnen.

Bis dahin machte Christiane anstandslos alles mit, was ich vorschlug; ihre Bedenken hatte ich erfolgreich zerstreut. In der Eile hatte ich allerdings vergessen, daß sie kein Freund von motorisierten Zweirädern war.

Von Kampot bis zum Gipfel waren es fünfunddreißig Kilometer. Die ersten Zweifel an dem Unternehmen kamen mir, als wir von der Hauptstraße abbogen und an einer Straßensperre halten mußten. Mein Fahrer stieg ab und mauschelte etwas mit dem Soldaten. Das gefiel mir nicht. Und Christiane gefiel die Straße nicht. Sie hatte kaum noch festen Belag, und Schlagloch folgte auf Schlagloch.

Wir fuhren bis zum Fuß des Berges, dann streikte sie.

„Auf dieser Straße fahre ich keinen Meter weiter, schon gar nicht bis da hoch."

Ich war unschlüssig. Der Zustand der Straße störte mich nicht weiter, ich hatte Schlimmeres gesehen, aber mir gefiel nicht, daß wir scheinbar die einzigen Besucher waren. Die beiden Fahrer amüsierten sich über Christiane und ihre Schlaglochphobie; es war ihnen unverständlich, daß sich jemand darüber aufregte. Sie beteuerten, daß die Straße bald besser würde, und Christiane stieg widerwillig auf den Rücksitz. Es wurde etwas besser, aber nicht viel.

In langen, nicht enden wollenden Serpentinen ging es höher und höher, der dichte Wald ließ kaum noch Licht durch das Blattwerk, und die Luft hatte sich merklich abgekühlt. Nach einer Stunde Fahrt hielten wir kurz an und durch die

Bäume erspähten wir tief unter uns das Meer. Der Himmel hatte sich zugezogen, und es sah nach Gewitter aus.

„Wie weit ist es denn noch?"

„Die Hälfte haben wir schon hinter uns."

„Erst die Hälfte?! Oh Gott, warum habe ich mich bloß jemals auf diese Fahrt eingelassen?"

Ich war froh, daß Christiane sich ausschließlich über den Zustand der Straße beklagte. Meine Bedenken teilte ich ihr vorsichtshalber nicht mit. Von den vielen Kambodschanern, die zu einem Picknick unterwegs waren, hatte ich noch keinen gesehen, die Stille im Wald wurde unerträglich, und was aus der Ferne so faszinierend ausgesehen hatte, wurde in zunehmendem Maße unheimlich.

Vielleicht sollten wir doch besser umkehren? Noch war Zeit.

Was, wenn sich doch nicht alle Roten Khmer aus dieser Gegend zurückgezogen hatten und sich noch ab und zu hier versteckten? Einsam genug war es ja.

Was, wenn die Fahrer mit ihnen unter einer Decke steckten und uns an sie verkauften? Als kleinen Nebenverdienst?

In diesem Land war alles möglich, das hatte ich bereits zur Genüge erfahren müssen. Die Phantasie ging mit mir durch. Nach einer weiteren Stunde passierten wir einen Militärposten, und der Soldat rief uns etwas zu. Der Fahrer drehte sich zu mir um, zeigte mit dem Daumen nach oben und sagte erleichtert: „Alles okay, sie haben in den letzten Tagen keine Roten Khmer gesehen."

Keine Roten Khmer in den letzten Tagen! Christiane erzählte ich nichts. Als wir fast oben waren, sahen wir vor uns zwei Landrover um eine Kurve verschwinden.

„Wer ist denn das?"

„NGOs aus Phnom Penh."

Mir fiel ein Stein vom Herzen.

Als erstes hielten wir an einer Wachstation. Die Wolken hatten sich aufgelöst, und die Aussicht war grandios. Unter uns lag eine weite Berglandschaft mit dichten Wäldern, und in der Tiefe sah man das blaue Meer. Am äußersten Zipfel einer fernen Landzunge lag etwas Helles.

„Was ist denn das da hinten?"

„Das ist Sihanoukville."

Bis nach Sihanoukville waren es siebzig Kilometer Luftlinie.

Eine zahnlose Alte war hinter uns aufgetaucht und schien sich über den ungewöhnlichen Besuch zu freuen. Sie begann zu erzählen, und die Fahrer mußten dolmetschen.

„Früher war ich Gärtnerin gewesen, in der Residenz des Königs!"
„Wo ist denn die Residenz?"
„Ohoh, die steht schon lange nicht mehr. Ist alles kaputt."
„Wie war es denn früher hier oben?"
„Früher war es hier in der Nacht so hell wie am Tag. Es gab einen großen Generator, der sorgte für Strom. Überall brannten Lampen. Es waren sehr viele Menschen hier, Barangs und Khmer, und sie hatten alle so viel Geld! Aber sie waren auch sehr dumm, denn sie verpraßten alles im Kasino. So dumm!"
Sie schüttelte leise kichernd den Kopf.
„Kam denn der König oft her?"
„Nein, er war doch beschäftigt. Aber einmal hat er einen Film hier gedreht, ‚Die Rose von Bokor', da hat meine Tochter mitgespielt. Als Blumenmädchen. Ich habe den Film nie gesehen, aber meine Freundin hat mir erzählt, daß sie meine Tochter einmal kurz gesehen hatte. Sie sah sehr hübsch aus."
Der König hatte eine Leidenschaft für Filme, und Ende der sechziger Jahre hatte er selber ein paar gedreht.
„Wenn der König kam, wurde ein weißer Teppich ausgerollt, und wir knieten nieder und gaben ihm Blumensträußchen. Ach ja, es war eine gute Zeit."
Aber dann kamen die Roten Khmer, und ein neues Zeitalter begann. Die alte Frau hatte ihre ganze Familie verloren, und ihr sehnlichster Wunsch war es, wieder in der Gärtnerei des Königs zu arbeiten, sollte die Bergstation von Bokor jemals wieder aufgebaut werden.
Als nächstes besuchten wir den Wasserfall, aber in der Trockenzeit fiel hier kein Wasser, und so machten wir uns auf den Weg zum Kasino und dem *Palace Hotel*. Das Hotel mußte prachtvoll gewesen sein in vergangenen Zeiten, aber heute wuchs nur noch Moos in den feuchten, dunklen Ecken und Mauerspalten, grauer Schimmel überzog die Kacheln in den Bädern, und durch die Einschußlöcher in den Mauern sah man den Golf von Thailand. Das Kasino war bis auf die Grundmauern niedergerissen, und die Kirchenwände zierte obszönes Graffiti mit Szenen aus dem Leben der Reichen. Bokor war nicht nur Sommerfrische gewesen, sondern auch eine Spielwiese, auf der sich die oberen Zehntausend tummelten und ihren Leidenschaften freien Lauf ließen. Und wenn sich ab und zu das schlechte Gewissen regte, ging man in die Kirche und bat um Vergebung. Oder in die Pagode, aber die war verschwunden.
„Na, die Fahrt hat sich doch gelohnt, oder?"
„Auf jeden Fall. Ich hätte nie geglaubt, daß es hier so schöne Flecken gibt. Angkor ist ja fantastisch, aber die meisten Touristen fahren doch gleich weiter. Schade, wirklich schade. Was hast du denn da in deiner Tasche?"

„Ich habe aus dem Fußboden im Ballsaal eine Kachel entwendet, zur Erinnerung."

„Gehört sich das?"

„Nein, ich weiß. Aber sie ist ohnehin beschädigt."

„Und warum hast du keine von dem Stapel da vorne genommen? Die sind nicht kaputt."

„Das ist nicht dasselbe. Was hältst du davon, wenn wir uns langsam auf den Rückweg machen?"

„Nicht viel. Kann man denn keinen Hubschrauber von hier organisieren?"

„Frag doch mal den Soldaten da drüben."

„Meinst du, er trägt mich, wenn ich ihn nett anlächeln tu?"

„Probier's. Ich warte unten mit einer Flasche Bier auf euch, wenn ihr übermorgen ankommt!"

Um Benzin zu sparen, ließen wir die Mopeds einfach rollen. So unheimlich die Fahrt nach oben gewesen war, so erholsam war jetzt die Stille auf dem Weg nach unten. Für mich. Christiane konzentrierte sich wieder auf die Schlaglöcher.

Die Vögel zwitscherten, und Sonnenstrahlen brachen durch die Farne und Lianen, die Feuchtigkeit des Bodens stieg dampfend auf und fing sich in den Spinnennetzen zwischen den Ästen. Das war echter, tropischer Urwald, so wie ich ihn aus Fernsehdokumentationen kannte.

Mittlerweile war es Mitternacht, und Dennis und ich lagen in unseren Hängematten und schaukelten träge hin und her. Am pechschwarzen Himmel zuckten vereinzelte Blitze, und in der Ferne grollten tiefe Donner.

„Schätze, daß es heute nacht ein ziemliches Gewitter gibt."

„Hmm. Wurde aber auch langsam Zeit. Diese drückende Hitze hält ja kein Mensch aus. Warst du auch in Takeo?"

„Du meinst Schweinshausen."

„Schweinshausen?"

„Ja, Christiane und ich haben den Ort kurzerhand umbenannt. Auf den Straßen liefen mehr Schweine herum als Menschen, da ist Schweinshausen viel passender. Lohnt sich nicht unbedingt, dort länger zu bleiben. Aber mach dir besser selbst ein Bild."

Kaum waren wir schlafen gegangen, brach das Gewitter los. Es krachte und donnerte, der Wind pfiff durch alle Ritzen, die Türen und Fensterläden schlugen heftig auf und zu, der Himmel war hell erleuchtet vor lauter Blitzen, und das Wasser floß in Strömen.

Als ich am nächsten Morgen ins Bad ging, stand ich bis zu den Knöcheln im Wasser. Das ganze obere Stockwerk war überschwemmt. Das Gewitter hatte nicht die ersehnte Abkühlung gebracht, im Gegenteil. Es wurde noch schwüler. Wir lagen den ganzen Tag in der Hängematte und versuchten, uns so wenig wie möglich zu bewegen.

„Was machst du eigentlich an Khmer Neujahr?" fragte mich Dennis mit matter Stimme.

„Battambang."

Selbst Reden war zu anstrengend.

„Und du?"

„Svay Rieng."

Da hatte ich mehr als fünf Jahre in einem der heißesten Länder der Erde gelebt, in dem die Temperaturen im Sommer mit denen der Hölle vergleichbar waren, und jetzt kapitulierte ich vor schlappen vierzig Grad.

„Dennis, wo ist die nächste Klimaanlage?"

„Frag mich mal was leichteres."

„Wann unterrichtest du wieder im *Intercontinental*?"

„Übermorgen. Da gibt es übrigens Klimaanlagen."

„Ich komm dich besuchen."

Er reiste am nächsten Morgen ab.

Ich machte mich auf den Weg zum Informationsbüro, denn ich wollte herausfinden, ob es eine Möglichkeit gab, auf Bokor zu übernachten.

Um einigermaßen gute Fotos zu machen, mußte man in diesen Breitengraden entweder sehr früh morgens oder am späten Nachmittag an Ort und Stelle sein. Mit den langen Anfahrtswegen war das meistens nicht möglich, denn nach Einbruch der Dunkelheit regierten noch immer Angst und Schrecken die meisten Landesteile. *Das* hatte sich nach dem Abzug der UNTAC nicht geändert. Auf Bokor gab es viele Soldaten, und in ihrer Gegenwart fühlte ich mich sicher. Aber auch nur, wenn ich das Okay von offizieller Seite bekam, ansonsten traute ich ihnen nicht über den Weg.

Ich bekam das Okay nicht.

Während ich in meiner Hängematte lag und überlegte, wie es weitergehen sollte, wurde vor dem Nachbarhaus ein Zelt aufgebaut.

‚Wahrscheinlich eine Hochzeit', dachte ich, und ‚vielleicht laden sie mich ja ein.' Wir kannten uns schließlich gut genug. Mehr als einmal hatte der Wind meine Zeitung oder andere Blätter auf ihren Balkon geweht, und ich mußte sie immer in ihrem Mittagsschläfchen stören, wenn ich mir den Kram zurückholte.

Aber ich hatte mich getäuscht. Sie feierten keine Hochzeit, sondern eine Beerdigung. Die erste Totenfeier fand statt, wenn der Verstorbene in die Pagode gebracht und verbrannt wurde. In Abständen von sieben Tagen, hundert Tagen und drei Jahren wurde die Zeremonie wiederholt.

Ich hatte viel von solchen Totenfeiern und dem Lärm, der dabei veranstaltet wurde, gehört, nie aber selbst eine miterlebt. Dazu bekam ich jetzt Gelegenheit, und zwar aus allernächster Nähe. Wie ich schon sagte, meine Hängematte war ein Logenplatz.

In dem Zelt auf der Straße standen Tische und Stühle, und den ganzen Tag über kamen Freunde und Verwandte vorbei zum Leichenschmaus. Vor dem kleinen Hausaltar neben dem Eingang saßen Mönche und sprachen Gebete für den Geist des Ahnen, auf daß er seinen Frieden finde. Zur Verstärkung spielte man von einem prähistorischen Kassettenrekorder buddhistische Sprechgesänge. Die blechernen Lautsprecher hingen keine fünf Meter von meinem lauschigen Plätzchen entfernt auf dem Dach des Nachbarhauses und plärrten so laut, daß die ganze Straße innerlich an der Feier teilnehmen und mitleiden konnte.

Die ‚Musik' zu beschreiben, ist nicht ganz einfach; man stelle sich einen tobenden Elefanten vor, den man aus Versehen in die Kochtopfabteilung eines Hausratsgeschäftes eingesperrt hat.

Der ohrenbetäubende Lärm dauerte von Sonnenaufgang bis Mitternacht, drei Tage lang. Ich flehte den Jungen in meinem Hotel an, er möge die Nachbarn überreden, die Lautstärke etwas herunterzudrehen, aber er sah mich entrüstet an.

„Madame, das ist eine Beerdigung, so etwas kann ich nicht machen! So schlimm ist es doch gar nicht. Außerdem dauert es bloß drei Tage."

„Bloß?!?!"

Ich nahm meine Tasche und verbrachte den ganzen Tag in dem Pavillon hinter der Eisenbahnbrücke. Am Abend kamen wieder die Ohrstöpsel rein, aber das half kaum. Ich wickelte mir sämtliche Kramas, die ich dabei hatte, (viele), um die Ohren und vergrub den Kopf unter drei dicken Kissen.

Im Morgengrauen hatte ich die Entscheidung gefällt. In aller Eile packte ich meine sieben Sachen und verließ Kampot noch vor Sonnenaufgang mit fliegenden Fahnen. Nicht ein Phon wollte ich mehr hören von der Beerdigung. Meine Ohren schmerzten, als wären sämtliche Gehörnerven freigelegt.

Der Straßenlärm von Phnom Penh brachte auch nicht gerade den ersehnten Balsam, und ich fuhr zum Büro von *Royal Air Cambodge* und kaufte mir ein Flugticket nach Battambang.

SCHLECHTES KARMA FÜR DIE SOLDATEN

Im Wartesaal des Flughafens krähte ununterbrochen ein Hahn. Das Flugzeug hatte Verspätung, und ich nutzte die Zeit für ein paar Notizen. ‚Dreh doch mal bitte einer dem Gockel den Hals um, das hält ja kein Mensch aus!' Endlich konnten wir einsteigen. In der Kabine roch es nach ‚Bodyshop' und getrocknetem Fisch.

Ich hatte das Flugzeug genommen, weil ich vorerst von schlechten Straßen genug hatte – und man gönnt sich ja sonst nichts.

Der Flug dauerte vierzig Minuten. Unter uns lagen die fruchtbaren Ebenen westlich des Tonlé Sap Sees – die Reisschüssel des Landes, das Herz Kambodschas. Die Felder waren seit langem abgeerntet, und die einzigen Farbtupfer in dieser gelbbraunen Landschaft waren die grünen Wuschelköpfe der Zuckerpalmen.

Schon am Flughafen fiel mir auf, daß Battambang anders sein mußte. Die überall sonst über einen herfallenden Horden von Taxifahrern gab es hier nicht; im Gegenteil – ich mußte eine ganze Weile suchen, bis ich endlich zwei unter einem Baum sitzen sah. Sie spielten Karten und überlegten geraume Zeit, ob sie Lust hatten, mich in die Stadt zu fahren.

In Kratie hatte ich einen Journalisten getroffen, der mir ein Hotel in Battambang empfohlen hatte, „mit rotem Teppichboden, einer Bar, Bad und Fernseher mit Satellitenanschluß im Zimmer, ganz im alten Stil, für nur fünf Dollar die Nacht."

Wir fanden das Hotel, das recht günstig lag, und obwohl der Teppichboden eher schmuddelig, die Bar schon seit langem geschlossen und der Stil höchstens zehn Jahre alt war, nahm ich ein Zimmer, denn die Aussicht auf richtige Fernsehprogramme anstelle der in Hongkong gedrehten Kung-Fu-Videos war schon verlockend. Nach sieben Monaten endlich wieder einmal Nachrichten zu sehen, die ich auch verstehen konnte, war ein Erlebnis für sich. Noch andere Erlebnisse erwarteten mich in dieser gepriesenen Unterkunft, aber das wußte ich da zum Glück noch nicht.

„Hallo! Ist hier jemand?"

Keine Antwort.

„Haalloo!"

Auf dem Sofa in der Lobby lag ein junger Mann und schlief. Ich ging zu ihm hin und rüttelte ihn an der Schulter.

„Hallo, Kundschaft! Ich möchte gern ein Zimmer."

Ich brachte meine Tasche in das Zimmer und probierte als erstes den Fernseher aus. Funktionierte. Dann machte ich einen Spaziergang durch die Stadt. Ich kam mir vor wie der Prinz, der es durch die Hecke zum Schloß Dornröschens geschafft hatte. Die ganze Stadt schien sich im Tiefschlaf zu befinden. Keine Menschenseele war zu sehen, und wenn doch, dann meistens in der Horizontalen. Auch der Markt machte keine Ausnahme. Die Kinder lagen zusammengerollt auf den Tischen, und die Erwachsenen schaukelten träge in ihren Hängematten darüber.

Ich wußte längst, daß Schlafen die Lieblingsbeschäftigung der Kambodschaner war, aber *das* war zuviel für mich. Ich aß etwas, trank einen Kaffee und ging zurück ins Hotel. Und legte mich erst einmal Schlafen.

Die Hauptstadt der gleichnamigen Provinz war Jahrhunderte lang heiß umkämpft gewesen; die fruchtbaren Böden waren gleichermaßen begehrt bei den Thais und in jüngster Vergangenheit auch bei den Roten Khmer. Erst im Januar hatte es wieder Kampfhandlungen gegeben.

Battambang lag fast dreihundert Kilometer nordwestlich von Phnom Penh an der Nationalstraße Nummer fünf. Mit zweihunderttausend Einwohnern war sie die zweitgrößte Stadt des Landes, aber da die meisten von ihnen schliefen, war das Leben auf den Straßen gleich Null. Ich konnte nicht verstehen, wie sich jemand um dieses verschlafene Nest reißen konnte, aber die Politik setzte andere Maßstäbe.

Der Fluß Sangker teilte die Stadt genau in der Mitte. Im Westen lagen der Bahnhof, zwei Märkte und die meisten Geschäfte, im Osten befanden sich die Wohngebiete, die Büros vieler Hilfsorganisationen und das muslimische Dorf Norea. Eine alte Holzbrücke führte über den breiten Fluß, der jetzt am Ende der Trockenzeit nicht viel mehr als ein kleines Rinnsal war. Ich konnte mir kaum vorstellen, daß er in wenigen Monaten wieder soviel Wasser führte, daß man mit einem Boot bis zum Tonlé Sap See und weiter nach Siem Reap fahren konnte.

Sehenswürdigkeiten waren in Battambang ebenso Mangelware wie in allen anderen Städten. Kam man vom Flughafen, so stand in der Mitte des Kreisverkehrs stadteinwärts eine goldfarbene Figur, die einen Stock in der Hand hielt. Der Stockträger war das Wahrzeichen von Battambang; der mit dem Stock hatte vor langer Zeit die Stadt von den Thais befreit. Stadtauswärts an der Straße nach Sisophon und Poipet stand ein achtarmiger Vishnu. An Größe fehlte es keiner der beiden Statuen. Zwei waren zwar nicht gerade viel, aber sie waren imposant genug, um nicht übersehen zu werden. Als ich den Stockträger fotografierte, sah mir eine Gruppe Polizisten amüsiert zu. „Wie die Japaner", riefen sie.

Die einzigen Menschen, die tagsüber die Straßen bevölkerten, waren Mönche. In Battambang gab es unzählige Klöster in großen Gärten, manchmal hatte ich den Eindruck, die ganze Stadt sei ein einziges Kloster. Da das baldige

Neujahrsfest der Khmer in erster Linie religiöser Natur war, schien mir Battambang daher als Standort sehr geeignet, um daran teilzunehmen.

Erst am späten Nachmittag kam Leben in die Straßen. Bis zum Fest waren es noch vier Tage, und die Vorbereitungen waren in vollem Gange. Die Leute schmückten ihre Häuser mit bunten Papiergirlanden und errichteten kleine Altäre vor dem Eingang, an den Straßenrändern der ganzen Stadt saßen Frauen mit ihren Töchtern vor großen Körben mit Blumen und banden kleine Sträußchen, auf dem Platz nahe der Autobrücke wurden Kinderkarusselle aufgebaut, und die Mönche kehrten ihre Klöster.

Kurz vor Sonnenuntergang kamen die Familien mit Kind und Kegel zum Flußufer, wo auf langen Tischreihen zwei Spezialitäten Kambodschas angeboten wurden; die leckeren Fruchtshakes und angebrütete Enteneier. Ich suchte mir einen Tisch, von dem aus man die beste Übersicht hatte, und machte ihn zu meinem Stammplatz.

Kleine Verkäufer spazierten mit Tabletts auf ihren Köpfen vor den Tischen auf und ab und boten Spinnenspießchen und geröstete Grillen an, eine weitere Spezialität der Region. Auf der anderen Straßenseite stand eine Gruppe Soldaten. Sie hatten mich erspäht und setzten sich zu mir.

„Hallo, wie geht's?"

‚Gut, bevor ihr gekommen seid.'

„Wo kommst du her?"

„Von Kampot."

„Und was machst du hier in Battambang?"

„Zusehen, wie ihr Neujahr feiert."

Sie lachten.

„Da mußt du in die Klöster gehen, da ist was los."

„Und was macht ihr hier?"

„Wir sind heute von Pailin gekommen. Zum Neujahrsfest."

„Pailin? Wie ist es denn dort so?"

„Total langweilig. Es gibt nur Nudelverkäufer und Edelsteinsucher. Keine Kneipe, keine –"

„Bordelle?"

Sie hatten vergessen, daß sie sich mit einer Frau unterhielten, und schwiegen betreten.

„Naja, man kann sich dort nicht amüsieren."

„Die Soldaten amüsieren sich gerne, was?"

„Ja, wir haben ja sonst nichts zu lachen."

Das stimmte allerdings.

„Madame, ist es wahr, daß sich die Ausländer vor uns Soldaten fürchten?"
Da fragten sie die Richtige. Die Jungs sahen genauso aus, wie ich sie überhaupt nicht mochte, besonders ihr Sprecher. Die dunkle, khakifarbene Uniform hob sich kaum von ihren dunklen Gesichtern ab, allerdings war ihr Blick nicht so furchteinflößend wie sonst.

„Ja. Ihr seht ganz schön gefährlich aus, mit euren finsteren Gesichtern und den Gewehren über der Schulter. Könntet ihr übrigens das Ding da vom Tisch nehmen? Ich sehe nicht gerne in die Mündung eines Gewehrlaufs."

„Warum denn?"

„Könnte ja sein, daß das Ding losgeht."

„Wir schießen nicht auf Barangs."

„Auf wen schießt ihr denn?"

„Auf den Feind natürlich. Aber nur, wenn es sein muß."

„Und wer ist der Feind?"

„Das kann man in Kambodscha nie genau sagen. Heute sind es die Roten Khmer, morgen die Leute von Hun Sen, übermorgen die Leute von Ranariddh und danach dein bester Freund."

„Meint ihr, daß es bald Ärger geben wird? Das Attentat auf Sam Rainsy hat die Gemüter ziemlich erregt."

Der Älteste der Gruppe sprach erstaunlich gut Englisch.

„Ich weiß nicht, was passieren wird. Ich mache keine Politik. Aber ich sage dir ganz ehrlich, ich habe genug davon. Wir alle haben genug. Khmer sollten keine Khmer bekämpfen. Ich bin fast zwanzig Jahre Soldat und habe so viele Menschen sterben sehen. Und was hat es gebracht?"

„Nicht viel, nehme ich an."

„Gar nichts hat es gebracht. Zumindest nichts Gutes. Aber dafür haben wir die meisten Krüppel in der Welt, hast du das gewußt?"

„Ich habe es gelesen. Alles Minenopfer?"

„Fast alle. Aber was sollen wir tun? Desertieren? Dann kommen die Thais oder die Vietnamesen und fressen uns auf."

„Ihr Kambodschaner habt echt ein Problem mit euren Nachbarn. Sind die denn wirklich so schlimm?"

„Ja, unbedingt. Die Thais plündern, und die Vietnamesen unterdrücken."

„Wo plündern denn die Thais?"

„Ha, sie sind sehr raffiniert. Sie holen sich die Kunstschätze aus Angkor, das heißt, sie lassen sie sich bringen. Außerdem kaufen sie immer mehr Land und bauen Gebäude, die die Menschen hier für viel Geld mieten müssen. Sie investieren, wo es nur geht, und wir werden immer abhängiger. Das gefällt uns nicht."

„Und warum sagst du, daß die Vietnamesen euch unterdrücken?"

„Die Vietnamesen waren schon immer unsere Feinde. Sie haben mehr als einmal versucht, unser Land zu besetzen. Sie geben unseren Städten und Dörfern vietnamesische Namen und zwingen uns ihre Religion auf. Sie ignorieren alles, was Khmer ist."

„Aber immerhin haben sie dem Regime Pol Pots ein Ende gemacht."

„Bestimmt nicht aus humanitären Gründen, das kannst du mir glauben."

„Warum dann?"

„Pol Pot hat einen großen Fehler gemacht, als er anfing, gegen Vietnam zu kämpfen. Für sie war das ein guter Grund, einzumarschieren. Wenn sie nur den Grausamkeiten ein Ende machen wollten, warum sind sie dann zehn Jahre geblieben? Sie haben ja nicht einmal zugelassen, daß die Hilfsorganisationen in Kambodscha arbeiten konnten."

„Weil sie darunter Spitzel der Westmächte vermuteten."

„Das ist doch ein eindeutiges Zeichen dafür, daß sie Kambodscha bereits als ihr Eigentum betrachtet hatten, denn sonst hätte es ihnen ja egal sein können."

„Du weißt eine ganze Menge für einen Soldat. Und du sprichst verdammt gut Englisch. Wo hast du das alles gelernt?"

„Ich sag es dir. Heute kann ich darüber sprechen; früher hätte es mich mein Leben gekostet. Ich war einmal Journalist. Das ist schon sehr lange her. Dann kamen die Roten Khmer, und ich fand ihre Ideen anfangs nicht schlecht. Aber sie sahen gebildete Leute nicht gerne, und so habe ich besser meinen Mund gehalten und mich so dumm wie möglich gestellt. Das war manchmal nicht einfach! Als die Vietnamesen dann einmarschiert sind, habe ich mich dem Widerstand angeschlossen. Und seit '93 bin ich ein Soldat in der Regierungsarmee."

„Steile Karriere. Warum arbeitest du nicht wieder als Journalist?"

„Da lebst du gefährlicher als ein Soldat. Leider ist Kambodscha noch nicht soweit, daß man sagen kann, was man denkt."

„Da du so viel weißt – sind die Roten Khmer immer noch so gefährlich?"

„Die Roten Khmer und Pol Pot werden immer in einen Topf geschmissen. Das ist nicht richtig. Sicher, Pol Pot und den anderen Führern müßte man allesamt die Kehlen durchschneiden, aber die einfachen Soldaten haben doch immer nur gemacht, was man ihnen gesagt hat. Sie hatten überhaupt keine Wahl. Das Volk haßt nur die Anführer, nicht aber den Rest."

„Was wünscht du dir denn für das neue Jahr?"

„Wieso wünschen?"

„Bei uns macht man immer gute Vorsätze und wünscht sich etwas, das im neuen Jahr in Erfüllung gehen soll."

„So gesehen, wünschen wir uns immer, daß sich unser Karma verbessert. Aber wenn ich mir etwas Irdisches wünschen soll, dann ist das Frieden und daß die Kambodschaner endlich wieder an einem Strang ziehen und sich einig sind."

„Du greifst nicht zufällig nach dem Mond?"

„Wenn keine Sterne da sind?"

„Wie kommt man denn von hier nach Pailin?"

„Im Moment gar nicht. Erst wenn das Neujahrsfest vorbei ist, fahren wieder Taxis. Aber die Straße ist in einem sehr schlimmen Zustand. Ich glaube nicht, daß das was für dich ist."

„Schlimmer als in Mondulkiri kann es nicht sein."

„Das stimmt allerdings. Du warst dort?"

„Ja, einen Monat."

„Und wie hat es dir gefallen?"

„Es war bis jetzt die beste Zeit, die ich in Kambodscha verbracht habe. Woher kommst du eigentlich?"

„Aus Kompong Thom. Warst du dort auch schon?"

„Nein, ich fürchte, dafür habe ich nicht mehr genug Zeit. Ist es schön dort?"

„Ja, es gibt noch sehr viel Wald und auch viele Tempel. Aber die Gegend ist sehr unsicher. Zu viele Banditen. Und Minen. Was willst du eigentlich in Pailin?"

„Ich habe eine tödliche Schwäche für kleine Glitzersteinchen und ich habe gehört, daß es in Pailin sehr schöne Rubine gibt."

„Das stimmt allerdings. Nur mußt du sehr aufpassen, daß dich keiner übers Ohr haut."

„Um zu kaufen, was mir vorschwebt, dafür habe ich im Moment sowieso nicht genug Geld. Aber ich würde sie mir gerne mal ansehen. Ich kann ja wiederkommen."

„Naja, ich wünsche dir viel Spaß dabei. Du hast doch nichts dagegen, wenn ich jetzt zu meinen Kumpels gehe?"

Seine Freunde hatten sich vor einer Weile verzogen.

„Trockene Kehle vom vielen Erzählen, was?"

„Naja, ein bißchen. Vielleicht sieht man sich noch mal. Hast du eigentlich auch Angst vor Soldaten?"

„Wenn sie alle so nett wären wie du, dann nicht."

„Die meisten sind völlig harmlos."

„Und die anderen?"

„Denen würde ich aus dem Weg gehen, wenn ich du wäre."

„Und woher weiß ich, wer wer ist?"

„Sieh ihnen in die Augen. Mach's gut."

„Sieh mir in die Augen, Kleiner!" Besser nicht.

Wie vielen festlichen Ereignissen ging auch dem Neujahrsfest eine Legende voraus:

„Vor langer Zeit stellte der mächtige Gott Kapila dem jungen Boddhisattva Thomobal ein Rätsel. Wenn er die Lösung nicht fand, sollte ihm das Haupt abgeschlagen werden; fand er sie aber, wolle Kapila sich selbst enthaupten. Einen Tag, bevor die Frist ablief, belauschte Thomobal zwei Adler, die sich über das Rätsel unterhielten, und erfuhr so die Antwort.

Kapila stand zu seinem Wort und schickte sich an, seinen eigenen Kopf abzutrennen. Dieser durfte jedoch nicht die Erde berühren, denn sonst würde sie für immer brennen, nicht in die Luft geworfen werden, sonst würde es niemals wieder regnen, und auch nicht ins Meer fallen, sonst würden alle Wasser der Erde verdampfen. Und so empfing die älteste seiner sieben Töchter das Haupt des Vaters auf einem goldenen Teller.

Von da an trug am Ende eines jeden Mondjahres eine der Schwestern den Teller um den Berg Meru, zur Erinnerung an den Vater. In einer langen Prozession folgten ihr die Götter des Himmels; sie badeten in heiligen Seen und wurden unterwiesen in den Lehren von Recht, Glück, Sündenfreiheit und Weisheit, die sie wiederum an die Menschen weitergeben sollten."

Die königlichen Astrologen Kambodschas bestimmten vor langer Zeit, daß das Neujahrsfest mit der Wallfahrt der Götter zu dem Berg Meru aufeinanderfallen sollte, und bis heute praktizieren die Menschen die Riten der Selbstreinigung in alter Tradition. Haus und Hof werden gereinigt, und in der Nacht zünden die Menschen Lampen, Fackeln und Räucherstäbchen an zum Empfang der Götter. Der Mann soll nicht bei seiner Frau schlafen, Tiere dürfen nicht geschlachtet werden, man soll keine Geschäfte tätigen und auch keine Lügen sprechen. Die ersten drei Tage des neuen Jahres werden in völliger Reinheit und Andacht verbracht. In den Klöstern errichten die Mönche kleine Hügel aus Sand, die den Berg Meru symbolisieren. Die Menschen laufen um ihn herum und werfen eine Handvoll Sand in die Mitte zur Segnung der Götter und zur Verbesserung des eigenen Karmas.

Ich war gespannt.

Am Vorabend des Festes ging ich über das Gelände des Klosters in der Nähe meines Hotels. Unter den Bäumen leuchteten die Roben einiger Mönche.

„Hallo, wo gehst du hin?"

„Zu meinem Hotel. Lebt ihr hier in diesem Kloster?"

„Ja. Wir sehen uns gerade um, ob auch alles in Ordnung ist für morgen."

„Ein Soldat hat mir erzählt, daß in den Klöstern ziemlich gefeiert wird, stimmt das?"

„Oh ja, du mußt unbedingt vorbeikommen. Hast du zufällig eine Zeitung?"
„Im Hotel, die *Bangkok Post*. Möchtest du sie haben?"
„Nur, wenn du sie nicht mehr brauchst. Ich lese immer Zeitung, um mein Englisch zu verbessern."
„Sprechen die anderen Mönche auch Englisch?"
„Ja, aber nicht so gut wie ich. Außerdem sind sie ein wenig schüchtern."
„Ich komme morgen vorbei und bringe dir die Zeitung. Wie heißt du denn?"
„Frag nach Channa."

Bis jetzt hatte ich mich wenig für die Religion des Landes interessiert, mir schienen andere Dinge wichtiger. Mein erster Zusammenstoß mit ihr – die Beerdigung in Kampot – nahm mich nicht sonderlich für den Buddhismus ein. Aber vielleicht konnten mir die Mönche in den nächsten Tagen ein anderes Bild vermitteln.

Ich stand zeitig auf. Vor dem Hotel parkte das mobile Frühstücksbuffet, und die Verkäuferin machte mir einen Teller gebackene Nudeln mit Sojasprossen und Ei. Die Nachbarin brachte mir einen Kaffee; wahrscheinlich war sie so nett, weil ihr Mann mir am Vortag einen Saphir für vierzig Dollar verkauft hatte. Dann schulterte ich meine Tasche und zog los, von Kloster zu Kloster.

Die Aktivitäten glichen mehr einem Volksfest als einer religiösen Feier. Auf den Klostergeländen reihten sich Saftbars und Essensstände aneinander, Eisverkäufer bimmelten unentwegt mit dem Glöckchen, Kinder spielten Fangen und Verstecken, die Jugendlichen spielten Spiele, bei denen so manch einer einen Partner für die Zukunft fand, und die Alten und Greise saßen im Schatten und beteten.

Am meisten Trubel herrschte im Wat Domrei, dem Kloster, in dem Channa lebte. Der Tempel selbst war unter Blumen- und Papierschmuck verschwunden. Am Eingang tanzten zwei betrunkene Soldaten mit einer überlebensgroßen Lady aus Pappmaché. Ihr orangefarbener Schlips entpuppte sich erst bei genauerem Hinsehen als Klingelbeutel des Klosters. In den Nebengebäuden des Tempels saßen Gläubige, die fleißig spendeten, und sich dafür ihre Zukunft deuten ließen. Am späten Nachmittag dröhnte aus den Lautsprechern ohrenbetäubende Popmusik, und der alte Obermönch saß auf einem Stuhl unter dem großen Boddhibaum und sah den jungen Leuten vergnügt beim Tanzen zu.

Jeder der Gäste war bewaffnet mit einer Puderdose, die stapelweise an den Tankstellen verkauft wurden, und unter viel Gelächter beschmierte man sich gegenseitig mit dem Zeug. Bald hatte auch ich tausend Hände im Gesicht, und nachdem Augen, Mund und Kamera total verkleistert waren, floh ich zu Channa.

„Na, haben sie dich erwischt?"
„Wie du siehst! Hast du einen Lappen?"

Ich konnte an der Puderei nichts Spaßiges finden, das parfümierte Zeug brannte wie verrückt in den Augen.

„Du hättest mich ruhig warnen können. Hier, ich habe dir die Zeitung mitgebracht."

„Oh danke!"

„Du kannst sie behalten, ich brauche sie nicht mehr. Was hat denn die Puderei mit dem Fest zu tun?"

„Nicht sehr viel. Es ist eine Unart, die die jungen Leute von Thailand übernommen haben. Früher standen in den Klöstern Schalen mit Kohlenstaub und Rosenwasser. Der Gebrauch hatte symbolischen Charakter. Aber warte erst, bis sie mit dem Wasserwerfen anfangen."

„Wieso? Was passiert dann?"

„Wirst du schon sehen."

Am dritten Tag des Festes war Badetag. In den Pagoden gossen die Menschen Wasser über die Buddhastatuen, anschließend badeten die Kinder ihre Mütter. Und auf den Straßen badete jeder jeden. Überall standen die Leute vor ihren Häusern mit gefüllten Eimern und warteten auf Passanten. Es war einfach unmöglich, aus einem Straßenzug trocken herauszukommen. Ich mußte zwar ständig aufpassen, daß die Kamera gut eingewickelt war, andrerseits boten die Duschen eine angenehme Erfrischung bei der Hitze.

Ich saß wieder bei Channa und den anderen Mönchen.

„Du siehst nicht gerade begeistert aus."

„Ich mache mir Sorgen um die Jugend von Kambodscha. Was soll nur aus ihnen werden? Sie mißachten alle Sitten und Gebräuche, sieh mal, was sie da schon wieder anschleppen, das kommt alles aus Thailand!"

Nachdem sie es im Kloster hatten schneien lassen, zogen die Kinder nun grellbunte Plastikraketenwerfer hervor, die sie kaum halten konnten, und spritzten mit Wasser. Ich staunte nicht schlecht; ich kannte nur kleine Wasserpistolen, die auf den Jahrmärkten verkauft wurden.

„Ach Channa, sieh es doch nicht so eng. Sei froh, daß sie sich vergnügen, wer weiß, wie lange sie es noch können."

„Vielleicht hast du recht. Aber wenn es so weitergeht, vergessen sie eines Tages, daß sie Khmer sind."

„*Das* glaube ich nicht. Eher dreht sich die Erde rückwärts, bevor ein Khmer vergißt, wer er ist. Sag mal, wie alt bist du eigentlich?"

„Vierundzwanzig."

„Und wie lange bist du schon im Kloster?"

„Seit ich zwölf bin. Aber ich überlege, ob ich hier bleiben soll oder austreten und ein normales Leben führen soll."

„Was möchtest du denn gerne?"
„Das weiß ich eben nicht. Das Leben als Mönch ist nicht einfach, wenn du verstehst, was ich meine."
„Ich bin mir nicht so sicher."
„Naja, wenn ich im Kloster bleibe, werde ich niemals heiraten können. Das ist das eine. Und außerdem kann ich keinen Beruf ausüben. Aber es ist auch wichtig, daß es gute Mönche gibt."
„Gibt es denn auch schlechte Mönche?"
„Nicht direkt schlecht, aber manche sehen es mit den Regeln nicht so eng und mißbrauchen sie."
„Zum Beispiel?"
„Zum Beispiel nehmen einige Mönche bei ihrem Bettelgang lieber Geld als Essen, das ist nicht richtig."
„Stimmt, ich habe das in Phnom Penh sehr oft beobachtet. Da ist immer ein Mönch, der ins *Metropol* kommt. Sein Tempeljunge sammelt für ihn. Nimm es mir nicht übel, aber ich mag diesen Mönch nicht. Er macht immer ein ärgerliches Gesicht, wenn der Junge nichts von den Gästen bekommt. Aber das sind fast alles Ausländer, die wenigsten davon Buddhisten. Das weiß der Mönch."
„Ja, in Phnom Penh ist es besonders schlimm. Viele tun so, als seien sie etwas besonderes, und das ist nicht würdevoll, sondern verwerflich. Wir sollen den Menschen zeigen, wie man bescheiden und ehrbar lebt, und ihnen helfen, auf den rechten Pfad zu finden. Aber wenn die Mönche es nicht können, wer dann?"

Bis zum dreizehnten Jahrhundert bestimmte eine Mischform aus Naturreligionen und Hinduismus das religiöse Leben der Khmer. Dann führte Jayavarman VII. den Buddhismus als Staatsreligion ein, aber bis zum heutigen Tag findet man im täglichen Leben noch Überreste der alten Glaubensformen, allen voran der Geisterglaube, Ahnenkult, Gottkönigkult und die Symbolwelt der Inder.

Die Lehren des Buddhismus definieren die Übel des menschlichen Daseins und weisen Wege, diese zu überwinden. In einer Reihe von Wiedergeburten wird den Menschen die Möglichkeit gegeben, durch aufrechte Gesinnung und Lebenswandel ihr Karma zu verbessern und so den Eintritt ins Nirwana zu erlangen, die Erlösung von der Wiedergeburt und jeglicher irdischer Existenz.

Im Buddhismus werden zwei Richtungen unterschieden, Theravada-Buddhismus und Mahayana-Buddhismus. Beide Lehren führen zum gleichen Ziel, allerdings sind die ‚Wege' verschieden. Während im Mahayana-Buddhismus der Weg ins Nirwana die Aufgabe einer Glaubensgemeinschaft ist, vertritt der Theravada-Buddhismus die Ansicht, daß ein jeder für sich selbst entscheiden muß. Der Weg ist kürzer, dafür aber steiler. (Kambodscha folgt dem Theravada-Buddhismus.)

Da der ‚rechte Weg' zur Erlösung für den einfachen Menschen durch alltagsbedingte Ablenkungen sehr schwer einzuhalten ist, gründete Buddha den Mönchsorden, in dem sich die Männer im Einhalten der Lehren üben und dem gewöhnlichen Volk mit Rat zur Seite stehen können. Die Mönche nehmen eine wichtige Stellung im Leben der Kambodschaner ein. Sie sind ein unverzichtbarer Bestandteil bei Geburt, Hochzeit und Beerdigung; auf dem Land übernehmen sie außerdem die Rolle des Lehrers und Arztes.

Unter Pol Pot wurde die Religionsausübung verboten; ein schwerer Schlag für alle Gläubigen, verloren sie doch ihre Lehrer auf dem rechten Pfad. Die Mönche wurden gezwungen, ihrem Glauben abzuschwören, da sich jedoch die meisten weigerten, wurden sie brutal ermordet. Die unter der vietnamesischen Besatzung verabschiedete Verfassung gestattete lediglich älteren Männern den Eintritt in den Mönchsorden; erst nach ihrem Abzug wurden sämtliche Beschränkungen, die die Religion betrafen, aufgehoben. Mit finanzieller Unterstützung der im Ausland lebenden Khmer wurden Pagoden im ganzen Land neu aufgebaut oder renoviert, und die Mönche haben ihre gesellschaftliche Aufgabe wieder übernommen.

Ich saß jeden Abend mit Channa und den jungen Mönchen des Klosters zusammen und stellte ihnen alle möglichen Fragen, die etwas mit der Religion zu tun hatten.

„Was gibt es sonst noch für Zeremonien bei dem Neujahrsfest?"
„Wie meinst du das?"
„Khmer-Neujahr ist doch in erster Linie ein buddhistisches Fest, richtig?"
„Richtig."
„Aber heute auf der Straße habe ich etwas ganz anderes beobachtet, das meiner Meinung nach mit Buddhismus nicht viel zu tun hat."

Ich war in meinem Zimmer gewesen, als mich leises Gebimmel und monotoner Sprechgesang vor die Tür lockten. Tänzer, verkleidet als Tiere und Jäger, veranstalteten ein merkwürdiges Schauspiel, dessen Bedeutung ich nicht verstand. Einige von ihnen hielten Äste mit daran befestigten Glöckchen in der Hand und stießen sie immer wieder auf die Erde. Zwei Tänzer trippelten mit Stöcken zwischen den Beinen und Hirschgeweihen auf dem Kopf durch die Menge, verfolgt von Jägern mit Pfeil und Bogen. Sie alle sangen einen melodischen Sprechgesang und knieten immer wieder vor den Zuschauern nieder und erbaten eine kleine Spende.

„Das hast du gesehen? Du bist ein echter Glückspilz."
„Warum? Wer waren sie?"

„Das waren Tänzer aus dem Hinterland. Den Tanz nennt man auch den ‚Trott-Tanz', er wird nur noch in der tiefsten Provinz im Nordwesten und bei Festspielen in Angkor aufgeführt."

„Und was hat er für eine Bedeutung?"

„Der Tanz entstammt dem Geisterkult der alten Welt und feiert das Ende der Trockenzeit. Jetzt dürfen die Bauern mit dem Pflanzen beginnen."

Während das gemeine Volk und die Mönche sich in den Klöstern und auf den Straßen vergnügten, feierten die Soldaten in meinem Hotel. Sie brachen mit Sicherheit jedes einzelne Gebot der ersten drei Tage des neuen Jahres und verschlechterten ihr Karma um ein Vielfaches.

Tagsüber schien immer jedermann zu schlafen. Die roten Glühbirnen flakkerten unruhig in dem kitschigen Hausaltar, das Bild des Fernsehers flimmerte unentwegt, und die Familie des jungen Hotelmanagers lag schnarchend auf den roten Plüschsofas in der Lobby. Rot war die dominierende Farbe in diesem Hotel – das hätte mich eigentlich stutzig machen müssen.

Wenn ich abends zurückkehrte, sah ich mir meistens noch einen indischen Film an. Ich verstand zwar kein Hindi, aber die Filme waren trotzdem immer sehr unterhaltsam und farbenfroh. Danach schaute ich die Nachrichten und las noch eine Weile. Regelmäßiger Stromausfall läutete die Nacht ein, und im Dunkeln lauschte ich dem Treiben auf der Straße. Um elf Uhr wurden sämtliche Lautsprecher abgestellt, und die Mönche der ganzen Stadt stimmten ein Gebet an. Der monotone Singsang erfüllte die Nacht und zog mich völlig in seinen Bann. Das war etwas anderes als das Geplärr auf der Beerdigung. Nach einer halben Stunde war alles ruhig. Nur die Grillen zirpten noch.

Plötzlich hämmerte jemand mit wuchtigen Schlägen an die Tür meines Zimmernachbarn.

„Los Alter, mach die Tür auf!"

Mein Nachbar schlief wie ein Toter, und die Schläge wurden immer lauter.

„Verdammt noch mal, mach endlich auf!"

Schließlich regte sich etwas, die Tür ging auf, und die beiden Männer sprachen leise miteinander. Für eine Weile herrschte wieder Ruhe.

Dann hörte ich Schritte auf dem Korridor, schwere wie die von Armeestiefeln und das hohe Klack-Klack-Klack von Absatzschuhen. Türen knallten auf und zu, murmelnde Männerstimmen und leises Gekicher von Frauen drangen in mein Zimmer. Am Ende des Ganges ertönte wilde, rhythmische Musik, und eine Frau kreischte im Takt dazu: „... oh jaa, oooh jaaaa!"

Hörte sich an wie ein Porno. Anscheinend waren alle meine unsichtbaren Nachbarn zum Leben erwacht und feierten das Neujahrsfest ausgiebig mit Wein,

Weib und Gesang. Aber die laute Musik, das irre Gelächter der betrunkenen Männer und die schreiende Frau verbreiteten eher Angst und Schrecken als Frohsinn, und ich fühlte mich auf einmal sehr unbehaglich in diesem Hotel.

Endlich machte jemand die Tür zu, aber die plötzliche Stille war ebenso unheimlich wie der Lärm zuvor. Da ging eine andere Tür auf, trippelnde Füße schienen wegzueilen, und ich hörte eine wimmernde Mädchenstimme. Ein Mann rannte hinter ihr her.

„Halt! Bleib gefälligst hier!"

Er stürzte sich auf sie, und sie fielen zu Boden. Klatsch-klatsch-klatsch, „nicht mit mir, Mädchen, hörst du! Ich habe für dich bezahlt, und jetzt wird pariert. Verstanden!"

Er war ziemlich wütend, und das Mädchen weinte. Andere Männer gesellten sich dazu, und gemeinsam schleiften sie sie zurück. Die Tür vom Pornozimmer ging wieder auf, und die in Ekstase geratene Frau brüllte wie am Spieß.

Ich stand hinter meiner Zimmertür und hielt die Luft an. Leise schob ich den Riegel vor, klemmte meine Gummischlappen in den Türspalt am Boden und verbarrikadierte sie mit sämtlichen Stühlen. Weiß der Himmel, zu was diese betrunkenen, geilen Böcke fähig sein würden, wenn sie wußten, daß eine *weiße Frau alleine* unter ihnen weilte. Ich legte mein Taschenmesser aufgeklappt auf das Nachttischchen – nur für den Fall, daß ich mich verteidigen müßte.

Für den Rest der Nacht tat ich kein Auge mehr zu, und am nächsten Morgen beschwerte ich mich beim Hotelmanager, der genauso schmierig war wie die Plüschsofas.

„Sag mal, ist das hier ein Hotel oder ein Puff?"

„Oh, Madame, wie kommst du denn darauf?" fragte er mit säuselnder Stimme.

„Das werde ich dir verraten, mein Junge. Ich bin sehr gut imstande, einen Porno von einer Khmerschnulze zu unterscheiden, und wenn noch einmal ein Mädchen vor meiner Zimmertür verprügelt wird, dann hole ich die Polizei. Kapiert?"

„Madame, ich verspreche, es wird nicht mehr vorkommen."

„Ich bitte darum."

Während der nächsten zwei Nächte blieb es ruhig; wahrscheinlich schoben die Soldaten Wache. Aber dann ging der ganze Zirkus von neuem los. Ich hatte keine Lust auf eine weitere schlaflose Nacht und ergriff die Flucht nach vorn. Um mir Mut zu machen, stampfte ich ordentlich fest auf den Boden, als ich über den Korridor lief, und atmete tief durch. Dann klopfte ich sehr laut an die angelehnte Tür des Pornozimmers, stieß sie auf und sagte sehr freundlich:

„Gentlemen, macht es Ihnen etwas aus, diesen Krach dort leiser zu stellen?"
OH WIE PEINLICH!

Die fünf halben Männer wären am liebsten im Erdreich verschwunden, so wie sie zu Boden blickten. Recht so.
Für den Rest meines Aufenthaltes hatte ich meine Ruhe.

Nach einer Woche festlicher Aktivitäten kamen die Menschen allmählich zur Ruhe, und der Alltag kehrte wieder ein. Die Geschäfte hatten geöffnet, und die Mitglieder der internationalen Hilfsorganisationen kamen von ihrem Kurzurlaub zurück. Ich ging los, um CMAC einen Besuch abzustatten. Von Minen wurde überall gesprochen, und die Opfer waren nicht zu übersehen, im Gegenteil, sie waren so allgegenwärtig, daß man die vielen Krüppel kaum noch als solche wahrnahm.

CMAC wurde 1992 mit Hilfe der Vereinten Nationen und Kambodschas damaliger Übergangsregierung ins Leben gerufen, um Minenräumungsarbeiten zu koordinieren und durchzuführen. Ich betrat ihr Hauptbüro und fragte, ob mir jemand etwas über die Arbeit der Organisation erzählen könne.

Einer der Angestellten führte mich in die obere Etage, unterbrach eine Besprechung, und man gab mir ihren besten Mann. Er führte mich in einen Versammlungsraum, und ich setzte mich an einen langen Konferenztisch. Die glänzende, blaue Tischdecke hatte verdächtig viel Ähnlichkeit mit der auf dem Markt verkauften Bettwäsche. Am anderen Ende zog Mr. Tioun einen Vorhang zur Seite, enthüllte eine zwei mal zwei Meter große Karte der Provinz Battambang und begann. Ich hatte leider meine Brille vergessen und konnte nicht viel sehen. Ich nahm meine Tasche und wechselte in die erste Reihe. Mr. Tioun war etwas irritiert durch diese kleine Unterbrechung, und ein wenig unwirsch fing er noch mal von vorne an. Mit einer abgebrochenen Autoantenne, die ihm als Zeigestock diente, wedelte er abwechselnd vor meiner Nase und der Karte herum und spulte seinen Vortrag sehr professionell herunter:

„... absolute Priorität haben Dörfer und gemeinnützige Anlagen. Ich gebe Ihnen ein Beispiel. Von einem entminten Reisfeld profitiert nur eine einzige Familie, aber von einem entminten Weg zu einem Dorfbrunnen profitiert dagegen die ganze Gemeinschaft. Können Sie mir folgen?"

„Durchaus."

„In Kambodscha liegen schätzungsweise noch vier bis sieben Millionen Minen aller Art; um sie zu räumen, benötigen wir zehn Millionen Dollar jährlich für die nächsten zehn Jahre. Schreiben Sie das bitte auf."

„Schon gemacht."

„Zum Entminen eines ein Hektar großen Gebietes braucht man im Durchschnitt acht Monate, um zu räumen, was in weniger als einem Tag gelegt wurde. Während eine Mine schon für weniger als drei Dollar käuflich zu erwerben ist ..."

„Nur drei Dollar?!"

„Bitte unterbrechen Sie mich nicht. ... kostet ihre Unschädlichmachung bis zu eintausend Dollar. Etwa ein Drittel der landwirtschaftlichen Nutzfläche der Provinz Battambang kann noch immer nicht bestellt werden, da die Böden vermint sind. Zur Zeit sind Räumungsarbeiten an der Straße nach Pailin im Gange, und wir halten es für notwendig ..."

Für Zwischenfragen war er absolut taub. Eigentlich wollte ich mich mit ihm ganz ungezwungen über die allgemeine Situation im Lande unterhalten, aber da das Personal von CMAC in erster Linie aus ehemaligem Militär bestand, und er – verunsichert durch meine Kamera – davon ausging, ich sei ein Journalist, sprach er zu mir wie vor einer Pressekonferenz.

„Irgendwelche Fragen?"

„Äh, nein. Keine Fragen. Ich danke Ihnen für das Gespräch und Ihre wertvolle Zeit."

So ist das eben beim Militär.

Ich kam dann doch noch zu meinem ungezwungenen Gespräch über Minen. Ich saß in meinem Stammlokal und traf einen Entwicklungshelfer, der mir bereitwillig Auskunft erteilte.

„Stimmt es, daß in Kambodscha noch sieben Millionen Minen liegen?"

„Die genaue Zahl kennt keiner, aber selbst eine Mine ist eine zuviel, wenn man nicht weiß, wo sie liegt. Und das ist das große Problem in diesem Land."

„Daß man nicht weiß, wo sie liegen?"

„Seit Beginn des Krieges, das heißt seit 1970, wurden in Kambodscha immer wieder von allen kriegführenden Parteien Minen gelegt. Aber nicht alle haben Karten über die Minenfelder angefertigt. Viele davon sind von Dickicht und Urwald überwuchert, sie liegen in Tümpeln und Seen, aber niemand weiß genau, wo."

„Und wie kann man es herausfinden?"

„Ein Kollege von mir hat mal gesagt, daß man Minen am besten räumt, wenn man auf sie drauftritt."

„Nur dummerweise treten nie die Hersteller drauf. Sie verdienen sich eine goldene Nase daran und erklären ganz nebenbei, sie hätten bloß die Zukunft des betroffenen Landes am Herzen."

„Ganz genau. Die Minen sind blind; sie unterscheiden nicht zwischen den Füßen eines Soldaten und denen einer alten Frau oder eines Kindes. Sie wissen nicht, wann der Krieg zu Ende ist. Sie schlummern vor sich hin und warten auf ihren Einsatz."

„Weißt du, den Gebrauch von Landminen kann ich noch halbwegs nachvollziehen. Aber Tretminen? Die enthalten doch selten so viel Sprengstoff, daß sie tödlich sind. Sie dienen einzig und allein der *Verstümmelung* der Menschen. Eine brutalere Waffe gibt es doch gar nicht, denn selbst wenn der Krieg vorbei ist, bleiben sie ein Leben lang Opfer. Was passiert eigentlich, wenn jemand auf eine Mine tritt? Wie schnell kann denn auf dem Land Hilfe geholt werden?"

„Es kann oft sehr lange dauern, bis Hilfe kommt. Angenommen, ein Junge, der die Kühe auf die Weide führt, tritt auf eine Mine. Daß ihm etwas zugestoßen ist, weiß die Familie erst am Abend, wenn er nicht zurückkommt. Für den Jungen kommt aber dann jede Hilfe zu spät, er ist mit Sicherheit verblutet. Aber selbst wenn man die Opfer rechtzeitig findet, ist das keine Garantie für schnelle Hilfe. Ich habe von Fällen gehört, wo die Angehörigen das Opfer zwanzig Stunden in einer Hängematte zum nächsten Krankenhaus getragen haben."

„Und wie geht es dann weiter? Wer kümmert sich um sie?"

„Der Staat nicht. Soldaten wird eine kleine Rente bezahlt, zumindest offiziell. Aber der kleine Mann? Bleibt sich selbst überlassen und wird zu einer Bürde für die Familie. Der soziale Absturz findet rasend schnell statt. In einer Gesellschaft, wo der körperliche Einsatz für die Ernährung der Familie grundlegend ist, wird ein Amputierter schnell zu einer Last. Eine Arbeitskraft weniger, die trotzdem gefüttert werden muß."

„Das ist doch wirklich ungerecht. Erst legen einem die Soldaten oder Guerillas oder sonstwer die Minen auf den Acker, und wenn der Fuß weg ist, drücken sie sich vor der Verantwortung. Wie sieht es denn aus mit Prothesen? Damit wäre den Opfern doch sehr geholfen, oder?"

„Unbedingt. Aber gute Prothesen sind hier immer noch Luxus. Ebenso wie die Rehabilitation. Das Angebot wird der Nachfrage einfach nicht gerecht. In Kambodscha gibt es mehr als vierzigtausend Minenopfer, aber nur einer von acht erhält eine Prothese."

Es war so bitter. Vielleicht sollten sich die Hersteller von Tretminen mal ein Herz fassen und eine Broschüre herausgeben, die den Krüppeln weltweit erklärte, wie sie ihr Leben wieder in den Griff bekamen, nachdem sie ihre Hände verloren hatten.

Minen waren der Grund, warum ich nicht wie in anderen Provinzen scheinbar ziellos durch die Gegend pirschte. Anders als im Hochland, nahm ich in Battambang die Warnung sehr ernst, und meine Streifzüge erstreckten sich auf die verschiedenen Stadtteile und die nähere Umgebung. Aber nach zehn Tagen kannte ich Battambang wie meine Westentasche und die Fernsehprogramme in- und auswendig. Es war noch immer sehr heiß und schwül, und ich überlegte, ob ich noch länger in Battambang bleiben oder weiterfahren sollte.

Ich saß in einem urgemütlichen Café in dem muslimischen Dorf Norea. Zum ersten Mal seit dem Gewitter in Kampot war der Himmel wieder schwarz, und ich zählte die Minuten, bis der erlösende Regen kam. Es dauerte nicht lange. Die dicke Besitzerin lud mich zum Mittagessen ein, und wir plauderten über dies und das. Aber ich war nicht in der richtigen Stimmung und sagte ihr, ich müsse dringend noch ein paar Notizen machen. Sie brachte mir einen Kaffee und ließ mich eine Weile in Ruhe.

Ich machte mir nun ernsthaft Gedanken über den Weiterverlauf der Reise. Es war Ende April, und mein Visum lief in einem Monat wieder ab. Meine Reisekasse war ziemlich geschrumpft, und für eine Verlängerung um noch mal drei bis vier Monate hatte ich nicht mehr genug Geld. Das waren die Fakten. Dazu kam, daß sich meine Energien langsam erschöpften. Ich war seit fünf Monaten ununterbrochen unterwegs, nicht gerechnet die zwei Monate in Phnom Penh. Aber trotz der vielen schönen Erlebnisse und den interessanten Begegnungen wurde es immer anstrengender, alles aufzunehmen und zu verdauen.

Meine Reise war zu einer Gratwanderung zwischen Anpassung und gleichzeitiger Distanzierung geworden. Blieb ich zu lange an einem Ort, lief ich Gefahr, mich dem Lebensrhythmus der Menschen zu sehr anzupassen, und es wurde immer schwieriger, zu beobachten und die feinen Unterschiede zu erkennen. Viele Dinge wurden mir zur Selbstverständlichkeit und schienen nicht mehr interessant genug, um erwähnt zu werden, obwohl sie es durchaus waren. Blieb ich hingegen nicht lange genug an einem Ort, konnte es schnell passieren, daß ich die Dinge in einem falschen Licht sah und mir voreilig eine Meinung bildete.

Ich hatte es fast nur noch mit Kambodschanern zu tun, und so sehr ich mich auch darüber freute, es erforderte doch eine hohe Kommunikationsbereitschaft und Konzentration. Da mein Khmer bei weitem nicht so gut war, wie ich mir das wünschte, ebensowenig wie das Englisch oder Französisch der meisten Kambodschaner, mußte ich lernen, in ihren Gesichtern zu lesen und ihre Körpersprache richtig zu deuten. Schließlich wollte *ich* etwas über die Kambodschaner wissen, nicht umgekehrt. Hier machten sich die Erfahrungen, die ich als Stewardess gesammelt hatte, endlich bezahlt. Ich war nonstop im Einsatz, aber meine Aufnahmekapazitäten waren begrenzt.

Und so beschloß ich, die letzten Wochen in Sihanoukville und Phnom Penh zu verbringen, noch einmal nach Angkor zu fahren und meinen Aufenthalt in Kambodscha mit Ablauf meines Visums zu beenden. Die Regenzeit stand bevor, und weitere Reisen in die Provinz würden ohnehin immer schwieriger werden angesichts des desolaten Zustands der Straßen. Sehr glücklich war ich nicht über diese Entscheidung.

Ich blickte zur Tür hinaus und sah zwei Kinder, die Hand in Hand durch den Regen spazierten. Die Straße weichte allmählich auf, und die Taxifahrer hatten den Regenumhang übergezogen. Der Gedanke an eine Abreise deprimierte mich sehr.
„Madame, geht es dir nicht gut? Du siehst heute nicht sehr fröhlich aus!"
‚Hört bloß auf, sonst fange ich noch das Heulen an.'
„Doch, doch, es geht mir gut. Ich habe nur angestrengt nachgedacht."
Mittlerweile war die Tochter vom Einkaufen zurückgekehrt.
„Wie alt bist du denn?"
„Einunddreißig."
„Ich bin jünger als du, dreißig."
Jetzt kamen Vater und Schwiegersohn dazu.
„Bang, schätz mal, wie alt der Barang ist."
Die Männer begannen, über mein Alter zu diskutieren und baten mich, einmal aufzustehen. Ich machte ihnen die Freude und drehte mich auch gleich noch um die eigene Achse. Der Vater sagte: „Vierundzwanzig."
Der Schwiegersohn ließ sich etwas mehr Zeit, kratzte sich am Kinn und meinte dann: „Neunzehn."
Ich fühlte mich sehr geschmeichelt, seine Frau fand es weniger charmant und verschwand in der Küche.
Ich mochte das Café und seine Besitzer sehr. Eine kleine, gemütliche Hütte aus Holz mit lauter wackeligen Tischen. Auf einem saßen zwei Katzen zwischen Zucker, Zahnstochern, Servietten und Chilisoße und nahmen das Mittagessen ein, der Hund lag darunter und furzte im Schlaf. Vor den kleinen Fenstern hingen bunte Plastiksträußchen, und auf dem Bord darüber standen Bierdosen in allen Farben.
Ich verbrachte sehr viel Zeit in Cafés. Erstens war es schon immer meine Lieblingsbeschäftigung gewesen, zweitens traf ich dort unentwegt die Einheimischen und konnte sie ungeniert beobachten. Und da die Kambodschaner sehr neugierig waren, hatte ich immer schnell Gesellschaft. Allein war ich eigentlich nur, wenn ich schlief. Die Menschen ließen mich nicmals alleine irgendwo sitzen, weil sie nicht verstehen konnten, daß man allein sein *wollte*. So etwas gab es einfach nicht.
Es hatte aufgehört zu regnen, und ich ging zum Bahnhof. Am Nachmittag war ich gerne hier. Einsam und verlassen, erinnerte er mich an eine Bahnstation aus einem Western. Von dem hölzernen Gebäude hingen zerfetzte Planen herab, die Scheiben waren blind und zerbrochen, leichter Wind wirbelte kleine Staubwolken auf, fehlten nur das Quietschen der Angeln und zuschlagende Türen. Ausrangierte Waggons standen auf Abstellgleisen, und Bettler hatten sich in ihnen häuslich eingerichtet.

Als die Sonne langsam unterging, kamen nach und nach die Frauen aus der Stadt und suchten ein Plätzchen, um das Zeug, das sie auf ihren Köpfen trugen, zu verkaufen. Dazwischen saßen lauter junge Männer auf ihren Fahrradkarren und warteten auf Kundschaft. Wenig später lief der Zug von Sisophon im Bahnhof ein. Der Bahnhofsvorsteher paßte auf, daß niemand unerlaubt in den Zug stieg, und ich gesellte mich zu ihm.

„Wo fährt denn dieser Zug hin?"

„Nach Phnom Penh. Morgen früh."

„Und wann kommt er dort an?"

„Morgen abend. Früher hat es zwei Tage gedauert, aber heute haben wir einen schnelleren Zug, und es dauert nur noch vierzehn Stunden. Woher kommst du denn?"

„Aus Deutschland."

„Bei euch geht es bestimmt schneller."

„Also, für vierhundert Kilometer braucht ein Superschnellzug drei Stunden."

Ihm gingen fast die Augen über.

„Von Battambang nach Phnom Penh in drei Stunden! Bei euch ist eben alles besser."

„Das würde ich nicht sagen."

„Was ist denn nicht besser?"

„Es gibt viele Dinge, die dort nicht gut sind. Wir haben zwar alles, schöne Häuser und Wohnungen, schicke Autos, zehnspurige Autobahnen, fahren dreimal im Jahr in den Urlaub, können uns so viel leisten, meistens auf Kredit, aber weißt du, ich könnte zum Beispiel keine Lotscha-Küche aufmachen."

„Warum denn nicht?"

„Da kommt erst das Gesundheitsamt, dann das Finanzamt, danach die Stadtverwaltung und so weiter. Für jeden Pups, den du lassen willst, brauchst du eine Genehmigung."

„Wirklich?"

„Ja, wirklich. Wir haben so viele Arbeitslose, aber wenn sie eine gute Idee haben, um Geld zu verdienen, dann kommt garantiert eine Behörde mit einem Stapel Formulare zum Ausfüllen."

„Und wenn die Leute nicht Schreiben können?"

„Leider können die meisten Lesen und Schreiben."

„Zum Glück ist das hier nicht so."

„Siehst du, es ist nicht alles besser in Deutschland. Außerdem haben viele Leute vergessen, wie man richtig lebt. Sie rennen immer nur dem Geld hinterher. Aber das ist überall im Westen so, nicht nur in Deutschland. Ohne Geld bist du im Westen ein Nichts."

„Dann wären wir alle Nichtse in Kambodscha, denn wir haben alle kein Geld. Aber ich verstehe schon, was du meinst. In Phnom Penh rennen sie auch alle dem Geld hinterher."

„Vielleicht täusche ich mich, aber manchmal denke ich, daß ihr zufriedener seid als wir."

„Wir? Zufrieden? Das kommt darauf an. Wir sind glücklich, daß es Frieden gibt."

„Das ist ja schon mal was. Wir kennen gar nichts anderes als Frieden."

„Die Kinder in Kambodscha kennen auch nur Frieden. Ich hoffe, das bleibt so. Aber jetzt sage mir mal, warum die Menschen bei euch so viel Geld brauchen."

„Erstens ist alles sehr teuer. Und dann legen sie es auf die Seite fürs Alter."

„Aber sie können es doch sowieso nicht mitnehmen ins nächste Leben."

„Nach dem Motto: Das letzte Hemd hat keine Taschen."

„Das ist doch eine verkehrte Welt."

„Du sagst es. Meinst du, ich kann morgen mit dem Zug mit nach Phnom Penh fahren?"

„Das darf ich dir nicht erlauben. Es ist doch verboten."

„Und wenn du wegsiehst, wenn ich einsteige?"

Er lachte und schüttelte den Kopf.

„Warum willst du denn mit dem Zug fahren? Das Taxi ist viel schneller."

„Och, ich hab's nicht eilig. Also?"

„Nun, ich bin ein alter Mann. Wenn du schnell bist, kann ich dir nicht hinterher laufen. Aber es ist besser, wenn du das Taxi nimmst."

Wieder im Hotel, schaltete ich den Fernseher ein. Es lief gerade eine weitere Folge von *Denver Clan*. Irgend jemand hatte an dem Antennenanschluß herumgefingert, und der Originalton war plötzlich weg. Statt zorniger Worte sang Blake Carrington nun romantische Liebeslieder in Khmer für eine wütend dreinschauende Christel. Dann fiel das ganze Programm aus.

Das war's dann wohl mit den Fernsehabenden. Ich packte meine Sachen und beglich meine Rechnung.

BARANG, BARANG!

Wer nicht mindestens einmal auf Kambodschas Straßen unterwegs war, der hat nichts von dem Land gesehen.

Wir saßen zu fünft in einem Taxi (Auto). Ich hatte den doppelten Preis gezahlt und hatte den Vordersitz für mich allein. Auf der Rückbank saßen vier junge Männer mehr übereinander als nebeneinander. Zwei weitere Taxis hatten kurz nach uns Battambang verlassen, und ich wurde Teilnehmer eines siebenstündigen Wettrennens bis nach Phnom Penh.

Der Himmel war blauschwarz, und die langen Stämme der Palmen bogen sich gefährlich in dem stürmischen Wind. Und dann öffneten sich alle Schleusen, und der Sturm brach los. Im Nu füllten sich sämtliche Schlaglöcher und verwandelten sich in kleine Seen. Auch hier fehlte wie üblich der Straßenbelag, und bald war die rote Erde ein einziger Morast. Der Fahrer raste durch sie hindurch wie vom Teufel besessen, und ich war froh, daß das Taxi eine Windschutzscheibe hatte. Bei uns würde diese Fahrt in die Kategorie ‚Querfeldeinrennen' fallen.

Wir überholten einen Pick-up, auf dessen Ladefläche lauter aufgeweichte Passagiere saßen. Sie taten mir leid, aber der Fahrer meinte bloß achselzuckend, der Regen sei besser als der Staub in der Trockenzeit. Ich fand das eine so unangenehm wie das andere. Eine Straßensperre folgte der anderen, und bei fünfzehn hörte ich auf zu zählen.

„Wozu gibt es denn so viele Straßensperren?"

„Wegen der Sicherheit. Bis vor kurzem haben Banden die Straßen kontrolliert, aber diese Wachposten sind keinen Deut besser."

„Nach was suchen sie denn?"

„Meistens nach Waffen und geschmuggelten Waren."

„Und warum gibst du ihnen Geld?"

„Wenn ich ihnen keins gebe, halten sie mich den ganzen Tag hier fest. Mit dem Geld bessern sie sich ihr Gehalt auf. Aber sie werden immer teurer. Ich glaube, wenn ich mit dem Taxifahren nicht mehr genug verdiene, gehe ich wieder zum Militär und werde Wachposten."

Ein paar Kilometer hinter Pursat hielten wir an einer Raststätte. Es war Zeit fürs Mittagessen. Das Lokal war gut besucht, scheinbar hielten hier alle Taxis.

Wir wollten gerade wieder losfahren, als ein kleines Mädchen mit einem Tablett voller Spinnenspießchen vorbeikam. Auf jedem Spieß waren drei große, fette, schwarze Spinnen mit langen haarigen Beinen. Der Fahrer winkte das Mädchen heran und kaufte zehn Stück. Ich sah ihm zu, wie er genüßlich schmatzend die Köpfe abbiß.

„Willst du mal probieren?"
Ich verzog angewidert das Gesicht, und die Fahrgäste lachten.
„Du magst keine Spinnenspießchen? Das ist das beste, was es gibt. Besonders wenn sie viele Eier tragen, so wie diese hier."
Ih-gitt!

Wieder in Phnom Penh, setzte mich der Fahrer vor dem *Metropol* ab. Obwohl ich nur zwei Wochen weg war, kam es mir vor wie eine Ewigkeit. Vielleicht lag es daran, daß die Saison endgültig zu Ende war.

Mr. Hengs Pfannkuchengesicht strahlte, als er mich die Treppe hochkommen sah.
„Und, wie lange bleibst du diesmal?"
„Nur ein paar Tage. Dann geht's weiter nach Sihanoukville."
„Warum bleibst du nicht mehr in Phnom Penh?"
„Das habe ich mir doch am Anfang angesehen. Aber keine Angst, bevor ich abreise, bleibe ich noch ein paar Tage bei euch."
„Du reist ab?"
„Ja. Ich muß zurück nach Deutschland."
„Wenn du kein Geld mehr hast, warum arbeitest du nicht als Englischlehrer?"
„So einfach ist es leider nicht. Welches Zimmer gibst du mir diesmal?"
„209."
„Was gibt es denn da zu grinsen?"
„Ich weiß, daß du gerne in dem Zimmer wohnst. Und ich weiß auch, warum."
„Und warum?"
„Weil du immer mit deinem Freund die ganze Nacht dort gesessen hast. Darum."
„Das war nicht *mein* Freund, sondern *ein* Freund."
„Und was ist der Unterschied?"
„Muß ich dir das jetzt erklären?"
Ich nahm schnell meine Tasche und verschwand.

Im Restaurant saß wieder das Regenzeitpublikum. Singende Spinner aus Australien, langhaarige Japaner, bekiffte Englischlehrer aus aller Welt, Wichtigtuer-Journalisten mit Handy und gebleichtem Haar, abgedrehte Spießer mit Knopf im Ohr, alte Knacker, die kleine Kinder bumsten – ich wunderte mich bloß, wo sie sich während der Trockenzeit versteckt hatten.

Mir gefielen die Leute nicht, und so saß ich meistens auf dem kleinen Balkon und vertrieb mir die Zeit mit den Zimmermädchen, die ihrerseits nur allzu gern mit den männlichen Gästen auf-Teufel-komm-raus flirteten. Dabei machten sie keinen Hehl daraus, daß sie in erster Linie an deren Geld interessiert waren. Als einer der Typen sie beim Wort und mit ins Zimmer nehmen wollte, sahen sie ihn entrüstet an und schimpften wie die Rohrspatzen.

Ich blieb nur ein paar Tage und verbrachte die meiste Zeit im CCC. Nichts hatte sich hier verändert. In den Regalen herrschte noch immer das gleiche bunte Durcheinander, im Nebenzimmer wurden Stühle gerückt, und ein Schild hing an der Tür: ‚Besprechung, bitte nicht stören.' Der alte Deckenventilator war immer noch nicht geölt worden, und der Junge hinter dem Schreibtisch klagte über Streß. Ich wußte nicht recht, nach was ich suchen sollte, und zog ein Buch über Landminen heraus, dann ein paar Schriften über die Hochländer, aber konzentrieren konnte ich mich nicht darauf. In den Büchern und Schriften stand nichts, was ich nicht längst selber herausgefunden hatte. Vielleicht ein paar Zahlen oder Daten, aber was machte es schon für einen Unterschied, ob eine Million oder zehn Millionen Minen im Land lagen? Es waren in jedem Fall zu viele. Ich sah mir wieder die Liste mit den vielen Hilfsorganisationen an. Es schienen immer mehr zu werden. Ich hatte sie alle besuchen wollen, um mir Unterlagen zu besorgen. Und bei wievielen war ich gewesen? Bei einer einzigen. Draußen hatte es angefangen zu regnen. Ich stand auf dem Balkon und rauchte eine Zigarette. Es war alles wie am Anfang, als hätte jemand die Zeit zurückgedreht.

Auf dem Nachhauseweg hatte ich dann meinen ersten Zusammenstoß mit einem Moped. Wo hätte es passieren sollen, wenn nicht auf Monivong! Meine beste Hose war zerrissen, das Knie aufgeschlagen und der Knöchel verstaucht. Ich hatte vergessen, wie weh es tat, wenn man auf die Nase flog, und humpelte zurück ins *Metropol*.

„Na, kleiner Unfall, was?!"

Der Hotelbruder sah mich belustigt an.

„Ich wundere mich, daß ich überhaupt noch am Leben bin. Jedes Mal, wenn ich zurück nach Phnom Penh komme, scheint es hier mehr Fahrzeuge zu geben. Nie wieder überquere ich Monivong zu Fuß!"

„Ich dachte, du wolltest morgen nach Sihanoukville?"

„Wollte ich auch, aber nicht mit dem Fuß."

„Ist auch besser, wenn du hier bleibst. Die Hotels und Gästehäuser sind alle voll."

„Voll? Wieso denn? Gibt es einen Feiertag, von dem ich nichts weiß?"

„Einen Feiertag nicht, aber wahrscheinlich Ärger."

„Was denn für Ärger?"

Der Mann sprach immer nur in Rätseln.

„Man befürchtet, daß es am Wochenende bewaffnete Unruhen geben wird, deshalb fahren alle Ausländer nach Sihanoukville."
„So. Das sagst du mir jetzt."
„Ja, ich habe dir extra das beste Zimmer gegeben. Von deinem Balkon kannst du alles schön beobachten."
„Sehr witzig. Aber jetzt im Ernst – stimmt das wirklich, oder willst du mir einen Bären aufbinden?"
„Es stimmt wirklich. An der Straße zum Flughafen stehen lauter Panzer und schwer bewaffnete Soldaten. Die Leute kaufen die Märkte leer, weil sie Angst haben, in den nächsten Tagen vor die Tür zu gehen."
Es schien tatsächlich ernst zu sein.
„Und wer kämpft gegen wen?"
„Die Truppen der beiden Premierminister."
„Was ist denn nun schon wieder los?"
„Ziemlich kompliziert."

Ung Phan, Staatsminister und Mitglied der FUNCINPEC, hatte Ranariddhs Parteiführung kritisiert und ihm vorgeworfen, Parteimitglieder zu schützen, die angeblich in diverse schmutzige Geschäfte verwickelt seien. Des weiteren bezeichnete er die Gründung einer neuen Partei (NUF) von Ranariddh als einen Staatsstreich gegen die eigene Regierung. Außerdem gefährde Ranariddh mit seinen Versuchen, bei den Roten Khmer in Anlong Veng Unterstützung für die neue Partei zu finden, die Sicherheit des Staates. Ung Phan wollte die Partei nicht verlassen, sondern eine neue Fraktion innerhalb der FUNCINPEC bilden und sich für eine andere Führung einsetzen. Innerhalb der Partei fand er nur wenige Anhänger, und in der Presse sprach man von ihnen als FUNCINPEC-Dissidenten.

Wer sich mächtig freute, war Hun Sen. Ein alter Freund von Ung Phan, war er begeistert von der Idee, Ranariddh abzusetzen und einen anderen, wenn möglich weniger störrisch als Ranariddh, an die Spitze zu wählen.

Zur gleichen Zeit saß Prinz Norodom Sirivuddh in Hongkong und wartete vergeblich darauf, daß ihn eine Fluggesellschaft nach Phnom Penh bringen würde. Sirivuddh lebte seit Ende '95 im Exil in Frankreich. Angeblich hatte er eine Verschwörung gegen Hun Sen angezettelt und wurde in einem dubiosen Gerichtsverfahren, das in seiner Abwesenheit durchgeführt wurde, zu zehn Jahren Gefängnis verurteilt. Sirivuddh hatte genug vom Exil und sagte, lieber gehe er ins Gefängnis und warte auf eine Wiederaufnahme des Verfahrens, als daß er weiterhin untätig in Frankreich herumsitze. Ung Phan war einer der Hauptzeugen in dem Verfahren gegen Sirivuddh gewesen.

Die Situation war äußerst gespannt, und vor ein paar Tagen hatte es so ausgesehen, als ob die Koalition zerbrechen würde. Der Oberbefehlshaber der

Armee befahl seinen Kommandanten, die Soldaten aufs strengste zu überwachen, und wenn auch nur ein einziger Schuß fiele, dann würde der Betreffende ins Gefängnis wandern. Und der Chef der Polizei verstärkte den Schutz von Politikern, Diplomaten und Presse.

„Ist es so schlimm? Ich weiß, daß sie sich nicht besonders gut leiden können, aber müssen sie wirklich so schweres Geschütz auffahren? Wenn das jeder machen wollte!"

„Es macht ja auch fast jeder. Neulich hättest du was sehen können, am Flughafen! Das war mal wieder typisch für Kambodscha!"

„Was ist denn passiert?"

„Bun Ma hat die Reifen vom Flugzeug platt geschossen!"

„Was hat er?!"

Theng Bun Ma war Präsident der Handelskammer und der reichste Mann in Kambodscha. Er kam aus Hongkong zurück und wurde von seinen Leibwächtern am Flugzeug erwartet. Er fragte, ob sie ihre Waffen dabei hätten, und bat sie, diese zu holen. Dann ging er zum Flugzeug und schoß auf den linken Vorderreifen.

„Wenn es nicht so dunkel gewesen wäre, hätte ich aus allen die Luft rausgelassen", sagte er in einem Interview.

Grund für seinen Wutausbruch war der schlechte Service von *Royal Air Cambodge*. Im Februar hatten sie seinen Koffer verschlampt, dessen Inhalt mehr als zweitausend Dollar wert war. Ein paar Wochen vorher hatte man ihn am Flughafen stehen lassen, nachdem er fünf Minuten zuvor eingecheckt hatte. Ein andermal hatte man ihn zehn Stunden in Bangkok warten lassen, ohne ihm mitzuteilen, daß die Maschine ein technisches Problem hatte. Was das Faß zum Überlaufen gebracht hatte, wußte niemand; wahrscheinlich war der Kaffee, den man ihm serviert hatte, kalt gewesen.

Ranariddh war sehr aufgebracht über diesen Vorfall.

„Wie konnte so etwas geschehen? Einfach zum Flugzeug zu gehen und darauf schießen, nur weil ihm der Service nicht paßt? Wenn das so weitergeht, ist der Ruf des Königreichs bald völlig ruiniert!"

Während er sich Luft machte, wurde in der Nachbarschaft gerade ein kleiner Streit mit Pistolenschüssen beigelegt.

„Das ist ja hier wie im Wilden Westen!!"

Als alter Airliner amüsierte ich mich sehr über diese Geschichte, und der Hotelbruder lachte sich halbtot.

„In Kambodscha ist immer was los!"

„Über Langeweile kann man sich tatsächlich nicht beschweren. Und heute nacht geht's los!"

„Ich weiß nicht. Bleib auf jeden Fall mit dem Kopf unter dem Fenster."
„Und wie soll ich meine Fotos machen?"
Es passierte nichts, weder in der ersten noch in der zweiten und dritten Nacht. Aber in Phnom Penh war es ungewöhnlich still. Es war wie die Ruhe vor dem Sturm.

Nach dem Wochenende kaufte ich mir eine Fahrkarte, und das *Metropol*-Taxi brachte mich wieder zum Busbahnhof.

Für mich war es die letzte Fahrt nach Sihanoukville, und ich nahm langsam Abschied. Meine Mitreisenden schliefen oder sahen sich das unvermeidliche Video an. Ich sah wieder Kambodscha-Life.

Es mußte oft geregnet haben, als ich in Battambang war, denn die Blätter und Palmwedel der Bäume glänzten sauber in der Morgensonne. Die Pflanzzeit hatte begonnen, und das zarte Grün der jungen Reispflänzchen bedeckte die Landschaft. Ein junges Mädchen führte die Kühe auf die Weide, ein Mann kletterte wendig den glatten Stamm einer Zuckerpalme hoch und sammelte den alkoholischen Saft der Blüten in Bambusröhren. Am blauen Himmel schwebten Wattewölkchen, und in der Ferne sah man die Elefantenberge. Ein Bild wie auf einer Kitschpostkarte.

Ich versuchte, mich zu erinnern, was mir bei meiner ersten Busfahrt nach Sihanoukville durch den Kopf gegangen war. Begeistert war ich gewesen von soviel Idylle, bedrohlich waren mir die Berge erschienen, aber vor allem war ich neugierig gewesen auf all das, was hinter den Stadtgrenzen von Phnom Penh lag.

Und? Hatte ich es entdeckt?

Nach einer Woche in Kambodscha kam ich mir damals vor wie ein alter Hase, und in Rattanakiri war ich der Insider schlechthin gewesen. Aber jetzt, nach acht Monaten, wußte ich nicht, was ich sagen sollte.

Der Bus fuhr über die letzten Hügel, und im Tal sah man das blaue Meer. Ich stieg nicht am Hafen aus, sondern fuhr wieder mit in die Stadt. Als ich aus dem Bus kletterte, lachte mich ein junger Mann freundlich an. Das passierte mir zum ersten Mal in Sihanoukville.

„Madame, erkennst du mich denn nicht? Ich bin's, Hok!"
„Nimm die Mütze ab, ich kann dein Gesicht doch gar nicht sehen."
Wir fuhren zu *Sali's*. Die Sonne schien, das Meer war blau, die Luft roch nach Mittelmeer, aber als wir die verhängnisvolle Straße entlang fuhren, kniff ich die Augen zu.

„Hallo Vannath! Seit wann bist du denn wieder da? Das ist aber schön!"
„Schon seit einer ganzen Weile, aber du warst lange nicht bei uns!"

„Stimmt, es ist über zwei Monate her. Ist das Gästehaus voll?"
„Nein, die Saison ist vorbei. Wir haben fast gar nichts zu tun."
„Dann bring mir doch bitte mal einen Kaffee."

Es war schön, wieder hier zu sein. Es dauerte nicht lange, da kam Sali um die Ecke und fiel mir fast um den Hals. Ich war solche Gefühlsausbrüche von ihr nicht gewohnt, aber auch ich freute mich sehr, sie wiederzusehen, und drückte sie herzlich. Dann kam Eric, und wir waren sofort ins Gespräch vertieft. Das Gästehaus war mein Zuhause geworden, und Sali und Eric meine besten Freunde.
„Ist die Villa frei?"
Die Villa war das Mehrbettzimmer am Ende der Veranda zum Weg hin. Anfangs eine Notlösung, da alles andere belegt war, wurde es später mein Lieblingszimmer, weil man dort etwas abseits vom Publikum war. Hin und wieder war eines der beiden anderen Betten belegt, aber das störte mich nicht mehr besonders, denn die meisten Gäste schliefen nicht gerne im Dorm und blieben nie lange.
„Nein, leider nicht. Irgendsoein Knabe aus Frankreich schläft dort, aber zwei Betten sind noch frei."
„Also muß ich mir die Villa mit einem echten Barang teilen. Ich werd's überleben."
„Nimm dir doch einen der Bungalows."
„Nein, ich sitze abends gern auf dem Balkon dort unten und genieße die Seeluft, das weißt du doch. Der Typ stört mich nicht. Aber vielleicht störe ich ihn ja?"
Ich ging zur Villa und legte meine Sachen auf das Bett am Fenster. Diskret begutachtete ich das Gepäck meines Mitbewohners. Es sah aus, als ob er schon länger hier weilte. Auf dem Tisch lagen ein französisches Wörterbuch, Verbtabellen und unzählige beschriebene Blätter mit der Seitenzahl eins. Was immer er da schrieb, er schien nicht recht vorwärts zu kommen, denn im Papierkorb lagen noch mehr erste Seiten. Vielleicht brauchte er meine Gegenwart als Inspiration.
„Allo."
Ein kleiner Mann mit Halbglatze und Brille, etwas älter als ich, spazierte durch die Tür.
„Hallo. Ich bin Anna und wohne jetzt hier."
Er sah mich etwas pikiert an.
„Ach ja?"
„Ja."
Er verschwand im Bad, und ich zog mich um und ging schwimmen.

Das Meer war glatt wie ein Spiegel, und ich zog gemütlich meine Bahnen. Der Strand war menschenleer. Sonst hatte ich immer hier gesessen und überlegt, wie es weitergehen würde. Jetzt brauchte ich das nicht mehr zu tun und betrachtete den Aufenthalt in Sihanoukville als einen kleinen Urlaub. Aber Pläne hatte ich trotzdem.

Ich wollte eine Kurzform meiner Reise zu Papier bringen, das Fischerdorf hinter dem Hafen besuchen, noch mal zum *Independence Hotel* gehen, das Kloster auf dem Aussichtshügel ansehen – langweilig würde es mir bestimmt nicht werden.

Der Barang ging mir aus dem Weg. Er hatte mir nicht gesagt, wie er hieß, also nannte ich ihn Barang. Wahrscheinlich war er sauer, daß er jetzt nicht mehr alleine in der Villa war, aber das war sein Problem. Ich hatte keine Lust auf solche Kindereien und machte einen Vorstoß.

„Bist du immer so schweigsam, oder ist dir etwas über die Leber gelaufen?"

„Naja, ich finde es schon etwas komisch, daß du hier so einfach in mein Zimmer einziehst. Aber was soll ich machen?"

„Dir ist wohl entgangen, daß das hier eine Art Schlafsaal ist. Aber du störst mich nicht. Was machst du eigentlich hier?"

„Ich schreibe ein Buch, ich bin Schriftsteller."

„Tatsächlich? Kommst aber nicht so recht voran, was?"

„Woher willst du das denn wissen?"

„Im Papierkorb liegt mindestens zwanzigmal die Seite eins."

„Der Anfang ist nie besonders leicht."

‚Wem sagst du das!'

Ich hatte drei Stunden mit Stift und Papier bewaffnet am Tisch gesessen und nach einer halben Seite das Handtuch geworfen. Soweit zu *meinen* Schreibkünsten. Aber das sagte ich ihm natürlich nicht. Mein Kopf war voller Ideen, sie zu formulieren war etwas anderes. Auch am nächsten Tag ging es nicht voran, und ich sah meine Felle bereits davon schwimmen. Wo zum Teufel sollte ich anfangen? Ich klagte Eric mein Leid, aber er sagte nur: „Wenn du zum ersten Mal auf einem Fahrrad sitzt, fällst du immer auf die Nase. Aber irgendwann steigst du auf und radelst einfach los. So ist es mit allem."

Ich setzte mich nicht auf ein Fahrrad, sondern an den großen Tisch unter dem Jackfruchtbaum. Drei gewaltige Früchte baumelten über meinem Kopf.

‚Vielleicht fällt ja eine runter und bringt mir den Durchbruch', dachte ich und fing noch mal an. Es war nichts weiter als belangloses Gekritzel, aber nach einer Woche hatte ich es immerhin geschafft, die Zeit bis zum Überfall in Worte zu fassen. Nicht, daß ich irgend jemandem zumuten würde, es zu lesen, aber für mich war es ein kleines Erfolgserlebnis.

Der Barang taute allmählich auf, und wir saßen des öfteren bis in die tiefe Nacht hinein auf dem Balkon und unterhielten uns über Gott und die Welt. Er hieß Jacques und war ganz nett, wenn auch ein wenig merkwürdig. Im Gegensatz zu mir hatte er eine eiserne Disziplin. Er stand um sechs Uhr auf und ging schwimmen. Dann frühstückte er, und von halb neun bis halb eins saß er am Schreibtisch. Mittagessen, Mittagsschläfchen, Schreiben bis fünf. Schwimmen bis sechs und nach Sonnenuntergang besuchte er eine Frau im Fischerdorf. Er wusch seine Wäsche selbst, das Wännchen hatte er eigens dafür mitgebracht. Die Kleiderbügel für seine Hemden auch.

„Du bist 'ne gute Hausfrau", sagte ich eines Abends zu ihm.

„Ich bin keine Hausfrau, sondern unabhängig."

„Okay. Was schreibst du denn für ein Buch?"

„Einen Roman über das Gute und Schlechte in den Menschen."

„Interessant. Und warum ausgerechnet hier?"

„Weil ich hier ganz für mich alleine bin. Niemand weiß, wo ich bin."

„Hast du Angst, daß dich dein Fanclub in Kambodscha besuchen kommt? Wie weit bist du denn schon?"

„Seite fünf."

„Ich bin beeindruckt."

„Du schreibst auch viel, was wird es denn?"

„Ach, ich mache nur ein paar Reisenotizen."

„Du bist schon oft hier gewesen, was? Scheinst dich gut zu verstehen mit der Frau."

„Du meinst Sali? Ja, ich verstehe mich sehr gut mit ihr."

„Ich kann sie nicht leiden. Sie schreit immer nur herum."

„Erstens stimmt das nicht, und zweitens ist doch nichts dabei, wenn sie schreit. Sie wird schon ihre Gründe haben."

„Ihre Gründe interessieren mich nicht. Ihre Mutter kann ich auch nicht leiden. Sie sitzt den ganzen Tag auf der Brüstung und frißt Betel. Das geht mir auf die Nerven. Und ihre Schwester mag ich auch nicht."

„Hast du ein Problem mit Frauen?"

„Absolut nicht. Schließlich habe ich hier eine Freundin."

„Taxigirl?"

„Nein, sie ist keine Hure. Sie ist eine Witwe mit zwei Kindern und wohnt im Fischerdorf. Sie ist arm, und ich gebe ihr Geld."

„Also doch."

„Nein, du bekommst einen ganz falschen Eindruck."

„Liegt dir was an ihr?"

„Nein, ich kenne sie doch kaum."

„Du gehst zu dieser Frau und schläfst mit ihr. Du gibst ihr Geld, obwohl du sie kaum kennst. Ich weiß genau, was du meinst. Sie ist keine Hure, aber du machst sie zu einer. Oder glaubst du im Ernst, sie würde mit dir ins Bett gehen, wenn sie das Geld nicht bräuchte?"

Sali hatte ihre ganze Familie um sich versammelt. Die Mutter, ihre Schwester Ming, ihren Bruder Vannath und den kleinen Kort. Sie waren vor einer Weile angekommen, um im Gästehaus mitzuhelfen. Sali hatte kein großes Glück mit ihrem Personal, was zum Teil ihre eigene Schuld war. Sie mußte volle Kontrolle über alles haben, und wenn etwas nicht so lief, wie sie sich das vorstellte, dann schmiß sie die Mädchen und Jungs wieder raus. Als in der Hochsaison alles drunter und drüber ging, hatte sie die Familie aus Phnom Penh geholt und eingespannt.

Aber jetzt gab es nicht mehr viel zu tun, und Vannath und Ming langweilten sich tödlich. Wenn sie nicht schliefen, saßen sie träumend auf dem Geländer. Ming wollte Sängerin werden und setzte alles daran, diesen Traum zu verwirklichen. Sie hatte eine wunderschöne Stimme und sang oft vor sich hin. Kort saß dann neben ihr und hörte ihr andächtig zu. Vannath wußte noch nicht genau, wie er seine Zukunft gestalten sollte; wahrscheinlich hoffte er, daß ihm im Traum eine gute Fee erschien und ihm diese Entscheidung abnahm. Deswegen schlief er wohl auch so viel.

„Sag mal Vannath, wie siehst du denn aus?"

Er kam aus einem der Zimmer, und sein Gesicht zierten lauter kleine Beulen.

„Was hast du denn für Beulen im Gesicht?"

„Das sind Mückenstiche. Hier, hier, überall."

Er sah wirklich schlimm aus. Die Moskitos waren eine echte Plage in Sihanoukville.

„Moskitos in der Nacht, Sandflöhe am Tag. Ich habe mir wieder die beste Zeit ausgesucht für Sihanoukville."

„Ja, die Sandflöhe sind furchtbar. Jetzt in der Mangosaison sind sie besonders schlimm, und deswegen gehe ich nicht an den Strand."

Hok fuhr in den Hof, und Sali stieg ab. Eine Weile später setzte sie sich zu uns.

„Sali, hast du eingekauft?"

„Ja, wie gefällt dir mein neues Outfit?"

Sie trug eine orangefarbene Schlabberhose mit passenden Hemd. Die Farbe stand ihr gut, und sie sah flott aus.

„Es steht dir sehr gut. Du trägst selten Sarongs, ich habe dich noch nie in einem gesehen."

„Nein, Hosen sind mir lieber. Aber meine Mutter trägt sie und du auch."

„Ich finde sie sehr bequem. Ist die Frau dort wirklich deine Mutter? Eric hat einmal gesagt, deine Eltern leben nicht mehr."

„Das stimmt; sie ist meine Tante. Aber das erzähle ich dir ein andermal. Du kommst nicht wieder, wenn du dieses Mal abreist?"

„Nicht so bald. Ich muß jetzt Geld verdienen. Aber nach Kambodscha komme ich bestimmt wieder. So bald wie möglich."

„Ich möchte dir die Karten legen. Da weißt du, ob du Glück haben wirst."

„Oh ja, leg mir die Karten. Aber verbindlich."

Sali mischte, und ich mußte die erste Karte ziehen. Ich ließ mir dabei viel Zeit, das erhöhte die Spannung.

„Du bist sehr glücklich in Kambodscha", sagte Sali, „warum bleibst du nicht hier?"

„Steht das in den Karten?"

„Daß du glücklich hier bist? Ja, das steht hier."

Eine steinalte Frau hatte ihr das Geheimnis der Karten beigebracht, als Sali noch sehr jung gewesen war. Sie verdiente sich kein Geld damit, sondern legte sie aus Zeitvertreib und zog dabei nicht so eine Schau ab wie die Ägypterinnen in Dubai. Und jetzt prophezeite sie mir eine Zukunft, die nicht rosiger hätte sein können. Außerdem würde mich in den nächsten zehn Tagen jemand besuchen kommen, der mir gute Ideen und viel Geld bringen würde. Ich atmete erleichtert auf, da hatte sich die Mühe also gelohnt.

Es wurde langsam dunkel, und Kort zündete die Kerzen an. Vannath bewaffnete sich mit einer Flasche Mückenspray und hielt sie den ganzen Abend in der Hand.

„Was möchtest du denn essen?"

„Kartoffelsuppe. Du machst sie fast so gut wie früher meine Oma."

Eric schlurfte langsam die Treppe herab.

„Seit wann läßt du dir denn einen Bart stehen?"

„Sieht nicht schlecht aus, was? Ich habe ihn mir wachsen lassen, als ich krank war."

„Was hattest du denn?"

„Typhus. Als du das letzte Mal hier warst, fing es an. Das war wohl auch der Grund, warum Sali und ich uns dauernd gestritten haben."

„Ja, ich kann mich erinnern. Es muß ganz schön heiß hergegangen sein, selbst in Phnom Penh hat man davon gesprochen."

„Wirklich? Das war wohl, als Sali die Polizei gerufen hatte und mich verhaften lassen wollte."

„Wie bitte? Davon habe ich nichts gehört."

„Wir hatten uns gestritten. Es ging um den Jungen, der damals hier gearbeitet hatte."

„Die Schlaftablette?"

„Genau der. Mein Fall war er noch nie gewesen, aber Sali wollte ihn hier haben, und das Restaurant ist nun mal ihr kleines Königreich, und so habe ich ihr ihren Willen gelassen. Aber es gab immerfort Ärger und Intrigen zwischen dem Personal und nebenbei mit John, der mir ziemlich dilettantisch die Kundschaft abzuwerben versuchte. Die Schlaftablette hatte überall die Finger mit im Spiel, und mir war das Gezeter zuviel. Außerdem hegte ich den Verdacht, daß er hin und wieder Geld nahm. Und da habe ich ihn eben entlassen. Aber Sali war stinksauer. Und wenn sie einmal richtig in Fahrt ist, dann hört sie nicht mehr so schnell auf. Du kennst sie ja."

„Ja, ich habe euch so manches Mal zugehört."

„Eines Abends hat sie mich zur Weißglut gebracht, und damit mir nicht die Hand ausrutschte, habe ich die leere Gasflasche genommen und durchs Fenster geschmissen. Da hat Sali Angst bekommen und die Polizei gerufen."

Sali hatte im Gegensatz zu Eric ein feuriges Temperament, und klein Beigeben war nicht ihr Motto.

„Und? Kam die Polizei?"

Eric lachte.

„Ja, die Polizei kam. Aber Sali machte das Hoftor nicht auf und ließ sie draußen stehen. Sie wollte mir drohen, aber dann merkte sie, daß es ernst wurde. Also habe ich das Tor aufgemacht. Ich kenne den Polizeichef gut, er kommt oft her auf ein Bier. Ich habe ihm zugeflüstert, daß er mir Handschellen anlegen soll. Das war dann zuviel für Sali. Sie erklärte ihm, daß alles ein Mißverständnis gewesen sei, und nach einer Weile gingen sie wieder. Aber danach ging es mir richtig schlecht."

„Und jetzt? Ihr scheint euch ja prächtig zu verstehen. Wie zwei Turteltäubchen spaziert ihr herum. Was mich wundert, ist, daß Sali dich vor ihrer Mutter küßt. Das ist doch sehr ungewöhnlich für Kambodschaner."

„Ich glaube, sie möchte ihrer Familie zeigen, daß zwischen uns alles in Ordnung ist. Die haben doch auch von dem Streit gehört."

„Wo sind eigentlich Suyin und das andere Mädchen?"

„Die wurden gleich nach der Schlaftablette entlassen. Aber das geht auf Salis Kappe. Ich hätte alles dafür getan, die beiden hierzubehalten. Sie waren immer freundlich und wußten, was sie zu tun hatten. Jetzt arbeiten sie in dem Nobelrestaurant unten am Strand. Geh sie doch mal besuchen."

„Wie ich sehe, hat Sali bereits einen neuen Sklaven gefunden. Aber der Junge ist nett und gibt sich Mühe."

„Ja, finde ich auch. Er kommt aus einem Dorf in der Nähe von Koh Kong."
Sali brachte mir einen Teller heiße Suppe und setzte sich neben Eric.
„Ich habe gehört, was ihr geredet habt. Eric, erzähl Anna von dem Haschisch im Hafen."
„Oh, das hätte ich fast vergessen. Am ersten April haben sie im Hafen sechs Tonnen feinstes Marihuana beschlagnahmt. Das war vielleicht ein Fest!"
„Sechs Tonnen? Ist das ein Aprilscherz? Was sagt denn die Regierung dazu?"
„Na was schon, die schieben sich wieder gegenseitig die Schuld zu. Hun Sen fühlt sich reingelegt, weil der Besitzer der Spedition ein guter Freund von ihm ist. Das ist ein ewiges Katz-und-Maus-Spiel zwischen den beiden Parteien, da blickt kein Mensch mehr durch."
„Auf welcher Seite stehst du denn, Sali?"
„Auf gar keiner. Ich will nur in Ruhe mein Gästehaus führen und Geld verdienen. Wir sagen nicht gerne, auf welcher Seite wir stehen. Man kann nie wissen."

Platsch! Jetzt lag die große Jackfrucht auf der Erde und verströmte einen strengen Geruch. Salis neuer Sklave saß mit einem Krama um die Hüften gewickelt vor der roten Wanne im Gras und wusch seine Sachen, das neue Mädchen thronte vor mir auf dem Tisch und flickte die Löcher in den Bettlaken, Eric nahm ein Sonnenbad, und die Mutter saß im Schatten und kaute Betel. In der Ferne hörte man die tuckernden Fischerboote. Sali holte die Jackfrucht, und zusammen mit Vannath und Ming lösten sie das Fleisch aus der Schale und warfen alles in einen großen Krug.
„Was macht ihr denn damit?"
„Wein. Er schmeckt sehr gut. Willst du mal probieren?"
Vannath brachte mir ein Glas. Die trübe Flüssigkeit schmeckte wie Limonade und war sehr stark. Bald hatte ich einen Schwips, und mein Stift wanderte von alleine über das Papier. Plötzlich traf mich ein Schneeball. Ich drehte mich um und sah Kort und Eric neben dem Eisschrank.
„Kleine Erfrischung gefällig?"
Was ich für einen alten Kühlschrank gehalten hatte, der hinter dem Restaurant darauf wartete, daß ihn das Zeitliche segnete, war keineswegs ausrangiert. In regelmäßigen Abständen kam der Eisverkäufer vorbei, zog riesige Eisblöcke von seinem Moped und legte sie in den mit Sägemehl gefüllten Kühlschrank.
„Wir machen gerade den Schrank hier sauber und dachten, bei dieser Hitze wäre eine Schneeballschlacht nicht schlecht."
Eric erzählte Kort, daß im Winter ganz England von dem weißen Zeug bedeckt war, und die Augen des Kleinen wurden immer größer. Sali hörte aus einiger Entfernung zu. Sie kam zu mir.

„Stimmt das?"
„Ja, es stimmt. Möchtest du denn nicht mal mit Eric nach England fahren?"
Sie lächelte.
„Ich weiß nicht. Da ist doch alles ganz anders als hier."
„Du sollst ja dort nicht Wurzeln schlagen, aber es wäre doch bestimmt ganz interessant zu sehen, wo dein Mann herkommt, meinst du nicht?"
„Aber ich verstehe doch die Leute dort nicht."
„Wieso denn? Du sprichst doch gut Englisch."
Sie hatte seit unserer ersten Begegnung viel dazu gelernt; ihre Lehrer waren Eric und die Gäste. Ich hatte einmal miterlebt, wie sie ohne viel Aufhebens einen deutschen Touristen aus dem Restaurant geworfen hatte. Er versuchte unentwegt zu handeln, meckerte am Personal und dem Essen herum, und wegen dem schlechten Service wollte er nachher nur die Hälfte der Rechnung bezahlen. Aber nicht mit Sali.
„Was glaubst du eigentlich, wer du bist, hä? Meine Mädchen arbeiten hart und kochen gut. Und das Bier ist *immer* kalt. Hier wird nicht gehandelt, und jetzt drück die Knie durch und setz dich in Bewegung, sonst passiert was!"
Der Tourist schlich kleinlaut davon.
„Erzähl mir von deiner Familie."
„Jetzt?"
„Ja, jetzt."
„Komm, wir gehen an den Strand, da kann ich besser nachdenken."
Wir setzten uns auf einen Felsen und ließen die Füße im Wasser baumeln. Es ging ein leichter Wind, und die Sonne wanderte langsam hinter die Insel.
„Was hat Eric dir denn alles erzählt?"
„Nicht sehr viel. Daß deine Eltern nicht mehr am Leben sind und daß die Frau im Gästehaus deine Tante ist."
„Wir waren früher eine sehr reiche Familie. Mein Vater war ein Geschäftsmann."
„Er war Chinese, nicht wahr?"
„Ja, die Chinesen sind gut im Geschäft."
„Das hast du von ihm geerbt."
Sie lachte.
„Meine Mutter war Khmer. Wir hatten ein sehr schönes Haus in Phnom Penh und viel Land in Kompong Cham. Eine Limousine hat mich immer in die Schule gefahren. Eines Tages hat mein Vater meine Mutter mit der Familie nach Kompong Cham geschickt. Er sagte, es würde Ärger geben und daß wir dort besser aufgehoben wären."
„Wie alt warst du denn damals?"

„Vierzehn. Vannath und Ming waren noch klein. In Kompong Cham haben wir bei der Familie von meiner Mutter gelebt, und mein Onkel hat sich um uns gekümmert. Aber nach zwei Wochen ist meine Mutter zurück nach Phnom Penh gefahren, zu meinem Vater. Ich habe sie nie wiedergesehen. Dann kamen die Roten Khmer und haben meinen Onkel abgeholt. Er war ein wichtiger Mann in Kompong Cham, weißt du. Meine Tante hat den Soldaten angefleht, daß man dem Onkel nichts tue, und er kam wirklich wieder zurück. Aber dafür haben sie den Soldaten erschossen."

„Ist denn Kompong Cham nicht evakuiert worden?"

„Doch, aber da waren wir längst weg. In der Nacht, als mein Onkel zurückkam, hat er uns geweckt und gesagt, wir müßten fliehen. Wir sind mit einem Boot über den Mekong gefahren und dann nach Osten gelaufen. Immer durch den Wald und durch die Sümpfe. Tagelang. Wir konnten kein Feuer machen und zu essen hatten wir auch kaum etwas. Es waren noch mehr Leute dabei, die hatten ein kleines Baby. Es schrie immerfort, und da hat mein Onkel einen Stock genommen und wollte es erschlagen. Es hatte keine Eltern mehr, und mit diesem Geschrei würde es uns nur verraten."

„Waren die Roten Khmer in der Nähe?"

„Sie waren überall."

„Wo wolltet ihr denn hin?"

„Das hat uns mein Onkel nicht gesagt, aber ich glaube, er wollte uns nach Vietnam bringen."

„Was ist mit dem Baby passiert?"

„Ich habe es an mich genommen und beruhigt. Aber ich konnte es nicht die ganze Zeit tragen; ich hatte doch Vannath auf dem Rücken, und der war nicht leicht. Irgendwann wurden wir entdeckt. Wir hatten uns im Gras versteckt, als Vietnamesen kamen. Sie haben uns mitgenommen in ihr Lager und uns Essen und Medizin gegeben. Sie sind keine schlechten Menschen."

„Das habe ich nie gesagt."

„Aber dann mußten wir weiter."

„Wie weit war es denn noch?"

„Ich weiß nicht. Ich bin immer nur gelaufen. Aber dann haben uns die Roten Khmer doch noch gekriegt, und wir mußten wieder den ganzen Weg zurück."

„Durch die Sümpfe?"

„Nein, wir sind durch den Großen Wald gelaufen. Dort lagen überall Minen, und die Soldatin hat mich vorgehen lassen. Ich konnte nichts tun, sie hatte ein großes Gewehr in der Hand. Auf einmal –"

Sali stockte. Jetzt ging's ans Eingemachte.

„Auf einmal explodierte eine Mine, und die Soldatin flog in die Luft. Sie hat mich vorgehen lassen, damit es mich zuerst erwischen würde, aber ich bin drüber gelaufen. Vannath war nichts passiert. Dann bin ich nur noch gerannt. Es war furchtbar. Immer dachte ich, der nächste Schritt ist der letzte."

Während sie erzählte, hatte sich ihr Gesichtsausdruck merklich geändert, und sie sah aus wie eine alte Frau.

„Man hat uns in ein Lager in der Nähe von Kompong Thom gebracht. Dort blieben wir, bis alles vorbei war."

„Was hast du denn dort machen müssen?"

„Reis pflanzen. Immer nur Reis, Reis, Reis. Wir standen den ganzen Tag im Wasser, von Sonnenaufgang bis Sonnenuntergang, und nie gab es richtig zu essen. Immer nur Reissuppe, aber da war kein Reis drin."

„Und als es vorbei war?"

„Ich bin zurück nach Phnom Penh und habe nach meinen Eltern gesucht. Aber in unserem Haus wohnten fremde Leute, und keiner wußte, wo meine Eltern waren. Wahrscheinlich sind sie tot. Sicher weiß ich es bis heute nicht. Wir sind zu Verwandten, aber die Nachbarn, die uns von früher kannten, haben auf uns herab geschaut, als wären wir Bettler!"

Um ihren Mund legte sich ein bitterer Zug.

„Aber die werden sich noch umsehen, eines Tages werde ich ihnen zeigen, daß man uns nicht wie Bettler zu behandeln hat. Wir waren immer anständige Leute."

„Komm Sali, laß uns zurückgehen, es wird dunkel. Du kannst mir ein andermal den Rest erzählen, wenn du möchtest."

Ich saß noch lange auf dem Balkon und dachte über Salis Geschichte nach.

Jetzt machte es Sinn, was Eric mir vorher von ihr erzählt hatte. Daß sie anders war als die anderen Mädchen, als sie in dem Restaurant gearbeitet hatte. Daß sie nur widerwillig das Geld nahm, das er ihr gab. Sie wollte wieder nach oben kommen, wieder jemand sein. Und dafür arbeitete sie sehr hart. Ich hatte sie nur ein einziges Mal in der Hängematte schaukeln sehen, ansonsten war sie immer mit irgend etwas beschäftigt. Als Eric krank war, mußte sie alles übernehmen, nicht nur die Organisation in der Küche und im Restaurant, sondern auch den geschäftlichen Teil. Sie hatte sich früher immer gesträubt, wenn Eric sie zur Bank schickte, und gesagt, eine Frau mache das nicht. Aber Eric hatte darauf bestanden.

„Es ist *dein* Gästehaus, *dein* Name steht auf den Dokumenten, also mußt du auch *deine* Geschäfte abwickeln. Wer weiß, was hier alles passiert, und vielleicht *mußt* du eines Tages alles alleine machen. Ist besser, wenn du es lernst."

Sie hatte gelernt und sie war eine clevere Geschäftsfrau. Sie ging mit zehn Dollar auf den Markt und kam mit elf zurück.

Aber hinter ihrem hübschen Gesicht verbarg sich leider auch eine leidenschaftliche Spielerin. Nicht selten zerrann das hart erwirtschaftete Geld in den Spielhöllen der Märkte. Dabei bedeutete ihr der angestrebte materielle Reichtum weitaus weniger als die damit verbundene gesellschaftliche Stellung. Als das Gästehaus allmählich Gewinne verbuchen konnte, waren Eric und Sali nach langer Zeit wieder gemeinsam nach Phnom Penh gefahren, um die Familie zu besuchen. Sali hatte sich ein neues Kleid schneidern lassen, ein schickes Köfferchen gekauft, all ihren Schmuck angelegt und stolzierte wie eine Dame an den Nachbarn vorbei.

Keiner konnte aus seiner Haut, auch Sali nicht.

Vereinzelte Blitze erleuchteten den Himmel, und ich ging ins Bett. Aber es dauerte noch lange, bis ich einschlief. Es war sehr schwül, und der Barang schnarchte, als ob er einen Klafter Holz zu sägen hatte.

Ich war gerade eingenickt, als mich ein lautes Pfeifen wieder weckte. Sekunden später war der ganze Himmel ein feuerrotes Flammenmeer, und es krachte und donnerte so laut, daß mir Hören und Sehen verging. Dann brach der schlimmste Sturm los, den ich jemals erlebt hatte. So mußte es sein, wenn die Welt unterging. Ich mochte Gewitter, aber dieser Sturm machte mir Höllenangst. Jacques war aufgewacht und blickte genauso regungslos aus dem Fenster. Allmählich beruhigte ich mich wieder, aber der Sturm dauerte die ganze Nacht.

„Viel Spaß beim Schwimmen, Jacques!"

Am Morgen schien die Sonne wieder in ihrer ganzen Pracht, und ich machte mich auf den Weg zum *Independence Hotel*. Als ich aus dem Hof schritt, kam Jacques gerade vom Schwimmen zurück.

„Du hast einen wunderschönen Sonnenaufgang verpaßt. Über der Insel war ein fantastischer Regenbogen, und in der Mitte lag eine chinesische Dschunke."

Toll. Mich beschäftigten ganz andere Gedanken. Um zum Hotel zu gelangen, mußte ich die Straße entlang laufen, auf der ich überfallen worden war.

‚Los, jetzt stell dich nicht so an, was ist denn schon dabei. Augen zu und durch!'

Die zweihundert Meter waren wie ein Spießrutenlauf, aber dann war der Horror vorbei. Wie anders sah doch alles aus, wenn die Sonne schien.

Das Hotel hatte sich nicht verändert, aber es wirkte weniger geheimnisvoll als bei meinem ersten Besuch. Eine Frau hängte Wäsche auf eine Leine zwischen den beiden Fahnenmasten, und zwei Kinder spielten auf dem Parkplatz

Fußball. Neben dem Eingang saßen ein paar Männer und unterhielten sich angeregt.

Im Ballsaal hingen noch immer die schönen Kronleuchter; sie hatten es mir einfach angetan. Aber ich sah leider keine Möglichkeit, sie unentdeckt abzumontieren und außer Landes zu schaffen. Im Garten kletterte ein Junge wie ein Äffchen den glatten Stamm einer Palme hoch und erntete Kokosnüsse. Ich beobachtete ihn dabei und hielt die Luft an. Es sah gefährlich aus, wie er da oben herumturnte, die schweren Dinger vorsichtig abschnitt und an einem Seil langsam herabließ. Eine falsche Bewegung, und er würde vor den Kokosnüssen unten ankommen. Aber er machte das ja nicht zum ersten Mal.

Ich ging wieder in das Hotel hinein und suchte nach dem Treppenhaus, da der Fahrstuhl nicht mehr funktionierte. Ich lief durch jedes Stockwerk. Die Zimmertüren waren verschlossen, und je höher ich ging, um so unheimlicher wurde es. Mehr denn je war ich davon überzeugt, daß das *Independence Hotel* die beste Kulisse für Gruselfilme bot. Ich erwartete fast, daß sich eine der Türen hinter mir öffnete und ein langer Arm nach mir griff. Wahrscheinlich lagen in den Zimmern lauter Skelette von Leichen, die Pol Pot hier versteckt hatte.

Am Ende des Ganges quietschte eine Tür. Oder hatte ich mir das nur eingebildet? Da waren doch Schritte? Die Phantasie konnte einem schreckliche Streiche spielen, aber ich ging trotzdem eilig nach unten.

Der Junge hatte alle seine Kokosnüsse geerntet und lud sie auf einen Handwagen.

„Hier, nimm eine, sie schmecken am besten, wenn sie ganz frisch sind!"
Ich setzte mich einen Moment zu den Männern in den Schatten.
„Hast du schon gehört?!"
„Nein. Was denn?"
„Letzte Nacht!"
„Das Gewitter? Ja, habe ich gehört."
„Nein, nicht das Gewitter! Die Fernsehstation ist in die Luft geflogen! Ein Anschlag!"

Nicht schon wieder! Kämpfe in Battambang, Granaten in Phnom Penh, schießende Geschäftsleute und jetzt die Fernsehstation!

Aus den Männern war nicht viel herauszubringen, also ging ich zurück zum Gästehaus. Sali saß mit der Familie und den Taxifahrern auf dem Boden. Auch sie unterhielten sich aufgeregt und hatten besorgte Gesichter. Eric stand an der Theke.

„Hast du schon gehört?"
„Die Männer im Hotel haben gesagt, die Fernsehstation sei in die Luft geflogen."

„Nicht in die Luft geflogen, aber es gab einen Anschlag. Fünf Männer haben die Station letzte Nacht gestürmt und sie mit zwei Granatenwerfern beschossen. Einen der Fernsehleute haben sie umgebracht, die beiden anderen konnten sich retten. Die Angreifer sind entkommen."

„Weiß man schon, auf wessen Konto es diesmal geht?"

„Nein, bis jetzt weiß man gar nichts. Ich mache mir langsam Sorgen. Das sind keine kleinen Überfälle mehr wie sonst in der Trockenzeit. Das ist blutiger Ernst."

„Alle sprechen von Krieg, was meinst du? Du bist doch schon so lange in Kambodscha!"

„Ich weiß nicht, ob es Krieg gibt. Aber der Boden wird verdammt heiß hier. Sei froh, daß du bald fährst. Ich überlege auch, ob ich nicht mit Sali und Kort den Sommer über nach England fahren soll. Es liegt was in der Luft, das spüre ich."

„Mir ging es ähnlich, als ich in Phnom Penh war."

Ich deutete auf die Familie.

„Sie scheinen auch ziemlich besorgt zu sein."

„Ja, denn jetzt gibt es kein Fernsehen mehr. Salis Mutter hat nur gemeint, daß sie ruhig ein anderes Gebäude in die Luft hätten jagen können. Aber daß sie sich ausgerechnet an der Fernsehstation vergriffen haben, das sei kein netter Zug gewesen."

„Hat sie das *wirklich* gesagt?"

Eric schmunzelte.

„Ihre Hauptsorge gilt dem Gedanken, wie sie jetzt ihre Nachmittage verbringen soll."

„Du magst sie nicht besonders, was?"

„Nein, das stimmt nicht. Sie stört mich nicht und ich sie nicht. Für sie bin ich ein alter Barang und nicht ihr Schwiegersohn. Sali und ich sind seit vier Jahren verheiratet, aber ein Teil der Familie bin ich deswegen noch lange nicht. Wir leben eben in verschiedenen Welten. Ich liebe Kambodscha und ich liebe meine Frau, aber was sich in ihrer Seele verbirgt, das habe ich bis jetzt nicht herausgefunden."

„Das wirst du nie herausfinden. Auch nicht bei Menschen aus deinem eigenen Kulturkreis."

„Wahrscheinlich hast du recht. Wie hast du dich denn mit dem Barang arrangiert?"

„Ganz gut, aber in die Abgründe *seiner* Seele möchte ich nicht blicken! Nennen die Kambodschaner eigentlich alle Ausländer Barangs?"

„Ich glaube schon."

„Auch die Asiaten? Vannath! Komm mal bitte her!"
„Was ist denn?"
„Nennt ihr alle Ausländer Barang?"
„Ja, alle die eine lange Nase haben."
„Auch die Asiaten?"
„Nein, das sind alles Japaner."

Am Nachmittag zogen wieder Wolken auf, und ich ging zum Fischerdorf. Es lag hinter dem Hafen und sah erbärmlich aus. Die Menschen lebten unter Plastikplanen, die notdürftig Schutz vor dem Regen boten. Die bunten Schiffe lagen im Wasser und waren die einzigen Farbtupfer in dieser trostlosen Umgebung. Nackte Kinder saßen auf nassen Holzplanken oder spielten im Dreck, Hunde wühlten im Abfall herum, junge Männer saßen in zerrissenen Hosen auf der Erde und flickten die alten Netze, Frauen in verblichenen Sarongs verkauften Essen, unter einem Stelzenhaus spielten Schulkinder Billard, und daneben zimmerten die älteren Männer ein neues Boot.

Die Leute warfen mir feindselige Blicke zu. Ich lief eine ganze Weile im Regen umher, bis mich endlich ein alter Mann in seinen kleinen Laden rief, damit ich nicht so naß wurde. Er war die einzige freundliche Seele in diesem Dorf. Er sprach ein wenig Französisch, und ich fragte ihn, warum die Menschen alle so finstere Gesichter machten.

„Die Menschen an der Küste sind anders als die in der Mitte. Sie mögen Fremde nicht, weil sie denken, daß sie nur herumschnüffeln wollen."

„Was gibt es denn *hier* zu schnüffeln?"

„Es gibt hier viele Schmuggler und Piraten", sagte er leise.

„Hier in diesem Dorf?"

„Nicht direkt in *diesem* Dorf."

„Piraten? Wen überfallen sie denn?"

Für mich gehörten Piraten in Märchenbücher und ins sechzehnte Jahrhundert.

„Sie überfallen kleine Boote, die Waren transportieren. Sie haben auch schon Ausländer überfallen. Da draußen auf dem Wasser hast du keine Chance, wenn sie dich erwischen. Manchmal schießen sie auch."

„So wie die Banditen im Hinterland?"

„Die Piraten sind schlimmer, denn die lassen dich nicht laufen, wenn sie dein Geld haben."

„Sind sie Kambodschaner?"

„Kambodschaner, Thais, Vietnamesen, alles durcheinander. Kennst du die ‚Boatpeople'?"

„Du meinst die vietnamesischen Flüchtlinge?"

„Ja. Viele Boote sind damals von den Piraten überfallen worden. Sie haben alles geraubt, die Männer umgebracht und die Frauen auf unbewohnte Inseln verschleppt und vergewaltigt."

„Das sind doch Geschichten aus dem Mittelalter."

„Nein, leider nicht. Ich lebe schon sehr lange hier und habe große Ohren."

„Kommst du von der Küste?"

„Nein, ich komme aus Prey Veng, aber meine Frau ist hier geboren. Es wird bald dunkel, möchtest du mit uns essen?"

„Das ist sehr nett, aber ich gehe lieber zurück. Jetzt hat es auch aufgehört zu regnen."

Der Besuch des Fischerdorfes bedurfte keiner Wiederholung; ich war froh, von dort weg zu kommen. Ein weiterer Blick in die Gesichter genügte mir, um alles zu glauben, was der alte Mann erzählt hatte. Piraten und Schmuggler, warum sollten sie nicht auch hin und wieder eine wehrlose Touristin überfallen?

Der Barang war am Nachmittag abgereist. Ich saß auf dem Balkon und sah den letzten Sonnenstrahlen nach. Durch den Garten schritt ein kleiner, rotgesichtiger Mann mit Bierbauch und weißblondem Haar.

„Hallo! Sali hat mich zu dir geschickt."

Ich sah hinüber zum Restaurant. Sali stand neben der Küche und winkte mir vielsagend zu.

„Ach ja? Und weshalb?"

„Sie hat gesagt, daß du im ganzen Land umhergereist bist. Ich war '93 mit der UNTAC hier und möchte mir jetzt Kambodscha wieder ansehen. Vielleicht kannst du mir sagen, wo man wie am besten hinkommt."

Soweit war es gekommen. Vor acht Monaten hatte ich gerade gewußt, wo die Hauptstadt und die Tempel lagen, und jetzt verwies man die Touristen an mich, damit sie zuverlässige Auskünfte erhielten.

„Tja, so einfach wie damals ist es nicht mehr. Du mußt mit öffentlichen Verkehrsmitteln fahren, und ob es sicher ist, dafür bekommst du von niemandem eine Garantie, auch von mir nicht. Auf den Schutz der UNTAC mußt du leider verzichten."

Ich gab ihm ein paar Auskünfte, aber er schien gar nicht zu wissen, wo er hinwollte. Wahrscheinlich hatte ihn die Sentimentalität wieder nach Kambodscha getrieben, aber zu UNTAC-Zeiten war vieles anders gewesen.

„Was liest du denn da für ein Buch?"

Hello Mistapim hatte ich auf dem Markt gefunden, eine Reisebeschreibung Kambodschas aus den fünfziger Jahren.

„Kennst du es?"

„Ja, und nach dieser Ausgabe suche ich schon lange."

„Wenn ich es fertig gelesen habe, kannst du es haben. Ich weiß sowieso nicht, wie ich all die Bücher nach Deutschland schaffen soll."

Später fragte ich Sali, warum sie so komisch gelacht hatte.

„Das ist bestimmt *der* Mann!"

„Welcher Mann?"

„Na der aus den Karten! Hat er dir gute Ideen gebracht?"

Ich dachte angestrengt nach. Nein, gute Ideen hatte er mir nicht gebracht, dafür aber meinen Sonnenuntergang ruiniert.

„Sollte der nicht auch viel Geld mitbringen?"

„Ja, das haben die Karten gesagt."

„Also der hatte weder gute Ideen noch viel Geld, du mußt dich getäuscht haben."

„Naja, vielleicht ist es der nächste."

„Sali, du mußt jetzt nicht jeden Gast bei mir vorbeischicken. Was ich dich schon lange einmal fragen wollte – wo ist eigentlich dein Geisterhäuschen? Ich habe hier noch keins auf dem Grundstück gesehen."

„Komm mit, ich zeige es dir."

Sie nahm mich bei der Hand und zog mich zu dem Jackfruchtbaum.

„Da."

„Der überdachte Sandhaufen?"

„Das ist kein Sandhaufen; dort wohnt eine Königin."

„Hm, die Königin der Geister?"

„Nein, sie ist eine Ameisenkönigin. Als wir hier eingezogen sind, hatte ich immer wieder den gleichen Traum. Mir erschien eine Königin und befahl mir, ein Haus für sie zu bauen. Nach einer Woche habe ich dann diesen Ameisenhaufen entdeckt, und die Ameisen haben immer eine Königin!"

„Und Eric hat ihr dann ein Dach aus Wellblech drüber gestellt."

„Ja. Ich bringe ihr jeden Abend etwas zu essen und bete für sie."

Vor dem überdachten Ameisenhaufen stand ein Tablett mit einem Brathähnchen, Reis, Trauben, Bananen und einem Glas Wein.

Sie übertrieb es. Auf der Straße gingen die Leute betteln für einen Kanten Brot, und Sali fütterte ausgerechnet Ameisen. Am nächsten Morgen zog ich schnell die Zigarettenkippen aus ihrem Schrein, denn ich wollte es mir mit ihr nicht verderben.

Der Sonnenuntergang an meinem letzten Tag war wunderschön. Unter vereinzelten Wolken lag ein blutroter Himmel, und am Horizont reihten sich in den letzten goldenen Strahlen der Sonne die Silhouetten der allabendlich vorbeiziehenden Fischerboote. Das Meer war ruhig, und die kleinen Wellen schwappten leise über die Felsen.

Wie oft hatte ich hier gesessen und über Kambodscha nachgedacht? Nie ist mir dabei der Gedanke gekommen, daß eines schönen Tages meine Reise auch ein Ende haben würde. Mein Magen zog sich bei dieser Vorstellung zusammen. Die Karten hatten recht, als sie sagten, daß ich in Kambodscha sehr glücklich sei. Warum konnte ich nicht einfach hier bleiben? Eine Arbeit würde ich schon finden. Aber darum ging es nicht. Die Reise hörte hier nicht auf, sie würde nur eine andere Dimension annehmen. Und je schneller ich in die Gänge kam, um so eher würde ich wieder nach Kambodscha zurückkehren können. Außerdem hatte ich jetzt soviel Material für mein Buch, daß die ganzen Experten staunen würden, über das, was ich ihnen zu sagen hatte – über dieses Land voller Mörder! Und irgendwie würde ich meine Erkenntnisse schon zu Papier bringen.

„Ist dein letzter Abend bei uns, nicht wahr?"

„Bitte Eric, sprich nicht darüber. Ich versuche mir die ganze Zeit einzureden, daß es nur eine längere Unterbrechung ist als sonst. Jetzt dauert es eben ein Jahr, bis ich wiederkomme."

„Vielleicht fliege ich im Sommer nach England. Geld verdienen. Als Sicherheit. Falls in der nächsten Saison keine Touristen kommen."

Er zwinkerte mir zu.

„Kommt Sali mit?"

„Sie weiß nicht recht. Ich überlasse ihr die Entscheidung. Wie immer."

„Schick mir 'ne Postkarte, wenn du wirklich fliegst. Vielleicht ergibt sich eine Gelegenheit, und wir können uns treffen. Wäre schön."

„Ja, das wäre schön."

Wir saßen noch lange beisammen und plauderten über dies und das.

„Als du damals angekommen bist, hast du sehr oft über deine alte Arbeit gesprochen. Aber dann hat es auf einmal aufgehört. Weißt du überhaupt noch, wie die Fluggesellschaft hieß?"

Jetzt hatte er mich doch noch zum Lachen gebracht.

„Welche Fluggesellschaft?"

Dubai lag auf einem anderen Planeten, und ich konnte mich nicht erinnern, jemals dort gearbeitet zu haben.

„Fährst du noch nach Angkor?"

„Ich hatte es eigentlich fest vor."

„Was heißt ‚eigentlich'?"
„Mein Visum läuft in fünf Tagen ab. Und ich habe noch einiges in Phnom Penh zu erledigen, und am Wochenende ist die königliche Pflugzeremonie. Ich weiß nicht, ob ich das alles schaffe."
„Aber du wolltest doch unbedingt am Ende nach Angkor?"
„Ja, das wollte ich. Aber –, ach ich weiß nicht."
„Wird alles ein bißchen viel, was?"
„Ich möchte die Tempel nicht in drei Tagen abklappern. Lieber komme ich noch mal her und sehe mir nur die Tempel an und sonst nichts."
„Urlaub in Angkor?"
„Ja genau."
Und damit war auch diese Entscheidung gefällt.

EIN RUBIN AUS PAILIN

Ich beendete meinen Aufenthalt so, wie ich ihn begonnen hatte. Ich machte lange Spaziergänge durch die Stadt und begann wie üblich im Postamt.
„Leider ist diesmal nicht soviel Post da wie sonst, nur zwei Postkarten."
„Und was steht drauf?"
„Aber Madame, ich kann doch deine Post nicht lesen!"
„Warum nicht?"
Ich nahm die beiden Karten und ging zum Wat Phnom.
„Halt! Du mußt einen Dollar bezahlen, wenn du nach oben gehen willst."
Der Zeitungsleser neben der Treppe war gleichzeitig der Kassierer.
„Seit wann denn das?"
„Schon seit einem Monat!"
„Ein Dollar ist ein bißchen viel, findest du nicht? Wo sind denn die ganzen Bettler hin?"
Auf der Treppe saß nicht ein einziger.
„Die warten jetzt oben, hinter dem Tempel. Willst du nun hoch oder nicht?"
„Nein, ich habe es mir anders überlegt."
Mit den Bettlern im Nacken würde ich dort oben keine ruhige Minute verbringen.
Ich kehrte um und spazierte am Flußufer entlang. Es war noch früh am Nachmittag, und am Ufer herrschte wenig Betrieb. Ich setzte mich auf eine Bank, las meine beiden Postkarten, machte ein paar Bilder und schlenderte dann weiter zur Vetika gegenüber des Königspalastes. Die Vetika war ein kleiner Pavillon, in dem die königliche Familie und hohe Gäste saßen, wenn es eine Veranstal-

tung auf dem Vorplatz oder auf dem Fluß gab. Auch jetzt gab es eine Vorstellung, allerdings eine sehr makabre, die nicht das Interesse der Hochwohlgeborenen auf sich zog.

Es war die Schau der Rümpfe, und das Publikum waren die Bettler. In dem Pavillon saßen drei kleine, völlig verstümmelte Kinder, höchstens zwei, drei Jahre alt. Ihre Beine waren nichts als Stümpfe, die den Körper stützten, und in der Achselhöhle begannen die kleinen Händchen. Sie gröhlten und machten Possen, und die Zuschauer amüsierten sich köstlich.

Ich fand daran nichts Lustiges und ging über die Straße zum Nationalmuseum.

Das wunderschöne rote Gebäude wurde 1917 erbaut und war der Inbegriff für die schlichte Eleganz traditioneller Khmerarchitektur. Zu den Ausstellungsstücken gehörten Statuen, antike Gebrauchsgegenstände und Skulpturen, die bis ins Funanreich zurückgingen. Die Gold- und Silberarbeiten wurden von den Roten Khmer gestohlen, aber zum Glück hatten die Plünderer damals nichts von dem Wert der Statuen gewußt.

Das Nationalmuseum beherbergte noch einen weiteren Schatz, bei dessen Wertschätzung sich die Geister allerdings schieden. Für Restauratoren eine Plage, für Biologen eine Goldgrube, waren Hunderttausende von Fledermäusen, die sich im Laufe der Jahre im Dachstuhl angesiedelt hatten. Die herabfallenden Ausscheidungen hatten dem empfindlichen Sandstein der Statuen sehr zugesetzt, und eine Totalevakuierung wurde in Erwägung gezogen. Nach langem Hin und Her einigten sich die Direktion des Museums und die Vertreter des Umweltministeriums auf einen Kompromiß. Eine Decke wurde zwischen Dachstuhl und Ausstellungsräume gehängt, und so leben die Fledermäuse und die Statuen bis zum heutigen Tag friedlich übereinander.

„Madame, kaufst du die Zeitung?"

Vor mir stand mein kleiner Freund Chea.

„Wo kommst du denn her! Dich habe ich ja schon lange nicht mehr hier gesehen!"

„Ich war zu Hause bei meiner Familie."

Jedesmal, wenn er zehn Dollar zusammen hatte, fuhr er nach Hause. Zuhause war Svay Rieng, hundertzwanzig Kilometer von Phnom Penh entfernt an der Grenze zu Vietnam.

Das Publikum im *Metropol* hatte sich nicht geändert in den zwei Wochen, die ich in Sihanoukville verbracht hatte. An dem Tisch vor mir saßen zwei blutjunge Dinger in Minikleid mit Spaghettiträgern; sie knabberten an einem trockenen Stück Brot und verzehrten Vitamintabletten. Wahrscheinlich hatten sie nur den Teil über die Risiken der einheimischen Kost in ihrem Reiseführer gelesen, nicht aber den über Sitten und Gebräuche mit dem Hinweis, sich etwas dezenter zu kleiden, als sie es taten. Naja, mir konnte es egal sein, und die frische Ananas schmeckte besser denn je.

Ich verbrachte viel Zeit in meinem Zimmer. Nummer 310. Jetzt am Ende hatte man mich in den dritten Stock befördert. Die Zimmer waren neu, ruhig und in einem einwandfreien Zustand. Bis auf meins. Dort war das Chaos ausgebrochen – ich packte. Einen großen Teil meines Gepäcks hatte ich Ellen aufs Auge gedrückt und so war ich schon mal den Koffer los. Aber in der Zwischenzeit hatte sich wieder viel Krimskrams angesammelt, und den sortierte ich jetzt.

Die Zimmermädchen sahen mir zu und sagten Bescheid, wenn sie brauchen konnten, was ich wegschmiß. Zum Beispiel die meisten meiner Kleidungsstücke und Toilettenartikel. Sie gingen alles der Reihe nach durch und sagten, daß sie sich jetzt schon auf meine Rückkehr freuten, und ich solle doch ja viele Sachen mitbringen.

„Was ist mit der Tasche da?"

„Da sind lauter Bücher drin, aber die kriegt ein Freund von mir."

„Und das da?"

„Die Plastiktasche? Die brauche ich im Moment noch, ihr könnt sie später haben."

„Und die Schuhe dort?"

„Ja, die hättet ihr wohl gerne, was? Die behalte ich selbst. Aber hier habe ich noch zwei Paar Gummischlappen, die könnt ihr haben."

Sie verzogen enttäuscht die Gesichter, lachten aber gleich wieder, als ich ihnen eine ganze Tüte mit Duschbad schenkte. Ich hatte es in dem Fotoladen bekommen, als Bonus für je zwei Rollen Film. Sie brachten mir einen zweiten Mülleimer für den ganzen Papierkram, die vielen Zeitungen und alles andere. Ich packte gern, denn es lenkte mich ab.

Zwischendurch fuhr ich immer wieder auf den Markt, um noch diverse Mitbringsel für Familie und Freunde zu besorgen. Einmal fuhr mich der epileptische Taxifahrer. Seine Freunde nannten ihn so, weil er immer wild mit den Armen in der Luft herumfuchtelte, wenn er etwas erzählte.

„Du mußt aufpassen, Madame, daß er die Hände am Lenker behält, sonst ist es aus!"

Unterwegs erzählte er mir eine Anekdote aus dem Geschichtsunterricht in der Schule.

„Auch wenn du es mir nicht glaubst, aber die Geschichte ist wahr, ich schwöre es. Vor dreißig Jahren sind die Leute gerne nach Mondulkiri gefahren. Die Straße war sehr gut und die Luft dort oben schön frisch. Eine Familie aus Phnom

Penh hatte sich sehr gut mit einer Familie aus Mondulkiri angefreundet. Einmal, als sie wieder zu Besuch kamen, machte die Hausfrau etwas ganz Besonderes zu essen. Sie kochte ihre kleine Tochter."

„Du spinnst ja."

„Doch, es stimmt, wenn ich es doch sage! Auf jeden Fall hat das Essen sehr gut geschmeckt –"

„Du meinst die Tochter."

„... und die Gäste haben nach dem Rezept gefragt. Als die Hausfrau es ihnen gesagt hatte, waren sie sehr böse und fuhren nach Phnom Penh zurück. Und seitdem fährt niemand mehr gerne nach Mondulkiri."

„Weil dort Menschenfresser leben?"

„Genau."

„Und du? Glaubst du diesen Blödsinn auch?"

„Ich weiß nicht."

Hin und wieder bekam ich einen sentimentalen Anfall, aber Dennis munterte mich immer erfolgreich auf. Wir trafen uns regelmäßig beim Japaner zum Mittagessen. Das Restaurant war gut und billig und lag gleich um die Ecke des Hotels.

„Wann fliegst du?"

„Nächsten Montag. Da fällt mir ein, ich habe ja noch gar kein Ticket!"

„Da wird's aber langsam Zeit."

„Ach, ich mag gar nicht daran denken. Allein der Gedanke an Bangkok erfüllt mich mit Horrorvisionen."

„So schlimm ist es doch gar nicht."

„Ich weiß. Es ist ja auch nicht direkt Bangkok, sondern der Kontakt mit der anderen Welt. Hier kenne ich mich aus, fühle mich wohl und weiß, was mich erwartet."

„Das weißt du?!"

„Okay, ich weiß es nicht. Aber in Kambodscha bewege ich mich auf vertrautem Gelände, jenseits der Landesgrenzen hört für mich die Welt auf."

„Du hast bloß Angst, weil du nicht weißt, wie es weiter geht. Fahr nach Hause, schreib dein Buch und komm wieder her."

„Wenn's weiter nichts ist!"

„Es wird schon klappen, jetzt mach dir doch nicht so ins Hemd. Ich habe deinen englischen Entwurf gelesen, und ich finde ihn sehr lustig. Und wenn du in Deutsch schreibst, wird es bestimmt noch besser."

Ich hatte ihm mein Gekrakel zu lesen gegeben und ihn um eine ehrliche Meinung gebeten. Dennis las sehr viel und sehr gute Literatur, und ich traute ihm einiges Urteilsvermögen zu. Aber vor allem war er sehr ehrlich.

„Du findest es lustig?"
„Ja. Manchmal auch spannend. Aber du mußt noch daran arbeiten, es ist noch kein Meister vom Himmel gefallen."
„Da wird es aber Zeit."
„Falls es nicht klappt – was ich nicht glaube –, was machst du dann?"
„Das weiß ich nicht. Ich habe keine Alternative. Habe ich nie. Ich wollte einen Traum Wirklichkeit werden lassen. Wenn es mit dem Buch nichts wird, dann habe ich mir immerhin Kambodscha angesehen. Das bedeutet mir sehr viel, und diese Reise nimmt mir niemand weg."
„Ist das nicht ein komisches Gefühl, wenn man keine Ahnung hat, was auf einen zukommt?"
„Es ist, als ob du auf einem Berg stehst und ins Leere springst. Und hoffst, daß unten ein See ist, damit die Landung nicht so hart wird."
„Hört sich lustig an, so wie du das sagst. Und wenn es eine Bauchlandung wird?"
„Darüber mache ich mir Gedanken, wenn ich angekommen bin. Warum über ungelegten Eiern brüten?"
„Angenommen, du verdienst viel Geld. Was machst du dann?"
Ich brauchte nicht lange zu überlegen, ich gab immer in Gedanken die Millionen aus, die ich nicht hatte.
„Dann fahr ich nach Pailin und kauf mir 'nen Rubin!"
„Zurück in die Gegenwart, was machst du denn heute abend?"
„Habe noch nichts vor."
„Im FCC gibt es einen Vortrag."
„Wer und über was?"
„Obermönch Maha Ghosananda spricht über den Friedensmarsch, den du dir hast entgehen lassen. Und Debby stellt ihre Bilder aus. Komm mit."
„Überredet."

Seit sechs Jahren führte der Mönch einen vierwöchigen Friedensmarsch durch Gebiete in Kambodscha, in denen der Frieden noch keine Selbstverständlichkeit war.
Der diesjährige Marsch führte von Battambang über Pailin, Phnom Malai, Sisophon zu dem alten Tempel Bantey Chmar. Schon 1994 hatte der Mönch diesen Weg eingeschlagen, wurde aber von aufflackernden Kampfhandlungen zwischen den Roten Khmer und der Regierungsarmee zurückgedrängt. Dabei wurden ein Mönch und eine Nonne getötet. Dieses Jahr machte er einen neuen Versuch, und es wurde ein voller Erfolg. Die Menschen in Pailin und Phnom Malai begrüßten hocherfreut den ehrwürdigen Mönch und wußten, daß nun

wirklich der Frieden (für sie) eingetreten war. Auch Ieng Sary begrüßte den Mönch und ließ sich segnen.

Man bedenke, daß er Mitglied einer Partei gewesen war, die sich für ein Verbot der Religion ausgesprochen hatte, und auch wenn er angeblich nichts mit der Ermordung Tausender Mönche zu tun gehabt hatte, so hatte er dennoch nichts unternommen, um es zu verhindern. Aber wie heißt es so schön im Theravada-Buddhismus: Jeder bestimmt sein Karma selbst. Mit der Schuld (oder Unschuld) muß Ieng Sary selber fertig werden.

Ich wollte ursprünglich an dem Marsch teilnehmen, hatte mich dann aber für die Reise auf dem Mekong entschieden. Ich hatte mich schon oft geärgert, daß ich nicht mitgelaufen bin, aber der Marsch war vorbei, und es würde neue geben.

Der Club für ausländische Korrespondenten (FCC) war ein wunderschönes, altes Gebäude im Kolonialstil, das man prächtig wiederhergestellt hatte; was mir dort allerdings nie gefallen hatte, war das ebenso koloniale Getue der meisten Besucher.

Der Saal war brechend voll, und die alten Ventilatoren kreisten langsam über unseren Köpfen; Abkühlung brachten sie keine. Bis der Vortrag begann, schaute ich mir die Fotos an. Sie waren *sehr* gelungen und ausdrucksstark.

Mittlerweile war Dennis eingetrudelt.

„Du hast gesagt, eine Freundin von dir hat diese Bilder gemacht? Sie sind ganz toll, wirklich. Wenn ich sie ansehe, werde ich richtig neidisch, und ich werde mich hüten, jemals meine Fotos daneben aufzuhängen."

Jemand klopfte ans Mikrophon, und es wurde um Ruhe gebeten. Maha Ghosananda nahm Platz und begann.

Ich möchte mich nicht lustig machen über den alten Mann, immerhin wurde er zweimal für den Friedensnobelpreis nominiert. Aber er vergaß ständig seinen Text, sagte ein christliches Gebet auf in Französisch, und als plötzlich der Strom ausfiel und er nicht weiterreden konnte, schlief er fast ein. Nach zwanzig Minuten war sein Vortrag zu Ende, und das Publikum durfte Fragen stellen.

„Ehrwürdiger Mönch. Wie kann man denn – als Ausländer – den armen Menschen in Pailin helfen?"

„Hilf dir erst einmal selbst."

Die Antwort verblüffte jeden der Anwesenden, und ich bin bis heute noch nicht dahinter gekommen, was genau er damit meinte. Auf eine andere Frage antwortete er: „Alles immer nacheinander, Schritt für Schritt."

Die Frage hatte ich vergessen, aber die Antwort merkte ich mir für die Zukunft:

Schritt für Schritt.

So verging allmählich auch die letzte Woche. Nun blieb nur noch die königliche Pflugzeremonie.

Es war Samstagabend, und ich lag zufrieden in meinem Bett. Es war alles erledigt; ich hatte gepackt, ein Ticket für Bangkok besorgt, Mitbringsel gekauft, der Postlerin Bescheid gesagt, daß sie meine Briefe zurückschicken sollte, hatte mir heute abend endlich das Schattentheater angesehen, und ich war mit mir und der Welt zufrieden. Ich dachte weder an gestern noch an morgen. Aber irgend etwas fehlte noch, ich wußte bloß nicht, was.

Es war spät, und auf den Straßen erstarb der letzte Lärm. Mein Zimmer lag auf der Rückseite des Hotels zur Parallelstraße hin, und ich konnte den Nachbarn aus dem Haus gegenüber schnarchen hören. Seine Frau meckerte ihn an, und er hörte auf. Dann war es war totenstill.

Zu still, fand ich.

WUMMM!!!

Ich erstarrte. Splitterndes Glas fiel zu Boden, quietschende Reifen drehten im Schlamm durch, ein Auto raste davon, Frauen kreischten hysterisch, und Männer schrien sich an.

Ich lag in meinem Bett und wagte kaum, Luft zu holen. Mein Herz klopfte wie verrückt, und ich konnte keinen klaren Gedanken fassen. Mit zitternden Händen hob ich nach einer Weile das Moskitonetz hoch und schlich auf Zehenspitzen zum Fenster. Auf der Straße gab es einen Menschenauflauf, die Leute redeten aufgeregt miteinander, wedelten mit den Armen herum, zeigten in verschiedene Richtungen und liefen kopflos in ihren Pyjamas hin und her. Trotz der Hitze zitterte ich noch immer.

Was zum Teufel war dort unten passiert?

Ich hatte noch nie in meinem Leben so einen lauten Knall gehört, das konnte nur eine Handgranate gewesen sein. Warum kam keine Polizei? Was war das für ein Auto gewesen? Die Leute zogen sich allmählich in ihre Häuser zurück, und ich legte mich wieder ins Bett. Nach einer halben Stunde herrschte die gleiche tödliche Stille wie zuvor, aber in der Ferne hörte man jetzt Schüsse. Im Hotel regte sich nichts. Hatte denn niemand diesen Knall gehört? Mich packte eine unangenehme Vorahnung, und plötzlich war ich heilfroh, dieses Land zu verlassen.

Am nächsten Morgen fragte ich Bunny, was los gewesen sei.

„Ich habe nichts gehört. Wenn ich schlafe, kriegt mich niemand wach."

Oh diese Khmer! Sie schliefen wirklich wie Tote! Ich würde der Sache auf den Grund gehen, aber das hatte Zeit bis später.

Kang brachte mich zum Nationalmuseum. Die Straße war abgesperrt, und ich hatte keine Lust, einen Umweg zu gehen. An der Absperrung stand ein Polizist.

„Darf ich hier durch? Ich möchte zum Pflugfest."
„Gehörst du zur Presse?"
„Ja."
„Hast du eine Karte?"
Das hatte ich doch schon einmal gehört.
„Ja, hier."

Ich zog meine Visitenkarte raus, auf deren Rückseite ich die Adresse eines Ministers geschrieben hatte. Der Polizist interessierte sich mehr für die Rückseite als für meinen Namen und die Berufsbezeichnung auf der Vorderseite und ließ mich durch. Ich mußte lachen. Jetzt war ich also Journalist für das Königreich Bhutan!

Das Gelände vor dem Museum war von Palastwachen abgeriegelt. Sie trugen blaue Pluderhosen, orangefarbene Hemden und auf dem Kopf hatten sie einen roten Helm. In der Hand hielten sie einen Speer. In der Mitte des Platzes lag ein roter Teppich, auf dem lauter goldene Schalen standen. Am Rand warteten sechs reich geschmückte Ochsen, die man zu zweit vor Pflüge gespannt hatte. In Weiß gekleidete königliche Würdenträger bliesen in ein Muschelhorn, und Vertreter des Hofes wurden in einer offenen Sänfte unter einem goldenen Baldachin vom Palast zum Museum getragen. Nachdem sie Platz genommen hatten, bliesen die Würdenträger wieder in ihr Horn, und die Zeremonie war eröffnet.

Dreimal liefen die geheiligten Ochsen mit den Pflügen um das Gelände, gefolgt von Prinzen und Prinzessinnen, die Gefäße mit Samenkörnern in ihren Händen hielten. Danach wurden die Ochsen abgeschirrt und zu den goldenen Schalen geführt, auf denen verschiedene Feldfrüchte und Gras lagen. Fraßen die Ochsen von den Feldfrüchten, konnten die Bauern mit einer reichen Ernte rechnen, fraßen sie jedoch von dem Gras, würden schlimme Dinge auf das Königreich zukommen.

Vier der Ochsen zogen es vor, im Schatten zu bleiben, der fünfte roch an dem Futter und hatte weiter keinen Appetit, und der sechste fraß sich schlichtweg durch sämtliche Schalen, aber das Gras ließ er unberührt. Wahrscheinlich hatte man es mit etwas getränkt; wer wollte schon an so einem schönen Tag den Beweis für schlimme Zeiten sehen? Das Volk war begeistert, und die Fotografen rannten zu dem Ochsen, um eine Nahaufnahme von ihm zu machen.

Nach zwei Stunden war alles vorbei, und die Menge verlief sich. Die Palastwachen saßen gähnend auf der Mauer und rauchten erst mal ein Zigarettchen. Die Bettler stürzten sich auf das ausgestellte Obst und die Feldfrüchte, wurden aber bald von der Polizei mit Stöcken vertrieben.

„Hübsche Kamera hast du da, junge Frau."

Neben mir war ein alter Amerikaner aufgetaucht.

„Ja, ich weiß."

„War lustig das Fest, nicht?"

„Schön bunt. Aber warum überläßt man denn den Bettlern nicht das Obst und die anderen Sachen?"

„Ach weißt du, im Palast gibt es doch auch Menschen, die ernährt werden müssen."

„Sicher, aber ich glaube nicht, daß drei Bündel Bananen, ein paar Orangen und zwei Stinkfrüchte das Personal satt machen. Außerdem kriegen die dort genug zu essen."

„Man hat den Armen aber jedem eine Handvoll des heiligen Reises gegeben. Den können sie aussäen. Für sie ist das sehr wichtig."

„Und wo sollen sie ihn säen, wenn ich fragen darf? Wenn sie Felder zum Bestellen hätten, würden sie nicht in Phnom Penh betteln gehen."

„Wer weiß. Du darfst das nicht so eng sehen."

„Ich sehe es aber so eng."

Ich verschwand aus seiner Nähe, denn ich wollte mir meinen letzten Tag nicht von so einem Dummschwätzer verderben lassen. Nach und nach wurde alles wieder in den Palast getragen. Dann ging die Pforte zu. Zu gern hätte ich ihn mir einmal angesehen, aber da der König hier wohnte, blieb das Privatgelände für die Öffentlichkeit verschlossen.

Für den Rückweg brauchte ich fünf Stunden, denn ich hielt in jedem Café auf der Strecke und trank etwas. Das war meine Art, mich von Phnom Penh zu verabschieden. Und dann begann ich meine Interviews mit den Taxifahrern und dem Personal im Hotel bezüglich der *Bombe*.

„Also Kang, was ist passiert?"

„Was passiert ist? Wo?"

„Na um die Ecke, letzte Nacht!"

„Keine Ahnung."

„Ratte, hast du etwas gehört?"

„Nein."

Das gab es doch gar nicht.

„Und du?"

Der dritte wußte etwas.

„Ein Motorradunfall. Habe ich jedenfalls gehört."

„Motorradunfall?? Das war kein Unfall, das hätte ich doch gesehen! Außerdem fuhr ein Auto weg."

„Wir wissen nichts. Du fragst zuviel."

So zugeknöpft hatte ich sie noch nie erlebt. Die Sache stank. Dann fragte ich den Hotelbruder.

„Letzte Nacht?"
„Ja, letzte Nacht."
„So um Mitternacht?"
„Ja, so um Mitternacht."
„Da war nichts!"
„Doch! Da war was, ich bin doch nicht blöd!"
Er kniff die Augen zusammen und sah mich merkwürdig an.
„Ja! Ich erinnere mich. Es war ein Motorradunfall."
„Das war kein Unfall!"
„Doch. *Es war ein Unfall.*"
Ich schwieg. Ich wußte, daß er log, und er wußte, daß ich es wußte.
„Gab es Verletzte?"
„Nein, keine Verletzten."
„Ich hab's ja immer gesagt: Die Khmer haben Knochen aus Stahlbeton!"
Ich stellte keine weiteren Fragen und ging in mein Zimmer. Bunny lief mir hinterher.

„Madame, du stellst zu viele Fragen. Die Chinesen mögen keine Barang-Journalisten, die Fragen stellen. Das ist nicht gesund."
„War es ein Unfall?"
Er schwieg. Also hatte ich mich nicht getäuscht.

Und jetzt würde ich mir den Unfallort aus der Nähe ansehen. Ein Unfall, der so einen Knall verursacht hatte, mußte Spuren hinterlassen haben. Ich ging an die Straßenecke und tat so, als ob ich überlegte, wo ich hinwollte. Dabei sah ich mir diskret die Hauswände an. Nichts. Nicht die kleinsten Kratzer oder sonst ein Zeichen. Ich ging ein paar Meter in die Seitenstraße hinein, bis ich unter meinem Zimmerfenster stand. Im Boden sah ich tiefe Reifenspuren, und im Haus gegenüber fehlte das Fenster. Die Scherben hatte man weggeräumt, aber auf der Erde lagen noch lauter kleine Splitter. Ich fühlte Blicke auf mir ruhen und ging schnell weiter.

Was immer hier geschehen war, die Chinesen, die in diesem Viertel lebten, hatten kein Interesse, es an die Öffentlichkeit zu bringen. Und ich steckte meine Nase besser nicht in ihre Privatgeschäfte.

Den letzten Sonnenuntergang sah ich mir im Olympiastadion an. Morgen um diese Zeit würde ich in Bangkok sitzen. Mein Magen zog sich wieder zusammen.

Es war wie damals an meinem letzten Abend in dem Luxushotel in Bangkok. Den nächsten Schritt wollte ich nicht tun, und zurück konnte ich nicht mehr. Aber dieses Mal sah ich nicht auf einen Haufen Gepäckstücke, sondern auf die Dächer von Phnom Penh, hinter denen langsam die Sonne verschwand. Ein dicker Kloß schnürte mir die Kehle zu.

Der Abschied wurde kurz und schmerzlos über die Bühne gebracht. Dennis kam vorbei, und wir tranken im Restaurant ein Bier zusammen. Neben dem Tisch stand mein Türkenkoffer voll mit Büchern und einem Teil meiner Fotoausrüstung, die ich ihm verkauft hatte.

„Jetzt gehst du auch. Alle meine Freunde verschwinden langsam. Nur ich bleibe hier."

„So ging es mir oft in Dubai. Aber auch du bleibst nicht ewig, und irgendwann sehen wir uns bestimmt wieder. Die Welt ist so klein."

Dann fiel der Strom aus, wir umarmten uns kurz, und als der Generator wieder für Licht sorgte, waren Dennis und mein Türkenkoffer verschwunden.

Meine Taxifahrerfreunde hatten darauf bestanden, mich mit dem Moped zum Flughafen zu bringen.

„Aber ich habe doch soviel Gepäck!"

„Das macht nichts, dann fahren wir eben mit zwei Mopeds."

„Und wenn es regnet?"

„Dann wirst du naß."

Es war noch dunkel, als wir aufbrachen. Ich sah nicht nach links und nicht nach rechts, nur hin und wieder blinzelte ich kurz zur Seite.

Als die Maschine startete, blickte ich nicht aus dem Fenster; ich wußte, wie Phnom Penh von oben aussah, und so wollte ich es in Erinnerung behalten.

Die Stewardess schlief fast ein beim Essenausteilen. Schlechte Karten für eine Beförderung.

DAS ENDE

Mai '97

Bangkok. Ich verstaute einen großen Teil meines Gepäcks in der Gepäckaufbewahrung und nahm mir ein Taxi in die Stadt. So schlimm, wie ich es mir in den letzten Tagen vorgestellt hatte, war es dann doch nicht, im Gegenteil. Bangkok lag immerhin in Asien. Ich wollte nicht lange bleiben, sondern nur ein paar Dinge erledigen und dann weiter auf eine ruhige Insel zur Entspannung.

Der Verkehr hatte sich nicht geändert, noch immer waren die Straßen angefüllt mit wartenden Autoschlangen, die sich nicht vorwärts bewegten. Ich hatte besseres zu tun, als die Hälfte meiner Zeit im Autotaxi zu verbringen, und stieg um auf – Motorradtaxi! Aber Bangkok war nicht Phnom Penh, und als erstes stülpte mir der Fahrer einen Helm über den Kopf.

Ich setzte mich sofort mit *Asia Books* in Verbindung. Ich hatte mir überlegt, daß meine Fotos eigentlich recht gut waren und daß man daraus vielleicht einen Bildband machen könnte, so zur Überbrückung, und dafür war *Asia Books* scheinbar der Spezialist. Leider war die zuständige Sachbearbeiterin krank. Ich war froh, daß es sich um eine Frau handelte; das machte die Sache einfacher. Schließlich war meine Reise die Reise einer Frau gewesen, und Frauen sahen die Dinge eben in einem anderen Licht. Sie wurde erst am Donnerstag zurückerwartet, und wir vereinbarten einen Termin. Die Zwischenzeit verbrachte ich mit einem Buch im Lumpinipark, dort ließ es sich aushalten. Gelegentlich keimte die Erinnerung auf, aber ich unterdrückte jeden Gedanken an Kambodscha. Statt dessen überlegte ich, was ich machen sollte. Auf eine Insel fahren oder gleich nach Deutschland fliegen? Warum das Ende hinauszögern? Je eher ich wieder Geld verdiente, um so eher würde ich wieder nach Kambodscha reisen können.

Ich ging in ein Reisebüro und buchte einen Flug für Donnerstagnacht. Bangkok-Colombo-Frankfurt.

Dann traf ich mich mit Frau Poy. Sie gehörte zu der Sorte Geschäftsfrauen, die mir immer mächtig Respekt einflößten.

„Ihre Fotos sind sehr gut, und es gibt durchaus Bedarf an einem Bildband, der sich nicht mit den Tempeln beschäftigt. Aber stecken Sie ihre Hoffnungen nicht zu hoch."

„Warum?"

„Sehen Sie, Bildbände sind aufwendig und teuer in der Produktion, aber der Markt für Kambodscha ist vergleichsweise gering."

Und wenn es Krieg gibt, ist der Markt Zero.

„Abgesehen davon verlegen wir keine Bücher."

„Sondern?"

„Wir machen den Vertrieb für Asien. Aber hier ist eine Liste von Verlegern, die Kambodscha im Programm haben und mit denen wir zusammenarbeiten. Nehmen Sie doch mal Kontakt mit ihnen auf. Man kann nie wissen."

„Werde ich tun. Danke."

„Wie ist es denn in Kambodscha? War es nicht gefährlich, dort alleine als Frau umherzureisen?"

„Kambodscha ist einmalig und wunderschön, aber auf einem Motorrad durch Bangkok zu fahren, ist hundertmal gefährlicher als eine Reise durch jenes Land."

„Warum schreiben Sie denn kein Buch über Ihre Reise?"

‚Weil das gar nicht so einfach ist.'

„Ich wünsche Ihnen viel Glück. Vielleicht sehen wir uns auf der Buchmesse in Frankfurt, und sagen Sie uns auf jeden Fall Bescheid, wenn sich etwas ergibt. Wir *haben* Interesse."

Gut gelaunt packte ich meine Sachen und fuhr am frühen Abend zum Flughafen. Es lief alles wie am Schnürchen, und dann befand ich mich auf dem Heimweg. Ich war müde und hatte Kopfschmerzen, daran war die schlechte Luft in Bangkok schuld.

Bald fiel ich in einen unruhigen Schlaf und träumte von Schlaglöchern, in denen Motorräder verschwanden, geschmückten Ochsen, die in der Hängematte schaukelten, Kindern, die mit Handgranaten murmelten, es ging alles kreuz und quer. Jemand rüttelte mich an der Schulter.

„Geht es Ihnen nicht gut?"

Vor mir stand ein junger, gutaussehender Steward.

„Doch, doch, mir geht es gut. Ich habe nur geträumt."

„Was möchten Sie denn essen? Es gibt Hühnchen und Lamm."

„Haben Sie auch Spinnenspießchen?"

EPILOG

Liebe Leser!

Sie haben mich auf einer weiten Reise durch dieses exotische und im wahrsten Sinne des Wortes aufregende Land begleitet, und sicherlich sind Sie mit mir einer Meinung, daß man Kambodscha aus der Schublade mit der Aufschrift: Krisengebiet – Alarmstufe Rot! herausholen sollte. Bestimmt möchten Sie jetzt auch wissen, wie es danach weiterging. Aber da die Ereignisse mühelos ein zweites Buch füllen würden, werde ich mich daher auf das Wichtigste beschränken.

Nur wenige Wochen nach meiner Abreise kam es zu den seit geraumer Zeit erwarteten Kämpfen in Phnom Penh. In einer Militäraktion jagte Hun Sen den ersten Premierminister Prinz Ranariddh aus Amt und Land. Zahlreiche Gefolgsleute flohen mit ihm, und es kursierten Gerüchte von heimlichen Hinrichtungen wichtiger Leute, die mittlerweile von Menschenrechtsorganisationen bestätigt wurden.

Aus dem Exil rief Ranariddh zum bewaffneten Widerstand auf, und nachdem seine Truppen in Phnom Penh die Stellung nicht halten konnten, flüchteten sie sich in den Nordwesten und kämpften dort weiter.

Der Staatsstreich wurde von der Internationalen Völkergemeinschaft scharf verurteilt, und fast mit sofortiger Wirkung stellten viele der Geldgeber ihre Finanzhilfen an Kambodscha ein. Hun Sen ärgerte das mächtig, denn in seinen Augen handelte es sich keineswegs um einen Staatsstreich, sondern lediglich um eine Vorsichtsmaßnahme. Ranariddh sei auf dem besten Wege gewesen, Kambodscha erneut ans Messer der Roten Khmer zu liefern. Seine sogenannten Friedensverhandlungen mit letzteren fanden nicht die Billigung der CPP und seien daher illegal.

Mittlerweile haben sich die Gemüter etwas beruhigt, nur im Nordwesten des Landes herrschen weiterhin bürgerkriegsartige Zustände. Das Amt des ersten Premierministers übernahm der ehemalige Außenminister Ung Huot. Prinz Ranariddh hat seinen Aufruf zum bewaffneten Widerstand offiziell zurückgezogen und ist nach Kambodscha zurückgekehrt. Gespannt wartet man nun auf den Ausgang der Wahlen, die im Juli '98 stattfinden sollen.

Auch Pol Pot sorgte gleich mehrfach für Schlagzeilen.

Nach dem erfolgreichen Seitenwechsel Ieng Sarys im September '96 spielten immer mehr Mitglieder des harten Kerns der Roten Khmer in Anlong Veng mit dem Gedanken, aus dem Untergrund aufzutauchen und wieder in der Re-

gierung mitzumischen. Dabei gab es allerdings ein kleines Problem – mit Pol Pot an der Spitze würden sie nicht weit kommen. Seine Anhänger lösten das Problem auf die traditionelle Weise der Roten Khmer; sie setzten ihn nach einem gescheiterten Fluchtversuch einfach gefangen, und ein von ihnen gebildetes Volkstribunal verurteilte ihn Ende Juli '97 zu lebenslangem Hausarrest. Kurz danach erklärten sie, daß es von nun an die Roten Khmer nicht mehr gebe, und der neue Feind sei in Zukunft Hun Sen.

So schnell ging das.

*Im Oktober '97 gab Pol Pot nach achtzehn Jahren sein erstes Zeitungsinterview. Ein gebrechlicher, alter Mann, mit gebeugten Schultern, auf einen Stock gestützt – voller Reue? Weit gefehlt. Wie Ieng Sary hat er keinen blassen Schimmer von den Greueltaten, die man hinter seinem Rücken begangen hat. Bleibt die Frage, **wer** nun verantwortlich für die zwei Millionen Opfer ist. Pol Pot hält die Antwort bereit:*

„*Die Vietnamesen natürlich!"*

In den vergangenen Monaten wurde immer wieder versucht, Pol Pot vor ein internationales Gericht zu stellen. Aber dann hätte man – der Gerechtigkeit halber – auch seine Helfer und Helfershelfer verurteilen müssen, oder etwa nicht? Verständlich, daß man so einen Prozeß immer wieder hinauszögert, bis – bis zum Beispiel die höhere Gewalt eingreift. Und das tat sie.

In der Nacht zum 9. April 1998 erlag Pol Pot im Alter von siebzig Jahren den Folgen eines Schlaganfalls und steht nun vor einem Gericht, dem er sich nicht mehr entziehen kann. Seine sterblichen Überreste wurden ohne viel Tamtam auf einem Haufen Sperrmüll verbrannt.

Sperrmüll, wem Sperrmüll gebührt.

Und wie ging es nun mit meinen Schreibversuchen weiter?

Da Sie das Buch gelesen haben, muß ja wohl alles geklappt haben. Aber ganz so einfach, wie ich es mir damals in Dubai vorgestellt hatte, war es dann doch nicht. Es ist eben noch kein Meister vom Himmel gefallen, da hatte Dennis ganz recht. Der Weg war ziemlich steinig, hat sich aber in jeder Hinsicht gelohnt. Denn wenn man sich etwas ganz fest wünscht, dann geht es eines Tages in Erfüllung.

Hat Ihre Großmutter Ihnen das denn nicht erzählt?

Ihre Anna Dopp.